GUIDES BELIN de l'enseignement

L'anglais au lycée

Estelle Henry-Bossonney
Professeur agrégé au lycée Charles Gide (Uzès), formatrice à l'IUFM de Montpellier

Maxime Lachèze
Professeur certifié au lycée Louis Feuillage (Lunel), formateur à l'IUFM de Montpellier

BELIN

8, rue Férou 75278 Paris cedex 06
www.editions-belin.com

 ISSN 1147-5196 ISBN 2-7011-**2686**-x

Sommaire

Avant-propos

C'est un redoutable honneur pour nous que de proposer cette nouvelle version du *Guide Belin de l'enseignement de l'anglais au lycée*, tant la précédente édition a connu un vif succès grâce à la grande compétence et au professionnalisme de ses excellents auteurs, Brigitte Leclercq et Marie-Agnès Pigearias, auxquelles nous tenons à rendre hommage.

Pourquoi, alors, cette refonte du guide précédent ? En fait, ce sont les modifications intervenues dans les *Instructions Officielles*, tant en ce qui concerne la présentation des programmes, que les horaires et la redéfinition des épreuves du Baccalauréat, qui sont à l'origine de ce nouvel ouvrage. De plus, les avancées dans le domaine des sciences cognitives, en constante évolution, ainsi que l'entrée en force des nouvelles technologies dans nos établissements, suscitent une réflexion permettant d'aborder l'enseignement de l'anglais sous un angle qui certes n'a rien de radicalement révolutionnaire, mais qui permet cependant d'envisager une approche qui se veut en adéquation avec les attentes institutionnelles et le public scolaire actuel.

Nous avons voulu rester fidèles à la notion de « guide » car elle nous semble constituer un bon fil conducteur pour un ouvrage qui cherche avant tout à proposer une aide et des pistes de réflexion aux étudiants qui préparent les concours de recrutement de l'Éducation nationale, à nos jeunes collègues qui débutent dans la profession et à tous ceux qui, de manière plus générale, souhaitent prendre un certain recul quant à leur pratique de classe.

En tant que formateurs à l'IUFM nous avons pu constater que le seul recours à la théorie s'avérait bien inutile pour des enseignants qui débutent, dans la mesure où ils n'ont pas encore été vraiment confrontés à la réalité de la classe. C'est pourquoi nous avons cherché, dans le cadre de cet ouvrage, à être concrets et à illustrer nos propos le plus largement possible. Ce sont par des exemples qui se veulent nombreux, directement issus de nos propres pratiques de classe, puisque nous sommes également des enseignants de terrain, que nous espérons donner la possibilité à nos lecteurs de se représenter, de conceptualiser et de s'approprier les divers outils pédagogiques que nous présentons. Nous n'exclurons pas, cependant, les références théoriques qui bien souvent pourront s'avérer nécessaires pour étayer et éclairer notre propos.

De même, nous n'avons pas souhaité proposer de projets pédagogiques « clés en main ». Nous pensons en effet, qu'il est préférable de suggérer un large éventail de pistes, tout en les décrivant et en les explicitant de manière précise et détaillée, afin de permettre à chaque enseignant de développer personnellement ses capacités de création et de s'épanouir en toute liberté dans le cadre de sa propre pratique de classe.

Les activités que nous proposons dans cet ouvrage sont destinées à des classes de lycée – Seconde, Première et Terminale. Nous n'aborderons pas les classes post-bac – préparatoires aux grandes écoles ou BTS – car l'enseignement très ciblé et spécifique à chaque section qui y est dispensé déborderait largement notre cadre et pourrait faire l'objet d'un autre guide. Cependant, nous sommes bien conscients qu'une réflexion sur l'enseignement de l'anglais au lycée ne saurait ainsi être limitée au cadre strict du second cycle. Nous tenterons de ne pas perdre de vue que les élèves arrivent au lycée avec un certain bagage et que leur apprentissage de la langue ne s'arrêtera généralement pas après l'obtention de Baccalauréat, dans la mesure où ce dernier constitue de moins en moins une fin en soi.

Pour illustrer ce propos tout en le replaçant dans le contexte scolaire, citons le point de vue institutionnel :

> À tous les stades du cursus, la mission première du professeur d'anglais est d'enseigner la langue, ou plus exactement de créer les conditions qui permettent de l'apprendre. Pour organiser ce travail, il dispose d'instruments de référence: les programmes. Ils sont la garantie que l'on doit à l'élève et à l'institution. Toutefois, la réalité, qu'il s'agisse des élèves (niveaux encore hétérogènes, motivations de qualité très inégale) ou de l'institution (horaires, effectifs, sections), nous contraint à modérer et à moduler nos ambitions et nos exigences.
> Bien que le programme de base constitue l'objectif visé au terme du second cycle pour l'ensemble des sections du Baccalauréat, il serait illusoire de penser que, dans l'état actuel du dispositif, tous les élèves peuvent parvenir à une maîtrise opératoire de ce programme.

Instructions Officielles, 1995.

Autrement dit, à l'impossible nul n'est tenu...

Les Auteurs.

Remerciements

Nous exprimons nos remerciements à Colette Catarina pour son attentive relecture.

1

Cadre général

1 L'ANGLAIS AU LYCÉE : OPPOSITION OU CONTINUITÉ PAR RAPPORT AU COLLÈGE ?

A. LE CONSTAT

Il est tout à fait remarquable que la première phrase de l'introduction des *Instructions Officielles* de juillet 1995 (intitulée *Dispositions communes à l'ensemble des langues vivantes*) insiste sur la continuité entre les deux cycles, avant même de faire référence aux objectifs spécifiques propres à l'enseignement des langues, ce qui sous-entend l'importance de cette notion.

> Au lycée comme au collège, *sans solution de continuité*, l'enseignement conserve un triple objectif, communicationnel, culturel et linguistique.
>
> *Instructions Officielles*, 1995.

Nous pouvons cependant nous poser la question de sa validité en toute légitimité, nous qui sommes confrontés à la réalité. En effet, quel professeur de Seconde ne s'est demandé, quelques semaines après la rentrée, s'il y avait réellement adéquation entre ses attentes, c'est-à-dire l'idée qu'il se faisait du « niveau » supposé d'un élève issu d'une classe de Troisième, et la situation à laquelle il était confronté.

Après avoir procédé à la passation des tests d'évaluation de début d'année, nombreux sont les collègues qui demeurent perplexes et qui se demandent s'il existe un rapport entre ce qu'ils viennent de corriger et ce qui a été enseigné au collège.

Loin de nous, bien sûr, l'idée de jeter la pierre à nos collègues du premier cycle. Il convient cependant d'apporter quelques éléments d'analyse permettant d'éclairer cet état de fait.

Il s'agit, grâce aux tests, de dresser un bilan des acquis du collège, fondé sur une conception idéalisée de ce qui a été censé être enseigné précédemment. Malheureusement, la réalité est toute autre. En effet, les nouvelles directives prescrivent un enseignement prenant appui sur les théories de la linguistique de l'énonciation, ce qui d'ailleurs apparaît clairement dans le référentiel des classes de collège, lorsqu'on s'intéresse à la terminologie utilisée pour décrire le programme grammatical. Or, combien de collègues, malgré les nouveaux manuels qui circulent sur le marché actuel, sont-ils réellement maîtres de cette métalangue ? Combien d'entre eux ont eu accès à des stages de sensibilisation aux théories énonciatives dans le cadre de la formation continue des personnels de l'Éducation nationale ?

Et parmi ceux qui, frais émoulus de l'Université, ont pu bénéficier d'un tel enseignement, combien sont prêts à transférer leurs connaissances dans leur enseignement ? Lorsque l'on échange avec les professeurs-stagiaires dans les IUFM, on s'aperçoit bien souvent que les connaissances universitaires sont vite remisées pour faire place aux « bonnes vieilles méthodes » qui sont celles qu'ils ont connues au cours de leur scolarité et qui, leur semble-t-il, ne sont pas si mauvaises : ne leur ont-elles pas permis, en effet, d'apprendre la langue de manière assez satisfaisante pour devenir de bons étudiants ? De leur propre aveu, les théories de l'énonciation leur semblent bien éloignées de la réalité à laquelle ils sont confrontés dans leur pratique de classe. À les entendre, il en irait d'ailleurs de même pour toutes les connaissances théoriques universitaires qu'ils ont pu acquérir au cours de leurs années d'études. Il va sans dire que leurs aînés, qui n'ont pas bénéficié de ce type d'enseignement, sont encore plus mal lotis.

Cette réaction est à la fois logique et prévisible. Mais les théories sur lesquelles se fonde l'enseignement actuel en collège, sous-tendent une nouvelle approche de l'apprentissage de la langue. En effet, si l'on part du principe qu'à l'origine de toute production langagière se trouve un énonciateur qui la destine à un récepteur, nous abordons une conception de la langue centrée sur la communication. Cette notion induit toute une série de gestes didactiques et pédagogiques dans la classe qui font la part belle à une approche méthodologique de l'enseignement comme de l'acquisition. Il s'agit en effet de donner aux élèves les moyens de communiquer, de les munir d'outils méthodologiques et langagiers les conduisant sur la voie de l'autonomie.

Les tests d'entrée en Seconde sont là pour évaluer le degré d'acquisition de ces outils, afin de permettre au professeur de lycée de les améliorer et de les renforcer. On peut donc aisément imaginer leur désarroi lorsqu'ils sont confrontés aux résultats. Un trop grand nombre d'entre eux cèdent encore à la tentation de se plaindre du « mauvais » niveau des élèves qu'ils accueillent, sous-entendant que leurs collègues de collège n'ont pas fait le nécessaire, et que « de toute façon, le niveau baisse d'année en année ». Une telle représentation de la réalité nous invite à poser la question de l'adéquation entre ces tests et l'anglais qui a été enseigné jusque là. De même, inversement, on peut se demander si cette méthode d'enseignement officiellement prescrite est monnaie courante dans les classes de lycée.

Cet état de fait ne poserait pas de problème s'il se limitait à ce simple constat. Malheureusement, nombre d'enseignants de lycée détournent ce bilan de début d'année pour établir un diagnostic réducteur, voire même un pronostic alarmant.

Si on s'en tient à ce type de réaction, on serait rapidement tenté de dire qu'il existe un fossé important entre le collège et le lycée. Mais essayons de nous placer dans la perspective d'un enseignement fondé sur l'approche communicative et la pratique raisonnée de la langue. Le but d'une telle démarche n'est-il pas d'accompagner l'apprenant dans son acquisition et sa conceptualisation de la langue-cible ? Il faut en conséquence s'attendre à ce que tous les acquis ne soient pas encore complètement stabilisés lorsque l'élève arrive au lycée. Le professeur qui l'accueille en Seconde devrait se persuader de cette évidence et continuer à assister sa classe dans sa démarche d'apprentissage, en organisant de véritables activités langagières permettant la consolidation des acquis du collège et l'élargissement des savoirs et des savoir-faire, même s'il a parfois l'impression que sa tâche devrait être plus noble. Tant il est vrai que les professeurs de lycée estiment généralement que leur rôle est avant tout d'enseigner la civilisation et la littérature.

Il s'agit pour nous ici en fait, de mettre l'accent sur une des nombreuses contradictions sur lesquelles se fonde l'enseignement des langues. L'institution attend de ses agents qu'ils adoptent une certaine démarche dans leur classe, démarche sous-tendue par des programmes officiels régissant le premier cycle, mais elle ne les met pas dans la position de s'approprier cette démarche, ne proposant que très peu d'occasions de formation et de réflexion sur les pratiques. De plus, le référentiel précis qui est proposé au collège n'a pas son équivalent au lycée, où la plus grande latitude semble être laissée aux enseignants. En effet, le programme d'anglais au collège est copieux. Le professeur se doit de le mettre en application avec l'aide des divers *Compléments* et des lourds référentiels qui accompagnent les *Instructions.* Ainsi, pour chacun des trois cycles du collège (cycle d'observation et d'adaptation= 6^{e} - cycle d'approfondissement = 5^{e}/4e - cycle orientation = 3^{e}), la brochure *Enseigner au Collège - Anglais : Programmes et Compléments* (1998) offre-t-elle une longue présentation, minutieusement détaillée des contenus lexicaux, grammaticaux et phonologiques à enseigner. La langue y est découpée, tronçonnée et ses phénomènes hiérarchisés au sein d'une progression qui allie l'aléatoire à la tentative d'une structuration logique qui doit conduire l'élève à prendre « conscience que l'apprentissage d'une langue forme un tout cohérent. » *(Instructions Officielles* 6e, 1995)

Pour résumer, nous dirons donc qu'en théorie il ne devrait pas y avoir d'opposition ou de rupture entre les deux cycles, mais que la réalité tend à démontrer le contraire. Nous allons tenter dans cet ouvrage de proposer une démarche permettant d'éviter cette rupture si dommageable à l'apprentissage de l'anglais au lycée. Nous savons cependant qu'il n'existe évidemment pas de solution miracle, mais nous pensons que les pratiques de classe actuelles, qui s'appuient largement sur les travaux des chercheurs en linguistique et en psycholinguistique, et qui ont pour principe de placer l'élève au centre de son apprentissage en le rendant acteur, constituent un progrès qu'il serait vraiment dommage de ne pas reconnaître.

B. COMMENT CETTE RUPTURE SE MANIFESTE-T-ELLE ?

Lorsque le collégien franchit les portes du lycée, c'est souvent un monde nouveau qui s'ouvre à lui. Au lycée, bien des choses sont différentes de la structure encore maternante du collège. Les rythmes scolaires s'alourdissent, la charge de travail se fait plus pesante. L'autonomie dans la gestion du travail comme dans l'abord des savoirs devient un maître-mot. Mais surtout c'est la façon de faire cours qui surprend le jeune lycéen, dans presque toutes les matières. La rentrée au lycée s'accompagne certes d'un sentiment de fierté devant l'étape franchie mais parfois aussi d'une certaine déstabilisation, voire même désorientation.

D'expérience, nous assistons alors à un scénario assez communément répandu : après l'analyse-constat des résultats des tests d'entrée en Seconde, le professeur en fait part à sa classe. Il lui annonce le plus souvent qu'elle n'est pas au « niveau », corrige les items les moins réussis pour l'en convaincre, et entreprend d'exposer les méthodes de travail qui seront mises en place au cours du premier trimestre. La plupart des élèves sont alors abasourdis et réagissent en manifestant une certaine inquiétude devant la tâche nouvelle qui les attend. Ils entendent parler d'autonomie, de prise de notes, de travail personnel, d'enrichissement de leurs productions et se demandent comment ils vont pouvoir gérer ces exigences, eux qui ont été habitués à un travail très accompagné et ritualisé au collège. La trace écrite destinée au cahier était inscrite au tableau, il suffisait de la recopier et ensuite de l'apprendre par cœur. La langue était généralement manipulée dans le cadre d'activités de communication très cadrées. La part laissée à la production personnelle libérée, était généralement très réduite à l'oral, presque inexistante à l'écrit.

Le premier devoir accentue encore plus cette inquiétude. Les notes sont globalement mauvaises ; n'entend-on pas habituellement dire que la moyenne se situe généralement deux points au-dessous de celle obtenue au collège, voire pire encore ? Beaucoup d'élèves réagissent dès le début de l'année par le découragement, voire l'abandon. D'autres se mettent à travailler d'arrache-pied, mais sont rapidement déçus par le peu de résultat constaté. Quelques-uns, les moins nombreux, réussissent assez bien car leurs acquis sont solides, puisqu'ils disposent d'outils langagiers suffisants pour tirer leur épingle du jeu. L'hétérogénéité mise en évidence par les tests se trouve ainsi confirmée !

Or, il convient de rester réaliste. Le rôle du collège n'est assurément pas de rendre les élèves bilingues. Le passage au lycée devrait pouvoir se faire dans la sérénité. Il faut bien accepter l'idée que les élèves ne sont parvenus qu'à un stade temporaire et transitoire de leur apprentissage de la langue-cible, que tout n'est pas encore acquis, tant s'en faut, et que le rôle des professeurs de lycée sera de participer, au même titre que leurs collègues de collège, à la consolidation de ces acquis. Nous sommes avant tout des professeurs de langue vivante et il convient donc de l'enseigner en mettant nos élèves dans les conditions de se l'approprier.

C. LA TECHNIQUE DE LA SPIRALE

La classe de Seconde se caractérise par l'alternance de bilans diagnostiques réguliers portant sur les savoirs et les savoir-faire du collège et de ponts tendus vers les exigences de l'évaluation terminale. La notion d'évaluation y tient une place si fondamentale qu'elle devient un des axes essentiels de toute démarche didactique. Qu'elle soit formative ou sommative, il s'agit de faire le point régulièrement et de façon raisonnée avant de pousser plus avant.

Dans des conditions d'apprentissage en milieu institutionnel, la langue s'acquiert progressivement à partir de la Sixième, voire même avant, si les élèves ont eu la chance de bénéficier d'un enseignement précoce à l'école primaire, et se poursuit jusqu'en Terminale. L'apprentissage est-il pour autant arrivé à son terme au moment du baccalauréat ? Si tel était le cas, les étudiants en première année de DEUG d'anglais s'exprimeraient dans un anglais parfait et n'étudieraient plus que la littérature et la civilisation anglo-américaine. Or, nos collègues du supérieur constatent qu'il n'en est rien, et que les erreurs sont encore nombreuses dans leurs productions. Pourtant, ces étudiants qui ont choisi de faire des études d'anglais, étaient globalement parmi les meilleurs élèves de Terminale, ce qui a d'ailleurs orienté leur choix. L'apprentissage est loin de son terme. Peut-on d'ailleurs parler de terme en la matière ? La grande majorité des bacheliers ne maîtrisent la langue que d'une manière qui ne peut être autrement qu'imparfaite.

Les collègues qui déplorent trop rapidement le mauvais niveau de leurs élèves de Seconde, devraient considérer cet état de fait. La majeure partie des faits de langue a certes été présentée au collège. Ce n'est pas pour autant que ces éléments langagiers ont été définitivement acquis. En effet, si on se penche sur les erreurs de nos élèves, on s'aperçoit qu'ils ont atteint un certain stade de leur apprentissage, qui n'est d'ailleurs pas le même pour tous, et qu'il va falloir les aider à progresser dans leurs acquisitions. Bien sûr, ce n'est pas parce qu'un fait de langue aura été présenté une fois qu'il sera définitivement intégré. Si on s'intéresse à l'acquisition de la langue maternelle en milieu naturel, on se rend bien compte que le petit enfant ne se met pas à s'exprimer parfaitement du jour au lendemain. La langue se met progressivement en place par des essais et tentatives de production souvent imparfaits, mais qui s'améliorent au fil des années. Pourquoi n'en irait-il pas de même pour l'apprentissage d'une langue étrangère qui, de plus, dans le meilleur des cas n'est enseignée que trois heures par semaine, alors que l'enfant qui apprend à parler est immergé dans un bain linguistique permanent ?

En outre l'exigence de consolidation, implicite, tout comme la façon dont sont abordés les contenus en classe de Seconde, tournent résolument le dos à une conception linéaire de l'acquisition des savoirs et des savoir-faire pour faire place à une conception spiralée de l'enseignement. Rien n'est acquis définitivement et une fois pour toutes. Quel que soit le phénomène ciblé, il s'agira d'en multiplier les angles d'attaque dans des contextes différents, espacés dans le temps, de façon à exposer l'apprenant au plus grand nombre de réalisations possibles. Il convient de ne pas « négliger l'indispensable effet cumulatif sans lequel il ne saurait y avoir de progrès » *(Instructions Officielles)*.

C'est ce qui plaide en faveur de la technique de l'enseignement en spirale. Les éléments linguistiques sont présentés progressivement, mais on y revient constamment, avec un souci de rebrassage permanent. Prenons l'exemple du présent simple. En Sixième, les élèves seront invités à l'utiliser pour parler de ce qu'ils font habituellement, de ce qu'ils aiment. Ce n'est qu'en Terminale que l'on sera amené à parler de la valeur performative du même présent simple. (Ex : *I declare the meeting open*. La simple énonciation de ce verbe revient à réaliser l'action qu'il indique.) Et pourtant la valeur fondamentale du présent simple, le renvoi à la notion, reste la même. Il conviendra donc de présenter la langue sans enfermer les élèves dans une représentation réductrice de son fonctionnement. Les compétences pourront ainsi s'établir progressivement par accumulation et grâce à de très nombreux retours en arrière et par l'exposition à un même phénomène dans des contextes les plus divers possibles. L'enseignement d'une langue ne peut être conçu comme linéaire. On lit d'ailleurs dans les *Instructions Officielles* :

> La classe de Seconde doit permettre aux élèves de combler leurs lacunes, de consolider les acquis du collège.

> [...] privilégier la continuité par rapport au collège dans les méthodes et dans les exigences est une priorité qui n'exclut pas une sensibilisation aux exigences du baccalauréat. Bon nombre d'élèves perdent pied car la cassure entre les deux cycles est parfois trop brutale pour eux.

Dès lors, on ne sera pas étonné de constater l'absence de nouveauté flagrante dans les contenus d'enseignement relatifs à la Seconde.

Il revient aux professeurs de prendre en compte les compétences de leurs élèves en tenant compte de l'hétérogénéité de plus en plus grande de ce public. En effet, de plus en plus d'élèves arrivent au lycée afin de satisfaire à l'exigence institutionnelle d'amener 80 % d'une même classe d'âge au niveau du baccalauréat. Il est de notre devoir de nous adapter et de faire en sorte que le moins d'élèves possible perdent pied. Il est temps de cesser de raisonner en terme de « niveau » plus ou moins idéalisé et irréaliste. Le seul élément objectif reste l'épreuve du baccalauréat avec ses exigences et son système d'évaluation.

2 LES CONTENUS INSTITUTIONNELS : UN PANORAMA DES RECOMMANDATIONS OFFICIELLES

A. UN CADRE STRICT POUR CE QUI EST DES OBJECTIFS GÉNÉRAUX...

> Sur le plan purement disciplinaire, les objectifs de l'enseignement des LVI en classe de Seconde se situent dans la continuité des objectifs assignés à l'enseignement des LVI au collège. Ils sont au nombre de trois:
> – *Communication* : il s'agit de mettre l'élève à même de comprendre, de parler, de lire et d'écrire toujours plus et mieux une langue étrangère contemporaine authentique afin de faire face aux exigences de l'échange.
> – *Culture* : les visées fondamentales de cet objectif sont comme au collège, mais à un autre niveau, l'apprentissage de l'altérité: connaissance de la comparaison, acceptation de la diversité.
> – *Conceptualisation* : il s'agit de mettre l'élève à même de saisir et d'utiliser des concepts afférents à l'activité langagière et aux faits de langue étudiés.
>
> *Instructions Officielles*, 1995.

Comme on peut le constater, les objectifs demeurent globalement les mêmes que ceux du collège, ce qui va bien dans le sens de la continuité préconisée entre les deux cycles de l'enseignement secondaire à laquelle nous avons fait référence précédemment. Il s'agit d'amener les élèves à la manipulation d'une langue de plus en plus riche et nuancée, toujours par le biais d'une approche communicative. L'institution insiste en effet sur la notion d'échange, mettant ainsi en avant l'idée qu'une langue est avant tout le véhicule de la communication entre les individus, et insistant par là même sur son aspect vivant. L'enseignant devra toujours garder à l'esprit cette consigne afin d'éviter de transformer ses cours en leçons d'explications de texte, ce qui, bien que n'excluant pas une approche communicative, en rend cependant la pratique pour le moins difficile.

Ce qui est nouveau dans la rubrique intitulée « communication », c'est l'idée d'enseigner une langue « authentique ». Au collège, une grande partie des supports était constituée de dialogues élaborés par les concepteurs de manuels afin de permettre l'introduction de faits de langue nouveaux. Certes les documents authentiques n'étaient pas complètement absents, et on constate d'ailleurs une volonté évidente, dans les nouveaux ouvrages d'en proposer aux élèves, mais ils étaient bien souvent manipulés et didactisés pour en rendre l'approche plus facile. Au lycée, le professeur aura à cœur de présenter à ses élèves des documents tout à fait authentiques, en évitant de les manipuler, et en les choisissant dans les domaines les plus variés. Nous aurons l'occasion de développer ce point ultérieurement. Ces choix impliquent bien sûr une approche didactique différente et adaptée, qui tiendra compte des difficultés prévisibles des élèves. Il s'agit en effet de s'adapter à l'authenticité des documents et non pas de les adapter au niveau des élèves.

Le second aspect qui retiendra notre attention, est la référence à « l'apprentissage de l'altérité », dans la rubrique intitulée « culture ». Il s'agit donc, par le biais de l'enseignement d'une langue étrangère et par la présentation de sa culture, de faire de nos élèves des citoyens du monde, responsables, vivant dans le respect d'autrui et de ses différences. Cet objectif nous semble essentiel dans une société pluriethnique comme la nôtre. Pour ce faire, nous disposons de multiples possibilités permettant de faire appel à la sensibilité de nos élèves, puisées aussi bien dans l'histoire du monde anglo-saxon, que dans son aspect le plus contemporain. L'apprentissage de la citoyenneté constitue d'ailleurs un des objectifs interdisciplinaires essentiels des classes de lycée.

Finalement, il est fait mention d'un objectif de *conceptualisation*, car, comme nous aurons l'occasion de le développer plus tard, l'apprentissage de la langue se doit de passer par la prise de conscience des mécanismes qui la régissent. Cette approche fait appel aux capacités de réflexion et de raisonnement des apprenants. Elle fait un juste crédit à l'intelligence de nos élèves, ce qui nous paraît tout à fait louable.

B. … MAIS UNE GRANDE LIBERTÉ EN CE QUI CONCERNE LES CONTENUS

Nous nous contenterons de citer les éléments qui nous paraissent les plus significatifs, tout en invitant nos lecteurs à se référer aux *Instructions Officielles* les plus récentes.

> L'étude lexicale a pour champ virtuel le domaine des mots à sémantisme plein. Néanmoins, il convient de rappeler la nécessité de distinguer entre *vocabulaire de simple reconnaissance* et *vocabulaire actif*, que l'élève sera capable de mobiliser à des fins d'expression.

Il n'est donc plus question, au lycée, de référentiel lexical, comme c'était le cas au collège. Le professeur est libre d'opérer des choix en fonction des thèmes qu'il aborde, en prenant soin de balayer suffisamment large pour permettre l'introduction de champs lexicaux multiples et variés. Il fera preuve de bon sens en ce qui concerne les choix opérés tout en restant conscient qu'il est impossible de prétendre à l'exhaustivité. Tout est donc une question de mesure. Il s'agit de fournir aux élèves un très large éventail d'items lexicaux d'usage courant, en n'étudiant les termes plus spécialisés, qu'en simple reconnaissance, comme il en est fait mention plus haut.

L'apprentissage lexical est très largement réhabilité, car il n'a été que trop longtemps le parent pauvre de l'enseignement des langues. De plus la lexicologie en tant que science spécifique, fait son entrée dans les classes de lycée. La formation des mots fait en effet partie intégrante de l'étude de la langue, au même titre que ce qu'il est traditionnellement convenu d'appeler la grammaire. Un chapitre sera d'ailleurs entièrement consacré au lexique.

> En ce qui concerne le programme grammatical exigible, il reprend, approfondit et complète, le cas échéant, les différents points étudiés au collège.

Il s'agit donc essentiellement d'enrichissement et d'approfondissement. Il est d'ailleurs intéressant de relever que les textes officiels parlent de compléter, si nécessaire, ce qui a été vu au collège, sous-entendant ainsi que tout est censé y avoir été vu. Bien qu'il n'en soit pas fait mention, nous pouvons insister sur le fait que la syntaxe doit faire partie des préoccupations du professeur de lycée. En effet, pour donner aux élèves la possibilité de s'exprimer avec le plus de finesse et de précision possible, il faut les aider à complexifier leur énonciation. Certes, comme nous l'avons déjà fait remarquer, la morphologie est encore loin d'être acquise à l'entrée en Seconde. Il s'agira donc d'accompagner les élèves dans leur appropriation, en leur présentant des faits de langue qui ne sont pas nouveaux pour eux, dans des contextes différents et variés.

Contrairement au lexique, les faits de langue qu'il convient d'aborder et de renforcer sont cités dans un référentiel, classe par classe.

> L'enseignement doit mettre à la disposition des élèves les expressions, structures et unités lexicales utilisables en fonction des besoins d'une communication naturelle et authentique.

Il est fait là référence aux catégories notionnelles-fonctionnelles, qui ont été un temps au centre de l'enseignement, et qui, si elles n'ont pas été abandonnées puisqu'il y est fait mention dans les textes officiels, ne constituent actuellement qu'une facette annexe de notre enseignement. Nous y reviendrons plus en détail ultérieurement. Le maintien de ces catégories dans les *Instructions Officielles* témoigne du souci de considérer la langue sous l'angle de la communication, ce qui constitue à la fois les moyens et les fins de son apprentissage.

> Étant donné l'étendue du champ culturel qu'offre chaque langue vivante étrangère, une large autonomie doit être laissée au professeur et aux élèves pour le choix des thèmes abordés [...]. En tout état de cause, on aura comme objectifs l'acquisition d'une méthode d'analyse des documents (analyse des contenus) et la mise en place de repères culturels coordonnés.

Un chapitre sera bien sûr entièrement consacré à l'approche culturelle dans notre enseignement. Contentons-nous à ce stade de souligner l'idée d'autonomie qui est laissée, pour l'instant du moins, au professeur. D'ailleurs, plus loin nous pouvons lire dans les *Compléments au programme de Seconde* :

> Il est recommandé de baliser un domaine culturel vaste, ouvert et varié, par des repères coordonnés, historiques, économiques, politiques, scientifiques, sociaux, techniques et proprement culturels. [...] Il semble toutefois que l'on pourrait se fixer comme objectif minimum de faire réfléchir les élèves sur les institutions britanniques, sur le système éducatif, et sur les données de la géographie. Il serait également opportun de commencer à donner des coups de projecteur sur l'histoire des États-Unis.

Et plus loin encore, dans les *Compléments aux programmes de Première et Terminale* :

> On s'efforcera d'élargir le champ culturel et d'approfondir certaines questions. [...]
> On s'efforcera de couvrir un champ aussi large que possible en évitant, bien sûr, les simplifications trompeuses et les clichés.

Ici, l'idée essentielle est de laisser la plus grande liberté au professeur. Mais plus significatif et innovant encore, est le fait que les élèves disposent également d'une part d'autonomie dans le choix des données culturelles qui seront abordées. Ce qui démontre le souci actuel de les placer au centre de leur apprentissage et d'en faire des acteurs et non de simples récepteurs inertes. L'époque où l'on « faisait » systématiquement les États-Unis en Terminale, en insistant pendant une très grande partie de l'année sur les diverses vagues d'immigration et leurs conséquences, est révolue ! Tout est maintenant possible : les choix dépendent des goûts de chacun, et d'un certain réalisme doublé de bon sens. Ces choix s'opéreront également en fonction de la section à laquelle appartient le groupe d'élèves concernés.

C. CONSÉQUENCES

Comme nous venons de le constater, les professeurs de lycée disposent d'une plus grande liberté que leurs collègues de collège. Bien que les objectifs demeurent très semblables, la plus grande liberté leur est laissée quant aux contenus et aux supports. Les choix devront cependant s'effectuer avec la plus grande rigueur en fonction des objectifs visés. Il s'agit en effet de faire progresser l'élève dans ses acquisitions langagières, tout en lui laissant toujours comprendre où on veut l'amener et pourquoi. C'est donc la langue qui, avant toute autre considération, présidera au choix des documents proposés aux élèves, et non la mode ou des concessions à la démagogie.

Un autre élément essentiel qu'il convient de prendre en considération, est la finalité de notre enseignement au lycée, à savoir l'épreuve du baccalauréat. Elle constitue l'évaluation finale des acquis de l'enseignement secondaire et plus particulièrement du second cycle. Cette épreuve ne constitue dans la vie de nos élèves qu'un passage obligé, ô combien symbolique certes, et leur contact avec l'anglais devrait se prolonger pour la plupart d'entre eux au cours de leurs études universitaires, dans leur vie professionnelle et de plus en plus, avec l'ouverture des frontières au sens propre comme au sens symbolique du terme, dans leur quotidien.

Malgré un souci constant d'ouvrir ses élèves aux aspects les plus divers de la langue, le professeur ne perd jamais de vue l'échéance de l'examen. Professeurs comme élèves en subissent l'exigeante pression au fur et à mesure que la date fatidique approche.

Actuellement, une très grande majorité de nos élèves passent une épreuve écrite, qui revêt une forme différente en fonction des sections, mais qui, entre autres, s'appuie toujours sur la compréhension et l'interprétation d'un texte écrit. De fait, notre enseignement sera orienté par la forme que revêt cette épreuve finale. Il s'agira pour chacun d'entre nous de conduire nos élèves vers l'autonomie, afin qu'ils soient en mesure tout d'abord de comprendre un document inconnu, puis de s'exprimer à son propos.

Des activités spécifiques devront être mises en place pour atteindre ces objectifs. Ce seront essentiellement des activités de compréhension écrite, qui se prolongeront par des productions écrites pour préparer l'analyse du texte du baccalauréat et la partie d'expression libérée.

Force est de constater que, malgré toute notre bonne volonté, et la conscience que l'apprentissage d'une langue ne peut pas passer par de simples activités écrites, notre enseignement ne peut pas ignorer cet élément incontournable qu'est le Baccalauréat. Nous sommes donc amenés à enseigner autour du principe de l'explication de texte, littéraire ou non, en fonction des sections, ce qui induit l'introduction d'une métalangue spécifique, permettant aux élèves d'expliquer comment ils passent de la forme au sens dans la partie touchant à la compréhension. Il s'agit également de les outiller pour les rendre capables de produire un écrit de type « dissertation » ou plus modestement *essay*.

Il convient donc d'accompagner nos élèves dans la voie de l'appropriation d'une langue en cours de construction, tout en respectant une approche liée aux exigences de l'épreuve terminale qu'est le Baccalauréat.

Lourde tâche donc, que celle qui incombe aux professeurs de lycée !

3 LES CONTRAINTES INSTITUTIONNELLES

A. LES HORAIRES

Classe de Seconde générale et technologique :

LV1 (a)	2 + (1 module)
LV2 (a)	2 + (0,5)
LV3 (a)	2 + (0,5)

Cycle terminal, série économique et sociale :

Classe de première	
Enseignement obligatoire	
LV1 (a)	1,5 + (1)
LV2 (a)	1 + (1)
Enseignement obligatoire au choix	
LV1 (b)	2
LV2 (b)	3
Option facultative	
LV3	3

Classe Terminale	
Enseignement obligatoire	
LV1 (a)	1 + (1)
LV2 (a)	1 + (1)
Enseignement de spécialité au choix	
LV1 (b)	2
LV2 (b)	3
Option facultative	
LV3	3

Cycle terminal, série scientifique :

Classe de première	
Enseignement obligatoire	
LV1 (a)	1 + (1)
LV2 (a)	1 + (1)
Option facultative	
LV3	3
Classe Terminale	
Enseignement obligatoire	
LV1 (a)	1 + (1)
LV2 (a)	1 + (1)
Option facultative	
LV3	3

Cycle terminal, série littéraire :

Classe de première	
Enseignement obligatoire	
LV1 (a)	2,5 + (1)
LV2 (a)	1 + (1)
Enseignement obligatoire au choix	
LV1 (b)	2
LV2 (b)	3
Option facultative	
LV3	3
Classe Terminale	
Enseignement obligatoire	
LV1 (a)	2 + (1)
LV2 (a)	1 + (1)
Enseignement de spécialité au choix	
LV1 (b)	2
LV2 (b)	3
Option facultative	
LV3	3

( ) l'horaire entre parenthèses est un horaire en classe dédoublée.
(a) enseignement auquel peut s'ajouter une heure de conversation avec un assistant de langue.
(b) enseignement pouvant être choisi en complément de celui du tronc commun des enseignements obligatoires.

B.O. N° 29 du 27 juillet 2000.

Lorsque l'on étudie ces nouvelles grilles, mises en place à la rentrée 1999 en classe de Seconde, puis à la rentrée 2000 pour les classes de Première et 2001 pour les Terminales, on constate une perte systématique en terme de volume horaire, quelle que soit la classe. En effet, suite à une très forte demande des enseignants, l'institution a voulu donner la possibilité de dédoubler certaines heures. Mais, les moyens n'ayant pas augmenté, cette mesure s'est traduite par une diminution horaire pour les élèves et non, comme nous aurions pu le souhaiter, par une augmentation du nombre d'heures effectuées par le professeur en présence de sa classe. Dans la mesure où le format des épreuves écrites du baccalauréat n'a été que partiellement modifié, on comprend aisément quelle a pu être la réaction des enseignants, contraints de préparer leurs élèves à cet exercice tout en disposant de moins de temps. Cela tient en effet de la quadrature du cercle. Considérons, par exemple, la section ES. Il faut préparer les élèves à une épreuve écrite comportant compréhension et expression, tout en préparant également une quinzaine de textes minimum que les élèves, le cas échéant, désirant repasser l'anglais au rattrapage, devront pouvoir présenter à l'examinateur. Cela à raison de deux séances de travail hebdomadaire ! L'institution semble attendre de ses enseignants qu'ils fassent des miracles... Une fois de plus, on est en droit de se demander pourquoi, à l'heure de l'Europe, l'enseigne-ment des langues est traité avec autant de désinvolture. Un certain nombre d'heures est également consacré aux T.P.E. dans les disciplines dominantes et peut donc concerner l'anglais, en ES et en L.

B. LE STATUT DE L'ANGLAIS SELON LES SECTIONS

En Seconde, où les élèves n'ont pas encore choisi leur future filière, l'anglais est perçu comme une partie importante du programme. C'est une matière qu'il convient de travailler au même titre que les autres, dans la mesure où il n'y a pas encore de matière dite « dominante ». De nombreux élèves y accordent d'ailleurs d'autant plus d'attention qu'ils sont conscients que leur niveau en langue jouera pour beaucoup dans leur orientation.

En Première et en Terminale, il va de soi que la place de l'anglais n'est pas perçue de la même manière par tous nos élèves. En effet, les élèves de la série L, mais également ceux de la série ES, se doivent de lui accorder de l'importance dans la perspective du baccalauréat, le coefficient affecté à cette épreuve étant assez élevé. Il est de plus traditionnel pour des élèves ayant un profil littéraire de s'intéresser aux langues étrangères puisqu'elles permettent l'accès dans le texte, à la littérature du pays concerné. Quant aux élèves de la filière ES, qui se destinent généralement à des carrières tournées vers le commerce, l'économie et la communication, une bonne maîtrise de l'anglais semble aller de soi.

Il n'en va pas toujours de même pour les élèves des séries scientifiques, souvent débordés par le travail considérable qui leur est demandé dans les matières dominantes, et qui ont souvent tendance à considérer que le petit coefficient affecté à l'anglais (3, alors qu'en mathématiques il est de 7, voire même 9 avec la spécialité), ne justifie pas un gros investissement. Seuls les très bons élèves, ceux qui peuvent prétendre à une mention, ne négligent aucune facette de l'enseignement qui leur est dispensé. Il est donc essentiel pour le professeur qui se présente devant une nouvelle classe de Terminale S en début d'année scolaire, d'expliquer à ses élèves l'importance de la maîtrise de l'anglais dans le monde actuel, au-delà de la simple épreuve qui les attend. En effet, dans toutes les filières scientifiques et dans les classes préparatoires aux grandes écoles, l'anglais garde une place de choix, faisant d'ailleurs parfois la différence entre des étudiants qui ont à peu près tous le même niveau dans les matières fondamentales. De plus l'anglais est la langue d'échange la plus utilisée par les scientifiques du monde entier. Les résumés de mémoires et de thèses doivent être présentés en anglais. C'est en anglais également que se tiennent les colloques internationaux. Lors des journées consacrées à la présentation des diverses filières post-bac, nombreux sont les anciens élèves qui viennent d'ailleurs confirmer l'importance de l'anglais et conseiller aux futurs bacheliers scientifiques de ne surtout pas en négliger l'étude.

C. LES CONDITIONS MATÉRIELLES

Les effectifs

C'est un des premiers problèmes auquel est confronté le professeur de lycée. En effet, il est tout à fait courant d'avoir 35 élèves par classe, et parfois plus encore. C'est d'ailleurs la raison pour laquelle tous les enseignants se sont mobilisés pour que leurs classes soient dédoublées. Nous pouvons désormais consacrer une partie de l'horaire à des travaux effectués en demi-groupes. Cependant une heure par semaine, voire plus selon les sections, continue à s'effectuer en présence de la classe entière. Comment dès lors prétendre travailler dans des conditions satisfaisantes, sachant que l'apprentissage d'une langue se fonde sur l'approche communicative ? Nous sommes confrontés à un problème quasiment insoluble, et nous ne pourrons malheureusement pas y apporter de réponses satisfaisantes. Si nous comparons avec ce qui se passe chez nos voisins européens, nous pouvons constater, en Allemagne notamment, que les élèves bénéficient de plusieurs séances par semaine, avec un effectif réduit. En France, la situation des langues est beaucoup moins favorable, et nous ne pouvons que le déplorer. Nous nous contenterons dans un premier temps de conseiller un travail plus axé sur les compétences de compréhension en classe entière, ce qui permettra de consacrer l'heure effectuée en demi-groupe à des activités de communication. Le travail personnel de l'élève prend maintenant encore plus d'importance. Nous savons que la compétence dans une langue étrangère s'acquiert grâce à une exposition maximale à celle-ci. Vu le peu de temps dont nous disposons dans le cadre de l'horaire scolaire, il faut absolument miser sur le travail autonome. Il ne faut donc pas hésiter à donner un grand nombre de documents à nos élèves, en leur demandant de se les approprier en totale liberté à la maison, afin de ménager un contact suffisamment fréquent avec la langue. Nous y reviendrons ultérieurement. Les T.P.E. devraient également permettre cette approche autonome de la langue.

Le cadre

Beaucoup a déjà été dit sur ce sujet. Contentons-nous de rappeler qu'il est toujours souhaitable, dans la mesure du possible, de disposer d'un espace-classe convivial. Les élèves auront plus de facilité à se plonger dans la matière si la salle est aménagée de manière à les placer dans un contexte en rapport avec la langue. Ce qui semble être une évidence au collège est beaucoup trop souvent évacué au lycée. Les posters et autres affiches, les photos, souvenirs des voyages passés, les extraits de presse, etc., seront les bienvenus, de même que toutes les propositions émanant des élèves eux-mêmes.

Quant à la disposition, il est toujours utile de rappeler qu'une installation en U, ou en double-U, permet une meilleure communication entre les apprenants, ainsi qu'une meilleure qualité d'écoute. Nous avons les plus grandes difficultés à obtenir de nos élèves une élocution suffisamment forte et claire, malgré tous nos efforts. Comment espérer que dans une classe « autobus », les élèves installés au fond, puissent entendre leurs camarades du premier rang qui leur tournent le dos ? De plus, la disposition en U évite que les échanges soient toujours orientés du professeur vers la classe ou vice versa. Nous sommes bien conscients que les contraintes de l'établissement en ce qui concerne l'occupation des locaux ne donnent pas toujours la possibilité aux enseignants d'organiser comme ils le souhaiteraient l'espace dans lequel ils travaillent, mais nous les engageons vivement à revendiquer l'attribution d'une salle, afin de gagner en confort et donc en efficacité, ou du moins à tenter de convaincre leurs collègues qui enseignent d'autres matières et qui partagent les mêmes classes d'accepter la disposition en U, ce qui n'est pas toujours chose facile, nous en conviendrons volontiers.

Le matériel

Toutes les classes de langue devraient être équipées, au minimum, d'un téléviseur et d'un magnétoscope, dans la mesure où l'étude de documents vidéo est devenue monnaie courante dans la pratique des enseignants. Nous savons que ce n'est malheureusement pas le cas partout, même si nous pouvons constater qu'un certain effort a été fait dans ce sens. Il est extrêmement désagréable de devoir prévoir la réservation d'une salle vidéo, car il n'est pas toujours possible d'anticiper le moment où l'utilisation s'en fera sentir. De même, il n'est pas toujours facile de partager un équipement avec des collègues qui risquent d'en avoir besoin au même moment. Il ne nous paraît donc pas déraisonnable de réclamer l'installation à demeure de ce matériel, et ce dans toutes les salles de langue. De plus en plus d'établissements ont installé des paraboles, ce qui permet la réception satellitaire dans les classes, et nous ne pouvons que nous en réjouir. Pour ce qui est d'Internet, rares sont les enseignants qui disposent d'un ordinateur connecté dans leur classe, bien que l'utilisation à des fins de documentation en semble pourtant évidente. Souhaitons que dans l'avenir, les administrations des établissements comprennent la très grande richesse de cet outil et les possibilités infinies qu'il offre aux professeurs d'anglais. L'utilisation du magnétophone va de soi, et il paraît inconcevable, de nos jours, que chaque enseignant n'en ait pas un à sa disposition, de même bien sûr que tous les jeux de cassettes nécessaires.

Si dans certains départements, grâce à l'intervention des Conseils Généraux, l'installation de laboratoires de langue s'est généralisée dans les collèges, il n'en va pas de même pour les lycées. Certains ont pourtant la chance d'en disposer, ce qui paraît normal alors même que les directives ministérielles nous conduisent à revaloriser l'objectif phonologique, trop souvent parent pauvre de l'enseignement en second cycle. Il serait souhaitable que les élèves puissent en disposer en libre-service, pendant leurs heures de liberté, afin d'y travailler tel aspect de la prononciation qu'ils ne maîtrisent pas, sur les conseils de leur professeur. Il semble en effet illusoire de vouloir y consacrer des séances avec la classe entière, étant donné les restrictions horaires.

4 L'ÉLÈVE, LE GROUPE ET LE PROFESSEUR

A. PRÉAMBULE

Si nous avons décidé de consacrer une partie de ce chapitre à la relation qui s'instaure entre les divers partenaires de la classe, c'est après avoir constaté que les professeurs-stagiaires en formation initiale à l'IUFM, avaient une très forte demande dans ce sens. En effet, les premières questions que se pose un jeune qui débute dans le métier ne sont généralement pas d'ordre didactique ou pédagogique, mais concerne plutôt la manière dont il va établir le contact avec ses élèves, ce qui est fort compréhensible. Souvenons-nous en effet de ces quelques minutes d'appréhension qui ont précédé notre entrée dans une classe et de notre inquiétude à la vue d'une trentaine de paires d'yeux qui nous dévisageaient. La vie commune au sein d'une classe procède d'une étrange et délicate alchimie, comme toute autre relation humaine, et c'est sans doute à l'intersection du savoir-faire professionnel et de l'humanité dont nous sommes inégalement capables que se trouvent des éléments de réponse. Cette partie est donc destinée à nos collègues qui commencent leur carrière. Elle sera davantage constituée d'une série de remarques que de propositions de solutions toutes faites, car malheureusement celles-ci n'existent pas.

■ B. L'ÉLÈVE DE LYCÉE

> Le terme d'élève désigne couramment un enfant fréquentant un établissement scolaire; il est plus banal que le terme d'apprenant (élève acteur de son apprentissage) et comporte une dimension sociale: élève, est-ce un métier ? La considération que l'on porte à l'élève et non au seul savoir ne peut que favoriser son adhésion à l'apprentissage et, partant, la relation élève-savoir.
>
> Mireille Quivy, Claire Tardieu, *Glossaire de didactique de l'anglais*, Ellipses, 1997.

L'élève de Seconde que nous recevons au lycée le jour de la rentrée scolaire, arrive de son collège où il avait acquis un statut d'aîné, lui donnant une certaine importance aux yeux de ses camarades plus jeunes. Bien qu'il ait une certaine maturité et des aspirations différentes de celles qui l'animaient au collège au cours de la période la plus agitée de son adolescence, notre élève se retrouve maintenant parmi les plus jeunes. Cette situation le met souvent dans un état d'anticipation un peu inquiète vis-à-vis de sa scolarité dans le second cycle. Il s'agit donc pour le professeur de ne pas ajouter à son angoisse en présentant le travail à venir comme une montagne dont le franchissement se fera dans la difficulté et dans la peine. Il convient au contraire de le rassurer, de sorte qu'il s'adapte le plus rapidement possible et que son nouvel univers lui devienne familier. Il s'agit ensuite de l'accompagner dans la voie de l'autonomie, qui constitue une notion-clé au lycée. En effet, l'élève devra rapidement être responsabilisé afin de prendre en charge son apprentissage, d'où de très nombreuses activités axées sur l'acquisition de nouveaux outils méthodologiques. Comme ses goûts ont évolué ou se sont affirmés, on prendra soin d'en tenir compte afin de le valoriser. Il est essentiel qu'il prenne bien conscience qu'être élève est un métier, comme le suggère la définition ci-dessus. C'est en le responsabilisant qu'on l'aidera à devenir adulte.

Les relations avec l'élève de lycée sont généralement détendues et agréables, et une complicité s'établit assez facilement. Plus l'échéance du baccalauréat se rapproche, plus l'élève est demandeur de soutien moral et pédagogique. De plus, comme il a déjà procédé à des choix d'orientation, et qu'il a souvent une idée de ce qu'il compte faire après l'obtention du baccalauréat, il prend son apprentissage en charge d'autant plus volontiers que ses objectifs se précisent.

Le portrait que nous venons d'esquisser peut cependant sembler un peu trop idyllique à nos collègues qui enseignent dans des établissements situés en zone sensible mais nous pensons néanmoins qu'individuellement, s'il ne subit pas l'influence néfaste d'un groupe, l'élève de lycée souhaite le contact avec ses professeurs auprès desquels il devrait pouvoir trouver appui et encouragement, aussi bien dans sa quête identitaire que pour sa scolarité. Actuellement, nos élèves ont souvent des conditions de vie familiales difficiles, manquent parfois de limites, et sans bien sûr chercher à se substituer à leurs parents, nous pouvons cependant contribuer à les aider à devenir des citoyens responsables.

C. LE GROUPE

Quand on étudie les groupes auxquels nous avons affaire, les problèmes sont autres. Le premier d'entre eux est d'ailleurs celui de l'hétérogénéité, qui pose une question pédagogique de gestion de classe. Nous aurons l'occasion d'y revenir. Les élèves qui arrivent dans les lycées d'enseignement général sont de plus en plus nombreux car les places dans les diverses sections préparant à un BEP dans les lycées professionnels, sont en nombre insuffisant. De plus, les origines sont diverses, et nous savons par expérience que les classes de Troisième ne sont pas toutes égales. Beaucoup d'élèves sont donc orientés au lycée malgré des résultats médiocres. Dès les premiers devoirs, ils se rendent compte qu'ils ne sont pas au niveau et leur malaise se traduit parfois par une certaine agitation. Il convient d'essayer de sécuriser ces élèves en difficulté en les persuadant que tout n'est pas irrémédiablement perdu. L'approche méthodologique leur donnera des outils pour affronter leur scolarité dans de meilleures conditions. Les modules offrent une belle occasion de mise en place de ce type de démarche. Nous disposons d'ailleurs, avec les tests d'évaluation à l'entrée en Seconde d'un outil nous permettant d'établir un premier bilan, certes relatif et imparfait pour de nombreuses raisons que nous ne développerons pas dans cette partie, mais qui a le mérite d'exister. Il convient, dans un premier temps, d'utiliser ces résultats avec précaution, tout en n'hésitant pas à les remettre plus tard en question au fur et à mesure de l'évolution des élèves.

Après la Seconde, l'hétérogénéité tend à se réduire du fait du choix des différentes filières. De plus, les élèves les plus faibles ont pu bénéficier d'une réorientation qui leur permettra, nous l'espérons, un meilleur épanouissement. Pour autant, tous les élèves ne réussissent pas en anglais et nous avons parfois de grosses difficultés à obtenir une participation satisfaisante. Au lycée, les élèves sont à un âge où le regard des autres compte beaucoup, comme en témoigne la remarquable uniformité vestimentaire que l'on peut constater lorsque l'on traverse les cours de récréation. Un « excès » de participation de la part des élèves les plus avancés est souvent mal vécu par leurs camarades, ce qui fait que leur enthousiasme a tendance à se tarir. Quant aux élèves les plus faibles, ils ne souhaitent pas prendre la parole, craignant le ridicule et les moqueries de leurs pairs. Une mise au point de la part du professeur s'impose donc, et ce dès le début de l'année scolaire.

Dans les *Instructions Officielles*, on peut lire les propos suivants dans une rubrique intitulée « Une voie pour l'avenir » :

> Au-delà d'un certain seuil, l'hétérogénéité rend la tâche du professeur très difficile. Elle ne permet pas aux meilleurs élèves de progresser au rythme qui conviendrait à leurs possibilités, elle ne permet pas aux autres de tirer pleinement profit de leurs capacités. Une autre organisation serait possible. Elle consisterait à regrouper, quelle que soit leur section de rattachement, les élèves ayant fait la preuve de leur aptitude et de leur goût pour l'étude de la langue.

Doit-on interpréter ces lignes comme un aveu d'impuissance, d'autant qu'elles servent de conclusion aux compléments qui font suite aux programmes des classes de Première et Terminales ? *Food for thought...*

D. LE PROFESSEUR

L'autorité s'établit naturellement grâce à la compétence dont on fait preuve à la fois dans la matière enseignée et dans la gestion des relations humaines. Les élèves de lycée y sont très sensibles et ils respectent généralement les professeurs auxquels ils font confiance.

> L'enseignant est celui dont la raison d'être est d'instruire et qui par là même, inévitablement éduque.
> Ne saurait être un bon enseignant celui qui n'aurait pas, chevillées en lui :
> • la conviction (pas une « croyance » irrationnelle !) en l'utilité sociale de sa spécialisation technique et intellectuelle – en principe bonne –,
> • l'aptitude psychologique à assurer dans un climat de confiance une communication réussie,
> • l'adhésion éthique, citoyenne, philosophique, aux finalités et aux valeurs du savoir et de sa transmission, etc.
>
> Danielle Bailly, *Les mots de la didactique des langues*, Ophrys, 1998.

La dimension sociale de la relation professeur-élèves est essentielle. Les années de lycée marquent la fin de l'infantilisation de l'élève et l'introduction de la notion de partenariat entre apprenants et enseignants. Dans le microcosme hétérogène que constitue la classe, il semble désormais difficile de se satisfaire de la conception traditionnelle de l'enseignant comme seul détenteur du savoir et unique dispensateur de celui-ci. Qui plus est lorsqu'il s'agit d'enseigner une langue vivante. Dans des classes où il est de moins en moins rare de rencontrer de jeunes adultes majeurs censés connaître leurs devoirs de citoyens et en mesure d'apprécier pleinement les droits afférents à ce statut, la transparence des règles de vie et de travail, des droits et des devoirs de chacun, des lois et des codes, doit être assurée.

Cette transparence fonde les liens de respect mutuel au sein d'un contrat « micro-social », seuls garants des conditions favorables à la relation d'enseignement-apprentissage. Le rapport de force n'est au lycée certainement pas de mise, bien au contraire, une écoute attentive doublée d'un travail d'élucidation des intentions restent la seule voie vers la confiance des élèves envers leur professeur et du professeur envers ses élèves, la seule façon de ne pas se retrouver en situation de rupture :

> Sommes-nous en mesure aujourd'hui de dire aux jeunes enseignants – et peut-être surtout aux futurs candidats aux concours de recrutement – que leur autorité devra se garantir par un travail d'explication par rapport à la loi et à l'interdit plutôt que par l'usage d'une mécanique répressive ?
>
> Clément Magron, « *Savoir prendre des risques* » dans *Le Monde de l'éducation, de la culture de la formation*, n° 267, février 1999.

Si l'explication et la transparence des règles de vie sont requises, il en va de même pour ce qui est des intentions du professeur au plan – si ce n'est de sa didactique – du moins des enjeux de celle-ci. Il y a là non seulement un facteur de sérénité au sein des classes mais aussi, et ce n'est pas un moindre gain, au plan de l'acquisition et de l'apprentissage. Qu'est-on en train de faire ? À quoi cela va-t-il servir ? Pourquoi cette activité ? Sur quoi débouche cet exercice ? Autant de questions que l'apprenant est en droit de se poser légitimement. Autant de questions dont les réponses, en élucidant les finalités des projets pédagogiques, la visée des objectifs, les jalons à parcourir, favorisent l'intelligence des situations pédagogiques voulues par l'enseignant et, partant, optimisent les conditions de l'apprentissage. Il ne s'agit en aucune façon d'abdiquer quoi que ce soit d'un savoir-faire professionnel, il s'agit plutôt d'en faire partager le bien-fondé des démarches pour une plus grande efficacité. Annoncer ses objectifs, élucider le pourquoi de telle activité revient à informer l'apprenant des différentes voies qu'il va devoir parcourir pour toucher au but, ainsi sera-t-il en mesure de se projeter vers l'objectif visé en toute connaissance de cause, d'imaginer un cheminement personnel vers la cible à atteindre et de mobiliser les outils nécessaires à ce cheminement, bref de travailler à la prise en charge individuelle de son apprentissage. L'enseignant ouvre la voie, propose les étapes et guide en chemin.

Ici encore s'affirme l'image d'un enseignant non plus solitaire et retranché sur son estrade mais plutôt acteur de terrain. À propos de son rôle, Danielle Bailly écrit :

> L'enseignant doit de nos jours se départir du rôle traditionnel qui fut le sien dans le passé : trop uniquement « magistral », ce rôle l'entraînait vers une captation unilatérale de la parole, de l'initiative, de l'activité, des décisions. Or, un cadre favorable à la communication implique pour l'élève une part d'autonomie, de liberté, de responsabilité. N'y est pas pour autant abandonnée la semi-directivité nécessaire au guidage, à l'aide, à la visée générale du projet pédagogique, qui appartiennent en propre à l'enseignant ; simplement ce dernier devient aussi l'animateur, le guide, le conseiller, le régulateur, la « ressource », le meneur de jeu.
>
> Danielle Bailly, *Didactique de l'anglais*, Nathan pédagogie, 1997.

Comment établir la relation professeur-élèves dans les meilleures conditions ? Il est primordial de connaître les élèves en tant qu'individus le plus rapidement possible, dès le début de l'année. En effet, si on ne s'adresse à la classe qu'en tant que groupe, les élèves en veulent à leur professeur, ayant l'impression qu'on ne les considère pas comme des personnes pourvues de qualités, comme de défauts d'ailleurs. La discipline doit être exigée et maintenue, tout en conservant une attitude calme et posée. En effet, un enseignant qui crie et perd son sang-froid risque de s'attirer les sarcasmes des élèves. Il vaut mieux, au contraire, si le niveau sonore de la classe dépasse le tolérable, baisser le ton afin que la classe fasse le silence pour pouvoir entendre. Les élèves doivent témoigner du respect à leur professeur, qui n'est assurément pas l'un de leurs camarades, qui est un adulte bienveillant et sur lequel on peut compter certes, mais qui se doit de poser certaines limites quand elles deviennent nécessaires. Limites que les élèves se doivent d'accepter, mêmes si dans certains secteurs difficiles, cette notion ne fait pas toujours partie intégrante de leur vécu. Cette autorité, indispensable et bienveillante, ne doit pas empêcher une certaine complicité, qui s'établit en écoutant les élèves et en respectant leur parole tout en allant vers eux, au sens figuré comme au sens propre. En effet, le courant passe difficilement si le professeur se retranche derrière son bureau. Il convient de se déplacer dans la classe, d'aller au contact des élèves, et la disposition en U dont nous avons parlé précédemment favorise cette proximité. Il s'agit également d'être toujours clair lorsque l'on passe des consignes et de contrôler régulièrement le travail que l'on exige des élèves. Si la relation s'établit sur la base d'un « contrat » établit clairement, elle a toutes les chances de réussir. Le professeur a également un rôle à jouer dans l'apprentissage de la citoyenneté et de la tolérance dans le respect des différences de chacun. Les origines diverses de nos élèves peuvent alors être exploitées positivement, et ce à partir de considérations prenant appui sur la civilisation anglo-saxonne. Les élèves de lycée, qui sont des adultes en devenir, souvent plein d'enthousiasme et de convictions, sont passionnants pour qui veut bien s'y intéresser et les écouter. Ne passons pas à côté de cette grande chance qui nous est offerte de vivre avec les citoyens de demain. Offrons une oreille attentive à leurs désirs et à leurs aspirations.

5 L'ÉLÈVE AU CENTRE DU PROJET

A. APPRENDRE L'ANGLAIS EN MILIEU INSTITUTIONNEL : UNE GAGEURE ?

On distingue trois manières principales d'accéder à l'acquisition d'une langue. La première, concerne le jeune enfant qui acquiert sa langue maternelle, dans une situation d'interactivité naturelle et spontanée avec son entourage, et principalement avec sa mère qui, dans la plupart des cas, est son interlocutrice privilégiée. De nombreuses études ont été consacrées à ce sujet par des psycholinguistes spécialistes de l'acquisition du langage ; nous engageons nos collègues intéressés à s'y référer. En effet, la description et l'analyse des activités langagières et des processus mis en jeu dépasseraient le cadre de cet ouvrage. Le deuxième cas de figure est celui de l'acquisition d'une langue étrangère directement dans le pays concerné. C'est le cas des enfants qui vivent dans un pays autre que le leur pour des raisons généralement liées à l'activité professionnelle de leurs parents, ou celui des étudiants qui vont passer une partie de leur cursus universitaire à l'étranger. En effet, comment mieux apprendre une langue vivante qu'en séjournant longtemps dans le pays où elle est parlée ? Apprendre « sur le tas », « en immersion » se fait d'autant plus aisément qu'il y va de la survie, parfois biologique, le plus souvent sociale de l'apprenant. La nécessité a alors force de loi. Dans le meilleur des cas, allant de balbutiements en tâtonnements, l'apprenant est instantanément confronté à la sanction de ses tentatives et il est ainsi guidé vers une meilleure efficacité par l'interaction avec son environnement.

Ce moyen d'accès à l'acquisition d'une langue étrangère est bien entendu idéal et le seul qui en permette une réelle maîtrise. Le degré de perfection dans la langue étrangère apprise dans le pays concerné dépend d'un certain nombre de facteurs, comme par exemple la motivation, le désir de communication, la nécessité d'une intégration rapide, mais aussi du temps qu'on y aura passé et de l'âge qu'on avait à ce moment-là. Ces facteurs sont également déterminants pour la conservation de la maîtrise de la langue une fois de retour dans le pays d'origine. D'autres facteurs entrent alors également en jeu, comme par exemple, l'utilisation qui continue à être faite ou non de cette langue.

Que dire donc de l'apprentissage d'une langue dans un cadre institutionnel exolingue ? Même si les voyages linguistiques scolaires ou personnels deviennent de plus en plus fréquents, nous savons bien qu'ils n'ont qu'une portée limitée sur l'apprentissage, ne serait-ce que parce qu'ils sont trop circonscrits dans le temps, ou parce qu'ils s'effectuent dans de mauvaises conditions (ex : groupes d'enfants français restant exclusivement entre eux). De plus, ces voyages ne concernent toujours qu'une minorité d'élèves dont les familles sont les plus fortunées, malgré les efforts faits par certains établissements scolaires pour aider les plus démunis. Il ne reste donc, pour la plus grande partie de nos élèves que les quelques heures, de plus en plus réduites hélas, consacrées dans leurs emplois du temps à l'apprentissage d'une ou deux (de plus en plus rarement, trois) langues étrangères. Dans ces conditions, atteindre parfaitement la langue-cible paraît impossible :

> La mission première du professeur d'anglais est d'enseigner la langue [...]. Toutefois, la réalité, qu'il s'agisse des élèves (niveaux encore hétérogènes, motivations de qualité très inégale) ou de l'institution (horaires, effectifs, sections), nous contraint à modérer et à moduler nos ambitions et nos exigences.
>
> Bien que le programme de base constitue l'objectif visé au terme du second cycle pour l'ensemble des sections du baccalauréat, il serait illusoire de penser que, dans l'état actuel du dispositif, tous les élèves peuvent parvenir à une maîtrise opératoire de ce programme.
>
> *Instructions Officielles*, réédition de juillet 1995.

Déjà en 1995, l'institution émettait des réserves quant à l'état de son dispositif, qui malheureusement ne s'est pas amélioré, loin s'en faut...

Rien ne sert cependant de se lamenter, il convient au contraire de proposer des solutions pour rendre possible l'enseignement de l'anglais au lycée dans l'état actuel des choses.

Seule la simulation d'une réalité langagière permet de placer les élèves en situation de communiquer en langue vivante. Lors de ces simulations, l'environnement le plus immédiat est constitué des éléments humains qui composent la classe : les élèves et le professeur. Ils sont les acteurs et les partenaires indispensables du jeu de la communication interactive. De ce jeu, le professeur reste le maître : il en invente les conditions, en édicte les règles, en délimite le terrain pour s'effacer afin de mieux assister aux activités interactives de ses élèves.

Nous reviendrons amplement sur le bien-fondé de l'approche communicative et nous aurons l'occasion de détailler quelques modalités de sa mise en œuvre. Pour l'heure, contentons-nous de souligner le pouvoir fédérateur d'une telle approche où la langue se construit en partenariat, en collaboration avec l'ensemble des composantes de la classe :

> On fait l'hypothèse que tout discours est le résultat d'un processus coopératif à plusieurs niveaux entre au moins deux interlocuteurs, processus de construction et de reconstruction de significations à l'origine individuelle qu'on ajuste progressivement, par négociation, au sein d'un réseau d'interactions personnelles et sociales.
>
> H. Besse, cité par Danielle Bailly dans *Didactique de l'anglais*, Nathan pédagogie, 1997.

B. L'APPROCHE COGNITIVE

Dans les *Instructions Officielles* encore, nous pouvons lire :

> [...] la mission du professeur d'anglais est d'enseigner la langue, ou plus exactement de créer les conditions qui permettent de l'apprendre.

Quelles sont donc ces « conditions » ?

Ces quelques mots sont lourds de sous-entendus. Le professeur n'est pas là pour enseigner de façon magistrale. Il est un guide, un facilitateur d'apprentissage. En effet :

> [...] il ne s'agit pas non plus de multiplier les exposés théoriques, mêmes pertinents. L'élève n'est pas une cible à discours. » « Il faut s'efforcer de mettre en œuvre une pédagogie de la découverte par l'élève lui-même de ce qu'on souhaite qu'il apprenne. » « Éduquer, donc enseigner, c'est rendre autonome, c'est-à-dire amener l'élève à se passer du maître. » « Pour que ce travail puisse rapidement et pleinement porter ses fruits et, d'une façon plus générale, pour que s'instaure un climat propice à l'apprentissage, il faut que les élèves comprennent les raisons des activités auxquelles ils participent.
>
> *Instructions Officielles*, 1995.

Trois pistes de réflexion apparaissent à travers ces morceaux choisis :

– le professeur n'est pas là pour dispenser son enseignement par le biais de cours magistraux ;

– il doit au contraire conduire ses élèves sur la voie de l'autonomie ;
– pour impliquer pleinement les apprenants et obtenir leur adhésion, il convient de leur expliquer l'intérêt des démarches, le pourquoi du travail effectué et des techniques mises en place, ce qui les amène à prendre plus volontiers en charge leur apprentissage.

Ces méthodes sont induites par un simple constat de bon sens : apprendre à comprendre et à parler une langue ne peut passer que par l'élève lui-même. Personne ne peut se substituer à lui pour l'exercice de ces deux activités. Tout ce que peut faire l'enseignant, c'est exercer un rôle de guide.

Ce sont les avancées dans le domaine de la cognition et de la psycholinguistique qui rendent évidente et incontournable la nécessité de l'implication de l'élève. Comme le dit Daniel Gaonac'h, cité par Danielle Bailly dans *Les mots de la didactique des langues* :

> Les activités cognitives sont globalisantes (prenant en compte l'environnement en tant que système relationnel : cf. liens entre phonologie, lexique, syntaxe, sémantique, etc.), anticipatrices (se fiant aux régularités de l'environnement, à la redondance, etc. pour fonder un système de représentations dont les éléments servent de signaux – pour confirmer des attentes, etc. – par rapport à d'autres éléments de cet environnement), structurantes (conduisant à la constitution de « cartes cognitives » qui serviront ensuite à organiser des conduites adaptées). Ces opérations permettent « d'acquérir et d'élaborer des informations qui conduisent à la construction d'une "connaissance" organisée de l'environnement. »

Ainsi, c'est par ce type d'opérations mentales que l'élève construit progressivement ses compétences dans la langue qu'il étudie. Il faut donc le placer dans les conditions lui permettant de les effectuer. C'est par l'élaboration de schémas mentaux successifs et temporaires qu'il avancera progressivement vers la langue-cible, sous la conduite de son professeur qui, s'il est conscient de ces processus, fera les choix qui conviennent parmi les objectifs opérationnels permettant, si ce n'est de l'atteindre, au moins de s'en rapprocher. L'éventail de ces choix se devra d'être large car les processus d'acquisition sont multiples, et de plus, varient d'un individu à l'autre.

Cette manière de concevoir l'acquisition d'une langue étrangère est liée à la nature même de l'objet enseigné. En effet, une langue est, comme le dit Danielle Chini, « prioritairement outil de communication mais aussi matière première de la pensée et vecteur de culture. » Elle permet de reconstruire un monde qui lui préexiste. Il s'agit donc d'aider les élèves à s'approprier un système de représentation différent de celui que constitue leur langue maternelle. Ils avanceront dans leur appropriation en prenant conscience que ces deux systèmes ne sont pas superposables.

L'objectif conceptuel qui se doit d'accompagner l'acquisition progressive de la langue, et qui consiste à ménager des pauses structurantes au cours desquelles les élèves exercent une réflexion métalinguistique sur le fonctionnement du langage qu'ils manipulent, participe de cette approche cognitive. Il leur permet de se représenter leurs processus mentaux et partant, les aide dans leur appropriation. Une partie de cet ouvrage sera consacrée à la pratique raisonnée de la langue.

Mais, comme le dit Daniel Gaonac'h :

> Les modes d'acquisition de la langue ne peuvent être séparés des activités de langage. [...] On peut penser au contraire que toute production dépend de stratégies de communication qui jouent un rôle essentiel dans la mise en œuvre de tel ou tel processus.
>
> Daniel Gaonac'h, *Théories d'apprentissage et acquisition d'une langue étrangère*, Credif, 1991.

Cette remarque nous amène au point suivant.

C. LA COMMUNICATION AU CENTRE DES PROJETS PÉDAGOGIQUES

Les finalités d'une telle approche

Comme nous venons de le voir, la méthode communicative est sous-tendue par la nécessité de favoriser les activités cognitives de l'apprenant. De plus, chacun sait que le langage sert avant tout à communiquer. Or, le type d'écrit qui est traditionnellement objet d'étude au lycée, à savoir essentiellement la presse et la littérature, ne favorise pas particulièrement une communication naturelle. En effet, après la phase de découverte du texte, effectuée plus ou moins en autonomie, bien souvent sans consignes précises, les enseignants ont souvent tendance à faire rechercher l'implicite, puis après quelques vagues remarques parfois superficielles de la part du groupe-classe, à livrer leurs propres explications, que les élèves les plus consciencieux s'empressent de noter. On le voit bien, dans un tel système, la dimension communicative est tout à fait absente. Les élèves restent passifs et se comportent en consommateurs de l'enseignement qui leur est dispensé. Dans ces conditions, les processus cognitifs ne sont pas favorisés, et, la langue passant au second plan, l'acquisition en est compromise. Il est donc primordial de recentrer l'enseignement sur le groupe classe, et d'organiser des activités interactives permettant aux élèves de prendre en charge leur apprentissage, même si, nous en sommes bien conscients, les situations de communication que nous créons en milieu scolaire ne peuvent être qu'artificielles, surtout lorsqu'il s'agit de discuter du contenu explicite et implicite d'un texte. N'oublions pas que le texte n'est qu'un prétexte servant de support à l'étude de la langue et non une fin en soi. Daniel Gaonac'h rappelle que :

> […] l'idée centrale reste que des activités de langage (des interactions langagières) puissent être un élément déterminant, du moins facilitateur de la maîtrise de la langue. […]
> – l'interaction permet de contrôler la répétition des formes lexicales ou syntaxiques;
> – elle permet de contrôler ou de vérifier la thématisation du discours;
> – elle permet de réutiliser ce qui vient d'être entendu, ou de se fonder sur des indices physiquement présents, ce qui allège beaucoup la charge de la mémoire;
> – elle permet de ménager une activité de langage portant sur un matériau hautement prédictible, répétitif et bien contextualisé (si l'interlocuteur «joue le jeu»), ce qui peut être une situation idéale pour permettre à l'attention active de se porter sur d'autres aspects du langage;
> – elle permet éventuellement de contrôler (par la forme des questions par exemple) la forme des productions de l'interlocuteur, pour en assurer la redondance, ou au contraire pour en examiner la variabilité;
> – elle permet de tester les possibilités d'intégration des routines dans des unités linguistiques plus importantes.
> En d'autres termes, le type de langage qui apparaît de manière spécifique dans les interactions effectives, possède des caractéristiques dont le rôle pédagogique ne tient pas tellement à une éventuelle simplicité linguistique; il s'agit aussi d'une situation facilitatrice au plan des activités cognitives sous-jacentes.

Daniel Gaonac'h, *Théories d'apprentissage et acquisition d'une langue étrangère*, Credif, 1991.

Ces situations interactives de communication favorisent l'acquisition des faits de langue, par saisie, traitement, stockage (mise en mémoire), transmission et production. Seule la pratique intensive de la langue, raisonnablement accompagnée d'activités méta-linguistiques de type explicatif, permet à l'élève de progresser dans son interlangue et de se rapprocher peu à peu de la langue-cible. Pour la clarté de notre propos, retenons ici la définition de l'interlangue que propose Yvonne Cossu :

> […] phase dans le développement de la compétence linguistique d'un apprenant. Par hypothèses successives, l'apprenant édifie et modifie son propre système (l'interlangue) qui se rapproche de plus en plus de la norme de la langue qu'il apprend. Les erreurs, ou hypothèses d'apprenant, sont la trace observable de cette interlangue.

Yvonne Cossu, *L'enseignement de l'anglais, préparation au CAPES et au CAPLP2*, Nathan Université, 1996.

Communiquer en milieu institutionnel

On peut sans doute s'accorder sur une définition la plus simple de ce que recouvre la notion de communication en langue vivante en milieu institutionnel. Dans la classe de langue, communiquer revient à établir un réseau d'échanges essentiellement verbaux, bien que non exclusivement, entre les diverses instances du groupe. Élèves et enseignant sont ainsi tour à tour, et à des degrés nécessairement divers, émetteurs et récepteurs de messages donnés à comprendre. Voilà qui pourrait s'appliquer facilement à une situation de conversation entre deux ou plusieurs personnes de même langue. Mais de fait, de nombreux points différencient la nature de la communication en langue vivante en milieu institutionnel de la communication langagière en milieu naturel. En classe :

• les canaux de la communication sont amplement prévisibles, connus de tous et stéréotypés ;

• les informations échangées portent trop souvent sur des données connues de tous ;

• l'efficacité de la communication se trouve limitée par l'hétérogénéité des compétences ;

• le contexte de la classe induit des échanges assez standardisés entre les élèves et l'enseignant ou entre les élèves entre eux ;

• les enjeux de la communication n'induisent que très rarement, des modifications de comportement ou de pensée chez les récepteurs ;

• la langue est le plus souvent centrée sur sa seule dimension formelle ;

• la communication se borne à l'explicite et à l'univoque, ne faisant que rarement place aux redondances et à l'implicite.

Bornons là cette liste des disparités entre deux contextes d'échanges résolument étrangers, les plus pessimistes pourraient y voir matière à découragement. Toutefois, c'est bien le constat de ces innombrables disparités qui doit encourager les plus optimistes à rechercher des parades et des réponses en termes de didactique à proprement parler. De plus, ne craignons pas de dire que l'on trouvera parades et réponses didactiques d'autant plus aisément que l'on aura accepté l'évidence : les situations de communication et d'énonciation propres à la classe ne sont jamais que d'imparfaits simulacres de la réalité qui souvent surprendraient plus d'un locuteur natif.

Implications en ce qui concerne la relation enseignant-apprenants

Nous avons déjà évoqué l'importance de la disposition des bureaux en double-U. Nous voyons ici une occasion de rappeler qu'il ne s'agit ni d'une mode, ni d'une fantaisie, mais bien d'une organisation destinée à favoriser la communication et à éviter qu'elle ne passe que par le professeur.

Un des rôles essentiels de l'enseignant consiste à présenter et à expliquer à ses élèves les fondements de l'approche communicative. Il est en effet nécessaire de les convaincre de son bien-fondé si on veut obtenir leur adhésion et ainsi leur participation. En effet, si un élève est persuadé que son apprentissage ne peut se faire que par le biais d'une prise de parole régulière, et si bien sûr il souhaite progresser, il s'impliquera volontiers dans les activités langagières qui lui sont proposées. Les élèves de lycée, nous l'avons déjà évoqué, sont assez mûrs pour être sensibles à des explications dont on parvient à leur démontrer la logique. En Seconde, les élèves participent généralement assez volontiers, car ils avaient plus ou moins l'habitude de le faire au collège. Par contre, dans les classes suivantes, il est souvent de plus en plus difficile d'obtenir une participation satisfaisante. La force de persuasion du professeur et sa manière de présenter la méthode de travail sont donc de la plus grande importance, et ce dès la rentrée scolaire. Il s'agit d'instaurer de bonnes habitudes de travail dès les premiers jours :

> Peut-on vraiment assimiler l'interaction en classe de langue à un acte de communication en situation naturelle? […] La réponse est non. Je rappellerai donc simplement la non-fonctionnalité des échanges simulés, le nombre réduit de séances ainsi que leur caractère épisodique et contraint, d'où découle l'absence de motivation naturelle et la rareté des contacts que chaque apprenant peut avoir avec la langue, même dans une approche dite communicative. En revanche, la situation scolaire crée son propre contexte et ses propres attentes, et ce n'est pas en les ignorant mais en les exploitant que l'on peut créer les conditions d'un apprentissage réussi. Ce contexte repose sur ce que Schneuwly (1997), entre autres, appelle le « contrat didactique ». L'apprenant sait qu'il est là pour apprendre et que l'enseignant est là pour l'aider. En d'autres termes, le processus d'apprentissage étant provoqué et non spontané, l'attention de l'apprenant est consciemment centrée sur le fonctionnement de l'objet plus que sur sa fonction naturelle, et il attend un guidage dans la découverte de ce fonctionnement. On se situe dans une logique interventionniste, où le processus d'apprentissage se construit grâce à la médiation de l'enseignant. […] L'enseignant constitue le rouage essentiel d'une véritable centration sur l'apprentissage.
>
> Danielle Chini, *Centration sur l'apprenant, centration sur l'apprentissage : une perspective psycholinguistique*, Journée d'étude du GEPED, 20-21/4/1998.

Pourquoi communiquer ?

M.-H. Ott-Richard (citée par D. Bailly dans *Les Mots de la didactique des langues*) propose un premier élément de réponse. Susciter chez l'élève le besoin de communiquer, c'est :

> [...] lui donner envie de se raconter, l'encourager à observer, à dépasser l'explicite et à s'impliquer, c'est-à-dire, à donner son avis personnel sur un texte, une image, une phrase, des personnages, un événement d'actualité ; c'est le solliciter à prendre part, à faire preuve de sens critique, [le pousser à] des échanges.

Il s'agit de donner à une subjectivité les moyens de dire par le langage, non seulement son rapport au monde qui l'environne, mais aussi de dire son propre monde et les relations qu'entretiennent ces deux mondes.

Autant dire que dans la pédagogie moderne des langues vivantes, l'élève joue un rôle central. Lui restituer la première place, faire de lui à la fois un sujet communiquant et un acteur réfléchi de son apprentissage revient à reconsidérer profondément la répartition traditionnelle des rôles des divers partenaires de la classe.

Si le professeur reste le seul maître des choix didactiques, il ne s'agit plus uniquement de « faire cours » à des élèves mais bien de « faire agir » les élèves pendant le cours. Une séance idéale peut ainsi se caractériser par l'enchaînement d'une série d'interactions – essentiellement langagières – qui s'établit de façon complémentaire entre les élèves et le professeur, mais surtout entre les élèves eux-mêmes au sein d'un cadre didactique clairement défini par l'enseignant. Ce cadre se caractérise par un ensemble de tâches et d'activités voulues par le professeur qui, pour être favorables à la communication, doivent ménager une place importante à l'initiative, la latitude de décision et de choix des élèves, dans des phases de pratique intensive de la langue.

Très grossièrement, au plan cognitif, l'apprenant ainsi placé en situation de communiquer, c'est-à-dire de pratiquer la langue le plus intensivement possible (= activité procédurale) se trouve contraint de mobiliser savoirs et savoir-faire en procédant par tentatives et réajustements successifs, lesquels modifient progressivement sa représentation de la langue, elle-même objet d'acquisition. En d'autres termes, les finalités de l'approche communicative sont sous-tendues par la volonté de favoriser les activités cognitives de l'apprenant, de le placer systématiquement devant la double nécessité d'échafauder son interlangue et de la réajuster constamment afin de tendre vers l'acquisition de la langue-cible.

Au risque de paraître simplistes, avançons que pour le professeur, il s'agit ici de faire faire de la langue plutôt que de prescrire, d'expliquer ou de démontrer comment faire de la langue.

L'activité procédurale ne suffit pas à elle seule à garantir des progrès stables dans l'apprentissage en milieu institutionnel. Multiplier les simulations d'énonciation ne permet pas à l'apprenant d'accéder à une vision la plus cohérente possible des systèmes de la langue-cible. C'est pourquoi des phases doivent être aménagées où l'apprenant se livre à un travail métalinguistique de réflexion sur cette langue-cible (= activité déclarative). Il s'agit de l'amener à réfléchir sur son fonctionnement, afin de l'aider à affiner la représentation qu'il se fait de la langue, objet de son apprentissage.

Le temps de parole

L'enseignant agit donc comme un guide pour centrer les élèves sur leur apprentissage et non sur sa propre personne. Il se doit donc de s'effacer, notamment en évitant de monopoliser la parole. En effet, si on part du principe qu'un apprentissage efficace de la langue passe par une participation régulière, sachant que l'effectif d'une classe avoisine généralement les 35 élèves, si on s'amuse à calculer le temps de parole imparti à chacun, en moyenne, au cours d'une année scolaire, on s'aperçoit que le chiffre obtenu est dérisoire. On obtient un peu plus d'une heure en moyenne par année et par participant, en imaginant que les élèves parleraient sans interruption pendant toutes les séances, ce qui n'est évidemment pas le cas, car un temps non négligeable est consacré aux diverses activités centrées sur la compréhension et sur une approche méthodologique destinée à conduire nos élèves sur le chemin de l'autonomie. On convient donc aisément qu'il n'est pas question pour le professeur de « voler » le temps de parole de ses élèves. Certes, il se doit d'intervenir pour rectifier telle erreur de formulation ou passer une consigne, mais il doit se garder de reformuler les dires des apprenants, ou de faire le travail demandé, à leur place. Les élèves ont généralement tendance à ne s'exprimer que par mots isolés, comptant sur leur professeur pour jouer le rôle de porte-parole. Il faut rapidement leur montrer qu'il ne saurait être question de se prêter à ce jeu. Ainsi, on permettra aux élèves de prendre leur prise de parole en charge, en affinant et en complexifiant progressivement leur énonciation, et donc en se mettant dans des conditions d'apprentissage si ce n'est idéales, du moins assez satisfaisantes.

Le questionnement magistral

Un autre point qu'il convient d'aborder est celui du questionnement magistral.

> Le courant communicatif d'aujourd'hui se méfie d'un questionnement enseignant excessif, qui rend l'enseignement trop peu communicatif et trop centré sur l'intervention massive et unilatérale du maître. L'évolution propre à cette méthodologie la porte à user de façon croissante d'un questionnement plus

authentique et plus discret, favorisant la réciprocité des rôles communicatifs, entraînant moins au psittacisme des réponses que jadis, utilisant de vrais différentiels d'information, et incitant davantage les élèves à la réflexion.

Danielle Bailly, *Les mots de la didactique des langues*, Ophrys, 1997.

En effet, dans une situation de communication authentique, cela ne viendrait à l'esprit de personne de poser une question dont il connaît déjà la réponse. De plus le fait de répondre ne prouve en aucun cas que l'élève a compris ce qu'il a repéré. La simple formulation de la question permet bien souvent d'orienter la réponse de manière tout à fait mécanique.

Voici à titre purement anecdotique un exemple de dérive liée à ce type de fonctionnement :

The marlup and the nag

A marlup was poving his kump. Parmily a narg horped whev in his kump. "Why did vump horp whev in my frinkle kum?" the marlup juffed the narg. "Er'm muvvily trungy," the narg grupped. "Er heshed vump norpled whev in your kump. Do vump pove your kump frinkle ? "

Comprehension

Answer in a complete sentence.

1. What was the marlup doing?
2. What did the narg horp in the marlup's kump?
3. What did the marlup juf the narg?
4. Was the narg trungy?
5. How does the marlup pove the kump?

Comme on peut le constater, il est tout à fait possible de répondre à ces pseudo-questions de compréhension, même si on n'a rien compris au texte (et pour cause !). Le professeur qui pose des questions directes sur un texte peut très bien se retrouver dans ce cas de figure, extrême certes, mais pas complètement étranger à une certaine réalité, malheureusement.

Rappelons-nous nos propres années-lycée : nous lisions des textes sans consigne particulière, puis après une rapide élucidation lexicale, le professeur posait toute une série de questions auxquelles seuls les bons élèves ou ceux qui faisaient preuve de la plus grande bonne volonté répondaient. Ces leçons étaient d'un mortel ennui, ne faisaient assurément pas appel à la réflexion des élèves. Elles ne les mettaient en aucun cas en mesure de s'approprier les mécanismes linguistiques en jeu. Seul importait le contenu, la forme n'était prise en compte que dans le cadre de leçons de grammaire magistrales que nous nous contentions d'admettre, de copier et d'apprendre par cœur. Le niveau d'anglais plus que médiocre de nos concitoyens témoigne de l'inefficacité d'une telle méthode. Or, pour s'approprier correctement le sens d'un document, l'élève doit passer par une série d'activités mentales personnelles qui ne sauraient en aucun cas être remplacées par une série de questions magistrales. Il appartient au professeur de favoriser ces processus mentaux.

On se rend compte que les élèves dont le professeur pose trop de questions sont eux-mêmes incapables de manipuler des énoncés interrogatifs sans erreur, ce qui risque de leur être fort préjudiciable lorsqu'ils seront en situation réelle de demande d'information dans un pays anglophone. Nous envisagerons dans le chapitre consacré à la production orale, comment le professeur peut s'affranchir de ce questionnement systématique et stérile.

Français ou anglais ?

Il est bien évident que l'anglais parlé du professeur doit servir de modèle, et qu'il ne doit s'exprimer que dans cette langue pendant la majeure partie de la séance. Les consignes n'ont aucune raison d'être passées en français, même si certains enseignants ont l'impression que leurs élèves ne comprendront pas ce que l'on attend d'eux, si l'on ne s'exprime qu'en anglais. Sur ce point, l'institution n'a pas une position très tranchée. Les consignes des tests que subissent les élèves de Seconde à leur arrivée au lycée sont en français, probablement pour éviter d'ajouter un stress supplémentaire à ces jeunes qui se retrouvent dans des conditions très différentes de celles qu'ils ont connues au collège. En revanche, les consignes des épreuves du baccalauréat sont en anglais, donc il semble opportun d'entraîner les élèves à leur compréhension le plus tôt possible, quitte à s'assurer auprès de l'un d'entre eux, qu'elles ont été correctement comprises, soit en en demandant la reformulation en anglais, soit en en demandant la traduction. Il est évident que ce qu'il est convenu d'appeler les consignes de vie de classe ne se fera qu'en anglais, et d'ailleurs nos élèves y ont été entraînés depuis la Sixième. Quant aux phases de travail méthodologique et de conceptualisation linguistique, il faudra juger de l'opportunité de recourir à la langue française dans certains cas où les termes utilisés, par trop techniques, risqueraient de faire obstacle à la compréhension. N'oublions pas que même au concours de l'Agrégation, les candidats ont le choix de la langue pour l'épreuve de linguistique. Ne demandons pas l'impossible à nos élèves, c'est une question de bon sens. Par contre, quelques questions de l'épreuve du baccalauréat destinée aux élèves littéraires, portant sur le passage de la forme au sens, demandent la connaissance de quelques termes métalinguistiques en anglais. Le professeur qui enseigne dans les sections concernées, se doit donc de fournir à ses élèves les outils langagiers qui leur permettront de faire face à cette épreuve dans de bonnes conditions, sans toutefois dépasser les limites du raisonnable. Nous en reparlerons dans le chapitre consacré à l'anglais dans la voie L.

Le professeur doit donc fournir un modèle le plus authentique possible. Il est impératif d'entretenir sa fluidité et sa prononciation en se rendant régulièrement dans des pays de langue anglaise, en lisant régulièrement la presse, en écoutant des radios anglophones et en regardant des émissions de télévision sur le câble ou le satellite. C'est à ce prix que le professeur de langue vivante évitera que son anglais reste figé à l'époque de ses propres années universitaires. L'anglais, de par son extension à l'échelle planétaire, évolue extrêmement vite, et les enseignants ne doivent pas rester à la traîne. Ils se doivent d'enseigner une langue « vivante » qui prend en compte les tous derniers paramètres de son évolution tant au plan lexical que linguistique.

BIBLIOGRAPHIE

Danielle Bailly, *Didactique de l'anglais*, Volumes I et II, Nathan Pédagogie, 1997.

Danielle Bailly, *Les mots de la didactique des langues*, Ophrys, 1997.

Daniel Gaonac'h, *Théories d'apprentissage et acquisition d'une langue étrangère*, CREDIF, Hatier, Didier, 1991.

Jorge Giacobbe, *Acquisition d'une langue étrangère*, CNRS Éditions, 1992.

Ministère de l'Éducation nationale, *Anglais, classes de seconde, première et terminale*, 1995.

Mireille Quivy, Claire Tardieu, *Glossaire de didactique de l'anglais*, Ellipses, 1997.

2

De l'élaboration d'un parcours d'apprentissage à sa mise en œuvre

1 INTRODUCTION

D'après Danielle Bailly, mise à part la direction communicativiste générale, qui est d'ailleurs globalement plus pratiquée au collège qu'au lycée, les textes officiels s'interdisent d'entrer trop précisément dans le domaine méthodologique, où s'exerce la liberté des concepteurs de manuels et des enseignants. Ainsi, même si notre pratique repose essentiellement sur une direction prescrite par l'inspection pédagogique générale, relayée dans les académies par les IA-IPR, nous avons été amenés à opérer un certain nombre de choix que nous allons exposer et défendre dans cet ouvrage. Cependant, depuis l'introduction des tests d'entrée en Seconde et de l'aide à l'évaluation, une certaine tendance méthodologique a vu le jour. Notre démarche s'inspire largement de cette optique, c'est pourquoi l'approche basée sur le découpage de l'apprentissage en capacités et compétences telle qu'elle apparaît dans les tests de Seconde sera amplement décrite dans ce chapitre. Cependant :

> […] la recherche en Didactique se méfie des méthodes toutes faites, nécessairement prescriptives et figées, quelle que soit leur bonne volonté. Ces méthodes minorent trop le rôle et les capacités d'analyse, de jugement et d'inventivité de l'enseignant de terrain.
>
> Danielle Bailly, *Didactique de l'anglais, Vol. II*, Nathan pédagogie, 1997.

Notre intention n'est donc pas de proposer une « méthode toute faite » et directement exploitable, comme nous l'avons déjà évoqué. Nous souhaitons rester fidèles à l'esprit du guide et fournir à nos collègues des pistes de réflexion afin de les aider à construire des projets pédagogiques personnalisés, permettant l'épanouissement de leurs qualités individuelles.

2 APPRENTISSAGE ET ACQUISITION

A. DÉFINITIONS

Il a déjà été fait mention de ces notions dans le premier chapitre. Nous y revenons cependant, car elles sont au centre de la problématique de l'enseignement.

> Traditionnellement différenciée de l'acquisition (opérée en milieu naturel, non guidée), l'apprentissage se déroule exclusivement en milieu institutionnel et est soumis aux lois d'une progression instaurée dans des programmes officiels, semblables

> pour tous – en France, tout au moins. Ce terme s'applique donc aussi bien à la gestion par l'enseignant d'une collectivité d'apprenants qu'à l'apprenant lui-même.
>
> Mireille Quivy, Claire Tardieu, *Glossaire de didactique de l'anglais*, Ellipses, 1997.

Par contre, pour ce qui est de l'acquisition, pour les mêmes auteurs, il s'agit donc, comme on vient de le voir, d'un :

> [...] mode naturel, non guidé, d'approche d'une langue maternelle ou seconde. [...] L'individu acquiert les données immédiates auxquelles il est sensibilisé par le contexte sans avoir à subir d'intervention extérieure codée, telle une méthode spécifique d'apprentissage. Il en va ainsi de la langue maternelle et de toute acquisition en milieu naturel. L'individu est alors amené à se forger ses propres hypothèses sur le fonctionnement de la langue, à les tester lors de chaque situation de communication.

Nous le voyons, à travers ces définitions, il s'agit donc essentiellement pour nos élèves d'apprentissage, puisque nous agissons en milieu institutionnel et non en milieu naturel. Il est donc du ressort de l'enseignant d'élaborer une progression, par le biais d'une série de projets pédagogiques répartis sur l'année scolaire, de manière à organiser l'apprentissage de ses élèves dans des conditions satisfaisantes.

B. IMPLICATIONS

Faut-il pour autant bannir toute possibilité d'acquisition, étant donnée la situation dans laquelle nous évoluons ? En fait, nos élèves effectuent une grande partie de leur travail en autonomie, puisque nous ne disposons malheureusement pas d'un nombre d'heures suffisant pour les accompagner intégralement dans leur apprentissage. Nous sommes donc amenés à les laisser s'approprier, seuls, le contenu d'un nombre non négligeable de documents. Or, comme nous l'avons déjà signalé lors du chapitre précédent, ce type d'approche permet aux élèves d'effectuer une série de gestes mentaux mettant en marche des processus cognitifs qui relèvent d'une démarche d'acquisition, plus que d'apprentissage. En effet, l'élève qui se trouve en situation de complète autonomie devant une page d'anglais authentique, émet des hypothèses, en recherche ensuite la confirmation pour enfin les valider, le cas échéant, un peu comme il le ferait s'il était immergé dans un milieu anglophone. Il s'agit bien là d'une démarche hypothético-déductive personnelle.

Or, il semblerait qu'elle ait une part très importante dans l'apprentissage d'une langue étrangère. Il convient donc de lui accorder l'attention qu'elle mérite et de mettre nos élèves en contact avec un maximum de langue authentique tout au long de l'année scolaire, sans chercher à contrôler intégralement l'usage qu'ils en feront. Les professeurs doivent apprendre à accepter de ne pas tout maîtriser. Il va de soi qu'avant d'en arriver là, nous avons fourni à nos élèves les outils méthodologiques indispensables à ce type d'activité, car il serait illusoire d'imaginer qu'ils puissent les acquérir seuls en milieu scolaire. L'enseignement d'une langue, dans le cadre actuel, a des chances de se montrer satisfaisant si l'on équilibre correctement travail guidé, méthodologie et travail personnel. D'où l'introduction récente des T.P.E. (Travaux Personnels Encadrés) qui viennent en quelque sorte officialiser le travail personnel des élèves, du moins, en ce qui concerne l'anglais, dans les sections où il fait partie des matières dominantes. Nous en reparlerons dans un chapitre consacré à la place de l'anglais dans des projets interdisciplinaires.

3 CAPACITÉS ET COMPÉTENCES

A. DÉFINITIONS

Le terme de capacité englobe les quatre composantes fondamentales de la communication, à savoir :
• compréhension écrite
• compréhension auditive
• expression orale
• expression écrite
ainsi que les capacités spécifiques qui composent ces capacités fondamentales. Afin de développer cette définition très schématique, citons ce que l'on trouve dans *Les mots de la didactique de l'anglais* (Danielle Bailly) sous cette même rubrique :

> Par convention : aptitude cognitive plus ou moins générale (apprise, pour l'essentiel) à utiliser des connaissances précises dans des tâches spécifiques d'une discipline scolaire donnée. Appliquées à la discipline « anglais », par exemple, les « capacités » pertinentes consistent à mobiliser et mettre en œuvre à bon escient, dans les quatre savoir-faire de la communication, des savoirs bien assimilés de langue (grammaire, lexique, phonologie, expressions fonctionnelles) et de culture. Ces capacités se développent à travers des activités de pratique langagière en situation de simulation énonciative, lesquelles s'accompagnent elles-mêmes des activités conceptuelles conscientes et des apprentissages méthodologiques/pratiques rendus nécessaires par le cadre didactique (milieu non-naturel) de l'apprentissage.

Pour ce qui est du terme compétence, on constate que la plupart des auteurs éprouvent des difficultés à le cerner, et que dans les textes officiels il est bien souvent synonyme de capacité. Empruntons cependant à Yvonne Cossu la définition qu'elle en donne dans *L'enseignement de l'anglais* (Nathan Université) :

> « Maîtrise des savoirs et des savoir-faire qui permettent d'effectuer les tâches scolaires dans une discipline donnée et qui constituent le niveau d'expertise de chacun » (*Cahiers pédagogiques* n° 280, janvier 1990, p. 55). Elle se manifeste par des comportements observables au cours d'activités et peut donc être évaluée. La compétence est le contexte concret qui permet d'évaluer une capacité. Ainsi la capacité intermédiaire « identifier l'idée essentielle » (dans le cadre plus vaste de la capacité fondamentale "comprendre un message écrit") peut être évaluée par le biais de la compétence « choisir parmi plusieurs énoncés celui qui exprime l'idée essentielle d'un paragraphe. »

Posons qu'il est donc essentiel pour l'élève de développer ses compétences dans les divers domaines afin de parvenir à une maîtrise satisfaisante des quatre capacités.

B. LES FONDEMENTS DE CETTE APPROCHE

Le tableau page 56 est celui qui récapitule les capacités et compétences évaluées au cours des tests à l'entrée en Seconde, à la rentrée de 1999. Par rapport aux années précédentes, il a été allégé d'une dizaine de composantes, suite à la pression des enseignants qui trouvaient la charge trop lourde pour les élèves. En effet, nous sommes nombreux à avoir constaté que les items étaient de moins en moins réussis au fur et à mesure que l'on s'approchait de la fin de l'épreuve. Certains exercices n'étaient d'ailleurs même pas effectués, soit par manque de temps, soit parce que certains élèves abandonnaient avant la fin, ce qui faussait les résultats. Il est vrai que la pression est assez forte car les élèves doivent remplir le cahier en temps limité, c'est-à-dire en une heure et demie au maximum. Or cette évaluation :

> [...] permet aux enseignants de recueillir des informations sur les compétences et les savoir-faire de chaque élèves.

selon les termes mêmes du ministère dans le *Document à l'attention du professeur,* qui ajoute que :

> [...] ce n'est pas un bilan de fin de 3°, mais une évaluation diagnostique situant l'élève en devenir » et qu' « elle vise à faciliter la mise en œuvre des modules et de l'aide individualisée afin de répondre au mieux aux besoins des élèves dans leur diversité. Cependant, la révision régulière des groupes, la réflexion sur les objectifs visés, le repérage des besoins des élèves ne peuvent s'appuyer tout au long de l'année sur l'évaluation de septembre et nécessitent par ailleurs, l'utilisation d'autres évaluations par compétences.

TABLEAU RÉCAPITULATIF DES CAPACITÉS, COMPÉTENCES ET COMPOSANTES ÉVALUÉES ANGLAIS – ENSEIGNEMENT GÉNÉRAL ET TECHNOLOGIQUE

Capacités	Compétences	Composantes évaluées	n°
Comprendre un message oral	PRÉDIRE	Prédire la suite d'un énoncé par associations lexicales	2
	REPÉRER/ IDENTIFIER	Repérer l'intonation interrogative	3
		Repérer les mots porteurs de sens grâce à l'accent de phrase	4
		Repérer l'intonation pour interpréter le message du locuteur	5
		Repérer des segments dans la chaîne parlée	6
		Repérer des éléments d'information	7
	OPÉRER LE TRAITEMENT DE L'INFORMATION	Classer des éléments d'information	8
		Filtrer, hiérarchiser, synthétiser	9
Comprendre un message écrit	*UTILISER LE CONNU*		
	ANTICIPER	Anticiper un contenu à partir d'un titre	1
	ÉMETTRE DES HYPOTHÈSES	Mettre en relation des indices pour construire le sens au cours de lecture	10
		Vérifier la justesse de propositions	11
	REPÉRER/ IDENTIFIER METTRE EN RELATION	Repérer sujet, verbe et complément d'objet	12
		Établir des liens entre formes et valeurs : la modalité	13
		Établir des liens entre les formes verbales et leurs valeurs	14

Comprendre un message écrit		Établir des liens entre les désignateurs, les pronoms et leurs référents	15
		Établir des liens entre les quantificateurs et leurs valeurs	16
	COMPENSER L'INCONNU		
	INFÉRER	Déduire le sens du mot : dérivation (catégorie grammaticale)	
		Déduire le sens du mot : dérivation (trouver la racine)	
		Déduire le sens du mot : dérivation (traduction)	
		Déduire le sens du mot à partir du contexte (catégorie grammaticale)	
		Déduire le sens du mot à partir du contexte (traduction possible)	
		Déduire le sens du mot à partir du contexte (éléments du texte)	22
	OPÉRER LE TRAITEMENT DE L'INFOR-MATION	Retrouver la cohérence logique et chronologique d'un texte	23
S'exprimer à l'écrit	ANALYSER LE SUJET	Différencier narration et argumentation	24
		Associer sujets et types de tâches	25
		Identifier les types de discours	26
		Reconnaître les structures et le lexique en adéquation avec la consigne	27
	UTILISER LE CONNU	Mobiliser le lexique adapté	28
		Utiliser la détermination grammaticale	29
		Utiliser les formes verbales : temps et aspect	30

		Utiliser la modalité	31
		Utiliser les mots interrogatifs	32
		Utiliser la comparaison (formes)	33
		Utiliser la comparaison (concepts)	34
	STRUCTURER	Construire des énoncés corrects du point de vue de la syntaxe (ponctuation)	35

C'est pourquoi le ministère met à disposition de ses agents des outils d'aide à l'évaluation en utilisation libre, qui à ce jour ont été réunis dans trois volumes édités successivement.

Ces tests ont donc pour raison première d'aider le professeur à se faire une idée du niveau de compétence, transitoire certes, atteint par ses élèves. On comprend bien l'importance et l'intérêt de ce diagnostic qui, au-delà de la simple organisation pratique des groupes de modules, oriente les choix pédagogiques de l'enseignant en fonction des besoins des apprenants.

La capacité à écouter de l'anglais sans peine, à lire de l'anglais aisément, à l'écrire intelligiblement peut représenter le terme provisoire ou ultime d'un processus d'apprentissage. Mais s'il s'agit d'une expertise nouvelle acquise par l'apprenant, elle ne permet cependant pas à l'enseignant, ni d'ailleurs à l'apprenant lui-même, d'identifier et d'observer dans le détail l'ensemble des opérations mentales qui la constitue. C'est pourquoi, les cahiers de l'*Évaluation à l'entrée en seconde générale et technologique* proposent une subdivision des capacités (aptitudes, *skills*) en capacités intermédiaires qui :

> […] représentent les principales opérations mentales que met en œuvre, souvent de manière inconsciente [c'est nous qui soulignons], un auditeur, un lecteur ou un rédacteur.

Ainsi la capacité à « comprendre un message écrit » se subdivisera-t-elle en une série d'actions comme « anticiper », « émettre des hypothèses » ou « déduire / inférer ». Ici, par exemple, pour être un habile lecteur de l'anglais, l'apprenant en milieu scolaire sera aidé dans sa démarche s'il a été entraîné à anticiper le contenu possible d'un texte à partir des éléments qui l'environnent (à savoir le paratexte : typographie, images, titre, origine du texte), s'il a été entraîné à lever une difficulté lexicale par une série de raisonnements portant sur la place d'un mot dans l'ensemble de la chaîne morpho-syntaxique ou sur la place d'un mot ou d'un groupe de mots inconnus dans un réseau sémantique particulier.

Le tableau des « capacités, compétences et composantes évaluées » révèle et illustre les principes sous-jacents d'une nouvelle voie de l'enseignement/apprentissage. En plaçant l'accent sur les processus cognitifs à l'œuvre chez l'apprenant, il s'agit de mettre en pleine lumière non plus les seuls résultats dont sont capables les élèves mais bien ce qui reste la part cachée de l'apprentissage, ce qui tient de l'intime et de l'individuel : les opérations mentales. Il s'agit de les transformer en objets d'appropriation en tant qu'outils méthodologiques. Ne disons plus : « lisez et répondez ! » Disons plutôt : « voilà comment procéder pour lire plus efficacement ». Ensuite, et seulement ensuite, on se souciera d'évaluer la compréhension. Dans ce contexte, il revient au professeur de définir des activités qui privilégient la compétence dont Yvonne Cossu écrit :

> [...] elle se manifeste par des comportements observables au cours d'activités et peut donc être évaluée [c'est nous qui soulignons]
>
> *L'Enseignement de l'anglais, Préparation au CAPES et au CAPLP2,* Nathan Université, 1996.

« Mettre en relation les formes verbales et leurs valeurs », « déduire la nature et la fonction du mot à partir de la syntaxe » ou encore « repérer des énoncés corrects du point de vue de la syntaxe » sont autant de domaines constitutifs d'un savoir-faire. Il convient d'y exercer les élèves et d'en évaluer régulièrement la maîtrise.

On le voit, l'enseignant de langue vivante reste certes un expert dans sa discipline, mais il se double d'un spécialiste des opérations cognitives des apprenants. Il propose non seulement les objets de l'acquisition mais également les moyens de celle-ci. Du centrage sur les capacités et les compétences découlent des stratégies d'enseignement qui font la part belle aux activités métacognitives de l'apprenant.

C. L'APPROCHE COGNITIVE ET LES GESTES MENTAUX

La liste des composantes évaluées peut sembler réductrice dans la mesure où elle paraît tronçonner ou atomiser l'apprentissage de la langue. Remarquons l'absence d'une des quatre capacités fondamentales, à savoir, « s'exprimer à l'oral ». En l'état actuel, le dispositif ne permet pas d'évaluer cette capacité car il faudrait des moyens considérables pour pouvoir entendre les élèves un par un, ou que tous les lycées de l'hexagone possèdent un laboratoire de langue, ce qui est malheureusement loin d'être le cas. Les enseignants n'ont donc pas d'autre possibilité que de se faire progressivement une idée du niveau de compétence de leurs élèves dans cette capacité au cours du premier trimestre, lors de leurs prises de parole.

Si les composantes sont ainsi répertoriées, c'est grâce aux avancées de l'approche cognitive. En effet, si l'on part du postulat que l'acquisition d'une langue étrangère se fait par le biais de gestes mentaux correspondant à des processus cognitifs, il est indispensable pour l'enseignant d'être en mesure d'organiser l'apprentissage de ses élèves en fractionnant ses séances en autant d'activités nécessaires à la conceptualisation de l'objet de leur étude. C'est en ce sens que la démarche proposée dans l'évaluation de Seconde prend toute sa valeur car elle a été conçue afin de satisfaire à cette attente. Bien évidemment, il ne s'agit pas là d'une panacée universelle, censée révolutionner définitivement l'enseignement de l'anglais en France et rendre tous nos élèves sans exception, performants en la matière. Cependant, force est de constater que le groupe de travail qui en a assuré la conception s'est appuyé sur les dernières avancées de la psycholinguistique, afin de proposer aux enseignants de terrain des données directement exploitables dans le cadre d'une approche méthodologique raisonnée. Nous ne saurions donc trop conseiller à nos lecteurs d'utiliser les diverses composantes de ce tableau lorsqu'ils élaborent leurs projets pédagogiques. En effet, cette formulation qui présente l'avantage indéniable de la clarté, permet d'organiser une progression axée sur des gestes précis permettant à l'élève de s'approprier efficacement la langue-cible. Pour le professeur, les implications du centrage sur les processus cognitifs sont primordiales en ce qui concerne les stratégies d'enseignement. Les activités communicatives, si elles demeurent nécessaires, ne sauraient être suffisantes. Si l'on souhaite optimiser les chances de faire acquérir la langue-cible dans les meilleures conditions, il convient d'associer aux traditionnelles activités de langue tout un ensemble d'activités complémentaires de nature bien plus instrumentale que proprement linguistique. La finalité de telles activités réside dans la prise de conscience des opérations cognitives, des gestes mentaux à l'œuvre dans les processus d'acquisition de l'apprenant.

Pour illustrer notre propos, prenons l'exemple d'un travail de compréhension de l'écrit. Supposons que, comme c'était encore l'usage il n'y a pas si longtemps, le professeur impose à ses élèves de lire un texte puis amorce un travail mêlant élucidation lexicale et grammaticale. S'ensuit un moment d'évaluation de la compréhension par le biais d'une batterie de questions magistrales. On aborde pour finir une phase de transfert qui fait la part belle à l'expression autonome de l'élève à par-

tir des données brassées. Dans ce schéma, certes caricatural, d'une séance consacrée à la lecture, on aura négligé de se poser toute une série de questions essentielles pour l'apprenant :
• comment naviguer dans le corps du texte ?
• où aller chercher l'essentiel ?
• comment faire la part de l'essentiel et de l'accessoire dans ce texte, dans le but d'accéder au sens ?
• comment rétablir la cohérence du texte à partir des zones effectivement comprises et de celles restées dans l'ombre ?
• comment compenser le déficit de sens induit par tel mot ou tel groupe de mots inconnus ?

En d'autres termes, on aura placé les élèves devant une série de difficultés sans jamais leur fournir les moyens de les résoudre et sans jamais les guider vers les techniques d'élucidation. On aura exigé des réponses sans veiller à mettre en évidence les voies et les procédures d'accès à ces réponses. À ce compte, seuls les plus habiles de nos élèves se seront tirés d'affaire. Pour les autres, la grande majorité, la lecture et la compréhension d'un texte en langue anglaise continueront de tenir du mystère. Ainsi :

> La mise en évidence du raisonnement doit faire que l'élève cessera de considérer comme seul intérêt de sa réponse le fait qu'elle est juste ou fausse, pour le conduire à la considérer comme le fruit d'un raisonnement.
>
> *Aide à l'évaluation, Seconde générale et technologique*, ministère de l'Éducation nationale de la Recherche et de la Technologie.

Là où les *Instructions Officielles* parlent de « raisonnement », il y a fort à parier que les psychologues de la cognition préféreraient les termes d' « opération cognitive » et les spécialistes en Sciences de l'Éducation ceux de « geste mental. » Mais quelle que soit la terminologie retenue, il s'agit bien pour l'enseignant, le praticien de terrain, de se donner les moyens d'opérer à ce niveau. Il convient de s'efforcer de faire affleurer ces gestes mentaux au niveau conscient, de les rendre observables par leur mobilisation dans l'exécution de telle ou telle tâche constructrice de compétence dans l'un des quatre savoir-faire.

D. L'INTERDÉPENDANCE DES QUATRE CAPACITÉS

La présentation adoptée par les concepteurs du tableau ne doit cependant pas conduire à penser que les capacités, les compétences et les composantes afférentes sont indépendantes. Bien au contraire elles sont intimement liées et auraient peu de chances d'être opérationnelles séparément. En effet, si l'on considère l'item n°2 qui, malgré sa numérotation, apparaît en première position sur la liste : « prédire la suite d'un énoncé par association lexicale », dans le cadre de la compréhension d'un message oral, on s'aperçoit que l'élève sera amené à produire de l'écrit pour s'acquitter de la tâche qui lui est demandée. Certes les auteurs pallient cette difficulté en demandant d'utiliser le français pour la réponse afin de ne pas introduire une difficulté supplémentaire. Mais dans une pratique de classe ordinaire, il est tout à fait courant et même légitime d'attendre une réponse en anglais, soit à l'écrit, s'il s'agit d'une fiche à renseigner, soit à l'oral, dans une phase de mise en commun. Il paraît en effet impensable qu'une activité de compréhension dans un cadre scolaire ne débouche pas sur une activité de production.

La compréhension peut néanmoins cesser d'être interdépendante de la production, si on laisse les élèves s'approprier le contenu d'un document en complète autonomie, sans chercher ensuite à évaluer leur degré de compétence. Il est d'ailleurs important de prévoir régulièrement ce type d'approche afin de permettre aux apprenants une appropriation personnelle mettant en œuvre les processus cognitifs auxquels nous avons déjà fait référence.

Cependant, les capacités restent le plus souvent inséparables et même si l'enseignant cible le travail à effectuer plus particulièrement sur l'une d'elles, il ne pourra pas pour autant échapper à leur constante interactivité dans la communication. Il n'est d'ailleurs pas souhaitable de chercher à y échapper car le va-et-vient permanent qui s'effectue d'une capacité à l'autre en permet le renforcement. En effet, certains acquis propres à une capacité sont bien souvent transférables à une autre. Si par exemple, un élève est capable de « repérer l'intonation pour interpréter le message du locuteur », il pourra le cas échéant et après se l'être appropriée, la reproduire lorsqu'il deviendra lui-même émetteur. C'est pour cela qu'il faut veiller à ne pas trop privilégier une capacité au détriment des trois autres, du moins en Seconde et en Première, car en Terminale les exigences de l'épreuve du baccalauréat, dans la très grande majorité des sections, incitent les enseignants à cibler les activités sur les capacités relevant de l'écrit.

4 LE PROFESSEUR, CONCEPTEUR DE SES DÉMARCHES

A. LE PROJET PÉDAGOGIQUE

> Éduquer, donc enseigner, c'est rendre autonome, c'est-à-dire amener l'élève à se passer du maître. En langue étrangère, la situation est un peu particulière dans la mesure où l'on ne parvient qu'exceptionnellement à une totale autonomie. On ne rend pas vraiment autonome, on rend de plus en plus autonome. [...] De manière générale, il faut s'efforcer de mettre en œuvre une pédagogie de la découverte par l'élève lui-même de ce qu'on souhaite qu'il apprenne. Le professeur ne peut plus être celui qui instruit de façon très directive sans trop se préoccuper de ce qui pourra être finalement assimilé. Il est avant tout un facilitateur d'apprentissage. Cela signifie qu'il s'efforcera de responsabiliser ses élèves en leur donnant d'abord l'initiative dans l'accomplissement de tâches motivantes clairement définies, avec autant que possible un problème précis à résoudre.
>
> *Instructions Officielles*

Ces indications données par le ministère doivent nous accompagner dans l'élaboration de nos projets pédagogiques (ou parcours d'apprentissage). Le maître mot reste une fois de plus l'autonomie. Il s'agit donc pour le professeur, qui demeure la seule personne responsable de ses choix pédagogiques, de centrer résolument son enseignement sur l'élève. Celui-ci devra toujours se trouver au centre du projet. L'élève doit être essentiellement acteur et, pour filer la métaphore, le professeur est metteur en scène.

Que recouvre donc la notion de projet pédagogique ? Selon la formule consacrée, il consiste à concevoir un véritable itinéraire d'apprentissage, constructeur de compétences. En effet, à l'idée de « projet pédagogique » on pourra préférer celle de « parcours d'apprentissage ». Il s'agit bien ici de proposer aux élèves d'enchaîner une série d'activités d'apprentissage relative à tel ou tel fait de langue tout en leur offrant les aides indispensables au franchissement d'étapes progressives et graduées en difficulté. Il s'agit pour le professeur de se fixer :

> [...] des objectifs intermédiaires qu'il décrit en terme de comportements observables (à l'issue de la séance, les élèves seront capable de remplir telle tâche, par exemple définir les éléments fondamentaux d'un texte), en précisant les conditions dans lesquelles se manifesteront ces comportements [...] et les critères d'évaluation.
>
> Yvonne Cossu, *L'Enseignement de l'anglais, Préparation au CAPES et au CAPLP2*, Nathan Université, 1996.

Cette remarque d'Yvonne Cossu peut tenir lieu de définition de ce que nous pouvons entendre par « parcours d'apprentissage ».

Tout enseignement risque de perdre de son efficacité si le professeur n'en a pas clairement défini les objectifs, s'il ne sait pas précisément ce qu'il attend de ses élèves. Il s'agit au lycée, de s'appuyer sur l'amont, c'est-à-dire sur les préacquis et les prérequis, afin d'amener les élèves d'un point A vers un point B qui devra nécessairement correspondre à une avancée dans l'apprentissage. Certes, si le rebrassage n'est certainement pas à proscrire, il ne doit en aucun cas constituer l'essentiel du projet de l'enseignant. Mais avant de poursuivre, qu'entend-on exactement par préacquis et prérequis ? Pour ce qui est des préacquis, selon Mireille Quivy et Claire Tardieu, dans leur *Glossaire de didactique de l'anglais* (Ellipses), ils sont inclus dans le terme « connaissances amont » et ils :

> [...] constituent le répertoire autonome de l'élève, la somme des savoirs disponibles.

Quant aux prérequis, ce sont eux qui conditionnent les nouvelles acquisitions. Ils peuvent donc coïncider avec les préacquis, mais il convient de s'assurer que les élèves possèdent vraiment telle ou telle notion nécessaire, sur laquelle le professeur compte s'appuyer pour les faire avancer dans leurs acquisitions. Si tel n'était pas le cas, il convient alors d'intégrer dans la progression une phase de rebrassage. Il est évident qu'au lycée, les élèves n'arrivent pas vierges de toutes connaissances, mais elles sont, selon les individus, plus ou moins bien assimilées. C'est en cela que l'évaluation de début de Seconde prend toute son importance.

> Pour un enseignant, établir un projet pédagogique, c'est planifier précisément les visées d'apprentissage concernant les élèves, organiser le déroulement concret de la démarche, et prévoir l'évaluation finale correspondant aux objectifs initiaux.
>
> Danielle Bailly, *Les mots de la didactique des langues*, Ophrys, 1997.

Pour « planifier les visées d'apprentissage », on s'appuiera donc sur les préacquis et prérequis tels qu'ils sont définis plus haut, et sur les tests de début d'année en classe de Seconde. Les professeurs les plus chevronnés envisagent même souvent une progression sur l'année scolaire entière, fondée sur leur diagnostic de début d'année, les Instructions Officielles, et leur grande expérience. On parle dans ce cas, de projet pédagogique annuel. Il se subdivise en un certain nombre de séquences, elles-mêmes comportant un certain nombre de séances (soit 55 minutes, dans la plupart des établissements scolaires). Il paraît cependant utopique qu'un professeur-stagiaire, ou en début de carrière, puisse élaborer un plan annuel de ce type. N'ayons pas peur de dire que les professeurs-tuteurs qui l'exigent de leurs stagiaires ne sont pas réalistes.

Ils ne font que contribuer à l'anxiété de ces jeunes collègues débutants. Quoi qu'il en soit, il est évident qu'il ne peut s'agir là que d'une visée générale. Elle sera nécessairement remise en cause en fonction de la vitesse d'évolution des apprenants, des difficultés qu'ils rencontreront ou non, – ce paramètre n'étant pas toujours quantifiable –, comme des résultats des évaluations sommatives de fin de séquences, et bien sûr des réactions et de la demande des élèves qui, rappelons-le, doivent toujours demeurer au centre des projets de leurs enseignants.

B. LA DÉFINITION DES OBJECTIFS : MACRO-OBJECTIFS ET MICRO-OBJECTIFS

Qui dit projet, dit nécessairement objectifs qu'il convient de se fixer en termes de macro-objectifs subdivisibles en autant de micro-objectifs qui permettront d'atteindre le but que l'on s'est assigné.

Les macro-objectifs

Ils sont au nombre de trois et sont prescrits par l'institution dès les premières lignes des *Instructions Officielles.* Nous avons déjà eu l'occasion de les commenter, mais citons-les à nouveau, pour mémoire :

> Au lycée, [...] l'enseignement conserve un triple objectif, communicationnel, culturel et linguistique.

Ces macro-objectifs, bien sûr très généraux, constituent le pain quotidien de la classe de langue.

Le premier, qui concerne la communication, vise la langue elle-même en tant que véhicule aussi bien de la compréhension que de l'expression. C'est en acquérant les mécanismes que l'élève pourra prétendre à l'autonomie dans une situation d'échange, aussi bien à l'oral qu'à l'écrit. Nous avons opté dans cet ouvrage pour les termes de décodage et d'encodage, termes que nous développerons au cours des chapitres 3 à 6. Le développement des capacités à décoder l'écrit et l'oral à des fins de compréhension, et à les encoder à des fins d'expression constituent les quatre sous-objectifs prioritaires du macro-objectif de communication.

Le deuxième, culturel, concerne non plus la forme mais le contenu. Il est véhiculé par la langue et touche au domaine de la pensée et de l'information. Les sous-objectifs sont au nombre de deux et concernent la civilisation, au sens le plus large du terme, et la littérature. Ces deux sous-objectifs feront également l'objet du chapitre 10 qui leur sera intégralement consacré.

Enfin, le troisième, désigné par le terme de « linguistique » par l'institution, fait référence au macro-objectif conceptuel. Il s'agit en effet de conduire les apprenants à se faire une représentation mentale des opérations mises en jeu dans tout acte de langage, afin de pouvoir en conceptualiser le fonctionnement à des fins d'appropriation. Nous avons déjà eu l'occasion de mentionner toute l'importance que revêtait cette activité dans le cadre d'un apprentissage en milieu scolaire. Cette fois, aucun sous-objectif ne peut être mentionné, mais la mise en place d'une quantité de micro-objectifs sera nécessaire pour rendre ce macro-objectif linguistique opérationnel. Là encore, un chapitre sera entièrement consacré à cet aspect de notre enseignement (chapitre 9).

Les micro-objectifs

Il en existe bien entendu une multitude. Ils sont intimement liés aux trois grands domaines que nous venons de mentionner, et bien que concernant généralement certains de leurs aspects ponctuels et très précis, c'est leur accumulation qui permet de rendre les élèves progressivement opérationnels. Certains auteurs appellent d'ailleurs ces micro-objectifs, objectifs opérationnels. La terminologie que nous avons adoptée témoigne uniquement d'un souci de cohérence par rapport au terme choisi pour les trois « grands » objectifs.

Ces micro-objectifs sont si nombreux qu'il est bien sûr hors de question d'en établir la liste. Celle-ci de toute manière aurait du mal à prétendre à l'exhaustivité et la lecture ne pourrait en être qu'extrêmement fastidieuse. Ils seront en outre amplement développés dans les chapitres consacrés aux divers macro-objectifs que nous venons d'évoquer. Rappelons cependant que dans le tableau intégré plus haut dans ce chapitre, la liste des composantes évaluées en début d'année de Seconde donne un aperçu clair, mais en aucun cas limitatif du type de micro-objectifs qu'il convient de s'assigner en classe de langue. Ils ne seront pas toujours les mêmes en fonction du niveau de classe ciblé, ou même en fonction des aptitudes des élèves dans une même classe, étant donnée l'hétérogénéité des groupes auxquels nous sommes confrontés.

Nous pouvons cependant citer, à titre d'exemples, quelques-uns des micro-objectifs en relation avec le sous-objectif d'expression orale, puisque, comme nous l'avons déjà mentionné, il n'apparaît pas dans l'évaluation de Seconde :

- reconnaître et utiliser l'intonation appropriée dans une phrase déclarative (affirmative ou négative) et dans la formulation d'une question ;
- utiliser les *gap-fillers* à bon escient ;
- prendre la parole spontanément ;

- s'auto-corriger et se corriger mutuellement ;
- communiquer en anglais dans la classe sans passer par le professeur, etc.

Comme on peut le constater, certains de ces micro-objectifs sont d'ordre phonologique, tandis que d'autres relèvent du savoir-être.

Il convient en tout cas pour le professeur de déterminer avec précision quels sont ses objectifs. Ce sont eux qui impliqueront les choix pédagogiques qu'il sera amené à effectuer dans le cadre de sa séquence didactique afin de la rendre opérationnelle en terme de savoirs et de savoir-faire qu'il désire faire acquérir à ses élèves. Dans cette perspective, l'analyse fine des supports que le professeur se propose d'utiliser dans le cadre de sa séquence, s'avère primordiale.

C. LES SUPPORTS

> Ils sont, dans la majorité des cas, de trois sortes : textes écrits, enregistrements, documents iconographiques. À ces trois types de documents, il convient d'ajouter les matériaux audio-visuels (vidéo-cassettes, films...) dont l'exploitation commence à devenir heureusement plus fréquente. [...] La qualité et l'efficacité du travail auquel l'exploitation [du document choisi] donnera lieu tiennent à l'adéquation entre l'objectif fixé, la nature du document, et le traitement auquel il est soumis. [...] Les notions d'ambiguïté, d'implicite, de non-dit, c'est-à-dire les silences du texte ou les interprétations qu'il permet ou qu'il impose revêtent une importance capitale pour la production langagière en classe.
>
> *Instructions Officielles*

La dimension communicative

Dans un premier temps, permettons-nous une remarque à propos de la dernière phrase. Un des gros problèmes qui se posent au lycée, bien souvent évoqué par les professeurs-stagiaires, est de trouver une solution pour créer une situation de communication alors que l'on entreprend de faire étudier aux élèves un texte littéraire, par exemple. Nous sommes tous conscients que l'appropriation de la langue-cible passe par une manipulation effectuée à des fins de communication. Une des tâches essentielles du professeur consiste donc à trouver et à susciter des occasions de prise de parole pendant lesquelles les élèves confronteront leurs points de vue de la manière la plus naturelle possible, et ce malgré la dimension contrainte que peut revêtir ce type d'activité dans le cadre de la classe. C'est en cela que le choix du document est capital, car il paraît illusoire d'attendre des élèves qu'ils s'expriment volontiers sur un texte où tout est dit explicitement. En effet, pourquoi parler dans ce cas ? Les élèves de bonne composition le feront éventuellement pour faire plaisir à leur professeur, mais l'exercice montrera bien vite ses limites, et les bonnes volontés s'émousseront faute de motivation. Par contre, comme le suggèrent les *Instructions Officielles*, si le texte comporte une part d'ombre se prêtant à la discussion et à l'argumentation, les apprenants seront mieux à même de s'impliquer, voire même de se passionner afin de défendre un point de vue personnel. Le professeur aura alors tout loisir de contrôler les prises de parole pour aider ses élèves à améliorer leur production, dans un souci constant de travail sur la langue même. En effet, il ne faut jamais perdre de vue qu'un texte n'est en fait qu'un prétexte pour manipuler de la langue, autant en compréhension qu'en production, et non une fin en soi. Certes, le texte en question doit garder un caractère culturel, littéraire ou civilisationnel, mais on ne répétera jamais assez qu'au lycée, nous sommes avant tout des professeurs de langue et non des professeurs de civilisation ou de littérature comme peuvent l'être nos collègues de l'Université.

Comment choisir ?

Les supports doivent être des plus variés, toujours dans le but de garder l'intérêt de nos élèves en éveil. Actuellement, avec les moyens de transmission de plus en plus sophistiqués dont nous disposons, tels qu'Internet ou le Satellite, nous avons accès à l'actualité et à la presse du monde entier en temps réel. Nous avons donc un éventail de choix quasi illimité, mais il convient pour nous de bien savoir comment procéder à ces choix. Seule une analyse attentive et détaillée d'un document potentiellement utilisable permet de déterminer s'il faut le retenir ou l'écarter. Nous serons alors à même d'apprécier s'il est approprié ou non au niveau de la classe ciblée. Rappelons à cet égard que dans l'absolu, n'importe quel document devrait pouvoir être travaillé avec n'importe quelle classe. Tout n'est qu'une question de choix par rapport aux objectifs que l'on s'assigne et l'exploitation que l'on compte en faire. Certains formateurs défendent même la thèse selon laquelle on peut tout à fait présenter à une classe de Sixième, en début d'année, un extrait issu d'un magazine américain de type *Time* ou *Newsweek*, pourtant réputés pour être particulièrement difficiles, si l'on se propose par exemple de faire repérer les mots transparents ou les items lexicaux anglais qui sont passés dans la langue française, afin de démontrer à ces enfants débutants, qu'ils sont déjà à même de comprendre un nombre non négligeable de mots. Par contre, ce même extrait pourra servir de base à un travail de compréhension fine pour une classe de Terminale. Tout est une question de mesure. En revanche, il convient de rester réaliste en admettant que ce travail de repérage destiné à des élèves de Sixième aurait tout aussi bien pu s'effectuer sur tout autre document authentique plus proche des centres d'intérêts des jeunes enfants, telle une revue destinée aux enfants anglophones de leur âge par exemple. Ce propos, volontairement un peu extrême, était en fait destiné à montrer que la difficulté présumée d'un document n'est pas nécessairement un critère permettant de décider de l'éliminer. S'il est difficile, et si on le propose à des élèves de Seconde, il peut se révéler très intéressant de les entraîner par exemple à repérer l'information essentielle sans se noyer dans la masse de détails incompréhensibles de prime abord et en s'appuyant au contraire sur le connu.

Par contre, ce qui devrait présider au choix d'un document, c'est d'une part sa richesse culturelle, et d'autre part ses potentialités langagières, pas forcément en termes de faits de langue repérables dans le texte et que l'on se propose de faire étudier, mais plutôt en termes de possibilités linguistiques qui seront suscitées par le désir d'expression à propos de ce support. Une des questions qu'il convient avant tout de se poser est donc la suivante : de quels outils langagiers mes élèves auront-ils besoin pour s'exprimer à propos de ce document ? Ce type de démarche permet en effet de garder la dimension communicative toujours présente dans nos projets. Toute autre approche ne saurait bien évidemment être exclue, si toutefois elle demeure en adéquation avec les objectifs que l'on s'est fixés. Les goûts personnels du professeur, qui rappelons-le est seul responsable de ses choix, restent également un critère déterminant qui ne saurait en aucun cas être écarté au nom de telle ou telle concession à la démagogie. Par contre, ce qu'il est important de déterminer, c'est dans quelle mesure nos goûts peuvent coïncider avec ceux de nos élèves, afin que chacun des partenaires puisse y trouver son compte. La culture anglo-saxonne, par sa richesse et son extrême variété, nous offre de nombreuses possibilités de choix, et nous avons de surcroît la chance qu'elle soit complètement au centre des intérêts de nos élèves, ce qui n'est pas toujours le cas pour les autres langues enseignées dans nos établissements scolaires, ce que nos collègues concernés déplorent souvent amèrement.

Respecter les spécificités du document

Dans l'extrait des *Instructions Officielles* cité ci-dessus, il est fait mention de l'adéquation entre l'objectif que l'on se fixe et la nature du document. Cet aspect est primordial. Certains types de supports sont adaptés à des activités axées sur la compréhension orale, tandis que d'autres se prêtent mieux à des activités visant la compréhension écrite. En effet, compte tenu de la très grande variété des supports qui sont à notre disposition, il n'y a aucune raison de ne pas en respecter la finalité. Tout simplement, ce qui est destiné à être entendu – émissions de radio, interview, *news*, chansons, etc. – doit donner lieu à des activités d'écoute, avec une attention particulière portée à l'aspect phonologique, tandis que ce qui est destiné à être lu et/ou vu – extrait littéraire, coupure de presse, publicité issue de la presse écrite, tract, etc. – doit nécessairement impliquer des activités de décodage visuel et/ou de lecture personnelle et silencieuse, du moins dans un premier temps.

Ces remarques peuvent sembler relever d'un bon sens évident, mais si nous nous permettons d'insister, c'est parce que de très nombreux manuels destinés aux classes de lycée continuent de proposer systématiquement des lectures enregistrées de tous les textes qui y sont proposés. Or, à notre sens, aborder un texte écrit par une écoute, relève du non sens, quels que puissent être les motifs invoqués. En effet, par essence, un texte destiné à être lu ne se prête pas à l'écoute. Les messages oraux authentiques présentent en effet dans leur très grande majorité, toute une série de spécificités, telles qu'une certaine redondance, des marqueurs d'hésitation, certains choix lexicaux liés au niveau de langue du locuteur – sans parler de l'aspect phonologique –, qui en facilitent généralement la compréhension et qui sont bien évidemment complètement absentes d'un texte écrit. Si un texte littéraire présente d'importantes parties dialoguées, l'écoute peut en être justifiée, à condition bien sûr que les comédiens qui prêtent leur voix soient crédibles. Mais quel intérêt peut bien présenter l'écoute de parties narratives ? Certains rétorqueront qu'il est important pour les élèves d'entendre la prononciation correcte de ce qu'ils ont sous les yeux. Il est aisé de répondre que d'une part il n'est pas du tout certain qu'ils mémorisent les sons des mots qu'ils entendent s'ils ne les réutilisent pas rapidement, et que d'autre part la majorité des mots d'un texte étant déjà connus des apprenants, leur écoute dans de telles conditions n'apportera pas grand chose de plus, si ce n'est vraisemblablement de l'ennui. De toute façon, s'il y a des items lexicaux nouveaux, rien ne s'oppose à ce que le professeur, qui est censé parler un anglais présentant un bon modèle phonologique, les prononce et pourquoi pas demande à quelques élèves de les répéter.

Si on veut faire entendre de l'anglais authentique, ce qu'il est bien sûr primordial de faire le plus souvent possible, choisissons de véritables supports audio ou même des vidéos qui présentent l'avantage d'allier image et son, ce qui en facilite la compréhension, et qui sont en outre d'excellents déclencheurs de parole. Quant aux supports écrits, prévoyons des activités qui permettent dans un premier temps l'appropriation personnelle du texte par chaque élève, à son rythme, afin de ne pas lui retirer le plaisir de la découverte. Nous verrons dans les chapitres suivants des séries d'activités adaptées au type de support choisi.

Les manuels

Jusqu'à présent, nous n'avons fait référence qu'à des documents authentiques, faciles à collecter dans notre environnement culturel personnel. Rappelons rapidement et pour mémoire, les diverses possibilités : Internet, la presse anglophone généralement présente dans les kiosques, y compris dans bon nombre de petites communes, et à laquelle on peut de toute manière s'abonner sans difficulté, les radios et chaînes de télévision anglophones accessibles par le câble ou par le satellite, ainsi que tous les documents que nous pouvons ramener de nos séjours dans des pays de langue anglaise. Rappelons également qu'il est maintenant très facile de se procurer livres, vidéos ou DVD, grâce aux nombreuses librairies *online* présentant des prestations à la fois fiables et rapides.

Pour ce qui est des manuels scolaires, voici ce que l'on peut lire dans les *Instructions Officielles*:

> [...] le professeur dispose de divers matériaux, dont, le plus souvent, un manuel. À vrai dire, les manuels constituent la ressource essentielle, et il est bon qu'il en soit ainsi car, outre qu'ils présentent une grande variété de documents, ils offrent, dans leur très grande majorité, un appareil pédagogique, véritable outil d'enseignement et d'apprentissage linguistiques. Il importe toutefois de prendre la juste mesure de leur rôle. Ils ne sont qu'un outil, c'est-à-dire qu'ils sont au service du professeur et de l'élève, et non le contraire. Il peut arriver que cet outil ne soit pas pleinement adapté aux besoins d'un groupe. Il appartient au professeur d'opérer les ajustements nécessaires. [...] C'est le rôle et la responsabilité du professeur de débusquer les stéréotypes et d'actualiser la vision de la civilisation par des apports personnels.

Il est bien évident que l'institution ne peut pas recommander un manuel plutôt qu'un autre et qu'elle se doit, du moins officiellement, de conserver une neutralité de bon aloi. Cependant, comme on peut le constater, elle recommande à ses agents l'utilisation d'un manuel, avec quelques réserves de bon ton. Ce qui nous paraît important, c'est le constat qu'effectivement, un manuel scolaire constitue une banque de données très commode. De plus, il faut bien admettre que tous les lycées imposent l'achat[1] ou la location, par le biais de fédérations de parents d'élèves, d'une liste impressionnante et surtout onéreuse de livres de classe. Il est vrai que le

1. Notons à cet égard que dans certaines académies pilotes certains lycées commencent à fournir gratuitement les manuels scolaires à leurs élèves.

« photocopillage » est réprimé par la loi et que les établissements scolaires sont bien évidemment tenus d'être en règle vis-à-vis de celle-ci. Les parents d'élèves qui investissent une somme non négligeable en début d'année, verraient d'un très mauvais œil que les livres restent dans les placards. Après ces quelques considérations d'ordre purement économique, ajoutons que le manuel peut et doit servir d'outil de référence pour l'élève.

> Le manuel étant un instrument de travail, il convient d'apprendre à l'élève à s'en servir. Il faut également lui apprendre à se familiariser avec les ouvrages de référence, dictionnaires et grammaires. Il y a assurément là un moyen de développer l'autonomie.
>
> *Instructions Officielles*

Puisqu'il est vrai qu'à l'heure actuelle le volume horaire consacré à l'étude de l'anglais au lycée se rétrécit telle une peau de chagrin, il faut pouvoir compter sur le travail autonome de l'élève à la maison. Le manuel prend alors toute sa valeur car les documents qui y sont présentés sont accompagnés de tout un appareil pédagogique pour en faciliter l'exploitation. Après l'avoir bien analysé pour pouvoir en cerner les qualités et les insuffisances, rien n'interdit donc de donner en devoir quelques unes des activités proposées, si elles servent bien les objectifs que nous nous sommes assignés. De plus, tous les manuels actuels proposent une aide méthodologique, un précis grammatical, voire même une aide lexicale, auxquels l'élève qui travaille seul peut se référer, pour peu qu'on l'y ait correctement préparé.

On voit bien là l'importance des manuels, même si ceux-ci ne doivent rester qu'un outil parmi d'autres. Il convient donc, lorsque l'équipe d'anglais de l'établissement se réunit pour choisir un nouveau manuel, d'accorder la plus grande attention à un certain nombre de critères, notamment quant à l'approche grammaticale et méthodologique. Ces éléments permettront à l'ensemble des professeurs d'effectuer leur choix en toute connaissance de cause et non pas sur des critères esthétiques de séduction, bien que cet aspect ne soit pas entièrement à négliger, mais en fonction de leurs exigences pédagogiques et didactiques. Les divers ouvrages destinés à la préparation de l'épreuve sur dossier du CAPES, propose des grilles d'analyse de manuels, et nous invitons nos lecteurs à les consulter.

Mais gardons toujours présent à l'esprit que le professeur est seul responsable de ses choix, et que le manuel, même s'il est de bonne qualité ne peut en aucun cas suffire à nourrir sa pratique. Certes nous conseillons vivement aux professeurs-stagiaires de le suivre consciencieusement, surtout au cours du premier trimestre, et de s'inspirer très largement des conseils prodigués par le livre du maître tant qu'ils n'ont pas une vision claire de ce que peut être une progression organisée sur une année scolaire. Cependant, nos jeunes collègues se rendent rapidement compte des limites d'une méthode qui leur est intégralement imposée, qui les contraint, qui ne leur permet pas de laisser libre cours à leur personnalité et à leur créativité. Une méthode ne peut pas prendre complètement en considération l'élément humain que représente une classe d'une trentaine de jeunes aux comportements et aux sensibilités différentes. C'est ce type de constat qui permettra à l'enseignant d'acquérir l'autonomie dont on parle beaucoup pour les élèves, mais beaucoup moins pour les professeurs. Or l'élaboration d'un projet pédagogique passe par une série de choix qui ne sauraient se résumer à l'utilisation aveugle d'une progression proposée par le concepteur d'un manuel, quelle qu'en soit la qualité.

D. CONCEVOIR UN PROJET PÉDAGOGIQUE

La conception puis l'élaboration d'un projet pédagogique, c'est-à-dire des diverses phases de sa mise en œuvre, ne doivent rien laisser au hasard. Nous avons déjà eu l'occasion de définir ce que recouvraient des termes tels que séquence et séance, préacquis et prérequis.

La notion de parcours d'apprentissage que nous avons attachée à la définition du projet pédagogique implique que le professeur soit en mesure d'en envisager le terme dès le premier stade de la conception. Les enjeux et les modalités de l'évaluation d'une séquence d'apprentissage découlent des objectifs qui lui ont été assignés comme de la nature des objectifs opérationnels qui l'ont jalonnée.

À l'inverse, il n'est pas déraisonnable de penser que le tout premier travail de préparation d'une séquence d'apprentissage peut consister à définir les modalités de l'évaluation. Dès lors on peut en déduire, à rebours, les objectifs généraux et les objectifs opérationnels du projet pédagogique.

Comme le lecteur trouvera plus de détails sur le thème de l'évaluation dans le chapitre 12 qui lui est consacré, contentons-nous de souligner ici les implications de démarches d'évaluation centrées sur l'apprenant. Qu'elle soit à caractère formatif ou sommatif, l'évaluation doit rester au service de l'apprenant. Dans le cadre d'une pédagogie par objectifs, toute forme d'évaluation devrait pouvoir fournir à l'apprenant des occasions d'évaluer sa propre progression en cours d'apprentissage comme au terme de celui-ci.

Loin d'être une fin en soi, l'évaluation encourage à la réussite et au progrès. C'est pourquoi :

- elle est fréquente et immédiate ;
- elle est donnée après de courtes unités et ne porte que sur une faible quantité de phénomènes étudiés ;

• elle est adaptée à la nature des objectifs annoncés en début de séquence ;
• elle répond à des critères de réussite connus de tous les apprenants. Ces critères prennent en compte non seulement des savoirs mais également des savoir-faire.

Rappelons qu'une séquence est constituée d'autant de séances nécessaires à la mise en œuvre des objectifs que l'on s'est fixés, pour assurer la progression de nos élèves dans le cadre d'un projet pédagogique donné. Le tableau ci-dessous tente d'intégrer de façon synthétique les différentes composantes qui entrent dans l'élaboration d'un tel projet.

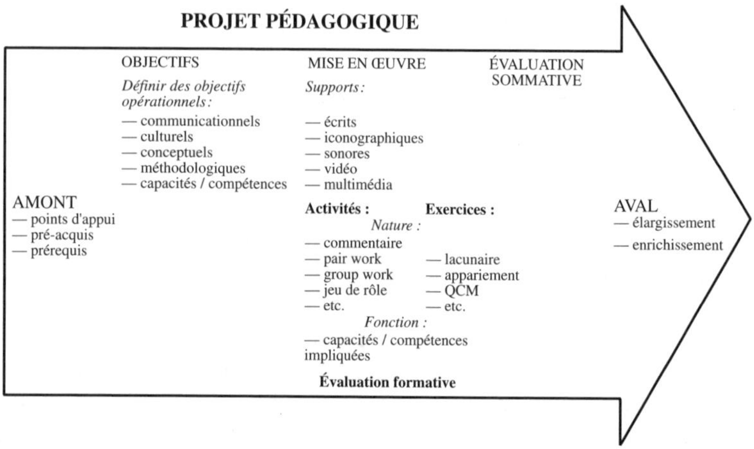

La mise en œuvre

Elle consiste à exposer de manière très schématique les contenus sélectionnés, aux élèves – ou mieux, à exposer les élèves aux contenus, ce qui implique une pédagogie centrée sur l'apprenant plutôt qu'une attitude trop magistrale du professeur –, pour ensuite les mettre en mesure de pouvoir les utiliser à des fins d'appropriation et donc de fixation.

> Dans le domaine de la didactique, on conçoit classiquement la « mise en œuvre » comme le passage au stade concret (organisation et exécution) des pratiques de classe. Celles-ci se déroulent en principe selon le plan conçu par l'enseignant pour atteindre ses objectifs, en fonction de ce qu'il sait des besoins et des capacités de ses élèves, mais elles sont également tenues de laisser place aux adaptations nécessitées par les réactions effectives de ces derniers.
> La mise en œuvre transforme donc en « pouvoir faire » des connaissances, normes, prescriptions, intentions programmatiques et projets de conduites langagières, qui sans elle resteraient virtuelles.
>
> Danielle Bailly, *Didactique de l'anglais, Vol. II*, Nathan Pédagogie, 1997.

On le comprend, la mise en œuvre telle qu'elle est définie ci-dessus, implique des qualités de souplesse et d'adaptabilité de la part de l'enseignant qui doit absolument tenir compte de l'évolution de ses élèves, sans jamais chercher à les enfermer dans un carcan. On revient une fois de plus à l'idée que l'apprenant doit être placé au centre de son apprentissage. Il en est l'acteur principal. Il ne s'agit bien sûr en aucun cas de perdre de vue les objectifs à atteindre, et nous sommes tenus de conduire nos élèves vers un certain seuil de compétence, qui au lycée sera évalué de manière institutionnelle lors de l'épreuve terminale que constitue le baccalauréat. Dans cette optique, réussir une pratique de classe, c'est faire réussir les élèves. Il ne s'agit bien évidemment pas ici de faire culpabiliser les enseignants, car nous savons bien que de nombreux autres facteurs extérieurs interviennent, et que les élèves ne sont jamais égaux devant les tâches qui leur incombent.

Lors du travail quotidien de préparation d'une séquence d'apprentissage, le professeur doit se montrer particulièrement habile dans la définition des objectifs opérationnels qui sont véritablement les ultimes moyens de la construction de l'apprentissage. À ce stade, qu'il nous soit permis de mettre l'accent sur trois points de vigilance en ce qui concerne leur définition :

Univocité

Il convient de décrire de la façon la moins équivoque possible le contenu de l'intention pédagogique. Expliquer les buts visés, les finalités de telle activité ou de tel exercice reste encore le plus sûr moyen de mobiliser efficacement l'attention et la participation des élèves. Il s'agit de mettre l'apprenant en intelligence avec les intentions de l'enseignant. En somme, il convient de préciser la finalité de l'activité, son bien-fondé et sa nature. Par exemple, pourquoi ne pas annoncer aux élèves : « à l'issue de cette séance vous serez en mesure de mieux saisir la différence entre *should* et *ought to* » ?

Identification d'un comportement observable

Il s'agit ici de définir et de préciser clairement la nature du comportement observable, de la performance attendue de l'apprenant. On voit mieux, dès lors, l'importance capitale que revêt le moment de la passation des consignes. Leur clarté, leur cohérence, leur précision et leur logique ne doivent échapper à personne au risque de compromettre l'investissement individuel dans la tâche d'apprentissage à accomplir. À tout moment, chacun doit être en mesure de connaître la nature et la finalité de cette tâche.

Exposé des critères de réussite

Sans vouloir amorcer ici le thème de l'évaluation, disons simplement toute l'importance que revêt la définition mais surtout l'annonce aux élèves des critères de réussite tels que le professeur les a élaborés pour telle ou telle activité. Cette démarche offre l'avantage de permettre à l'apprenant de contrôler ses performances aux divers stades du parcours d'apprentissage mais également de prendre en charge, de façon autonome, une réflexion *a posteriori* sur ses succès et ses erreurs.

On le constate, le caractère parfaitement explicite des objectifs opérationnels doit pouvoir faire de l'apprenant le co-responsable de son apprentissage. L'enseignant définit les parcours à suivre et les étapes à franchir en ne laissant jamais l'apprenant dans le doute quant aux moyens et aux finalités de son travail.

Quelles sont les procédures à mettre en place pour réussir une mise en œuvre ? Reprenons les diverses phases proposées par Danielle Bailly : la première qu'elle appelle « échauffement » *(warming up/warm-up)*, correspond à la mise en langue nécessaire quand les élèves pénètrent dans la classe d'anglais après avoir pratiqué tout autre activité sans aucun rapport avec notre matière. Il convient donc de les replonger dans un contexte qui va favoriser leur apprentissage. Puis vient la phase « d'élucidation progressive d'un texte », pendant laquelle le professeur va mettre ses élèves en mesure de s'approprier peu à peu le texte grâce à un certain nombre de techniques et de prélèvements qui leur permettront d'opérer le nécessaire passage de la forme au sens. Nous porterons des coups de projecteur sur ces diverses techniques dans le chapitre consacré au décodage de l'écrit. Il n'est fait ici allusion qu'à l'élucidation d'un texte, mais il est évident que l'on procéderait de même avec tout autre type de support. Intervient alors « l'entraînement à la pratique intensive de la langue » sous forme d'activités de reformulation permettant la manipulation à l'oral de diverses structures langagières. Puis vient « l'activité de mise en commun » pendant laquelle chaque élève est amené à intervenir, par exemple pour donner son point de vue ou exposer sa propre analyse et/ou son interprétation personnelle du texte. Ensuite ce sont encore des activités « d'exploitation », telle que l'expansion *(branching out)*, permettant d'élargir le sujet traité et finalement les procédures contribuant à « la fixation des acquis », telles que le rebrassage, le transfert, la mémorisation par des activités qui se feront en classe, mais aussi à la maison.

Permettons-nous de faire remarquer que la pratique raisonnée de la langue qui permet à l'élève de conceptualiser son fonctionnement est absente de cette liste de procédures. Nous nous proposons donc de l'intégrer après la phase de pratique intensive de la langue. En effet, une pause structurante permet à ce stade une approche conceptuelle qui favorisera l'appropriation et le travail de mémorisation.

Cette série de procédures qui peut constituer, à notre sens, un plan très général de mise en œuvre, est très couramment pratiquée au collège, probablement moins au lycée, où elle nécessite certains aménagements que nous avons d'ailleurs déjà tenté d'opérer ci-dessus. Elle constitue une base de travail intéressante qui prend essentiellement et précisément la langue comme objet d'étude, car n'ayons pas peur de nous répéter, nous sommes avant tout des professeurs de langue, y compris au lycée. N'oublions pas que nous sommes là pour permettre d'accroître les acquis et les compétences de nos élèves, et pour cela essayons de fonder nos projets sur un principe systématique de « consolidation », d'« approfondissement » et d'« extension » qui seul permet une réelle « progression ». (Ces termes entre guillemets sont empruntés à Danielle Bailly.)

Activités et exercices

Nous avons déjà consacré une partie aux objectifs et aux supports, et un chapitre entier portera sur l'évaluation, par conséquent nous n'en dirons rien à ce stade. Par contre, le duo « activité/exercice » mérite une attention particulière. Qu'entend-on exactement par ces termes au-delà des quelques exemples qui sont proposés dans le tableau page 56 ?

> Tout événement dans la classe auquel l'élève participe est une activité (il y a des activités de lecture, d'expression orale, des activités ludiques, des activités de conceptualisation, etc.). L'exercice est une activité qui se caractérise généralement par son côté contraignant et répétitif, et son centrage sur un but précis. L'exercice vise à faire acquérir des automatismes. (On parlera, par exemple, d'un exercice de substitution, mais d'une activité de repérage.)
>
> Yvonne Cossu, *L'enseignement de l'anglais*, Nathan Université, 1995.

Selon cette définition, les exercices constituent une sous-catégorie incluse parmi les activités qu'il nous est donné de faire pratiquer à nos élèves. Posons également qu'un exercice est plus ciblé sur l'élève seul, alors qu'une activité peut impliquer un binôme *(pair-work)* ou même un groupe d'apprenants, entraînant alors une interaction.

Bien souvent, au contraire de l'exercice, la mise en place d'une activité peut reposer sur la collaboration entre élèves réunis en binômes ou en groupes. Qu'elle ait trait à des domaines purement linguistiques ou méthodologiques, l'activité par l'interaction qu'elle sollicite aux sein de ces îlots de travail, qu'elle se fasse dans la langue-cible ou dans la langue maternelle, qu'elle vise à l'explication, la négociation ou la résolution de problèmes, favorisera d'autant plus la maîtrise des compétences que leur abord aura été de nature dialectique et discursive.

De même, on tirera des activités un immense bénéfice en terme d'entraînement à l'autonomie. Car soit l'activité permet aux élèves d'atteindre un objectif par la mise en œuvre d'une méthodologie prédéfinie, soit à l'inverse, elle les place dans les conditions d'élaborer leurs propres stratégies méthodologiques indépendamment du professeur.

De manière générale, dans nos pratiques de classe, nous amenons nos élèves à participer à de très nombreuses activités, tandis que les exercices effectués en classe sont plus ponctuels et très ciblés. En revanche, il est très fréquent de demander la réalisation d'un exercice à la maison, ou d'en inclure dans nos évaluations, qu'elles soient formatives ou sommatives.

Ainsi :

> Les exercices d'entraînement/appropriation, effectués le plus souvent individuellement, sont centrés sur un point spécifique et sont en rapport avec un objectif opérationnel précis ; ils répondent le plus souvent à un schéma de conception systématique (répétitive), contraignante et relativement rigide, voire parfois mécanique (une seule réponse y étant attendue, le plus souvent, ne laissant donc que peu ou pas de choix à l'élève dans sa production), non communicationnelle, même si les énoncés sont bien conceptualisés.
>
> Les exercices d'évaluation s'effectuent en principe individuellement et font l'objet d'une correction.
>
> Les exercices dans leur ensemble ont pour but de familiariser l'élève avec les éléments à assimiler, de les leur faire mémoriser afin qu'ils s'automatisent dans toute la mesure du possible ; ils ont donc une fonction principale de fixation des acquisitions.
>
> Danielle Bailly, *Les mots de la didactique de l'anglais*, Ophrys, 1997.

Précisons que dans la perspective d'une approche visant à conduire l'élève vers l'autonomie, il convient de bien déterminer dans quelle mesure les activités et exercices proposés participent de ce principe. Dans cette optique, il est aussi essentiel de bien concevoir la différence entre aide et évaluation, afin d'être en mesure d'en équilibrer la part respective dans notre enseignement. En effet, les activités d'aide à l'apprentissage sont mieux à même d'accompagner l'élève sur la voie de l'autonomie. Donnons un exemple concret : lors de l'étude d'un texte, le traitement du lexique sera plus efficace pour ce qui est de l'acquisition de l'autonomie si on entraîne les élèves à une activité d'inférence des lexies nouvelles, plutôt que de leur proposer un exercice à choix multiple où il conviendra pour eux de cocher la traduction qui convient. L'activité d'inférence est en effet transférable à toute autre texte et fait partie des techniques permettant le traitement du lexique, il s'agit bien là d'une aide, tandis que l'exercice de type QCM constitue pour le professeur un moyen de s'assurer que ses élèves ont bien compris le sens des mots difficiles sans pour autant leur fournir d'outils méthodologiques pour le faire, il s'agit donc d'une forme d'évaluation.

Les exercices demeurent cependant nécessaires dans le processus d'acquisition, comme on le voit dans la définition ci-dessus, et qu'il est hors de question d'en faire l'économie. Tout n'est, encore une fois, qu'une question d'équilibre. Ne perdons pas de vue que lors de l'épreuve du baccalauréat, les élèves devront effectuer un nombre non négligeable d'exercices d'évaluation. On les y préparera par un entraînement intensif approprié.

Typologie d'exercices

Si l'on devait rechercher une délimitation plus nette encore entre activités et exercices, c'est sans doute en terme de communication qu'il faudrait la poser. À notre sens, les exercices même s'ils sont nécessairement contextualisés, ne s'intéressent pas premièrement à la simulation de la communication. Ils portent essentiellement sur la mise en place guidée ou semi-guidée, voire parfois très contrainte, des phénomènes linguistiques qui, dans un deuxième temps seulement, pourront être placés au service des divers actes de communication propres à la classe de langue. On trouvera dans les pages suivantes diverses propositions d'exercices qui illustrent notre acception de ce terme. Cette typologie donne un aperçu des exercices que l'on peut inclure dans la mise en œuvre de séquences didactiques. Il est bien évident que cette liste qui se veut la plus complète possible ne peut en aucun cas prétendre à l'exhaustivité. De plus, celle-ci a été mise au point par des enseignants formateurs qui la destinaient aux professeurs enseignant dans les deux cycles, d'où l'aspect parfois un peu élémentaire de certains exercices. Il va de soi que chacun doit pouvoir s'en inspirer librement en s'adaptant au niveau de la classe ciblée.

1 COMPRÉHENSION

1.1 COMPRÉHENSION ÉCRITE

Exercices portant sur un énoncé

1.1.1 Une image et trois énoncés (ou plus). Trouver l'énoncé correspondant à l'image.

1.1.2 Trois images et un énoncé. Trouver l'image correspondant à l'énoncé.

1.1.3 Trois images, trois énoncés. Accoupler image et énoncé.

1.1.4 Dessiner après la lecture d'un énoncé.

1.1.5 Répondre à des questions Q.C.M. Trois ou plus propositions de réponse. Une seule proposition est juste.

1.1.6 *Matching*. Deux séries de propositions. Il s'agit de constituer des énoncés ayant un sens, d'apparier la question et la réponse. Cela peut être du domaine sémantique ou du domaine grammatical.

1. How can I get to Croydon?
2. Will you be there before ten?
3. How long will it take?
4. How far is it?

a. Ten minutes.
b. On Monday.
c. Yes, I will.
d. Two miles.
e. You can go by bus.

(*Réponses :* 1/e, 2/c, 3/a, 4/d.)

Exercices portant sur un texte (un paragraphe ou plus) : compréhension globale

1.1.7 Après la lecture d'un paragraphe ou d'un texte plus long : QCM.

1.1.8 Après la lecture d'un paragraphe ou d'un texte plus long : *right/wrong*.

1.1.9 Après la lecture d'un paragraphe ou d'un texte plus long : faire un dessin. Exemple : tracer le trajet accompli et les lieux visités, les personnes rencontrées et le lieu de la rencontre.

1.1.10 Remplir une grille après la lecture d'un texte.

	Part 2	**Part 2**	**Part 3**
where?			
who? person 1 person 2			
when?			
why?			

1.1.11 Rétablir l'enchaînement des faits, des événements, etc. dont la liste est fournie dans le désordre.

1.1.12 Rétablir l'ordre logique des paragraphes d'un texte relativement long.

1.1.13 Rétablir la ponctuation d'un texte présenté en continu.

1.1.14 Repérer dans une phrase le mot porteur de l'information essentielle (tous les mots n'ont pas la même valeur dans un énoncé).[2]

1.1.15 Repérer la phrase ou les membres de phrases porteurs de l'information essentielle dans un paragraphe.[2]

1.1.16 Repérer la structure interne d'un paragraphe : phrase clé (*topic sentence*) – information essentielle ; phrases satellites –information complémentaire.[2]

Exercices portant sur un item lexical

1.1.17 Classer des mots suivant divers critères (localisation, utilisation, époque...)

Put the following words in the right category:

rubber spanner file conveyor belt lathe staple

OFFICE	FACTORY

1.1.18 Trouver dans le texte les expressions équivalentes à celles proposées ci-dessous.

1.1.19 QCM : tel item lexical a tel sens dans le texte (trois propositions ou plus).

1.1.20 Exercices d'inférence : hypothèses de sens sur tel item dans le contexte (catégories grammaticales ou sens).

Exercices portant sur des signes

1.1.21 Signes non verbaux codés : notices, panneaux, dessins (code de la route).

1.1.22 Signes verbaux : routes, ascenseurs, gares, aérodromes, La Poste, etc. Reconnaissance (utilisation de la langue maternelle, action) et interprétation (retrouver les signes correspondants, dans la langue maternelle).

---

2. Ces exercices sont surtout des exercices d'entraînement à la compréhension en lecture : préparation de l'élève à l'autonomie.

1.2 COMPRÉHENSION ORALE

Il existe plusieurs sortes d'exercices et à différents niveaux. Dans le phénomène complexe de la compréhension orale, il ne faut pas oublier tout ce qui n'appartient pas au seul domaine lexical et morphosyntaxique, c'est-à-dire tout ce qui est du domaine de la phonologie : accentuation, rythme, intonation, etc. Nous faisons rentrer dans cette catégorie toute une série d'exercices de discrimination auditive.

Discrimination auditive

1.2.1 Reconnaissance portant sur l'intonation.

↗ ↘

1.2.2 Reconnaissance portant sur l'accent de mot.
1.2.3 Reconnaissance portant sur l'accent de phrase (différents sens donnés à l'énoncé).
1.2.4 Reconnaissance portant sur les phonèmes.
1.2.5 Repérage des formes contractées (*'d, 'm, 'll, don't...*).
1.2.6 Reconnaissance de ces formes.

> You heard *I'd* in (*tel énoncé*). What does *'d* correspond to?
> **1.** had **2.** would **3.** should

1.2.7 Repérage des formes faibles, non accentuées ([kən], etc.).
1.2.8 Reconnaissance de ces formes sur le plan sémantique.
1.2.9 Reconnaissance de l'intonation indiquant l'intention du locuteur.

> • Dans lequel de ces deux énoncés le locuteur exprime-t-il son approbation?
> • Dans laquelle de ces deux questions le locuteur demande-t-il une confirmation de l'information? un complément d'information?

1.2.10 Exercices d'entraînement (segmentation d'une séquence sonore).

Exercices portant sur un énoncé

Certains des exercices proposés en 1.1 peuvent être adaptés à la compréhension orale.

1.2.11 (cf. 1.1.1)
1.2.12 (cf. 1.1.2)
1.2.13 (cf. 1.1.3)
1.2.14 (cf. 1.1.4)
1.2.15 Exécuter un ordre qui est donné ; une suggestion d'action.
1.2.16 (cf. 1.1.5) Le QCM peut être écrit ou oral.

Exercices portant sur un texte (un paragraphe ou plus) : compréhension globale[3]

1.2.17 Après la lecture d'un texte de deux ou trois énoncés : QCM.

1.2.18 Après la lecture d'un texte de deux ou trois énoncés : *right/wrong*.

1.2.19 Audition sélective. Exemple : dans le texte que vous allez entendre, repérer particulièrement ce que fait... (tel personnage).

1.2.20 Audition orientée. Donner un questionnaire avant l'audition qui va orienter l'auditeur.

1.2.21 Remplir une grille (cf. 1.1.10).

1.2.22 Retrouver les activités de telles personnes (propositions à classer dans l'ordre).

1.2.23 Repérer dans un énoncé le mot porteur de l'information essentielle.

1.2.24 Différencier l'information essentielle et les informations complémentaires.

Exercices portant sur un item lexical

1.2.25 (cf. 1.1.19)

1.2.26 Exercices d'inférence, de déduction. Faire des hypothèses de sens sur un item lexical d'après le contexte : situation, énoncé, paragraphe.

2 PRODUCTION

Dans cette catégorie, il y a lieu de considérer les exercices de production écrite et les exercices de production orale. D'autre part, il convient de tenir compte, dans cette typologie, d'autres critères qui prennent en compte les différents aspects de l'acquisition d'une langue :

Le cognitif

Il s'agit d'acquérir les structures lexicales, phonologiques, morpho-syntaxiques de la langue.

Le savoir-faire

Il s'agit d'utiliser à des fins personnelles le savoir acquis, le réemployer et le mobiliser à bon escient. C'est ce que les Anglais appellent *acquiring*

3. Attention à la longueur du texte. Attention aussi au registre de la langue dans un exercice d'audition : il faut tenir compte du caractère particulier d'un texte oral (redondances, pauses, gap fillers, construction du texte plus ou moins logique, etc.).

skills et *using skills*. C'est pourquoi nous proposons de classer les exercices selon ces deux critères, aboutissant d'une part à des exercices de production contraignante, où peu d'initiative est laissée à l'apprenant et où il s'agit de l'entraîner à apprendre ou de vérifier son savoir (dans ce cas, il y a une seule possibilité de réponse), et d'autre part à des exercices de production de moins en moins contraignante, mais divergente, au fur et à mesure que ses acquisitions s'accumulent. L'apprentissage est cumulatif : le bagage linguistique s'enrichit et le choix personnel de l'apprenant dans ses possibilités d'expression s'élargit. Dans ce cas, il y a plusieurs possibilités de réponses.

2.1 PRODUCTION ÉCRITE : EXERCICES CONTRAIGNANTS, PRODUCTION CONVERGENTE

Nous avons aussi classé dans cette rubrique des exercices dont le point de départ est un énoncé écrit – soit une question, soit une phrase déclarative – mais nous supposons au départ que l'apprenant n'a aucune difficulté de compréhension. L'énoncé de départ n'est que le prétexte, le support. L'objectif est l'entraînement à fabriquer telle forme d'énoncé.

2.1.1 Question à poser sur un mot. Utiliser l'interrogatif correspondant, le reste de la structure est donné.

Complete the questions.

The man began to run when he saw the policeman.
... did the man begin to do?
... did the man begin to run?

(*Réponses :* What... When...)

2.1.2 Questions à poser sur un mot, l'interrogatif étant proposé.

Complete the questions.

Last night, she met her friend at the station.

What...?	Who ...?
When...?	Who...?
Where...?	

(*Réponses :* What did she do last night? When did she meet her friend? Where did she meet her friend? Who did she meet last night? Who met her last night?)

2.1.3 Questions à poser sur des mots ou des groupes de mots. Il est facile d'imaginer une situation où il manque une information. Il s'agit de la demander en posant la question adéquate.

Complete the questions.

It took me three hours to drive back home.

(*Réponse : deux possibilités selon le niveau d'acquisition:* How many hours did it take you...? How long did it take you...?)

2.1.4 Questions fermées. Exercices de transformation présentés sous forme de dialogue.

A : She arrived at 6 last night.
B : What about Peter? Did he arrive last night too?
A : She's working in her room.
B : What about Alan? Is he working in his room too?

2.1.5 Faire des phrases sur le modèle. Proposer une série de mots lexicaux à substituer.

2.1.6 Faire des phrases sur le modèle suivant. Proposer une série de structures grammaticales à substituer.

2.1.7 Exercices à trous portant sur des énoncés courts. Deux propositions pour chaque item.

2.1.8 Exercices à trous : trois propositions, items lexicaux, items grammaticaux (temps, forme verbale, etc).

NB. Les exercices 2.1.7 et 2.1.8 peuvent être plus ou moins complexes. Le choix peut porter sur une catégorie grammaticale : adjectifs possessifs/pronoms possessifs, pronoms personnels sujet/pronoms personnels objet, etc.

2.1.9 Fabriquer un dialogue sur un modèle.

A : Andy didn't take your umbrella.
B : Who took it then?
A : It was taken by...

(*Il est possible de suggérer une liste de mots : noms et verbes.)*

2.1.10 Fabriquer une phrase modèle (exemple : *he never walks to school*). Utilisation obligatoire de tel item (exemple : adverbe de temps). Choix du verbe limité par une suggestion.

Example: He never walks to school.
Make sentences like this using one of these adverbs:
often never sometimes usually

1. champagne
2. television

(*Réponses possibles :* **1.** I sometimes drink champagne, **2.** She often watches television.)

2.1.11 Compléter les phrases en utilisant soit telle structure, soit telle autre.

He arrived a week ago.
She talked for 2 hours.
Complete the sentences using one of the above constructions ("for" or "ago").
1. The boys rehearsed the new play/an hour
2. He sang/a long time
3. She delivered the letter/three days

(*Réponses :* **1.** The boys rehearsed the new play for an hour/The boys rehearsed the new play an hour ago. **2.** He sang for a long time/He sang a long time ago. **3.** She delivered the letter three days ago.)

Complete the answers.
1. What might have happened?
If nobody had telephoned Mr Baxter, he...
2. What do you think I should do?
Well, If I were you, I shouldn't...

(*Réponses possibles :* **1.** ...he wouldn't have known about the accident **2.** ...write her another letter until you hear from her.)

2.1.12 Tous les éléments d'une phrase étant proposés dans le désordre, reconstituer la phrase.

2.1.13 Relier deux phrases entre elles en utilisant des mots de liaison.

2.2 PRODUCTION ÉCRITE : PRODUCTION DIVERGENTE

2.2.1 Terminer les phrases en imaginant soit une raison, soit une conséquence, etc.

Use your imagination to complete the sentences.
I didn't take the A22 because...
I didn't take the A22, so it...

2.2.2 Fabriquer des phrases à partir des éléments fournis ; exprimer une raison, une conséquence...

Read the sentence then use your imagination to express either the reason for, or the consequence of, the action.
I didn't take the A22.

(*Réponses possibles :* As I didn't take the A22, I arrived in time./Though I didn't take the A22, it took me 2 hours to drive from London./I decided not to take the A22. I was right. There was such a traffic jam that people got blocked for hours.)

2.2.3 Écrire une lettre/fax/e-mail (invitation ; excuses ; location ; description d'appartement ; après réception d'une lettre/fax/e-mail, demande d'explications ou de renseignements ; suite à l'envoi d'une lettre/fax/e-mail, détails information complémentaire, etc.)

2.2.4 Rédiger un compte-rendu objectif (témoignage d'accident/événement/incident/voyage, etc.).

2.2.5 Rédiger un compte-rendu assorti d'un jugement personnel sur ce qui a eu lieu.

2.2.6 Rédiger un fax/e-mail annonçant arrivée, retard, annulation d'une arrivée, confirmation de commande, etc.

2.3 PRODUCTION ORALE : DOMAINE PHONOLOGIQUE

2.3.1 Répétition portant sur les phonèmes.
2.3.2 Répétition portant sur l'intonation (rythme, mélodie, etc.).
2.3.3 Répétition régressive.
2.3.4 Répétition + expansion.
2.3.5 Répétition + réduction.
2.3.6 Transformation (changement de l'accent de phrase : écoute, répétition, reprise avec un changement de l'accent de phrase).

John <u>won't</u> like it.
> <u>John</u> won't like it.

2.3.7 Transformation (changement dans l'intonation). Transformer la séquence en marquant l'indignation, la surprise, l'approbation, etc.

1. Make this sentence sound more friendly and reassuring.
Do you mind if I drive?
2. Make this sentence less disapproving. Express surprise.
John has been stealing things.

2.3.8 Lecture d'une phrase en marquant telle ou telle intention de la part du locuteur.

2.4 PRODUCTION ORALE : CONVERGENTE

Il s'agit d'exercices structuraux à visée grammaticale.
Tous ces exercices supposent que les problèmes de compréhension de la phrase de départ aient été résolus.

2.4.1 Répétition simple de la séquence entendue.

2.4.2 Exercice de substitution à une entrée.

I haven't got any books (flowers)
> I haven't got any flowers.

2.4.3 Exercice de substitution à deux entrées.

I saw a good film. (watched – match)
> I watched a good match.

2.4.4 Exercice de substitution avec corrélation.

Mary wrote a letter to her aunt. (Alan)
> Alan wrote a letter to his aunt.

2.4.5 Exercices de transformation.

What colour is your car? Black?
> Yes, it's a black car.

2.4.6 Transformation avec réduction.

Do you have cakes for tea?
> Yes I always do.

2.4.7 Transformation avec expansion.

Have some beer.
> No, thank you, I don't want any. I'm not thirsty.

2.4.8 Transformation avec inclusion.

I can see a man in the street. It's your father.
> The man I can see in the street is your father.

2.4.9 Transformer le statut d'exercice de structures en posant des questions sur le contenu de l'exercice et en demandant aux apprenants de formuler une réponse.

– I can see a man.
– Who is it?
– It's our teacher.
– The man I can see in the street is our teacher.

2.4.10 Personnaliser l'exercice en faisant créer la situation de départ de l'exercice (*stimulus*) par les apprenants eux-mêmes. L'exercice se fait entre apprenants.

2.4.11 Tables de substitutions.
2.4.12 Faire un dialogue à partir d'une image.

Make a dialogue like this.
A : Can you see a woman?
B : Yes I can.
A : What's she doing?
B : She's reading a book.

2.4.13 À partir des éléments donnés, construire une phrase.

wood / and / a / gathered / George / fire / made
> George gathered wood and made a fire.

2.4.14 Donner des ordres à un autre apprenant qui doit les exécuter.
2.4.15 Expliquer à une tierce personne un itinéraire à suivre sur la carte pour se rendre à tel endroit.

2.5 PRODUCTION ORALE : DIVERGENTE

2.5.1 Demande d'information à diverses personnes sur le chemin à suivre pour se rendre à tel ou tel endroit (banque, bureau de poste, musée, gare…).
2.5.2[4] Demande d'information : réceptionniste dans un bureau, un hôtel, etc. lorsqu'un visiteur se présente.
2.5.3[4] Réponse à une demande d'information : chemin à suivre, comment téléphoner, envoyer un mandat, complément d'information…
2.5.4[4] Réponse à une interview.
2.5.5 Expression d'une réaction personnelle à un événement ; expression pouvant aller de la simple interjection à un énoncé plus ou moins long : surprise, joie, indifférence, colère…; approbation, désapprobation…
2.5.6 Recherche de plusieurs possibilités d'expression pour obtenir l'aide, l'accord, l'intervention, etc. d'autrui (ouvrir une fenêtre, permission de fumer, passer un objet…).
2.5.7 Témoignage oral : récit d'un événement à des personnes différentes (un ami, un parent, un supérieur hiérarchique, un étranger, un agent de police…).

Exercices à partir d'une image

2.5.8 Un apprenant dispose du dessin d'un objet, d'une personne… Il doit poser la question dont la réponse est obligatoirement ce qui est représenté sur le dessin.

4. Tous ces exercices doivent se combiner entre eux dans une situation de communication.

2.5.9 Un des apprenants dispose d'une image… Les autres apprenants posent toutes les questions possibles, mais la réponse ne peut être que *Yes* ou *No* pour trouver ce qu'il y a sur l'image.

2.5.10 Un apprenant choisit une image parmi 5 ou 6 (ou 2 ou 3). Il décrit l'image. Les autres apprenants doivent trouver de quelle image il s'agit.

2.5.11 Un apprenant possède une image. Les autres apprenants doivent découvrir ce qu'il y a sur l'image en posant n'importe quelle question. La réponse doit être évasive, donner une idée du contenu de l'image mais ne pas être une réponse précise donnant la clé immédiate de la réponse.

2.5.12 Imaginer l'histoire à partir d'une bande dessinée, d'une séquence d'images.

2.5.13 Inventer une histoire à partir d'une reproduction de personnages (photos, dessins, etc.) : qui sont-ils ? (âge, origine, métier), d'où viennent-ils ? Que viennent-ils de faire ? Que vont-ils faire ? Que regardent-ils, pensent-ils ?

2.5.14 Se substituer au personnage.

3 EXERCICES DE COMPRÉHENSION/PRODUCTION

Multiples combinaisons : écrit › écrit
oral › écrit
écrit › oral
oral › oral

Pour qu'il y ait production, l'apprenant doit avoir compris les messages émis dans le cadre d'une activité de communication.

3.1 COMPRÉHENSION ÉCRITE > PRODUCTION ÉCRITE

3.1.1 *Fill in the blanks*. Liste de *n* mots à replacer dans un texte plus ou moins long.

3.1.2 Trouver l'item lexical dont on donne la définition.

3.1.3 Trouver une équivalence.

> Replace the underlined words by one word.
> Workers who always had a job, can't understand how being out of work affects people's personalities.
> (*Réponse :* unemployment)

3.1.4 Transformation (*word formation*). Transformer le mot de base (dérivation, addition, etc.). L'exercice peut être plus ou moins simple selon le nombre de mots à trouver dans chaque phrase.

1. The … were frightened by the guard dogs. (intrude)
(*Réponse :* intruders).
2. I've got … from the directors and I'll buy new … if we find … premises. (equip – permit – suit)

(*Réponses :* permission, equipment, suitable)

3.1.5 Reformulation (*rephrasing*).

Rephrase the following sentences.
1. This is my town now.
I …
2. What about some tea?
Would …

(*Réponses :* I live here now. Would you like some tea?)

On peut ajouter un changement de niveau de langue : expression à reformuler selon les rôles respectifs des personnes concernées : *Got it ?* > *Did you understand ?*

3.1.6 Closure (*Cloze test*). Supprimer systématiquement un mot tous les dix/douze mots au niveau élémentaire. Le texte doit avoir au moins deux cents mots. On réduit l'intervalle selon le niveau de l'apprenant (langue maternelle : tous les cinq mots).

3.1.7 Répondre à des questions sur un texte : une possibilité de réponse simple – avec expansion.

3.1.8 Répondre à des questions sur un texte en portant un jugement.

3.1.9 Lecture d'un texte : récit, lettre, etc. Réduction de texte (25 mots) – télex – télégramme – titre.

3.1.10 Lecture d'un texte > résumé.

3.1.11 Écoute d'une série de questions ou d'énoncés d'une conversation. (a) Déterminer si la réponse est possible dans le contexte. (b) Proposer des réponses possibles.

3.2 COMPRÉHENSION ÉCRITE > PRODUCTION ORALE

Beaucoup des exercices de 3.1 peuvent être transposés à l'oral.

3.2.1 Rephrasing (cf. 3.1.5).

3.2.2 Lecture d'un passage et réponse à des questions orales. Questions simples – phrases simples. Questions plus complexes – réponses simples + expansion.

3.2.3 Lecture individuelle > résumé oral.

3.2.4 Lecture par chaque groupe d'un passage différent d'un texte après explication orale du contenu du passage à lire, et discussion, reconstitution du texte pour l'ensemble de la classe.

3.2.5 *Information exchange.* On donne à chaque groupe un texte leur demandant de faire la même chose. Chaque texte est légèrement différent des autres. Confrontation orale du contenu et découverte des différences. Exemple : on donne une carte et des explications sur un lieu de rencontre par un groupe d'amis.

Les explications fournies sont légèrement différentes. Il s'agit en discutant et confrontant le contenu des textes distribués de découvrir le véritable lieu de rendez-vous.

3.3 COMPRÉHENSION ÉCRITE > COMPRÉHENSION ORALE

Document écrit et document oral à confronter afin de découvrir les différences.

4 TRADUCTION/INTERPRÉTATION

français	activité	contrainte temps	anglais
écrit	thème →	-	écrit(1)
écrit	thème à livre ouvert →	+	oral
oral	thème dicté →	+	écrit(2)
oral	traduction simultanée →	+	oral
écrit	version ←	-	écrit
oral	traduction à livre ouvert ←	+	oral
écrit	version dictée ←	+	oral
oral	traduction simultanée ←	+	oral

(1) peut s'inspirer d'un texte : thème d'imitation.
(2) doit s'inspirer d'un texte : thème d'imitation.

ANGLAIS		ANGLAIS
	>>>> dictée >>>>>	
oral		écrit
	<<<<< lecture <<<<<	

E. L'APPROCHE MÉTHODOLOGIQUE ET LE TRAVAIL MODULAIRE

Depuis un certain temps déjà, l'institution fait la part belle à l'approche méthodologique. Cette conception de l'enseignement, qui relève d'une approche transversale interdisciplinaire, concerne essentiellement le domaine de l'apprentissage : il s'agit d'aider les élèves en leur « apprenant à apprendre ». Ce mouvement a pris racine depuis que l'enseignement secondaire s'est ouvert à la très grande majorité des enfants et adolescents de la classe d'âge concernée. En effet, les enseignants – toutes matières confondues – se trouvant confrontés à un problème d'hétérogénéité de plus en plus significatif, il a bien fallu leur proposer des pistes pédagogiques nouvelles pour leur permettre d'y faire face. À l'heure actuelle, une des solutions est donc de proposer aux élèves une aide méthodologique importante afin de réduire les inégalités sociales et, partant, de donner des chances égales à tous. En effet, la plupart de nos élèves ne trouvent pas à la maison le soutien nécessaire, et bien peu de parents sont en mesure d'apporter une aide efficace à leurs enfants pour ce qui est de leur apprentissage scolaire. Il revient donc à l'institution et à ses agents de pallier ce manque.

Les modules, en place en classe de Seconde depuis 1992 dans les matières dites principales, sont l'émanation de cette politique qui promeut une philosophie de l'encouragement et de la réussite. Il ne nous appartient pas ici de porter un jugement ni de l'évaluer bien que nous disposions maintenant de suffisamment de recul pour pouvoir le faire. Contentons-nous de dire que, en l'état actuel du dispositif et malgré les réformes horaires, entre autres, les modules sont maintenus de manière consensuelle, ce qui prouve bien, que malgré un certain nombre de critiques dont ils ont été la cible, une majorité d'enseignants en sont satisfaits.

Qui d'ailleurs songerait à refuser de mettre à la disposition de ses élèves des outils méthodologiques destinés à faciliter leur apprentissage, ou plus généralement de les armer correctement pour la vie généralement difficile qui les attend, en les accompagnant sur la voie de l'autonomie qui fera d'eux des citoyens responsables ?

L'idée de fournir des outils méthodologiques aux élèves n'est d'ailleurs pas si nouvelle que cela. En effet, depuis qu'elles existent, les professeurs des classes d'hypokhâgne et khâgne apprennent à leurs élèves l'art de l'explication de texte et de la dissertation, leur fournissant en cela une aide formelle dont ceux-ci se félicitent vivement lorsqu'ils sont confrontés aux difficultés des épreuves de concours. Ils disposent alors d'une méthode qui leur permet de faire face aux exigences des membres des divers jurys, et ce plus sereinement que leurs camarades qui n'ont pas eu la chance de bénéficier d'un tel enseignement.

Pour revenir à nos classes de lycée et plus particulièrement à nos Secondes, cette approche entraîne des implications pratiques dans l'enseignement de l'anglais. Les tests qui sont pratiqués en début d'année et que nous avons commentés au début de ce chapitre relèvent d'ailleurs de cette dynamique. Il s'agit pour le professeur de pouvoir réunir en groupe réduit des élèves dont il a repéré les besoins dans tel ou tel aspect de leur apprentissage de la langue. Les modules nous permettent donc de fournir à ces élèves des outils méthodologiques qui leur permettront d'envisager plus sereinement leur avenir de lycéens dans la perspective du baccalauréat.

Des conseils pratiques concernant la mise en œuvre d'activités modulaires seront proposés dans les chapitres 3 à 6.

3

Le décodage de l'écrit

1 INTRODUCTION

Comme nous l'avons précisé au cours du chapitre précédent, les capacités de décodage et d'encodage sont bien entendu interdépendantes. Nous sommes bien conscients du caractère artificiel que peut présenter leur traitement en quatre sous-parties. Cependant, pour des raisons évidentes de clarté, nous avons pris le parti de les traiter séparément, ce qui ne nous empêchera pas de faire parfois référence aux trois autres capacités, notamment dans le cadre d'activités de transfert. Des activités de lecture débouchent en effet dans la grande majorité des cas sur une prise de parole, au moment de la mise en commun, lorsque ces activités se déroulent dans le cadre de la classe.

Il en va de même pour la capacité à décoder des messages oraux. Si ce décodage relève d'un travail et d'un entraînement spécifiques, celui-ci n'est en aucune façon exclusif des autres capacités. Bien au contraire, les travaux d'écoute trouveront un prolongement presque naturel dans des activités mobilisant les capacités de production, avec une préférence marquée pour la capacité de production de l'oral. Cette alternance entre travaux d'écoute et tâches d'expression orale se fera de façon d'autant plus fluide qu'elle peut parfaitement s'effectuer sans le truchement d'un quelconque support écrit.

LE DÉCODAGE DE L'ÉCRIT

Pourquoi ce choix terminologique ? Lorsqu'un apprenant se trouve confronté à un document écrit en langue étrangère, il lui apparaît comme une série de signes généralement noirs, imprimés sur une page blanche. Pour une grande partie de nos élèves, ces signes s'apparentent à des hiéroglyphes, et après la distribution d'un nouveau document, ils se plaignent bien souvent, sur un ton découragé, de ne rien comprendre. D'où la nécessité pour le professeur de leur donner un certain nombre de clés qui devraient les mettre en mesure de décrypter le contenu du texte qui leur est soumis. C'est dans cette perspective que le terme décodage nous a paru intéressant, dans la mesure où nous cherchons toujours à rendre nos élèves actifs dans leurs activités de lecture, et que celles que nous leur proposons sont censées les faire accéder au sens, donc à la compréhension, par une succession d'étapes leur permettant de pénétrer dans un code différent du leur, aussi bien d'un point de vue linguistique que d'un point de vue culturel.

2 PRÉLIMINAIRES

A. LA PLACE DE L'ÉCRIT AU LYCÉE

Traditionnellement, l'enseignement des langues vivantes au lycée est essentiellement fondé sur l'étude de textes littéraires ou journalistiques pour la plupart, ce qui constitue un paradoxe dans la mesure où on s'attendrait plutôt à un travail centré sur la communication, et donc plus particulièrement sur l'oral. D'ailleurs, au collège, les activités proposées aux élèves et qui permettent la mise en place des fondements de la langue, sont très largement communicatives. Pourquoi cette orientation différente au lycée, très spécifique au système français ? En effet, si l'on s'intéresse à la manière dont les langues vivantes sont enseignées chez nos voisins anglo-saxons par exemple, on s'aperçoit que l'accent est très largement mis sur l'acquisition de compétences de communication très pratiques, et ce jusque dans les cycles terminaux. N'ont accès à la littérature et à la culture dans un sens plus large du terme, que les élèves qui ont décidé de se consacrer à l'étude d'une langue étrangère et qui bénéficient alors d'un enseignement plus spécialisé. En France, l'étude de textes et la mise en place de la méthodologie de l'explication et du commentaire littéraires, ainsi que de la dissertation pour ce qui est de la production écrite, sont probablement liés à la tradition cartésienne de raisonnement qui a connu son apogée au Siècle des Lumières et qui continue à constituer les fondements de la pensée française. Force est de constater néanmoins que sur le marché du travail mondialisé qui s'offre dorénavant à nos élèves, cette préparation n'est pas forcément de la plus grande utilité, même si elle leur ouvre l'esprit et leur donne un certain sens critique.

L'autre raison que l'on peut invoquer, plus terre à terre, est le peu d'heures dont nous disposons, les effectifs beaucoup trop lourds pour pouvoir pratiquer des activités communicatives dans de bonnes conditions, et bien sûr le format de l'examen terminal.

En effet, lors du premier groupe d'épreuve du Baccalauréat, pour ce qui est de la LVI, toutes séries confondues, et de la LVII, série littéraire, ainsi que les autres séries désormais, la très grande majorité de nos élèves doivent faire face à une épreuve écrite, basée en grande partie sur la compréhension d'un texte. En effet, seuls les élèves de la série STT, spécialités action et communication commerciale et action et communication administrative, subissent une épreuve orale dans le cadre de la LVI. Le jour J, tous les candidats bacheliers doivent donc lire un texte et montrer qu'ils l'ont compris en répondant à une série de questions qui constituent une part non négligeable de la note finale. Or, dans ce cas précis, nos élèves se trouvent dans une situation de complète autonomie. Les plus brillants d'entre eux, ou ceux qui ont eu la chance d'effectuer de nombreux séjours dans des pays anglophones, s'acquittent généralement aisément de cette tâche qu'ils considèrent d'ailleurs comme relativement aisée. Mais pour ce qui est de la grande majorité, qui dispose de moyens linguistiques plus limités, il s'agit véritablement d'une épreuve angoissante. Comment répondre à des questions, si le texte n'est pas compris ou mal compris ? Sans parler des problèmes de compréhension parfois posés par les questions elles-mêmes.

C'est dans cette perspective qu'il faut préparer nos élèves en les armant d'outils qui leur permettront d'affronter cette épreuve en toute sérénité. Et il convient, bien évidemment, de commencer ce travail dès la Seconde, de manière à installer des mécanismes opérationnels sur le long terme et non dans l'urgence, à quelques mois de l'épreuve.

De plus, nous savons maintenant que bon nombre de mécanismes se mettent en place lors d'activités de lecture silencieuse et personnelle pendant lesquelles l'élève se trouve confronté seul au texte qu'il a sous les yeux. D'où la nécessité de proposer à nos élèves un maximum de supports, qui ne seront pas nécessairement tous « essorés », de manière à leur donner la possibilité de mettre en place des processus cognitifs. Il va de soi que les documents se doivent d'être authentiques et d'avoir subi le moins de manipulations possibles, car l'aspect du support constitue en lui-même un début d'aide à la compréhension.

B. QUELS TYPES DE DOCUMENTS PROPOSER ?

Les possibilités sont immenses et *a priori* tout est possible. Il faut cependant veiller à susciter la curiosité et donc l'intérêt des élèves car la motivation occupe une place très importante dans le succès de toute forme d'activité proposée en classe.

Dans un pays anglophone, placés dans des conditions naturelles, nos élèves devront être capables de décoder de nombreuses formes de documents écrits : panneaux signalétiques, prospectus, messages publicitaires, journaux, magazines, modes d'emploi, recettes de cuisine, étiquettes, etc.

Dans leur future vie professionnelle, la compréhension de l'anglais interviendra également dans la lecture de petites annonces, rapports, manuels, l'écrit interviendra dans le décodage de modes d'emploi d'outils ou de machines, revues techniques ou scientifiques spécialisées, publicités, lettres, instructions, etc.

Il convient donc de prendre en considération la multiplicité des besoins pour opérer des choix pertinents, les plus larges possibles, afin de rendre nos élèves autonomes lorsqu'ils quitteront le cadre de la classe. En outre, une plus grande autonomie dans la compréhension de l'écrit, leur permettra également d'accéder à la culture anglophone par le biais des romans, de la poésie, de pièces de théâtre, de nouvelles, sans compter tous les ouvrages qui leur ouvriront les portes de la connaissance de la civilisation. C'est d'ailleurs cet aspect qui est généralement privilégié dans les classes de lycée, pour les raisons que nous avons exposées plus haut. Dans ce sens, les divers manuels proposent un choix important de documents, mais il va de soi que le professeur peut librement exercer ses propres choix dans la littérature des pays anglophones, en essayant de ne pas se concentrer exclusivement sur le Royaume-Uni et les États-Unis, ainsi que dans la presse anglophone au sens le plus large du terme. Il est en effet important de confronter les apprenants à des documents écrits d'origines et de types les plus divers, pour en faire des lecteurs compétents et doués d'un bon sens critique. Et n'oublions pas bien sûr, que la lecture reste motivée par deux raisons essentielles : le désir de s'informer et de savoir, et le plaisir. Les activités proposées devront donc s'articuler autour de ces deux axes afin de ne pas transformer le décodage de l'écrit en un exercice purement académique.

D'autre part, il convient de rappeler l'intérêt de l'utilisation de documents authentiques, non didactisés, au niveau des classes de lycée, afin de les offrir aux élèves dans toute leur richesse. Il est d'ailleurs important de respecter leur format et leur mise en page originale afin d'en préserver toute l'authenticité, car leur présentation formelle constitue en elle-même un début d'aide à la compréhension par les indices visuels qui sont proposés au lecteur.

Rappelons également, au risque de nous répéter, qu'il est essentiel de respecter la spécificité de ces documents destinés à être lus, et donc de les présenter en tant que tels, avec des activités en adéquation avec leur forme, qui seront donc des activités de lecture personnelle, excluant de fait l'approche par un enregistrement sur cassette. Il s'agit toujours de faire des choix en relation avec des objectifs pédagogiques précis, eux-mêmes en adéquation avec les supports et qui se doivent donc d'éviter les mélanges de genres non motivés par des justifications didactiques.

C. QU'EST-CE QUE COMPRENDRE UN TEXTE ?

Il convient pour le professeur qui prépare l'exploitation d'un document de se demander comment lui-même accède au sens. Quels sont les marqueurs temporels ou linguistiques qui lui ont permis de situer l'action dans le temps, par exemple ? Ou quels sont les indices – éléments descriptifs, adjectifs ou autres – qui lui ont permis de se faire une idée des personnages qui apparaissent dans le texte ? Cette analyse, en dehors des problèmes purement linguistiques, est destinée à le guider dans la préparation des activités de repérage qu'il compte proposer à ses élèves. Une autre question importante concerne les difficultés prévisibles. Quels sont les items lexicaux ou les structures morphosyntaxiques qui risquent de faire obstacle à la compréhension des élèves, et quelle aide pouvons-nous leur apporter pour accéder malgré tout au sens ?

Afin d'illustrer notre propos plus concrètement, livrons nous à un petit exercice. Le document suivant (pages 102-103) est en hollandais, une langue, qui nous l'espérons pour notre démonstration, ne devrait pas être familière à une grande majorité de nos lecteurs. Que les spécialistes de néerlandais veuillent bien nous pardonner et essaient de transposer l'activité proposée à un document en langue étrangère inconnue de leur choix.

Il s'agit d'un montage effectué avec des éléments trouvés sur une double page provenant d'une brochure éditée en plusieurs langues par le Comité Départemental du Tourisme du Gard – n'y voyons là aucune tentative de promotion de notre part ! – destinée à la présentation des diverses ressources du département. Nous avons choisi la version hollandaise. Comme nous sommes tous familiers de ce type de « littérature », nous pouvons largement anticiper ce que nous pouvons y trouver, ce qui en soi constitue une première aide à la compréhension. La composition du document et les illustrations nous permettent ensuite de comprendre qu'il y a trois parties bien distinctes : une concernant les olives, une deuxième évoquant la tour Bermond et la dernière proposant une recette de cuisine. Ces repérages visuels sont ensuite confirmés par les éléments lexicaux suivants : *olijfboom, de toren van Bermond, recept voor de « Brandade »,* qui sont relativement transparents et parmi lesquels on retrouve un nom propre : *Bermond*, et un mot directement emprunté au français : *Brandade.* Si nous poursuivons notre tentative de décodage, nous remarquons d'autres mots transparents, soit par rapport au français, soit par rapport à l'anglais, voire à l'allemand pour ceux qui connaissent cette langue, qui nous aident à nous faire une idée quant au contenu du message. On comprend par exemple que l'olive ou plus probablement même l'olivier, puisqu'on a un nom composé : *olijf/boom* (cf. en allemand *Baum = l'arbre*) est le symbole du littoral méditerranéen (*Middellandse zeekust, zee = sea, kust = coast, côte*). Pour ce qui est de la tour Bermond, on apprend qu'elle domine (*over*) la ville moyenâgeuse de Sommières (cf. en allemand *Staat = stadje* en hollandais) près d'un pont romain sur la Vidourle (cf. *brug = bridge* en anglais) et qu'il peut être agréable d'aller au marché *(markt)* en passant sous les platanes. Là encore ce sont les noms propres, les mots transparents et nos connaissances d'autres langues qui nous mettent sur la voie. On remarque la présence de la majuscule au début de l'adjectif *Romeinse,* comme en anglais, alors qu'elle n'apparaîtrait pas en français. Quant à la recette de la brandade, c'est notre connaissance de cette spécialité qui nous permet d'inférer le sens de l'ingrédient principal, à savoir *kabeljauw* = *morue*. On suppose que les indications qui suivent concernent la variété de morue. Pour ce qui est de *olijfolie* on devine qu'il s'agit de *huile d'olive,* encore un nom composé dont les éléments se trouvent dans le même ordre qu'en anglais, et *melk* ne pose pas de problème grâce à l'anglais. Nous ne rentrerons pas dans le détail de la recette, mais nous pouvons imaginer que la suite concerne la préparation. Les chiffres constituent également une aide : on peut inférer que le mot *uur* suivant 24 signifie vraisemblablement *heures*.

Ainsi, nous avons pu constater que malgré la méconnaissance de la langue, grâce à un certain nombre de procédés, nous avons pu accéder à une partie non négligeable du sens, et que nous avons maintenant une assez bonne idée du contenu du document. Nous avons utilisé l'inférence, la transparence et la décomposition pour le lexique. Nous avons pu faire quelques constats grammaticaux grâce à la place des mots et surtout nous avons utilisé notre connaissance du contexte ainsi que des éléments visuels, donc extralinguistiques.

Cet exercice nous a mis dans la situation de l'élève qui ne maîtrise pas forcément les acquis du collège et qui aborde la classe de Seconde avec le sentiment que l'anglais est une langue incompréhensible pour lui. Or, le rôle de l'enseignant est justement de l'aider à prendre confiance, en lui démontrant qu'il en sait plus qu'il ne le croit, et surtout de mettre à sa disposition des outils qui lui permettront progressivement d'accéder au sens d'un document. Il faut que cet élève de Seconde puisse aborder l'épreuve de compréhension du Baccalauréat avec sérénité, lorsqu'il terminera son second cycle. Il convient donc de mettre à sa disposition une méthodologie transférable quel que soit le type de support écrit.

La compréhension d'un texte ne consiste pas simplement à élucider les problèmes lexicaux, contrairement à ce que pensent souvent les élèves qui se sentent en difficulté et qui expliquent leurs problèmes par un manque de vocabulaire. Or, s'il s'agissait là du seul obstacle, n'importe qui parviendrait à comprendre un document écrit, armé d'un bon dictionnaire et d'une bonne dose de patience. Quand on en fait d'ailleurs l'expérience avec les élèves, on s'aperçoit rapidement que les traductions proposées sont la plupart du temps dénuées de sens, voire abracadabrantes.

Nîmes et sa Région

Recept voor de "Brandade"

Ingredienten:
500 gr kabeljauw .
Bij voorkeur in zout gedroogd en in dikke stukken.
1/4 liter olijfolie
1/4 liter melk

Ontzout de kabeljauw minstens 24 uur van te voren. Leg daarvoor de kabeljauw in een

De olijfboom, het symbool van de Middellandse zeekust, is in de omgeving van Nîmes al duizenden jaren aanwezig.

De toren van Bermond kijkt uit over het vredige middeleeuwse stadje Sommières, gebouwd op de oever van de Vidourle bij een Romeinse brug. Hoewel gehavend door de tragische geschiedenis van de godsdienstoorlog en de talrijke plotselinge overstromingen van de rivier, heeft het stadje niets van zijn levendigheid verloren.
Een bezoek aan de markt onder de booggewelven of een wandeling onder de platanen is er nog altijd even aangenaam.

worden ververst.
Afgieten, in koud water doen, verwarmen en het water enige minuten tegen het kookpunt houden. Niet laten koken!
Doof het vuur en 15 minuten in het water laten pocheren. Verwijder de graten en het vel en stamp de stukken vis fijn.
Verwarm de melk. Doe de gestampte kabeljauw geleidelijk in een pan met een dikke bodem onder toevoeging van olijfolie en de lauwe melk. Al roerend verkrijgt u een dikke en smeuïge pasta.

Warm bewaren "au bain-marie" en opdienen met gebakken stukjes brood.

Variatiemogelijkheden :
• Voeg 1 of 2 in fijne plakjes gesneden truffels en wat peper toe.
• Opdienen met gestoomde aardappels.
• De pasta opdienen als voorgerechtje in bladerdeeg.

Ce constat amène à penser que le décodage d'une langue dont le fonctionnement profond diffère de la nôtre, consiste en fait à effectuer des repérages utiles et surtout à démêler l'écheveau des diverses mises en relation qui font la cohérence d'un document. Il est bien évident que le lexique ne saurait être évacué, mais il s'agit d'admettre qu'il ne constitue qu'une des données du problème. Il sera bien sûr abordé au cours de ce chapitre et ensuite plus spécifiquement traité dans le chapitre 7 qui lui est entièrement consacré.

3 L'APPROCHE MÉTHODOLOGIQUE

A. PRÉAMBULE

Il s'agit avant tout de faire la distinction entre les activités qui relèvent d'une véritable aide à la compréhension et qui permettent aux élèves d'acquérir des outils méthodologiques transférables qu'ils s'approprient pour pouvoir les réinvestir lorsqu'ils se trouvent confrontés en autonomie à d'autres documents inconnus, et les exercices qui ne constituent en fait qu'un moyen d'évaluation de la compréhension pour le professeur. Les QCM (questions à choix multiples), les *True/False*, et diverses autres questions directes posées par le professeur relèvent en effet plutôt de l'évaluation. Si les élèves répondent correctement, c'est qu'ils ont bien compris le contenu du texte, si malheureusement leurs réponses sont erronées ou inexistantes, c'est qu'ils n'ont pas compris l'ensemble ou du moins une partie du texte. Ces exercices permettent donc au professeur d'évaluer le niveau de compétence de ses élèves, ce que bien sûr nous ne critiquons pas, car toute pratique pédagogique se doit de ménager un temps pour l'évaluation. D'ailleurs le Baccalauréat constitue en lui-même l'ultime évaluation sommative de l'ensemble de la scolarité du Second cycle.

Il faut donc entraîner les élèves à ce type d'exercices[1] afin d'optimiser leurs chances de réussite à l'examen, d'autant que beaucoup d'enseignants considèrent à juste titre d'ailleurs, que ces activités, bien qu'évaluatives par essence, orientent cependant les apprenants dans leur découverte du document et donc de son sens. Il faut pourtant reconnaître leurs limites et se demander comment apprendre à nos élèves à comprendre, à devenir des lecteurs compétents, capables d'effectuer le fameux passage de la forme au sens, de la manière la plus efficace possible.

1. Nos lecteurs trouveront des exemples de ce type d'exercices évaluatifs dans le chapitre 12.

B. EXEMPLES D'ACTIVITÉS DE DÉBUT D'ANNÉE EN CLASSE DE SECONDE

Prenons par exemple le document suivant, extrait du manuel *Your Way, Seconde,* (Nathan) :

Il s'agit d'un montage opéré par les concepteurs du manuel qui ont associé l'extrait d'un article provenant du magazine américain *Newsweek*

Islands of Green

Along the Niger River in Mali

When Sophia Kiarie moved from Kenya's forested highlands to the arid community of Ruiru 20 years ago, she was immediately struck by the lack of greenery. She looked out over the parched sisal fields and wondered where she could possibly find enough firewood for her family, including her husband and 11 children. So she began studying informally, asking Kenyan foresters their advice and carefully observing the life cycles of different trees. "Some died of drought", she recalls, putting a finger into the soft Kenyan soil. "Others died when the hard rains came."

Though she never took a class in forestry or botany, Kiarie, 41, learned quickly. "I have a degree in understanding the problems of my area," she says with a smile. She became a local field officer for the Geneva-based Bellerive Foundation, a non-profit organization that focuses on environmental issues. That woke her up to the dangers of land degradation around Ruiru, about 20 kilometers north of Nairobi. Soon she opened a tree nursery, which has so far distributed more than 500,000 seedlings to schools, hospitals and individual farmers. In addition, Kiarie has led a successful campaign to conserve trees by promoting an energy-efficient, low-cost stove designed by engineers from the Bellerive Foundation. The stove, which burns far less wood than the traditional stone-bordered fire, has become a local hit; more than 2,000 Kenyan families and 600 institutions now use one. "I can convince people because I am a beneficiary of the product", says Kiarie. "It's easier to convince people when they can identify with you."

Kiarie is not just a local hero. Last November she was invited to Miami to attend the United Nations-sponsored Global Assembly on Women and the Environment, where she spoke about her crusade to establish hundreds of "green islands"—plots of trees—around government institutions. Kiarie believes women are the key to a healthier future for Kenya and hopes to get more of them involved in her reforestation projects. "Women know how to nurse," she says, gently pushing a tiny sprout into the earth. "They have caring hands."

et un document iconographique – vraisemblablement la couverture du même numéro – pouvant servir d'illustration, même si géographiquement elle ne présente pas les mêmes référents. En effet, la couverture nous parle du Mali alors que la jeune femme dont il est question dans l'article est originaire du Kenya. Il est d'ailleurs important d'apprendre aux élèves à ne pas se laisser manipuler par un montage, en les amenant à comprendre, grâce aux références aux deux pays différents, que la jeune femme que l'on voit sur la photo n'est pas celle dont on parle dans l'article, mais seulement une représentation emblématique de la femme au sein de l'Afrique rurale.

Ce qui est intéressant du point de vue culturel, c'est que les deux pays mentionnés appartiennent au monde anglophone, ce qui permet dès le début de l'année de faire remarquer que celui-ci ne se limite pas au Royaume-Uni et aux États-Unis. De plus, l'image présentée ici se veut positive et tournée vers l'avenir, alors que bien souvent les manuels scolaires se contentent de donner une image misérabiliste et négative des minorités d'origine africaine, aux États-Unis par exemple. Même si cet aspect ne peut pas et ne doit évidemment pas être occulté, il est important de ne pas enfermer les élèves dans une vision unique, afin d'éviter la construction de stéréotypes.

Lorsque l'on procède à l'analyse d'un document que l'on se propose de faire étudier en classe, il convient de se pencher sur le contenu factuel bien sûr, afin de s'assurer que les élèves pourront y trouver de l'intérêt, mais également sur le contenu linguistique. Il peut être notamment intéressant de surligner avec diverses couleurs, sur une copie du texte, les formes verbales, afin de voir comment celles-ci se répartissent. Dans ce cas, on remarque une majorité de prétérits dans la première partie de l'article, suivis dans la deuxième partie par des formes *have* + -EN *(present perfect*[2]*)* et à la fin, par une série de présents simples. Ce constat permet de tirer une première conclusion, certes schématique, sur la construction de l'article. Dans un premier temps, la vie du personnage central est relatée, suivie d'un bilan, pour finalement énoncer des généralités sur les femmes africaines, ce qui constitue d'ailleurs un procédé stylistique très fréquemment utilisé dans la presse américaine. Il convient également de prêter attention aux marqueurs de temps qui sont en relation avec les formes verbales, à savoir ici, dans l'ordre : *when, 20 years ago, soon, last November*. Ce repérage permet rapidement de constater que la question *when ?,* traditionnellement posée aux élèves lorsqu'un nouveau texte est

2. Nous parlerons de nos choix concernant la terminologie linguistique utilisée dans cet ouvrage, dans le chapitre consacré à la langue.

abordé, n'est pas pertinente dans ce cas précis, même si elle fait partie des activités proposées par les concepteurs du manuel. Il en va de même d'ailleurs pour la question *where ?*, qui pour les mêmes raisons, à savoir la composition du document, n'est pas davantage pertinente.

On voit donc bien l'importance de l'analyse du professeur pour orienter le choix des activités destinées aux élèves. On voit également par cet exemple que l'entrée traditionnelle par les questions en *WH*- ne peut pas se justifier systématiquement.

La phase d'anticipation

Comment procéder, alors ? Il est important de faire des repérages concernant les éléments paratextuels du type de ceux auxquels nous avons fait allusion plus haut, à savoir : origine du document *(this document is an extract/excerpt **from**…)* – il n'est pas inutile en début d'année de faire un rappel sur les prépositions, date de publication, mention du magazine *(an American weekly magazine)*, description de la mise en page *(layout)*, etc. En effet, on n'entre pas dans un document écrit de la même manière selon qu'il s'agit d'un extrait de journal, de magazine, de roman, d'un mode d'emploi ou autre, et en tout état de cause, les attentes ne sont pas les mêmes. Il convient donc d'entraîner les élèves à effectuer systématiquement ce type de repérage afin de se mettre dans une position d'anticipation correcte.

Le titre et les illustrations peuvent également permettre l'anticipation. *Islands of Green* peut paraître bien cryptique dans un premier temps, et il sera plus productif de le faire expliciter *a posteriori*. Par contre la description de l'image et la lecture de ce qui est inscrit en surimpression, dans la mesure où cela ne présente pas d'obstacle à la compréhension, peuvent se montrer plus productif. On peut alors demander aux élèves d'anticiper le contenu du texte, en émettant des hypothèses à l'aide des modaux épistémiques habituels : *the text may/might deal with, perhaps, probably, it could be about, etc.* Ce qui permet le rebrassage ou l'introduction d'items lexicaux qui pourront se révéler utiles ultérieurement.

Ces activités dites d'anticipation vont faciliter la lecture, parce que le lecteur qui a anticipé un contenu possible se montre plus actif, dans la mesure où il cherchera au minimum à vérifier ses hypothèses, plutôt que de lire sans aucune attente. Elles sont donc primordiales.

La compréhension globale

Il est également très important de toujours proposer une tâche lors de la lecture, afin d'éviter la lecture passive qui se solde la plupart du temps par un constat d'échec du type : « je ne comprends pas », source de découragement évident pour l'apprenti lecteur. Il convient aussi d'aborder l'inconnu en s'appuyant sur le connu et le préacquis, ou sur des éléments saillants facilement repérables et identifiables. Dans le cas du document qui nous intéresse, on peut remarquer la présence de nombreux noms propres qui sont très facilement identifiables par les élèves grâce à leurs majuscules. Une des premières activités de découverte du texte consiste donc à leur faire repérer et relever tous ces noms propres, afin de leur démontrer, après les leur avoir fait classer, qu'ils peuvent déjà, grâce à eux, commencer à accéder à une partie non négligeable du sens. Le classement s'opère en s'appuyant sur le contexte, ce qui permet d'établir un premier réseau de connexions. Le tableau obtenu est le suivant :

Persons	**Places**	**Associations**	**Others**
Sophia Kiarie	Kenya, Kenyan		
	Ruiru, Nairobi		
	Geneva	Bellerive Foundation	
	Miami	United Nations Global Assembly on Women and the Environment	November

Ce qui permet, de la part des élèves, une reformulation orale de ce type : *Sophia Kiarie is a Kenyan woman who lives in a village called Ruiru. It is situated near Nairobi. She is a member of the Bellerive Foundation, an organisation which is based in Geneva. Last November, she was invited to Miami to the Global Assembly on Women and the Environment, sponsored by the United Nations.*

Il va de soi que ce compte rendu est sommaire, mais il synthétise assez correctement une bonne partie du contenu du texte et permet un repérage raisonné des divers lieux cités. Si les reformulations proposées ne correspondent pas à celle-ci, cela permettra une discussion au niveau du groupe classe afin d'ajuster les propositions. L'intérêt est de montrer aux plus faibles que dans un article de magazine, les noms propres sont souvent nombreux, facilement repérables. Ils permettent généralement un début d'accès au sens, ne serait-ce que parce qu'ils sont généralement transparents. De plus, cette activité est parfaitement transférable.

Les lieux étant repérés, il convient ensuite de s'intéresser au personnage central. Les élèves sont invités à compléter la fiche d'identité suivante :

Name	Kiarie	**Present village**	Ruiru
First name	Sophia	**Marital status**	married
Age	41	**Number of children**	11
Nationality	Kenyan	**Occupation**	local field officer
Origin	forested highlands		

La correction peut s'effectuer oralement de manière interactive, certains élèves posant des questions, et d'autres fournissant les réponses sous forme d'énoncés complets, ce qui donne par exemple :

What's the main character's name ?

Her name's Kiarie.

Il est en effet toujours important en début d'année scolaire, en Seconde, d'effectuer une remise au point à propos des énoncés interrogatifs et de leur intonation et d'exiger le sans-faute grâce à l'auto ou l'intercorrection. Un élève peut ensuite reprendre l'ensemble des informations collectées, pour une prise de parole un peu plus longue.

On le voit, jusque-là les difficultés lexicales n'ont pas fait obstacle à la compréhension, qui certes pour l'instant n'est que globale, mais non négligeable. La quasi totalité d'une classe de Seconde, même très hétérogène parvient à s'acquitter de ces tâches sans trop de difficultés, même si les élèves les plus faibles peuvent peiner quant à la reformulation. Celle-ci, cependant est une activité de production orale guidée qui va au-delà de la simple compréhension. À ce stade, les élèves en difficulté se rendent compte qu'ils sont effectivement capables d'accéder à une partie du sens, même si elle n'est qu'élémentaire et s'ils ne sont pas toujours capables de reprendre les éléments collectés à leur compte à des fins de reformulation.

La compréhension détaillée

L'élucidation lexicale

On l'a vu, jusque-là les problèmes lexicaux n'ont pas nuit à la compréhension. Le professeur se doit de le faire remarquer aux élèves afin qu'ils prennent bien conscience que le fait de ne pas comprendre tous les mots d'un texte n'empêche pas de comprendre globalement l'essentiel de son contenu. Ce type de constat est primordial pour les élèves en difficulté. Ceux-ci se sentent rassurés, se rendant compte qu'ils sont capables de comprendre un peu. D'où la nécessité de fournir un nombre important de documents de ce genre afin de permettre l'entraînement à ce type d'exploitation au cours du premier trimestre, notamment en classes de STT et surtout de STI où les élèves considèrent souvent l'étude de l'anglais comme une cause perdue. On peut d'ailleurs, dans ce cas, se contenter de cette approche globale et ne pas chercher à aller plus de l'avant dans l'étude des documents. L'« essorage » du texte ne présente pas d'intérêt en soi, ce qui compte c'est de privilégier la remise en confiance des élèves.

Si l'on souhaite néanmoins aller plus loin, l'élucidation du lexique devient incontournable. De plus, celui-ci peut également être traité de manière raisonnée et donc transférable.

Un des éléments clés de ce texte étant la forêt, on peut demander aux élèves de rechercher les dérivés du mot *forest* qui y sont présents, à savoir : *forested – foresters – forestry – reforestation*

Ce relevé permet une approche raisonnée de la formation lexicale par **dérivation**, les élèves étant invités à trouver comment les mots sont fabriqués par affixation (préfixe ou suffixe), quelle est la valeur de ces affixes et, le cas échéant, comment ils modifient la catégorie grammaticale du noyau. On peut finalement leur demander de proposer une traduction pour leur faire prendre conscience que le système de dérivation lexicale est également très présent en français. Or, prendre conscience de ce type de formation, c'est faire un pas supplémentaire vers l'autonomie, à condition de bien connaître la valeur des affixes, et bien sûr de ne pas ignorer le sens de la racine du mot. D'où l'importance de multiplier les activités sur la dérivation, notamment en séances modulaires.[3] On peut ensuite faire rechercher dans le texte d'autres mots obtenus par dérivation, pour transférer ce qui vient d'être vu et isoler des affixes qui ont d'autres valeurs. Il va de soi que le professeur mettra ses élèves en garde contre l'utilisation systématique des procédés de dérivation pour la création de mots, car ils risqueraient de produire des barbarismes. En effet la connaissance du processus n'est vraiment utile que dans une démarche de décodage et non d'encodage, pour reprendre la terminologie mise en place précédemment (p. 96).

On pourrait de la même manière effectuer un travail sur les **mots composés** et analyser leurs divers composants, puisqu'ils sont nombreux dans ce texte : *firewood, field officer, Geneva-based Bellerive Foundation*, etc. En effet, savoir décomposer ce type de mots et prendre conscience que l'ordre est inversé par rapport au français (« la Fondation Bellerive qui est basée à Genève »), constituent un pas supplémentaire vers l'autonomie. On peut également en profiter pour faire des remarques d'ordre phonologique : montrer que dans le cas d'un nom composé en deux parties, c'est le premier élément qui porte l'accent principal, le second por-

3. Des exemples d'activités modulaires propres à la compréhension de l'écrit seront proposés à la fin de cette partie.

tant éventuellement un accent secondaire. Il est alors intéressant de faire prononcer les divers mots relevés par les élèves, de sorte qu'ils puissent s'approprier cette particularité rythmique.

L'**inférence** est aussi un des procédés clés de l'élucidation lexicale, auquel il faut entraîner les élèves. En effet, s'ils sont habitués à le faire et surtout s'ils sont bien conscients de l'opération mentale à laquelle ils se livrent, ils gagneront très largement en autonomie face à un texte inconnu et n'éprouveront plus ni crainte, ni découragement lorsqu'ils rencontreront des mots inconnus. Prenons l'énoncé suivant :

Soon she opened a ***tree nursery****, which has so far distributed more than 500,000* ***seedlings*** *to schools, hospitals and individual farmers.*

On demande aux élèves d'élucider le sens des mots en caractères gras, car dans ce cas, la décomposition et la reconnaissance des suffixes ne suffisent pas à accéder au sens. Les élèves auront tôt fait de proposer le terme de *pépinière* pour le premier mot en faisant remarquer qu'il s'agit « d'une nursery pour les arbres ». Ils proposeront ensuite et logiquement « jeunes plantes » ou « jeunes arbres » pour ce qui est du deuxième mot, puisque c'est ce qu'on s'attend à voir produit dans une pépinière. Pour que l'exercice soit profitable et transférable, il est utile de demander aux élèves d'expliciter leur démarche mentale et d'indiquer les éléments du contexte les ayant mis sur la voie.

Finalement, et cette activité est très productive en début d'année, on peut faire procéder à un **classement raisonné du lexique,** afin de synthétiser de manière visuelle les démarches qui viennent d'être mises en place. Pour cela le professeur sélectionne une série d'items significatifs et demande aux élèves de les classer dans un tableau selon l'exemple suivant :

mots transparents	**faux-amis**	**noms et adjectifs composés**	**mots dérivés par préfixation**	**mots dérivés par suffixation**	**mots inférables**	**mots opaques**
forested *arid* *community* *advice* *cycles* *soil* *botany* *non-profit* *crusade* *beneficiary*	*degree* (dans ce contexte) *nursery* (idem)	*highlands* *firewood* *field officer* *energy-efficient* *low-cost* *stone-bordered*	*recalls* *reforesta-tion* *informally*	*forested* *greenery* *informally* *foresters* *forestry* *reforesta-tion*	*greenery* *wondered* *focuses* *issues* *tree nursery* *seedlings* *stove* *plots*	*parched* *drought* *sprout*

Les éléments placés dans ce tableau sont des exemples qui montrent aux élèves que le lexique peut être traité de manière « scientifique ». On peut les amener à constater que certaines colonnes, comme celle des mots transparents par exemple, sont très garnies, alors que celle contenant les mots opaques ne contient que très peu d'items. Que faire d'ailleurs de ces derniers ? Puisqu'ils résistent à toute forme de traitement raisonné, il faudra les chercher dans le dictionnaire[4] ou les demander au professeur. Le fait qu'ils soient si peu nombreux constitue un facteur supplémentaire pour la mise en confiance des élèves auxquels on indiquera que dans les textes proposés au Baccalauréat, ces mots sont généralement donnés en notes.

Une autre colonne concernant les mots onomatopéiques peut être ajoutée le cas échéant — ici elle aurait été non pertinente. Il s'agit de mots tels que : *there was a **buzz** in the assembly* (William Golding, *Lord of the Flies*) ; *he **banged** the door ; the plane **crashed** ;* et que l'on peut comprendre grâce au son produit, ce qui présente en plus un aspect ludique non négligeable pour les élèves.

Il va de soi que toute une série de mots ne sont pas traités, car ils appartiennent au lexique censé être connu des élèves arrivant en Seconde.

Le traitement du lexique effectué, on précisera aux élèves qu'ils devront s'approprier, donc apprendre, les mots nouveaux dans la mesure où ils devront faire partie de leur vocabulaire « actif » (par opposition avec celui dit « de simple reconnaissance » ou « passif »). Le professeur expliquera la différence, l'intérêt d'opérer ce tri, puis proposera des activités de transfert permettant le rebrassage lexical. Nous y reviendrons dans le chapitre consacré au lexique.

L'analyse

Comme le lexique ne constitue plus un obstacle à la compréhension, on peut maintenant demander aux élèves d'aller un peu plus loin dans leur compréhension du document en cherchant quel en est le message essentiel.

Mais tout d'abord, il convient de les amener à s'intéresser à la construction du document. Pour cela, on peut leur demander de surligner les formes verbales avec des marqueurs fluo de trois couleurs différentes (on aura pris soin de distribuer des copies du texte), afin de repérer les temps et aspects utilisés par le journaliste et leur répartition dans le texte.

---

4. On pourra profiter des séances modulaires pour entraîner les élèves à l'utilisation correcte du dictionnaire. On trouvera pour cela des batteries d'exercices appropriés, dans la plupart des cahiers de l'élève accompagnant la grande majorité des manuels scolaires de Seconde.

Ainsi les élèves seront en mesure de faire des remarques sur la composition du document, tout en justifiant l'utilisation des présents, prétérits et *have* + -EN, dans une phase de pratique raisonnée de la langue permettant des remises au point généralement utiles en début d'année. Ce faisant, on aide les élèves à **passer de la forme au sens** en les amenant à prendre conscience que les choix énonciatifs doivent être analysés parce qu'ils participent de la construction du sens.

Une autre activité qui permet de rendre les élèves plus actifs dans leur lecture, consiste à leur apprendre à démêler l'écheveau que constitue le **réseau anaphorique**, toujours présent dans un texte. On sélectionne quelques pronoms personnels, démonstratifs ou relatifs et on demande aux élèves de préciser à quels éléments du texte ils se réfèrent. Il est important par exemple, qu'ils se rendent bien compte que dans la phrase : ***That** woke her up to the dangers of land degradation around Ruiru,* ***that*** reprend l'ensemble de la phrase précédente. De plus, comme ce type d'activité est très souvent proposé au Baccalauréat, il convient donc d'y entraîner les élèves le plus tôt possible. L'intérêt principal de cette activité est néanmoins d'apprendre aux élèves à ne pas lire de façon simplement linéaire, mais d'opérer un va-et-vient visuel qui rend la lecture plus constructive, et que pratique tout lecteur efficace.

On peut maintenant demander aux élèves de trouver quel est le message essentiel du texte en prélevant une phrase ou un groupe de mots qui pourraient servir de titre plus explicite que *Islands of Green,* par exemple : *Women and the Environment.* Il faudrait d'ailleurs préciser *African Women* pour plus d'exactitude. Le contexte étant bien connu, on peut maintenant faire reformuler *Islands of Green* afin de l'expliciter, (alors que ce titre paraissait opaque au début de l'étude du document).

On peut également faire prélever dans ce texte tout ce qui touche au problème de l'environnement afin d'obtenir ensuite une reformulation de ce que sont les activités de Sophia Kiarie, et faire trouver dans un deuxième temps pourquoi, selon l'article, les femmes sont naturellement bien disposées à ce genre d'activités pourtant traditionnellement réservées aux hommes. On peut faire mettre en relation : *tree **nursery*** et *women know how to **nurse***, ce qui permet par la même occasion de mettre l'accent sur la polysémie du terme.

Synthèse

Le professeur qui élabore un projet pédagogique pour sa classe se doit de se fixer des objectifs précis avant de passer à la préparation de sa mise en œuvre. Ce paragraphe devrait donc être placé en amont du projet que nous venons d'exposer. Cependant, nous avons choisi de ne le faire apparaître qu'*a posteriori*, de manière à résumer l'approche que nous avons développée en nous appuyant sur la terminologie du tableau récapitulatif des capacités, compétences et composantes évaluées des tests d'évaluation de Seconde inclus dans le deuxième chapitre de cet ouvrage.

L'objectif large étant la compréhension de l'écrit, nous avons mis en œuvre, au fil de notre projet, les compétences et composantes suivantes :

Anticiper
– anticiper un contenu à partir d'un titre
Émettre des hypothèses
– mettre en relation des indices pour construire le sens en cours de lecture
– vérifier la justesse des propositions
Repérer/identifier
Mettre en relation
– établir des liens entre les formes verbales et leurs valeurs
– établir des liens entre les désignateurs, les pronoms et leurs référents
Compenser l'inconnu
– déduire le sens du mot: dérivation
– déduire le sens du mot à partir du contexte
Opérer le traitement de l'information
– retrouver la cohérence logique et chronologique d'un texte.

Conclusion

On le voit, nous n'avons pas cherché à « essorer » le document. D'autres activités auraient été possibles, mais nous avons fait des choix motivés par notre désir de proposer à nos élèves, une stratégie de lecture qui soit le plus largement transférable. Il va de soi que les outils qui ont été fournis à l'occasion de l'étude de ce texte devront être réutilisés le plus souvent possible à l'occasion de l'étude de nombreux autres textes, d'abord avec le guidage du professeur, mais en laissant de plus en plus d'autonomie aux élèves pour finalement les laisser travailler seuls sur des textes qu'ils étudieront à la maison, par exemple, avec pour consigne de réinvestir les techniques travaillées en classe. Afin de s'assurer que les procédés de lecture sont bien maîtrisés, on demandera lors de la séance suivante, un rapide compte-rendu oral (ou écrit), qui permettra d'évaluer le niveau de compréhension. N'oublions pas ce truisme : que c'est en lisant qu'on devient un lecteur performant, et rappelons que les processus mentaux de nos élèves se mettent en place en grande partie sans nous. Permettons-nous donc d'insister sur le fait que l'étude d'une douzaine de textes dans l'année, comme le veut l'usage, est très largement insuffisant, et que pour bien faire, chaque élève devrait être confronté à une centaine de pages, dont une majorité serait lue en autonomie au cours de l'année scolaire.

Pour ce qui est du document traité, malgré la longueur de la démonstration, trois séances au maximum auront été nécessaires. Au-delà, l'intérêt des élèves risquerait de s'émousser. Il en irait donc de même de leur motivation et les activités perdraient en efficacité. Il faut toujours bien veiller à ne pas lasser les élèves. Les éléments repérés et prélevés dans le cadre de l'étude de ce texte, permettent une synthèse orale ou écrite du document favorisant la reformulation et la réutilisation du lexique. Ensuite, il est temps de passer à autre chose. On se doit cependant de ménager une phase d'évaluation sommative pour s'assurer que tous les élèves se sont bien appropriés les méthodes proposées.

In 1981 there were still well over a million elephants in Africa. Since then, poaching has reduced them to around 750,000. At the same time numbers in East Africa have been more than halved, from around 429,000 to perhaps 150,000 today, with Kenya's herds plummeting from 65,000 to around 19,000 and still falling.

Several international initiatives are now aimed at saving the elephant in the wild. One of the biggest, the World Wide Fund for Nature (WWF), is working with many African countries to improve their conservation programmes, help them to eliminate poaching and end the illegal ivory trade.

WWF proposes a moratorium on international trade in ivory from any country where elephant poaching persists, or which deals in illegal ivory. The EEC is working towards a Europe-wide ban on ivory imports.

This week the pressure group Zoo Check is writing to Britain's consumer publications and fashion magazines asking them not to promote ivory products.

Most of the ivory sold in the UK is believed to come from elephants which have been illegally killed. But people who care about the elephant ought not to buy ivory in any circumstances anywhere in the world. Campaigners want wearing or using ivory to become as unacceptable as sporting the fur of a spotted cat.

Even a tiny piece of ivory inlaid in wood has probably involved the illegal killing of an elephant.

Gareth Huw Davies, *The Sunday Times Magazine,* February 26th, 1989.

Ce document permet le transfert des activités méthodologiques mises en place dans un contexte qui n'est pas trop éloigné de celui du document précédent, dans la mesure ou le sujet traité est ici la protection de l'environnement et de manière plus spécifique la sauvegarde d'une espèce menacée, dans un contexte également africain.

Voici ce que l'on peut proposer aux élèves :

1. Present the document using the paratextual elements.*
2. Pick out all the proper nouns and figures. Sort them out and say what you can understand from them.
3. Pick out 3 derived words and 3 compound words.
4. Using the context, find the meaning of the following words: *poaching, halved, trade, inlaid.*
5. Relevez les present perfect, et expliquez leur valeur[5].
6. Sum up the general meaning of the text (3 lines).
* Le texte a été reproduit sur une page de manuel, accompagné de photos et de titres de journaux et intitulé: *Bloody Ivory*.

Nous consacrons plus loin un chapitre à l'évaluation, mais profitons déjà de cet exemple pour insister une première fois sur le fait qu'il est important, surtout en Seconde, de n'évaluer que ce que l'on a enseigné au cours de la séquence. En effet, les élèves doivent posséder les outils méthodologiques et les moyens linguistiques leur permettant d'effectuer les tâches qui leur sont assignées. Sinon, leurs performances risquent de n'être ni probantes ni satisfaisantes, ce qui induit généralement déception et découragement. Ceci irait bien sûr à l'encontre de la pédagogie de l'encouragement que d'aucun cherche à pratiquer.

C. AUTRES EXEMPLES D'ACTIVITÉS

Voici un tableau récapitulatif des différentes activités destinées à la compréhension de l'écrit, issu de l'excellent ouvrage de Françoise Grellet, *Developing Reading Skills* (Cambridge University Press, 1981) :

Reading Comprehension exercise-types

I Reading techniques	II How the aim is conveyed
1. Sensitizing **a.** Inference from (1) the context (2) word-formation **b.** Understanding relations within the sentences. **c.** Linking sentences and ideas: (1) reference, (2) link-words.	**1.** Aim and function of the text **a.** Function of the text **b.** Functions within the text **2.** Organization of the text: different thematic patterns **a.** Main idea and supporting details

5. Cet exercice s'effectuera en français, dans la mesure où il relève de la pratique raisonnée de la langue.

2. Improving reading speed **3.** From skimming to scanning **a.** Predicting **b.** Previewing **c.** Anticipation **d.** Skimming **e.** Scanning	**b.** Chronological sequence **c.** Descriptions **d.** Analogy and contrast **e.** Classification **f.** Argumentative and logical organization **3.** Thematisation
III Understanding meaning **1.** Non-linguistic response to the text **a.** Ordering a sequence of pictures **b.** Comparing texts and pictures **c.** Matching **d.** Using illustrations **e.** Completing a document **f.** Mapping it out **g.** Using the information in the text **h.** Jigsaw reading **2.** Linguistic response to the text **a.** Reorganizing the information: reordering events; reorganizing the information: using grids **b.** Comparing several texts **c.** Completing a document **d.** Question-types **e.** Study-skills: summarizing; study skills: note-taking	**IV Assessing the text** **1.** Fact versus opinion **2.** Writer's intention

Nous ne ferons pas de commentaire, ce tableau étant suffisamment clair et explicite. Nous conseillons à nos lecteurs de s'en inspirer pour trouver des idées d'activités et d'exercices en adéquation avec les objectifs qu'ils visent et qui correspondent aux différentes parties de ce tableau.

Pour illustrer davantage notre propos sur les différentes techniques qu'il convient de mettre à la disposition de nos élèves afin de les conduire sur la voie de l'autonomie, prenons le texte suivant :

The chief

After their plane was shot down, a group of schoolboys found themselves scattered on a desert island. One of them, Ralph, first met a fat boy nicknamed Piggy. Then, on Piggy's advice, he called the others by blowing a conch. All the other boys arrived, including a school choir and its head, Jack Merridew.

Merridew turned to Ralph.
"Aren't there any grown-ups?"
"No."
Merridew sat down on a trunk and looked round the circle.
"Then we'll have to look after ourselves."
Secure on the other side of Ralph, Piggy spoke timidly.
"That's why Ralph made a meeting. So as we can decide what to do. We've heard names. That's Johnny. Those two —they're twins, Sam'n Eric. Which is Eric—? You? No —you're Sam—"
"I'm Sam—"
"'n I'm Eric."
"We'd better all have names," said Ralph, "so I'm Ralph."
"We got most names," said Piggy. "Got 'em just now."
"Kid's names," said Merridew. "Why should I be Jack? I'm Merridew."
Ralph turned to him quickly. This was the voice of one who knew his own mind.
"Then," went on Piggy, "that boy —I forget—"
"You're talking too much," said Jack Merridew. "Shut up, Fatty."
Laughter arose.
"He's not Fatty," cried Ralph, "his real name's Piggy!"
"Piggy!"
"Piggy!"
"Oh, Piggy!"
A storm of laughter arose and even the tiniest child joined in.
For the moment the boys were a closed circuit of sympathy with Piggy outside: he went very pink, bowed his head and cleaned his glasses again.
Jack spoke.
"We've got to decide about being rescued."
There was a buzz. One of the small boys, Henry, said that he wanted to go home.
"Shut up," said Ralph absently. He lifted the conch. "Seems to me we ought to have a chief to decide things."
"A chief! A chief!"
"I ought to be chief," said Jack with simple arrogance, "because I'm chapter chorister and head boy. I can sing C sharp."
Another buzz.
"Well then," said Jack, "I—"
He hesitated. The dark boy, Roger, stirred at last and spoke up.
"Let's have a vote."
"Yes!"
"Vote for a chief!"
"Let's vote—"

This toy of voting was almost as pleasing as the conch. Jack started to protest but the clamour changed from the general wish for a chief to an election by acclaim of Ralph himself. None of the boys could have found good reason for this; what intelligence had been shown was traceable to Piggy while the most obvious leader was Jack. But there was a stillness about Ralph as he sat that marked him out: there was his size, and attractive appearance; and most obscurely, yet most powerfully, there was the conch. The being that had blown that, had sat waiting for them on the platform with the delicate thing balanced on his knees, was set apart.
"Him with the shell."
"Ralph! Ralph!"
"Let him be chief with the trumpet-thing."
Ralph raised a hand for silence.
"All right. Who wants Jack for chief?"
With dreary obedience the choir raised their hands.
"Who wants me?"
Every hand outside the choir except Piggy's was raised immediately. Then Piggy, too, raised his hand grudgingly into the air.
Ralph counted.
"I'm chief then."
The circle of boys broke into applause. Even the choir applauded; and the freckles on Jack's face disappeared under a blush of mortification. He started up, then changed his mind and sat down again while the air rang. Ralph looked at him, eager to offer something.
"The choir belongs to you, of course."
"They could be the army—"
"Or hunters—"
"They could be—"
The suffusion drained away from Jack's face. Ralph waved again for silence.
"Jack's in charge of the choir. They can be —what do you want them to be?"
"Hunters."
Jack and Ralph smiled at each other with shy liking.

William Golding, *Lord of the Flies*, 1954, Faber and Faber.

Cet extrait du célèbre roman de William Golding est intéressant car il présente de nombreux personnages, dont trois de manière détaillée. Il permet donc de faire travailler la caractérisation aux élèves, en leur apprenant à s'appuyer sur les indices fournis par le texte et non sur des considérations vaguement psychologisantes. Nous nous limiterons à cet aspect du document et ne chercherons pas à développer une exploitation complète. Nous n'aborderons pas, notamment, l'exploitation du lexique. Précisons que les activités proposées conviennent à une classe de Seconde.

Comment procéder ? Il importe, bien sûr, de ne pas rentrer dans le texte de but en blanc, et de proposer aux élèves des activités d'anticipation, ne serait-ce que pour leur donner une idée du décor et des circonstances. Pour cela, après les repérages paratextuels, il est bon de donner quelques éléments d'information sur l'auteur, en précisant notamment qu'il a obtenu le Prix Nobel de littérature pour l'ensemble de son œuvre. On peut ensuite, pour planter le décor, se servir des génériques des deux versions filmiques du roman (1963, pour ce qui est de la version britannique, et 1994 pour la version américaine), qui présentent un parti pris très différent de l'approche de l'histoire. Les élèves décrivent, commentent et comparent, et le professeur procède à l'enrichissement lexical nécessaire, afin de rendre l'activité plus productive

Après cette phase préalable, on peut maintenant passer à l'étude du texte à proprement parler. On effectue une première lecture, sans omettre, cela va de soi, de proposer une consigne qui, dans le cas qui nous intéresse, sera le repérage des personnages, principaux et secondaires, qui prennent la parole ou qui ne sont que mentionnés. Il est important de noter que ces personnages n'apparaissent pas dans les génériques des films, et que les élèves ne sont donc pas influencés. On obtient le tableau suivant :

Main characters	**Secondary characters**	**Characters who are only mentioned**
Jack Merridew Ralph Piggy	Sam and Eric, the twins Roger	Henry the group of boys the school choir

Puis on divise la classe en trois groupes, qui sont chargés de prélever dans le texte tous les éléments permettant la caractérisation des trois personnages principaux. Voilà ce que l'on obtient pour Piggy, par exemple :

Piggy spoke ***timidly****; Jack : "You're talking too much" ; "Shut up Fatty" ; a closed circuit of sympathy with Piggy outside : he went very pink, bowed his head and cleaned his glasses again ; what intelligence had been shown was traceable to Piggy ; then Piggy, too, raised his hand* ***grudgingly***.

Les élèves sont maintenant en mesure de présenter ce personnage aux deux autres groupes, en s'appuyant sur des indices purement textuels. On remarque notamment l'importance du choix des adverbes pour l'évocation des traits de personnalité. Les éléments prélevés permettent donc d'apprendre que Piggy est un enfant timide, qui peut être rejeté par le reste du groupe probablement à cause de son embonpoint, donc de son apparence différente qu'il vit mal *(he went very pink, bowed his head)* qui peut également montrer de la résistance à s'aligner sur le choix de la majorité (comme l'indique l'adverbe *grudgingly*), et il est intelligent (le port des lunettes étant un élément symbolique supplémentaire confirmant ce trait de caractère, les élèves l'identifient sans peine).

Les deux autres groupes auront procédé de même pour les deux autres personnages qu'ils auront présentés au reste de la classe. Ce travail en trois groupes permet de gagner du temps et de faire en sorte que la mise en commun soit plus interactive. On peut également en profiter pour travailler la prise de notes, en envoyant trois élèves au tableau qui se chargeront de synthétiser les éléments proposés par leurs camarades, sous leur contrôle et celui du professeur qui n'interviendra qu'en dernier recours.

On peut ensuite pratiquer dans une phase de prise de parole guidée, un rebrassage de toutes les formes de comparaison, afin d'opposer les trois personnages. Et bien sûr, on amènera les élèves à prendre conscience des procédés de caractérisation utilisés par l'auteur, afin qu'à l'avenir ils soient capables de les repérer pour caractériser les personnages dans d'autres textes.

Comme nous l'avons précisé précédemment, nous n'irons pas plus loin dans l'exploitation de ce document puisque cela dépasserait notre propos. Profitons cependant de la forte présence de parties dialoguées pour discuter l'opportunité de **la lecture à voix haute.** Certains collègues ont pour habitude de faire lire leurs élèves à voix haute au moment de la découverte d'un texte dans le but de rectifier les erreurs de prononciation. Cette pratique ne nous paraît pas souhaitable, parce que peu en adéquation avec la spécificité de l'activité de décodage de l'écrit, au même titre d'ailleurs que l'écoute préalable d'un enregistrement, comme nous l'avions précisé en amont. En effet, la découverte d'un texte se doit d'être personnelle, chaque élève lisant à son propre rythme, au gré des activités de repérage proposées par le professeur, et donc, cela va de soi, silencieusement, sans que le rythme de la lecture vocalisée d'un autre élève ne le perturbe. De plus, l'exercice de lecture à voix haute est une activité extrêmement difficile et qui ne s'improvise pas. Nous en voulons pour preuve la monotonie et le manque d'intonation des élèves anglophones eux-mêmes, si la lecture n'a pas été préparée par un travail spécifique. D'ailleurs il est illusoire de vouloir lire correctement un texte qui n'est pas parfaitement bien compris. D'autre part, le travail phonologique est bien plus productif lorsqu'il s'applique à des situations de communication en contexte, ne s'appuyant pas nécessairement sur un support écrit. Rien n'empêche le professeur de proposer un modèle de prononciation correcte des mots nouveaux qui peuvent être rencontrés et d'en faire inscrire la transcription phonétique sur les cahiers, à condition bien entendu que les symboles soient connus des élèves.

Cependant, nous nous devons de ne pas oublier que les élèves peuvent être amenés à lire une partie d'un texte lorsqu'ils passent l'oral du Baccalauréat au moment des épreuves de rattrapage pour la LVI (séries ES et L), sans oublier les sections de STT concernées par l'oral, et bien sûr les élèves de ES ou L qui ont choisi l'anglais renforcé comme spécialité. En effet, nous lisons dans les *Instructions Officielles*, dans la partie consacrée au Baccalauréat :

> Lorsque le candidat est interrogé sur un texte, il peut lui être demandé de lire un passage du document qui lui est soumis.

En conséquence, même s'il ne s'agit pas d'un passage obligé, il faut préparer les élèves à cette éventualité. L'année de Terminale paraît la plus appropriée en ce qui concerne les séries citées ci-dessus, on peut envisager néanmoins un début d'entraînement, dans certaines conditions, en Seconde et en Première, avec les restrictions auxquelles nous avons fait allusion. On évitera donc de faire lire un texte à voix haute, tant que le travail de compréhension détaillée n'aura pas été effectué et on évitera également de faire lire des parties narratives littéraires qui se prêteraient décidément vraiment mal à ce type d'exercice. Par contre, dans un texte comme celui dont nous venons de parler, qui nous l'avons vu présente une part importante de dialogues, il peut être intéressant de procéder à une lecture à plusieurs voix en excluant les parties narratives. En effet, dans ce cas précis, la dramatisation est justifiée et souhaitable. Elle permet également de s'assurer que les élèves savent bien qui parle et qui dit quoi, donc elle permet d'aller plus loin dans la compréhension de la construction du texte. Signalons au passage que les élèves apprécient ce type d'activité et qu'il permet une évaluation formative de ce type de lecture, prise en charge par le groupe classe.

Dans le cadre d'un entraînement plus systématique dans les mois qui précèdent l'épreuve orale, l'assistant(e) anglophone peut se révéler une aide précieuse pour seconder le professeur dans l'entraînement à la lecture, dans la mesure où on lui explique bien en quoi consiste la tâche, et quels en sont les critères d'excellence.

Une autre activité intéressante, également transférable, et relevant donc d'une approche méthodologique de la compréhension de l'écrit, consiste à faire repérer la logique interne d'un document et la manière dont ses paragraphes s'enchaînent. Pour illustrer ce propos, prenons le document suivant :

FROM YOUR MOUSE TO YOUR HOUSE

What goes on behind the scenes when you place an order at Amazon.com

1 You order three items, and a computer in Seattle takes charge

A computer assigns your order—a book, a game and a digital camera—to one of Amazon's seven U.S. distribution centers, five of which it opened this year. With 3 million sq. ft., Amazon has 1.5 times the floor space of the Empire State Building.

2 In suburban Atlanta, three red lights go on

Your order is transmitted to the closest facility that has the products. Amazon's newest, in McDonough, Ga., opened in October and stocks more than a million items. Rows of red lights show which products are ordered. Workers move from bulb to bulb, retrieving an item from the shelf above and pressing a button that resets the light. Computers determine which workers go where.

3 Your items are put into crates on moving belts

Each item goes into a large green crate that contains many customers' orders. When full, the crates ride a series of conveyor belts that winds more than 10 miles through the plant at a constant speed of 2.9 ft. per sec. The bar code on each item is scanned 15 times, by machines and by many of the 600 full-time workers, all of whom get Amazon stock options.

4 All three items converge in a chute, and then inside a box

All of the crates arrive at a central point where bar codes are matched with order numbers to determine who gets what. Your three items end up in a 3-ft.-wide chute—one of several thousand—and are placed into a cardboard box with a new bar code that identifies your order.

5 Any gifts you've chosen are wrapped by hand

Amazon trains an élite group of gift wrappers to "make it look like Mom's." Each worker processes 30 packages an hour (those who fail are reassigned to other jobs). For its busiest season yet, Amazon's warehouses are stocked with 4.4 million yards of ribbon and 7.8 million sq. ft. of wrapping paper—which if laid flat would more than cover Disneyland.

6 The box is packed, taped, weighed and labeled before leaving the warehouse in a truck

The McDonough plant was designed to ship as many as 200,000 pieces a day. About 60% of orders are shipped via the U.S. Postal Service; nearly everything else goes through United Parcel Service. Both have large facilities within 10 miles of the warehouse. Products that are unusually big or heavy (150 lbs. or more) require special delivery.

7 Your order arrives at your doorstep

Voila! One to seven days later, yet another of Amazon's 13 million customers has been served.

—By Joe Zeff

PHOTOGRAPHS FOR TIME BY DAVID BURNETT—CONTACT

Ce document, extrait du magazine américain *Time,* convient bien, du fait de sa présentation, de son sujet, et de sa charge lexicale minime quoique parfois spécialisée, à des classes de STT ou STI pour lesquelles l'informatique fait partie des préoccupations centrales.

Une fois de plus, nous nous contenterons d'utiliser ce document pour illustrer un aspect bien spécifique de son exploitation, sans chercher à exploiter les autres possibilités, ce qui, soit dit en passant, peut également se concevoir au sein même de la pratique de classe. On peut en effet se contenter d'utiliser un document pour mettre en place des compétences bien ciblées, en adéquation avec des objectifs très spécifiques, et ensuite l'abandonner sans chercher à aller plus loin. Certes, ce serait dommage de ne procéder que de la sorte car certains supports méritent une exploitation plus poussée, mais c'est une possibilité qui nous est offerte et qui de plus, permet de mettre facilement les élèves en contact avec un nombre accru de documents.

Nous n'insisterons plus, pour éviter de nous répéter, sur l'importance de commencer l'étude par une phase d'anticipation. Ce qui nous intéresse ici, c'est de sensibiliser les élèves à la cohérence interne d'un document. Pour ce faire, on peut distribuer les titres des sept paragraphes dans le désordre, et leur demander de les reclasser en justifiant leurs choix. Cette activité peut donner lieu à des discussions. Il peut être intéressant de la faire effectuer par groupe pour faciliter les échanges entre élèves. Une fois l'ordre rétabli, sans donner la solution définitive, on distribue alors les paragraphes correspondants, toujours dans le désordre, et les élèves sont chargés de les associer avec les titres dont ils pourront encore modifier l'ordre s'ils le jugent utile. Les élèves expliquent quels sont les éléments qui leur ont permis d'associer titres et paragraphes. Pour ce qui est du premier, par exemple, on remarque que le « *you order* » du titre est repris sous la forme « *your order* », et que les « *three items* » mentionnés sont ensuite spécifiés : « *a book, a game and a digital camera* ». Il en va de même pour les autres titres et paragraphes, qui se font systématiquement écho. Après discussion et mise en commun, on distribue le document sous sa forme originale afin que les élèves vérifient la justesse de leurs suppositions.

On aurait pu procéder différemment et commencer par donner les paragraphes à remettre dans l'ordre sans les titres. Les élèves auraient pu alors proposer eux-mêmes des titres qui auraient résumé l'information essentielle contenue dans chaque paragraphe, pour enfin se voir distribuer les titres d'origine qu'ils auraient alors reclassés et comparés aux leurs.

Quelle que soit l'approche choisie, ces activités mettent les élèves en mesure de rechercher et de comprendre la logique d'un document en apprenant à s'appuyer sur des indices pertinents. Ainsi, ils accèdent au sens de manière raisonnée et constructive.

Dans le même ordre d'idée, il peut être intéressant de faire rechercher dans des documents qui s'y prêtent, les **marqueurs de temps** qui permettent de reconstituer leur logique chronologique, ainsi que les **connec-**

teurs (mots de liaison) permettant leur organisation interne et la remise en ordre des paragraphes qui, une fois de plus, auraient été distribués dans le désordre.

Voici maintenant une série d'activités ponctuelles destinées à améliorer la compréhension écrite. Elle sont issues de la précédente édition de ce guide, et nous paraissent toujours d'actualité. Nous en profitons d'ailleurs pour rendre hommage aux deux auteurs[6] qui nous ont précédés, pour la grande qualité du travail qu'elles ont réalisé. Voici un exercice qui peut prolonger les activités proposées ci-dessus. Il s'agit en effet de rétablir, dans l'ordre qui convient, les connecteurs qui ont été supprimés dans un texte, et qui en permettent l'articulation :

Exercise

A disaster brings out the best in people. Why?

Rewrite the following paragraph using the words and expressions from the list below.

why	as long as	because	even if	according to
whether it be	which	in contrast	so that	
finally	beyond	but		

No one can fully explain what propels individuals towards acts of bravery, ... glandular or intentional courage. .... it seems that an interest in the fortunes of others is beginning to make sense.

First, ... the "empathy altruism" model, altruists have no motive .... the welfare of the person in need. ...., "the negative-state relief" model holds that seeing someone in distress causes sadness; .... getting involved serves to relieve the sadness, ... it does nothing for the recipient.

..........., there's the "empathic joy" which assumes that altruistic acts are raised in people .... they like to see the results of their courage; .... raises the question of .... seeing the result is so gratifying. Evolutionary theory predicts altruism .... one has a fair expectation of being repaid.

Solution

Whether it be/but/according to/beyond/in contrast/so that/even if/finally/because/which/why/as long as.

6. Il s'agit de Brigitte Leclercq et de Marie-Agnès Pigearias.

La technique du *matching* ou associations créatives

Un critère de bonne compréhension d'un document écrit est de savoir associer des éléments présentés séparément mais qui doivent aller ensemble. Par exemple :

– relier des descriptions physiques de personnages aux photos correspondantes ;

– relier des descriptions de candidats (âge, expérience, goûts, ambitions,…) aux offres d'emploi qui leur conviennent le mieux ;

– relier des descriptions de clients potentiels (revenus, goûts, style de vie,…) à des offres de logement, des photos de maisons ;

– relier des questionnaires du type *Dateline* (agence matrimoniale) et constituer des couples « idéaux » ;

– relier des critiques de films à leurs titres ;

– faire correspondre des titres de journaux et les articles. Par exemple :

Exercise

Find the headline (1-6) which goes with each letter written to a newspaper (A-F).

1. Truth is stranger than…

2. Confusing issue

3. Slipping up…

4. The strong arm of the law!

5. The pen is mightier

6. Busy doing nothing?

A. Recently my sister-in-law gave up work to have her first baby, and my brother was always saying he didn't know what she did all day long. One night he arrived home to find the house in complete chaos. "What on earth happened?" he asked her. "Well," she replied, "you're always asking what I do all day. Today I didn't do it!"

B. During a discussion about which was the most useful invention of the past few decades, friends suggested among other things the silicone chip and television. I discounted these, however, in favour of something far more simple - the ballpoint pen. With memories of ink-stained fingers, blots and messy ink pots, it easily won my vote. This wonderful little writing instrument costs but a few pence, conveniently slips into pocket or handbag, and writes instantly.

C. Feeling peckish, my friend popped 10 pence into a chocolate machine. It appeared to be jammed, so in went another 10 pence. Still no luck. So she gave the machine a good thump. That's when she felt a tap on the shoulder. A policeman stood there, obviously thinking she was vandalising the machine. However, after she had explained the situation, the young constable started to shake the machine himself - only to find that the machine came clean off the wall into his hands. My friend couldn't help laughing at the look on the constable's face. But in a very gruff voice, he said: "You'd better be on your way before a policeman comes along."

D. The other day I witnessed something that really made my day. A man, sitting in his car at the traffic lights, threw a banana skin out of the window. As the lights changed and the car started to move, a girl in the crowd picked up the skin and threw it back into the car, calling out: "I think you dropped this." A very nice gesture towards keeping Britain tidy, I thought.

E. Has anyone noticed that for the first six years of a child's life, the parents teach him or her to walk and talk properly, but for the next six years he or she is constantly told to "sit down and be quiet"?

F. Some hours after I'd undergone a major operation the helpful librarian came round with her trolley. She handed me a book (which I immediately recognised as having been written by myself) so I explained that having written it, I would prefer something else. The librarian glanced at the sister in charge, nearby, who shook her head and said softly: "Better leave her until the effect of the anaesthetic wears off. They often imagine strange things."

Solution

1/F, 2/E, 3/D, 4/C, 5/B, 6/A.

Exercise

Find the headline (1-8) which goes with each newspaper article (A-H). The missing words in the articles are words that figure in the headlines. (In the case of a verb, the missing word may be in a different form from that used in the headline.)

1. Daily Mail sky line
2. Cathedral case
3. Peer dies
4. Police rape quiz
5. Pub hold-up
6. First-aid kit
7. Ghosts on the shelf
8. The loudest explosions

A. Translator, John Braddock, 41, was remanded in custody for psychiatric tests by Horseferry Road magistrates, accused of criminal damage during a Christmas Mass at Westminster ....

B. A gang fled with £9,000 holiday takings from the Yorkshire Dragoon .... at Maltby, Cleveland, after holding landlord John Myers and his family at gunpoint.

C. Lord Hunt of Fawley, founder of the Royal College of Practitioners, ... in hospital at Henley-on-Thames, Oxfordshire, aged 82.

D. A civilian has been suspended while detectives investigate a ....

claim by a woman office worker after a Christmas party at West Midland police headquarters in Birmingham.

E. Daily Mail .... gives the latest information about snow, temperatures, forecasts, raid and ferry conditions, shop and holiday bargains. Just dial 0898 100280 nationally or 0077 100280 inside London, for a 4-minute bulletin.

F. Six rugby players had .... burns treatment after wearing shirts believed to have been in contact with cleaning soda. The match, at Forge Side, Gwent, was abandoned.

G. .... : The noisy breakups of Joan Collins and Peter Holm (after 13 months of marriage); Sylvester Stallone and Brigitte Nielsen (after 19 months); and Madonna and Sean Penn (after 28 months), who – don't hold your breath – seem to have had second thoughts.

H. A vicar held a blessing ceremony yesterday - to rid a supermarket of .... The new Tesco store at Cariton, Nottingham, was built on the site of an old graveyard. Staff have complained of strange groaning noises, a chilling atmosphere - and beefburgers flying across their canteen. The Reverend William Harrison, vicar of nearby St Paul's Church, said: "I asked God to dispel the evil spirits."

Solution

1/E, 2/A, 3/C, 4/D, 5/B, 6/F, 7/H, 8/G.

Avant d'aborder ce type d'exercice, il faut entraîner les élèves à décoder les titres de journaux dont le vocabulaire et les formules sont souvent spécifiques ou trompeurs.

– associer le début d'une phrase à sa suite : l'exercice permet de vérifier la capacité à reconnaître la nature, la fonction et l'ordre des mots dans la phrase.

Exercise

Find the correct beginning (1-7) for each short "showbiz" article (A-G).

1. Some of the

2. Did you know

3. Just when you

4. Forget all

5. Who dares

6. Robert Redford has

7. Eddie Murphy gets

A. .... *Dangerous Liaisons* team are back for a second Paris summer. John Malkovich for the new Chabrol movie, Swoosie Kutz joins *The Inside Man*, and scrumptious teen Uma Thurman is making *The Passport*.

B. .... tackle the lead in *Richard Nixon: The Early Years*... and *The Rock Hudson Story*?

C. .... thought all gushing had ceased for a year, here comes another showbiz award night on TV. *Come September*, the American TV Emmy award show will be seen for the first time on the British box.

D. .... his way (of course) and attempts to copy Chaplin by writing, producing, directing and starring in his eighth film, *Harlem Nights*, with lookalike pal Arsenio Hall and Richard Pryor, the man Eddie deposed as movies' N°1 black comic. Bill Cosby, however, is content for pal Sidney Poitier to direct his *Ghost Dad*.

E. .... that Whoopie Goldberg supports no less than 63 charities which include Youth Suicide Protection? In her latest movie, *Clara's Heart*, (her best for a long time) she plays a Jamaican housekeeper, comforting Neil Patrick Harris when the difficulties of growing up overwhelm him.

F. .... settled his next film and it's for his favourite director Sidney Pollack. They call it *Havana*. I call it *Out of Cuba*!

G. .... you have heard about a sequel being made to *Back to the Future*. That's only half the story. Spielberg has set new trends by shooting *two* sequels, back to back. Michael J. Fox (who needs a hit) and the gang, including director Bob Zemeckis, will have *Future II* ready for Christmas in America and *III* next summer.

Solution

1/A, 2/E, 3/C, 4/G, 5/B, 6/F, 7/D.

– relier des titres de romans à des paragraphes qui en résument le thème. (On peut faire précéder cet exercice d'une phase de production orale : on ne donne au départ que les titres des romans dont les élèves doivent alors deviner le contenu. Ils comparent ensuite leurs versions avec le sujet réel des romans.) ;
– relier des critiques à des titres de films. Par exemple :

Exercise

Match the film titles (1-5) with the right critical comments or summary (A-E).

1. Farewell to the King

2. The Untouchables

3. The Fugitives

4. The Karate Kid part III

5. Maid to Order

A. Director Brian de Palma and writer David Mamet reimagine the gangster epic and create a witty, bloody, touching commentary on two vanished traditions: Hollywood dreammaking and American innocence.

B. Once he fought for honour. Then he fought for victory. This time, he's fighting for his life.

C. There's a lot of the spirit of Joseph Conrad in this wartime adventure which, set (and shot) in Borneo, catches the imagination in much the same way as Conrad's flavourful stories of wanderings and adventures in the Far East. Nolte comes impressively close to the stature of a role which offers him a better range of acting opportunities than for some films past. Despite the blue eyes and flashing smile, he is convincing as the rugged white man dominating his native subjects, and resentful of the war that threatens his freedom and new life.

D. A comedy about two mismatched men who reluctantly become partners during a bank robbery. Ned Perry is desperate and broke. In an effort to pay for his daughter's medical bills, he decides to rob a bank.

E. Ally Sheedy is Jessie Montgomery. About to find out what life is all about. She was raised in a Beverly Hills mansion. Now, she's got to clean one.

Solution

1/C, 2/A, 3/D, 4/B, 5/E.

Bien que nous ayons fait le choix de présenter ces exercices dans cette partie de notre chapitre, il est tout à fait concevable de les utiliser dans le cadre d'activités modulaires si le niveau de la classe est satisfaisant. Il paraît également possible de demander aux élèves de les préparer à la maison, de manière à préparer ou renforcer un travail méthodologique spécifique effectué sur un texte.

4 ACTIVITÉS MODULAIRES

A. PRÉAMBULE

Il paraît opportun de consacrer les séances de modules au renforcement des méthodes mises en place en classe entière. La classe de Seconde, dans toute son hétérogénéité, due notamment à l'inégalité de la formation dont les élèves ont bénéficié selon leur collège d'origine, nécessite une sérieuse remise au point dès le début de l'année. Il s'agit en effet, comme on l'a déjà évoqué, de fournir aux apprenants les outils méthodologiques qui les mèneront sur la voie de l'autonomie, donc de l'efficacité et de la réussite. Une des possibilités qui s'offre à nous est de consacrer une série de séances à des séquences successives portant alternativement sur les capacités de décodage de l'écrit puis de l'oral, puisqu'au niveau cognitif, elles semblent les plus abordables. On passera ensuite à des activités d'encodage, d'abord de l'oral puis de l'écrit, activités beaucoup plus délicates, car la production met en jeu des processus beaucoup plus élaborés que la simple compréhension. Il y a donc une gradation dans cette approche successive, qui se révèle d'autant plus productive que les constats et les acquis des séances consacrées au décodage pourront être réinvestis et réutilisés de manière active dans les activités d'encodage, si toutefois les élèves se les sont appropriés de manière opérationnelle et durable.

C'est pour cette raison que nous avons décidé d'exposer ici des activités destinées au renforcement des quatre capacités qui peuvent s'effectuer en modules.

Rappelons que les tests effectués en début d'année, en Seconde, doivent permettre au professeur d'établir un diagnostic quant au niveau du groupe d'élèves qu'il reçoit, aussi bien collectivement qu'individuellement. Le logiciel fourni par le ministère permet d'établir quels sont les besoins spécifiques de chacun, et donc d'établir des groupes permettant de travailler le plus efficacement possible. Ainsi, il pourra être intéressant de regrouper des élèves qui auront besoin d'une aide méthodologique maximale et d'autres avec lesquels on pourra développer des acquis déjà bien installés. Les groupes seront modulés tout au long de l'année en fonction, d'une part de la capacité ciblée – en effet tel élève qui éprouve des difficultés pour décoder des messages écrits pourra se montrer bien plus à l'aise pour décoder des messages oraux, dans la mesure où les processus mentaux impliqués ne sont pas nécessairement les mêmes – et d'autre part, de l'évolution de chacun.

B. EXEMPLES D'ACTIVITÉS SPÉCIFIQUES

Dans le cadre des modules, il peut être intéressant d'isoler les différentes phases de la compréhension écrite en procédant à des séries d'activités ponctuelles et précises, de manière à systématiser les méthodes mises en place en classe entière. En effet, c'est par la répétition de ces micro-activités que l'élève pourra s'approprier efficacement et durablement les méthodes que l'on cherche à lui faire acquérir, afin de les rendre opérationnelles à long terme. Il faudra cependant veiller à ne pas trop atomiser les activités, de manière à ce que les apprenants ne perdent pas de vue la cohérence de la démarche proposée et qu'ils restent bien conscients de sa finalité. D'où l'importance de les amener à verbaliser le pourquoi des choses, de manière à les impliquer dans leur apprentissage et les amener à se prendre en charge. Les élèves s'expriment d'ailleurs d'autant plus volontiers qu'ils sont moins nombreux lors de ces séances et qu'ils se sentent responsabilisés.

L'anticipation

On l'a vu, l'anticipation permet au lecteur de se mettre dans une position d'attente active vis-à-vis du texte dont il va aborder la lecture. Il est donc intéressant d'amener de nombreux documents, les plus variés possibles quant à leur origine, leur présentation et leur contenu, afin de laisser les élèves s'entraîner à effectuer les repérages paratextuels d'usage : commenter la mise en page et anticiper le contenu possible à partir du titre et des éventuels sous-titres.

Pour cela, le professeur effectuera des recherches dans la presse anglophone quotidienne et hebdomadaire de diverses origines (il est très commode d'être abonné à quelques journaux et magazines pour pouvoir en disposer facilement, et nous ne saurions que trop conseiller à nos lecteurs de les parcourir en gardant présent à l'esprit la possibilité d'une éventuelle utilisation pédagogique pour leurs classes). Ceci dit, il ne faut pas hésiter à proposer également des couvertures de romans, surtout si le titre et l'illustration sont suffisamment parlant, pour permettre des hypothèses intéressantes.

Les élèves travaillant en petits groupes, on leur fournit plusieurs documents qu'ils sont ensuite chargés de présenter aux autres groupes. Cette technique permet d'éviter que la présentation soit purement artificielle dans la mesure où il y aura un déficit d'information qui justifie l'acte de communication.

Voici un exemple de document permettant de nombreuses propositions de la part des élèves, quant aux titres de ses différentes parties.

Talk of the streets

MENTON Deadly speed On Nov. 23, Raphaël Lenoir and Ronald Lehartel, both 13, were crossing a street in this southern French resort town when a vehicle came streaking through the pedestrian crosswalk. Behind the wheel and rushing to an appointment was Zaïre's ambassador to France, Ramazani Baya. The car struck the boys with devastating force; Raphaël was hurled into a concrete flower box; Ronald was dragged 20 m before the car skidded to a stop. Both boys died of their injuries. Anguished residents eager to bring the driver to justice – he was travelling 100 km/h in a 45 km/h zone – were furious when they learned that Baya was protected from prosecution by diplomatic immunity. The ambassador apologized for the deaths and explained that he was driving fast because he had been called to meet immmediately with President Mobutu Sese Seko, who is convalescing from cancer surgery in a villa outside Menton. The boys' parents were not appeased. Patrick Lenoir, Raphaël's father, demanded that Baya face charges, and 5,000 townspeople demonstrated in support of his demand. Last week, Mobutu announced that at Baya's request, he would ask the Zaïrian government to lift the diplomat's immunity. Baya was right to renounce his diplomatic protection, said Fabienne Boscagli, a local parent. "If I were he, I wouldn't be able to sleep at night, knowing what I had done."

EL BOLSÓN Trouble in Patagonia An outbreak of the deadly rodent-borne hantavirus has taken the lives of 10 people in and around this Argentine town over the past two months. Fear of the disease is threatening the livelihood of the townspeople. Tourism and agriculture are the economic pillars of El Bolsón, but would-be visitors are canceling their reservations at local hotels, and shoppers throughout the country are boycotting livestock and produce from the area. To assure his compatriots that they have nothing to fear from the people or the food of El Bolsón – hantavirus is spread only through direct contact with the droppings or urine of infected rodents – President Carlos Menem recently flew all his Cabinet ministers to the town for their weekly meeting. "Solidarity requires deeds, not words," he proclaimed to the press as he bit into a locally grown cherry. Despite his promise to refinance the debts of farmers in the area, Menem failed to dispel the pervasive gloom. "Why would I want to refinance my debts if I'm already bankrupt?" asked Claudia Cambia, the owner of a poultry farm faced with closure after her sales plummeted from 3,000 chickens a month to zero.

LINCOLN Child brides A culture clash that began with a double wedding has scandalized this city in the American heartland. Iraqi immigrant Salem Al-Saidy, 39, arranged for two of his daughters, ages 13 and 14, to marry fellow Iraqis Latif Al-Hussaini, 34, and Majed Al-Tamimym, 28, claiming that Islamic tradition permits girls of their age to wed. However, the unions are illegal in Nebraska, where a person must be at least 17 to marry, and the two bridegrooms have been charged with sexual assault on a child. If convicted, each man could be sentenced to 50 years in prison. The girls' father is charged with child abuse, their mother with contributing to the delinquency of minors. Mohammed Nassir, a visiting Iraqi professor at the University of Nebraska, supported Al-Saidy's claim in comments to the Omaha World Herald: "According to Islamic rules, there is nothing wrong with [the marriages]." But opinion in Lincoln favors prosecuting the immigrants. "There were clear violations of the law," said Judith Kriss, director of the University of Nebraska Women's Center. "That law is there to protect girls such as these two."

SEOUL Dogged by Controversy Koreans have long had a delicacy problem with dogs, and it is back on the table. To most in South Korea, dog meat is a delicacy, savored for its lean and tender taste and reputed powers as an aphrodisiac. To many dog lovers outside the country, that custom is an indelicacy. Twelve years ago, to avoid offending visitors attending the 1986 Asian Games and the 1988 Summer Games in Seoul, the government banned the sale and consumption of canine meat in major cities. Nonetheless, more than half of all adults still dine on dog, and though enforcement of the ban is lax, more than 80% would like it lifted. Many particularly resent what they see as foreign meddling. "If pigs were pets in Korea, would it be wrong to eat pork in Europe?" demands public relations worker Kim Jae Yeol. So the applause was loud last month when the North Cheju County government announced that it would invest $24,000 in dog-slaughtering facilities and oversee distribution of the meat to ensure good hygiene. Said a county official: "We have decided to prepare plans that reflect the reality." But once again reality turned out to be too hot to handle. Last week county officials abandoned the scheme, citing "'overwhelming negative opinion at home and abroad."

Time, 16/12/1996

Les activités lexicales

Le premier article du document ci-dessus se prête bien à une exploitation raisonnée du lexique permettant le classement dans un tableau comme celui que nous avons proposé dans la partie intitulée, **l'élucidation lexicale**, et donc au réinvestissement d'un travail effectué en classe entière à des fins d'entraînement, pour permettre l'appropriation. Pour ce faire, il convient de surligner les items lexicaux que l'on compte soumettre à la réflexion des élèves avant de photocopier le document qui sera ensuite distribué aux élèves.

Voici également des activités concernant **l'inférence**, issues de la précédente édition du guide.

Si l'on veut développer chez les élèves l'aptitude à la compréhension écrite, il est indispensable de leur apprendre à raisonner par inférence et à utiliser tous les indices du contexte pour déduire le sens des mots inconnus. Ne plus s'arrêter de lire sous prétexte qu'on ne connaît pas tel ou tel mot contribue à ouvrir les voies de l'autonomie et de la lecture individuelle. Les exercices qui visent à développer la technique d'inférence peuvent avoir des formes variées :

A. On supprime certains mots à intervalles réguliers. Les élèves doivent les retrouver *(Cloze test)*.

Exercise

Fill in the blanks in the following passage.

A cab-driver's passion

Thirty miles north of New York City, within easy reach of its towers, its traffic and its urban temptations, lives a young taxi-cab driver, a former soldier, who boasts 700 .... (1) in his body. These stitches* are .... (2) the results of combat wounds, nor .... (3) an accident involving his taxi. Instead, ... (4) are the results of his chief .... (5): rodeo riding.

On a cab driver's .... (6) salary, this man spends more .... (7) $1,200 a year to own a .... (8), stable it, and keep it in .... (9) condition.

Periodically hitching a horse-trailer .... (10) his auto, he drives a little .... (11) one hundred miles to a place .... (12) Philadelphia called "Cow Town". There, with .... (13) like himself, he participates in roping .... (14) various energetic contests, the chief prize .... (15) which have been repeated visits to .... (16) hospital emergency ward.

Despite its proximity, ... (17) holds no fascination for this fellow. .... (18) I met him, he was twenty three, ... (19) he had visited it only once .... (20) twice in his life. His entire .... (21) is focused on the cow ring, ... (22) he is a member of a .... (23) group of rodeo fanatics who form .... (24) little-known underground community in the United States.

.... (25) are not professionals who earn a .... (26) from this ancient sport. Nor are .... (27) simply people who affect Western-style boots, ... (28), denim jackets and leather belts. They .... (29) a tiny but authentic subcult lost within .... (30) vastness and complexity of the most .... (31) technological civilization in the world.

This .... (32) group not only engages the cab driver's .... (33), it consumes his time and .... (34). It affects his family, his friends, ... (35) ideas. It provides a set of standards .... (36) which he measures himself. In short, ... (37) rewards him with something that many .... (38) us have difficulty in finding: an identity.

* stitches = points de suture.

Possible solution (the original version)

1. stitches 2. neither 3. of 4. they 5. recreation 6. modest 7. than 8. horse 9. perfect 10. to 11. over 12. outside 13. others 14. and 15. of 16. a 17. New York 18. When 19. and 20. or 21. interest 22. and 23. tiny 24. a 25. They 26. living 27. they 28. hats 29. are 30. the 31. highly 32. old 33. passion 34. money 35. his 36. against 37. it 38. of

B. On supprime certains mots de façon irrégulière (test lacunaire).

C. On supprime des mots d'une même nature grammaticale.

D. On supprime des termes appartenant au même champ lexical ou à la même famille de mots.

E. On supprime un mot clé récurrent dans le texte.

Exercise

In the following passage, (...) is one word, and (+++) is another one. Read the text carefully and use the information in it to find out what these two words are.

Dick was a clever boy but his parents were poor, so he had to work in his spare time and during the holidays to pay for his education. In spite of this, he managed to get to university, but it was so expensive to study there that during the holidays he found it necessary to get two jobs at the same time so as to earn enough money to pay for his studies.

One summer he managed to get a job in a (...)'s shop during the daytime, and another one in a (+++) at night. In the shop, he learnt to cut meat up quite nicely, so the (...) often left him to do all the serving while he went into a room behind the shop to do the accounts.

In the (+++), on the other hand, he was of course allowed to do only the simplest jobs, like helping to lift people and to carry them from one part of the (+++) to another. Both at the (...)'s and at the (+++), Dick was to wear white clothes.

One evening at the (+++), Dick had to help to carry a woman from her bed to the place where she was to have an operation. The woman was already feeling frightened at the thought of the operation before he came to get her, but when she saw Dick, that finished her. «No! No! » she cried. « Not my (...)! I won't be operated on by my (...)! » and fainted away.

Developing Reading Skills, Françoise Grellet

Solution

(...) = butcher, (+++) = hospital.

Lorsque l'on effectue ce type d'activité, il importe de faire analyser leur utilité aux élèves. Il est en effet nécessaire qu'ils comprennent que lors de la phase de découverte d'un document, lorsqu'ils butent sur un mot inconnu, ils se trouvent exactement dans la même situation, d'un point de vue cognitif, que lorsqu'ils effectuent les exercices ci-dessus. Ceux-ci sont donc destinés à leur faire prendre confiance en leur capacité d'inférence.

Dans le cas d'une classe faible, on peut donner une aide supplémentaire, par exemple, un questionnaire à choix multiples à l'intérieur duquel se trouve la bonne réponse, des synonymes, ou la nature grammaticale des termes à trouver. À la correction, on fait souligner les indices lexicaux et grammaticaux du contexte qui permettaient de trouver les mots manquants.

Ainsi les élèves travaillent de manière plus efficace car ils sont mis en mesure de conceptualiser le fonctionnement des gestes qu'ils effectuent, afin de mieux les assimiler et de les rendre plus directement opérationnels, donc transférables. Il convient de multiplier les exercices de ce type qui, d'ailleurs, plaisent beaucoup aux élèves grâce à leur aspect ludique.

Voici maintenant quelques autres exemples d'exercices destinés à travailler sur **la dérivation des mots**. Ils sont empruntés à un fascicule intitulé *Modules d'anglais, classe de Seconde, Guide Lines and Activities,* CRDP Midi-Pyrénées.

Exercices sur la formation des mots

a. Observez la formation des mots suivants. Décomposez-les.

uncomfortable
uneasy
dislike
disappear
disagree

impossible
impolite
incomplete
inconvenient
motionless
noiseless

Quelle valeur ont ces préfixes et suffixes ?

b. Formez des antonymes à partir des mots suivants en utilisant un préfixe: *in/un/im/dis*, ou le suffixe *-less*.

conscious (n.) *spirit* (adj.) *employed* (adj.) *name* (n.)
honest (adj.) *sincere* (adj.) *end* (n.) *order* (n.)
grateful (adj.) *pleasant* (adj.) *familiar* (adj.) *healthy* (adj.)
face (n.) *tolerant* (adj.) *job* (n.) *kind* (adj.)

Notre commentaire

Il conviendra de demander aux élèves de vérifier la justesse de leur production dans un dictionnaire et de les mettre en garde, comme nous l'avons déjà mentionné plus haut, contre le danger des surgénéralisations abusives conduisant à la formation de barbarismes lexicaux.

c. Complétez le tableau ci-dessous.

Adjectif	**Nom**	**Adverbe**	**Antonyme**
	sincerity		
infinite			*dishonest*

Nous nous permettons également de rappeler à nos lecteurs l'existence de trois fascicules élaborés par des groupes académiques en concertation avec les groupes nationaux, intitulés *Aide à l'évaluation, Seconde générale et Technologique* et ayant été distribués à tous les professeurs de lycée en 1996, puis en 1997. Le tome 1 présente toute une série d'activités destinées à tester, en cours d'année, les progrès des élèves quant à leur compréhension de l'écrit. Ces exercices sont présentés sur le même modèle que les tests de début de Seconde. Variés et prenant bien en compte les gestes mentaux effectués par les élèves, ils nous semblent tout à fait intéressants. Nous conseillons à nos lecteurs de s'en inspirer pour bâtir des exercices semblables qui leur seront très utiles pour entraîner leurs élèves lors de séances modulaires. Nous ne les reproduirons pas dans le cadre de cet ouvrage, car cela prendrait beaucoup trop de place, et il est de toute manière assez aisé de se les procurer dans tous les lycées, ne serait-ce qu'au CDI.

C. CONCLUSION

On a jusqu'ici beaucoup parlé de la classe de Seconde, ce qui paraît normal lorsque l'on se concentre sur les diverses manières d'organiser les séances de modules puisqu'elles lui sont exclusivement réservées. Ceci dit, nous ne voudrions pas que nos lecteurs pensent que l'apprentissage de l'autonomie vis-à-vis de la capacité à décoder un message écrit ne concerne que ce niveau. Il va de soi que cet apprentissage se prolongera tout au long du second cycle, jusqu'en classe Terminale. Les activités seront de plus en plus complexes et permettront progressivement aux élèves d'accéder à une compréhension de plus en plus fine, car ils deviendront de plus en plus performants. N'oublions pas que toutes ces activités centrées sur le décodage de l'écrit visent à rendre nos élèves autonomes et efficaces pour le Baccalauréat afin qu'ils abordent la partie réservée à la compréhension en toute sérénité, puisqu'ils y auront été correctement préparés.

Nous sommes bien conscients de n'avoir pas spécialement abordé la recherche de l'implicite, ni l'étude de l'aspect technique de l'écriture (d'un point de vue narratologique par exemple) dans cette partie qui se voulait essentiellement centrée sur l'apprentissage du décodage permettant l'accès au sens. Pour une approche plus détaillée des aspects que nous venons de mentionner, nous renvoyons nos lecteurs au chapitre consacré à la culture, c'est-à-dire à la civilisation et surtout à la littérature.

Mais n'oublions jamais que c'est en lisant que l'on devient un lecteur efficace, comme nous avons déjà eu l'occasion de le dire. Il sera donc intéressant d'envisager de confronter nos élèves, dès la fin de la Seconde et surtout en Première, à des textes plus longs, nouvelles ou romans.

5 L'APPRENTISSAGE DE LA LECTURE EN CONTINU

A. PRÉAMBULE

La classe de Première, comme nous venons de le suggérer, constitue le niveau idéal pour l'apprentissage de la lecture en continu appellée également lecture autonome ou lecture individuelle. Elle est officiellement reconnue comme une activité indispensable au lycée, d'autant plus que les élèves de la série L qui choisissent l'anglais comme spécialité pour le Baccalauréat doivent éventuellement avoir lu et être capable de présenter entre 80 et 100 pages d'un ouvrage choisi parmi une liste d'œuvres au programme. Voici d'ailleurs ce que l'on peut lire dans les Instructions Officielles :

> L'étude intensive des textes contribue certes à faire des élèves des lecteurs avertis, aptes à communiquer de manière de plus en plus efficace avec les auteurs d'abord, avec leur entourage ensuite pour se situer par rapport aux thèmes traités et aux idées avancées. Mais la lecture d'extraits, sous la conduite serrée du professeur, ne peut suffire à faire des élèves des lecteurs autonomes.
> Seule la lecture suivie d'une œuvre complète (nouvelle, roman, livre d'essais, pièce de théâtre) effectuée essentiellement hors de la classe, avec quelques séances d'entraînement en classe (pour apprendre à distinguer les phrases-clés des autres, à comprendre les articulations d'un récit ou d'une démonstration, à inférer le sens probable des mots rares ou inconnus d'après le contexte et le rapprochement avec d'autres mots de la même famille ou du même champ sémantique) amènera les élèves à devenir de vrais lecteurs de plus en plus autonomes et prenant goût à la lecture de livres et de magazines en anglais, en dehors du travail de classe.
>
> *Instructions Officielles*, 1995.

Bien que l'on puisse aborder ce type d'approche dès la fin de la Seconde – voire avant d'ailleurs, puisque les *Instructions Officielles* de collèges recommandent de commencer à sensibiliser les élèves à cette forme de lecture en Troisième –, il faut bien admettre que du fait de l'hétérogénéité des élèves, nous nous voyons contraints à ce niveau de nous consacrer quasi exclusivement à la mise en place des savoirs et savoir-faire de base. En Première, par contre les acquis commencent à se consolider et à devenir de plus en plus opérationnels. De plus, les élèves font preuve d'une maturité plus grande et ne rechignent pas si on leur demande un travail de lecture plus long. Les professeurs ont également plus de latitude qu'en Terminale, où nous sommes malheureusement largement contraints de faire « bachoter » nos élèves. L'épreuve avancée de français constitue un appui important pouvant permettre un travail en collaboration avec le professeur de lettres, notamment en ce qui concerne la métalangue de l'analyse littéraire. Les élèves y sont d'ailleurs très sensibles, contents de voir que les procédés d'écriture se font écho dans les deux langues et qu'ils peuvent retrouver, par exemple, les mêmes figures de style.

B. FINALITÉS DE CE TYPE DE LECTURE

Avant tout, il s'agit d'introduire la notion de plaisir. Plaisir de comprendre plus que l'on ne le pensait, donc plaisir de commencer à se sentir autonome, ce qui constitue un élément fort de motivation. Plaisir aussi de découvrir un autre monde, une autre culture, seul, dans un premier temps, ce qui est un facteur d'enrichissement personnel, avec la possibilité ensuite d'échanger avec le reste de la classe et le professeur, les découvertes que l'on a faites.

Cette forme de lecture permet aussi à l'élève, sans qu'il en soit vraiment conscient, de consolider et d'enrichir ses connaissances lexicales et grammaticales et par là même ses capacités, bien sûr dans un premier temps de décodage de l'écrit, mais au-delà, également son aptitude à produire, à l'oral comme à l'écrit. Il faut donc prendre la pleine mesure de cette activité et ne pas en faire une activité annexe ou ponctuelle. Elle doit faire partie intégrante du dispositif d'apprentissage.

Ceci dit, l'élève va rencontrer des obstacles dans la mesure où il n'est pas encore totalement autonome vis-à-vis de la langue. Il convient donc de le préparer par un entraînement adapté et surtout progressif.

C. L'ENTRAÎNEMENT À LA LECTURE SUIVIE

En fait, toutes les activités qui ont contribué à apprendre aux élèves à décoder un document écrit pour accéder à son sens et que nous avons exposées ci-dessus, font partie de cet entraînement. Il s'agit donc, non pas de proposer une approche résolument innovante, mais plutôt d'insister sur la nécessité de consolider et de développer cette préparation en prenant appui sur des documents plus longs et surtout présentés intégralement, alors que l'approche développée plus haut concernait essentiellement des extraits littéraires ou des articles de presses isolés. Le professeur accompagnera ses élèves dans leur découverte du début du document choisi, voire de quelques parties particulièrement marquantes, en leur apportant un maximum d'aide et de soutien, pour ensuite les laisser de plus en plus autonomes, et finalement les laisser complètement seuls.

Voici un bref rappel des stratégies qu'il convient de mettre en place pour permettre à l'apprenant une lecture personnelle efficace :

– repérage des principaux éléments de la trame du texte (faits, lieux, personnages...) ;
– repérage des liens entre ces éléments (liens logiques et chronologiques, oppositions, contrastes...) ;
– retours en arrière pour la recherche de compléments d'information ou la confirmation des hypothèses de première lecture ;
– pauses récapitulatives pour assimilation, mémorisation et anticipation ;
– repérage et analyse raisonnée de certains éléments linguistiques porteurs de sens, de la présence et souvent de la répétition de certains mots clés

constituant la trace de réseaux lexicaux et culturels et éclairant les intentions de l'auteur-narrateur ;
– repérage des figures de style et des procédés rhétoriques, toujours au service du sens ;
– mise en évidence du non-dit et des silences qui permettent une compréhension plus fine du message.

Nous ne revenons pas sur toutes les activités spécifiquement destinées à rendre les élèves autonomes vis-à-vis du lexique et qui, bien évidemment, trouvent leur entière justification dans le cadre de la lecture suivie.

D. MISE EN ŒUVRE

Rappelons que la lecture suivie est avant tout une activité individuelle, personnelle et silencieuse. Elle s'effectuera donc essentiellement en dehors de la classe, donc à la maison voire au CDI, si on demande aux élèves d'aller y consulter la presse ou des ouvrages de référence.

Cependant, les phases d'entraînement guidé auxquelles nous venons de faire allusion se feront en classe, afin que la mise en commun permettant la vérification de la compréhension et du niveau de performance des élèves, puisse se faire immédiatement.

La lecture effectuée à la maison sera également vérifiée. Pour cela, on distribuera une fiche de lecture à compléter. Elle incitera les élèves à demeurer actifs et éventuellement à effectuer un certain nombre de relectures. On peut leur demander de rechercher certaines informations, de repérer les grandes articulations d'un passage et ce qui permet d'en comprendre l'organisation, notamment les réseaux lexicaux. On procédera ensuite à une mise en commun qui permettra la confrontation des points de vue lors d'une séance ultérieure en classe.

On peut également envisager de laisser les élèves lire certains passages sans vérifier quoi que ce soit. Pourquoi ne pas parfois simplement faire confiance en leur sens des responsabilités ? De plus, les laisser à certains moments complètement libres quant à leur lecture permet de développer cette dimension de plaisir à laquelle nous venons de faire allusion.

E. LE CHOIX DES SUPPORTS

La première question qu'il convient de poser est : qui choisit ? En fait, il y a plusieurs possibilités. Le professeur peut laisser l'élève complètement libre de son choix. Il peut également limiter ce choix en proposant une liste de lectures possibles. Enfin, il peut prendre la décision d'imposer un même support à tous. Le suivi de la lecture ne sera pas le même selon la solution retenue. En effet, si les élèves lisent tous le même texte, le travail et sa vérification, qui ne posera pas de problèmes, se feront selon les modalités évoquées dans la partie ci-dessus. Si par contre les élèves ont choisi des œuvres différentes, soit dans une liste, soit de leur propre initiative, on demandera un compte rendu écrit ou oral – dans ce cas la classe entière en bénéficiera – qui pourra concerner le résumé d'un chapitre, la présentation d'un ou de plusieurs personnages, une appréciation personnelle, etc. On fera en sorte que cette vérification ne soit pas perçue comme une sanction, mais comme une aide ou un encouragement. On peut également demander aux élèves d'imaginer une fin différente, de changer un personnage, de raconter l'œuvre de manière à donner envie à leurs camarades de la lire. Plus spécifiquement, si le choix se porte sur des **journaux**, du fait des caractéristiques de leur présentation, de leurs titres et du vocabulaire utilisé par les journalistes, il convient d'organiser un travail global sur la presse pour préparer la lecture autonome. On proposera des journaux et magazines d'origines diverses, on amènera les élèves à les comparer en introduisant notamment les notions de *quality press* et de *gutter press* propres à la presse britannique. La forme bien caractéristique des *tabloids* par exemple pourra faire l'objet de commentaires spécifiques. On pourra aussi faire des remarques sur la composition des titres, où n'apparaissent généralement que les mots porteurs de sens et bien souvent des formes passives avec ellipse de l'auxiliaire, de manière à mieux attirer l'attention du lecteur. Parfois leur signification n'est pas claire de prime abord, ce qui permet l'émission d'hypothèses intéressantes quant au contenu des articles qui suivent. Pour ce qui est des termes journalistiques spécifiques, on pourra en organiser le repérage par des activités bien ciblées ou tout simplement distribuer une fiche lexicale[7]. On fera manipuler les journaux dans leur intégralité en proposant des activités de repérage sous forme de grilles, qui pourront se montrer ludiques si l'on organise un concours de vitesse entre plusieurs groupes d'élèves. Ceux-ci seront ainsi amenés à parfaire leur aptitude à la lecture rapide aussi bien pour ce qui est du *skimming* que du *scanning*.

Pour ce qui est du choix de supports plus littéraires, il convient de se montrer réaliste et d'éviter de lancer les élèves dans la lecture d'œuvres trop longues ou trop ardues. Les **nouvelles** constituent un support de

7. Mentionnons à cet égard l'excellent ouvrage de Florent Gusdorf, *Médiascopie du vocabulaire anglais* (Ellipses) qui « présente sous la forme d'une banque de données, du vocabulaire des thèmes principaux de l'actualité tels qu'ils ont été traités dans les médias britanniques et américains ».

choix dans la mesure où, en dépit de leurs dimensions généralement modestes, elles constituent néanmoins un tout cohérent du point de vue de la forme et de l'écriture. Citons à ce titre l'ouvrage de Françoise Grellet destiné aux classes de lycée, *10 Short Stories, from Guided Reading to Autonomy,* (Hachette Éducation, 2000), qui propose un choix de nouvelles bien adaptées à nos élèves.

Nous parlerons de manière plus extensive de la lecture de **romans** dans le chapitre consacré à la littérature.

Et **Internet** ? Les établissements équipés d'un nombre suffisant d'ordinateurs installés en réseau et permettant l'accès au Web donnent la possibilité au professeur d'utiliser cet outil qui constitue un fabuleux moyen d'amener tous les élèves, y compris les plus réticents, à lire un nombre important de pages. En effet, si l'on organise un travail de recherche sur un thème donné – après l'avoir préparé en amont cela va de soi, ne serait-ce que pour permettre un apport lexical indispensable – les élèves sont amenés à lire pour surfer efficacement et rechercher les informations qui les intéressent. On peut d'ailleurs constater, lors d'activités de production écrite prolongeant ces recherches, à quel point les élèves y sont sensibles car des tournures linguistiques parfois complexes sont réutilisées avec justesse, alors qu'elles n'auraient vraisemblablement même pas été remarquées sur un support papier.

F. CONCLUSION

Pour nous résumer, nous pouvons dire que la lecture en continu est bénéfique d'un point de vue psychologique – l'élève prend confiance en se rendant compte de ses capacités –, comme d'un point de vue linguistique – par un contact beaucoup large avec la langue. Il convient de rappeler que le professeur se fera de plus en plus discret quant à l'aide apportée à ses élèves afin de les conduire vers l'autonomie. Ajoutons pour finir que cette forme de lecture qui, on l'a vu peut prendre appui sur des supports des plus variés, permet de s'adapter à chacun de nos élèves et apporte donc une réponse à la question de l'hétérogénéité des groupes.

BIBLIOGRAPHIE

E. Ali-Varet, F. Bourbon, N. Decure, *De la forme au sens, du sens à la forme*, CRDP de Picardie, 1993.

M. Batail, C. Iung, I. Leopold, F. Petitdant, *Bâtir du sens en anglais,* CRDP de Lorraine, 1996.

CRDP Midi-Pyrénées, *Help to Reading, Ten short stories for the class,* 1994.

CRDP de l'Académie d'Amiens, *Entraînement à la compréhension de l'écrit,* 1997.

J.-L. Daunac, J.-P. Escobad, F. Lagarrigue, J. Lerebourg, *Modules d'anglais, classe de Seconde,* CRDP Midi-Pyrénées, 1993.

Françoise Grellet, *Developing Reading Skills,* CUP, 1981.

Françoise Grellet, *10 Short Stories, From Guided Reading to Autonomy,* Hachette Éducation, 2000.

F. Gusdorf, *Words, médiascopie du vocabulaire anglais,* Ellipses, 1991.

Ministère de l'Éducation nationale, de la Recherche et de la Technologie, *Aide à l'évaluation, Seconde générale et technologique,* Tome I, 1996, 1997.

4

Le décodage de l'oral

1 REMARQUES PRÉLIMINAIRES

A. DÉCODER L'ORAL : LA PREMIÈRE DES CAPACITÉS LANGAGIÈRES ?

Produire et décoder un message sonore se placent au rang des capacités fondamentales de l'espèce humaine. C'est cette capacité insigne que Claude Lévi-Strauss propose de retenir comme ligne de démarcation essentielle entre l'homme et les animaux.

Pour sa part, Claude Hagège[1] évoque le nourrisson à l'« oreille avide », pointant l'« étonnante précocité auditive de l'enfant » pour conclure sur la certitude que :

> [...] l'enfant apprend à parler beaucoup plus tard qu'il n'apprend à entendre. Et c'est cette précocité de l'audition, autant que sa richesse d'ouverture aux sons les plus variés, qu'il convient d'exploiter dans l'éducation bilingue. On ne peut, naturellement, commencer de procéder dès les premiers mois de la vie à une telle exploitation, qui supposerait une véritable pédagogie bilingue, inconcevable alors. Mais on doit du moins se persuader de l'urgence d'y procéder dès que l'enfant est en état de recevoir un enseignement, quelque forme que prenne ce dernier.

Certes, les grands adolescents des classes de lycée se démarquent quelque peu de leurs très jeunes benjamins mais nous avons là la preuve – si besoin était – de la prééminence, quasi structurale chez l'homme, de ses capacités à comprendre la langue orale. Pour plus de persuasion, il n'est que d'envisager la vie de tous les jours pour s'apercevoir que nous baignons dans un environnement sonore excessivement riche, dense et divers, dont chaque bruit et chaque son est consciemment ou inconsciemment décodé pour se charger tout aussitôt d'une signification. Qu'on le veuille ou non, on entendra la sirène d'un véhicule de secours d'urgence. Qu'on le veuille ou non, on entendra les sons émis par un poste de radio mais ce n'est que par l'exercice de notre volonté que nous écouterons le contenu du message diffusé. De même, nous choisissons sciemment d'exercer l'un de nos sens lorsque nous écoutons attentivement un flash d'information, une chanson, un concert ou une conférence.

Posons que si l'aptitude à entendre est innée, la capacité à écouter, qui répond toujours à une motivation de l'auditeur, doit, elle, pouvoir s'éduquer. Et c'est bien là le cœur de notre propos, en présence de nos

1. Claude Hagège, *L'enfant aux deux langues*, Éditions Odile Jacob, 1996.

élèves. Il est nécessaire de les guider par un balisage gradué et transférable vers toujours plus d'autonomie dans la façon dont ils vont effectuer le délicat passage du décodage d'une forme sonore à la signification qu'elle véhicule.

B. DÉCODER L'ORAL : UNE RÉELLE DIFFICULTÉ

Que l'on ne s'y trompe pas : ce travail régulier de décodage de l'oral auquel nous devons soumettre nos élèves leur pose des difficultés tout à fait objectivables. Il relève de la compétence professionnelle de l'enseignant de savoir les anticiper et les analyser au moment de la préparation d'un cours centré sur la compréhension de l'oral.

À cet égard, soulignons d'ores et déjà, l'incontournable nécessité de préparer les activités de décodage de l'oral à partir du document sonore lui-même et non pas à partir de sa transcription graphique. Soyons justes : qui ne s'est jamais trouvé dans le désarroi à l'écoute de passages de films ou d'émissions de radio particulièrement abscons, résistant aux oreilles des anglicistes les plus avertis ? Force est de constater que si nous sommes parfois en peine de comprendre ce qui se dit, les élèves risquent de l'être bien plus que nous.

Par ailleurs, quel serait le sens d'une programmation d'activités destinées à assurer le passage d'une forme sonore à sa signification dès lors qu'elle s'appuierait sur la seule analyse d'un ensemble de signes graphiques ? En trahissant ainsi la spécificité même du support, on compromettrait évidemment du même coup l'intérêt de la démarche didactique. Toute préparation visant les capacités de réception de l'oral doit se fonder sur une rigoureuse analyse phonique du support sonore.

De quel ordre sont les difficultés auxquelles se heurtent les oreilles de ces auditeurs bien particuliers que sont nos élèves ? Ces derniers ne sont-ils pas fondés à exprimer parfois quelque découragement ?

L'élève lecteur organise l'acte de lecture comme il l'entend. Le texte à lire n'est porteur d'aucune chronologie intrinsèque, il n'impose pas le temps imparti à son déchiffrage puisqu'il constitue un instant figé pour toujours. L'élève lecteur maîtrise l'allure de sa lecture, il jouit de la capacité d'effectuer des retours en arrière, des bonds en avant voire des ellipses. Il peut interrompre à loisir le processus de la lecture. Il suffit de rouvrir le livre pour retrouver la permanence de l'ensemble des signes graphiques qui viendront à nouveau heurter les bâtonnets rétiniens de l'œil avant qu'ils ne soient soumis au décodage cérébral, pour finalement délivrer une signification.

Rien de tel ne peut s'appliquer à l'élève auditeur. En situation de réception d'un message sonore (oral), ses tympans ne perçoivent que de simples vibrations des molécules de l'air ambiant : des sons, voire des bruits, dont il est censé faire émerger du sens. Qui plus est, le flot de la parole, fluide, fuyant, changeant et volatile est à décoder dans l'instant de l'énonciation, comme un défi permanent à la mémoire à court terme[2]. Les possibilités de retour en arrière sont maigres. Pour l'auditeur averti, la signification émerge dans l'instant du discours[3] alors que l'auditeur distrait ou peu entraîné, devra attendre une redondance du discours ou solliciter une reformulation pour espérer parvenir au sens. Et encore se place-t-on ici dans la perspective d'une écoute interactive authentique – une conversation en somme – souvent très étrangère aux situations d'écoute auxquelles sont exposés les apprenants dans les classes des lycées.

Par ailleurs, et sur un tout autre registre, c'est un truisme que de dire qu'en anglais – contrairement à l'espagnol, par exemple – la maîtrise du code graphique ne saurait garantir une compétence particulière en ce qui concerne l'abord de l'oral, aussi bien dans les capacités de production que de reconnaissance. Poussée à l'extrême, cette rupture fondamentale entre graphie et phonie pourrait induire l'idée que l'on a affaire à deux langues assez différentes. Quel est le francophone qui en entendant ['resɪpɪ] peut en déduire r+e+c+i+p+e = *recipe* (n.) ? Quel est cet autre francophone qui voyant r+e+c+i+p+e = *recipe* (n.) ne serait pas tenté d'en proposer une prononciation plus proche de [re'saɪp] que de ['resɪpɪ]? Que penser de la prononciation de *literature* (n.) ou de l'orthographe de ['nætʃrəl]. Rien ne peut être tenu pour acquis. De plus, dans la chaîne parlée, les sons se suivent en une succession de blocs dont l'enchaînement n'obéit en rien aux segmentations traditionnelles en unités lexicales ou syllabiques.

Nous empruntons à Kathleen Julié et à Françoise Lemarchand[4] le tableau suivant qui récapitule les dichotomies majeures entre langue orale et langue écrite.

---

2. Pour une définition de ce terme, le lecteur se reportera au chapitre 7, consacré au lexique.

3. Nous entendons ce terme dans son sens d'« expression verbale de la pensée », *Le Nouveau Petit Robert*, 1994.

4. K. Julié et F. Lemarchand : « Pour un enseignement de la compréhension de l'oral au collège et au lycée » dans *Les Langues Modernes*, n° 2, APLV, mai, juin, juillet 1999.

Caractéristiques de la langue orale	**Caractéristiques de la langue écrite**
Le discours oral se place d'office en situation d'énonciation, et les données de celle-ci sont donc explicites d'office. Il en découle plusieurs conséquences, dont le fait que les énonciateurs utilisent beaucoup de déictiques, dont les référents sont explicités par la situation.	Le discours écrit doit créer son propre contexte, et doit donc être entièrement explicite. Les déictiques sont moins nombreux (un objet insolite ne peut pas être « vu » par le lecteur, et doit être décrit avant que le narrateur puisse s'y référer).
Le discours oral s'inscrit dans le temps, d'où la redondance, qui atténue la nature fuyante de la parole…	L'écrit s'inscrit dans l'espace et dans la permanence. Tous les mots sont visibles, et on peut relire autant de fois que l'on veut.
Du fait que le discours oral se crée « sur-le- champ », les phrases sont généralement coordonnées et rarement subordonnées. Elles sont incomplètes, voir incorrectes. Les « marqueurs » de la langue orale sont les hésitations, pauses, reprises, etc.	La syntaxe est plus complexe, construite. Elle doit être correcte.
L'information n'est pas forcément présentée dans un ordre logique.	L'information est organisée de manière cohérente, pour former un texte avec des paragraphes.
On se sert d'une gamme de moyens phonologiques (l'intonation, l'accentuation, la vitesse du débit, etc.) et gestuels pour aider à transmettre le message. Ces marqueurs sont sonores et visuels.	Les paragraphes, la ponctuation, les majuscules, le souligné, etc., sont des marqueurs textuels qui aident à transmettre le message.

On le constate, les sujets d'alarme sont nombreux et il y a matière à désorienter l'apprenti auditeur.

Et encore n'a-t-on encore rien dit des paramètres formels relativement stables et invariants, typiques de la langue orale. Nous y reviendrons amplement mais contentons nous de souligner que formes faibles *(should* = [ʃəd] plutôt que [ʃʊd]), réductions vocaliques *(at* = [ət] plutôt que [æt]), accents de phrase, rythmes, intonations et réalisations régionales constituent bel et bien de réelles difficultés pour n'importe quel apprenant, auditeur de l'anglais.

S'il fallait ajouter le poids d'un écueil supplémentaire pour faire pencher la balance du côté du handicap, il suffirait de faire une analyse sommaire des conditions de réception dans lesquelles nous plaçons nos élèves. Quelle que soit l'authenticité du support, considérons un instant le manque d'authenticité des situations de pure écoute en classe. L'auditeur y est privé d'une grande quantité des éléments qui d'ordinaire, en situation de réelle interaction, contribuent à affiner la compréhension du message émis. En effet, il ne peut aucunement tabler sur le langage corporel du locuteur, utile ponctuation physique du discours. Il n'a pas davantage la possibilité d'interrompre le flot des paroles pour réclamer pauses et éclaircissements. On le voit, tout concourt à faire des situations d'écoute proposées en classe un lointain simulacre de la réalité.

Mais si les plus pessimistes des élèves – ou des enseignants – du second cycle peuvent encore se représenter l'entraînement à la réception d'un message sonore comme une entreprise herculéenne d'agencement du chaos, il est bon, pour les rasséréner, d'attirer leur attention sur le fait qu'un entraînement méthodologique rigoureux peut transformer ces points, vécus comme des difficultés, en autant d'appuis pour une facilitation de la compréhension orale.

Dans cette entreprise de démystification de la difficulté, on pourra s'appuyer sur un autre des caractères relativement stables du discours oral.

En effet, on y a fait allusion plus haut, le discours – du moins le discours produit en situation authentique – s'il est par essence fuyant n'est que très rarement linéaire. Il est fait de redondances, de reformulations et de retours sur lui-même comme si la pensée prenait forme dans l'instant de sa formulation et cherchait toujours les moyens de toujours mieux se dire. Tics de langage, idiosyncrasies, faux départs, ratés, *gap fillers*, autocorrection, tautologies sont le lot commun de toute conversation ordinaire. En effet, dans le cadre d'une conversation, il se dit toujours plus de choses qu'il n'est réellement nécessaire pour « faire passer » un message. En d'autres termes, on fait toujours plus de bruit avec sa bouche que ne le requiert la stricte nécessité de se faire comprendre. C'est dans cette abondance de signaux sonores que le locuteur enchaîne les tentatives de cerner son propos au plus près. C'est dans cette même abondance de signes que l'auditeur effectue un tri. Par le biais de synthèses successives, celui-ci reconstruit petit à petit la signification du discours dont il est le récepteur.

Dès lors, il semble primordial de sensibiliser les élèves aux quelques éléments de stabilité, si typiques du discours, de façon à leur faire prendre conscience que celui-ci produit des scories en quantité et qu'il faut savoir les discerner, les éliminer pour s'appuyer sur les éléments saillants et essentiels qui doivent faire l'objet de repérages. En somme, il faut entraîner les apprenants à concevoir qu'il n'est pas nécessaire de tout entendre pour comprendre. Corollairement, il apparaît indispensable de rendre les élèves capables de repérer les indices phoniques les plus pertinents au sein du flot sonore et, à partir de ces prélèvements, de reconstituer si ce n'est l'ensemble de la chaîne parlée, du moins ses traits les plus saillants.

D'ores et déjà, deux axes pour le travail du décodage de l'oral se dessinent :
- écouter pour repérer les seuls traits pertinents et stables du discours ;
- décomposer/recomposer les éléments constitutifs du message.

C. DÉCODER UN ORAL AUTHENTIQUE

Certes, la classe est le lieu privilégié de la vie de la langue. Pour peu que celle-ci circule d'élève à élève, au gré des activités de communication, ou encore du professeur vers les élèves, à la faveur de la passation de consignes ou d'explications, on a tôt fait de considérer qu'il y a entraînement à la compréhension de l'oral. (Cette attitude suffirait-elle à expliquer la relative désaffection pour les travaux d'écoute que l'on rencontre parfois au lycée ?). C'est là un leurre car même l'angliciste francophone le plus chevronné ne pourrait prétendre garantir l'authenticité de la langue qu'il enseigne, tant les routines professionnelles comme les épisodiques occasions de pratiquer la langue concourent à travestir une langue vivante en un *teacher talk*, de si bon aloi soit-il. Cette simple raison suffit à justifier le recours nécessaire et fréquent à des documents sonores authentiques, seuls supports d'une langue non dénaturée.

Dès lors se pose la question de la nature et de la provenance des documents sonores à introduire dans la classe.

Reconnaissons, qu'il n'est pas toujours aisé de rester à l'affût des émissions télévisées ou radiodiffusées en provenance du monde anglophone. C'est sans doute pour pallier cette difficulté que les concepteurs de manuels proposent avec beaucoup de bienveillance, un vaste choix de documents sonores pour accompagner leurs ouvrages. Mais qu'en est-il de l'authenticité de tels documents ? Dans la grande majorité des cas il s'agit en substance d'enregistrements de portions entières d'écrit oralisé, interprété par des acteurs. Autant dire que de tels documents sonores ne correspondent en rien à l'authenticité de la langue telle qu'elle est garantie par de réelles situations de communication. De plus, dans une immense majorité des cas, les documents retenus sont des textes de nature littéraire, comportant des parties narratives ou descriptives qui ne devraient être destinées qu'à la lecture personnelle et silencieuse et, par conséquent, n'être justifiables que dans une démarche didactique centrée sur la méthodologie de la lecture.

Il semble donc bien qu'il faille puiser à la source même de l'authenticité de la langue, au risque de devoir sacrifier à d'épineuses contraintes techniques lorsque vient le moment de recueillir le matériau sonore.

Remarquons à ce propos que bon nombre d'établissements sont dotés d'un matériel moderne qui permet, par exemple, la réception satellitaire. Une collaboration étroite avec nos collègues responsables des C.D.I. et du parc audiovisuel doit pouvoir faciliter la tâche d'enregistrement de la documentation sonore nécessaire aux professeurs de langues vivantes.

Notons, par ailleurs, que dans le cas d'établissements sous-équipés il est du devoir des équipes disciplinaires concernées – et les langues vivantes figurent au premier rang de celles-ci – de faire pression auprès de leurs collègues chefs d'établissement ou encore intendants, de façon à adapter la qualité de l'équipement technique des salles de classe aux exigences d'une didactique moderne.

De quelle nature sont ces documents sonores dont on escompte qu'ils garantiront, mieux que tous autres, les caractéristiques propres à une langue la plus authentique possible, parlée par des natifs, sans compromission quant à son débit et prélevée dans des situations réalistes ? Avant d'apporter une réponse, saisissons l'occasion pour dire, à nos jeunes collègues en particulier, combien il est indispensable et précieux de ne pas tarder à se constituer une véritable sonothèque la plus éclectique et la plus large possible. Elle peut aller du commentaire enflammé d'un match de football, à l'allocution compassée d'un responsable politique en passant par un bulletin sur l'état de la circulation routière en été dans le Sud de l'Angleterre. Voilà trois types de discours très différents, aussi bien quant à leur contenu qu'à la forme discursive et aux formes sonores qu'ils engendrent. Car tout est bon à entendre pour qui souhaite entraîner les élèves au décodage de l'oral. Ainsi, si les propositions suivantes sont évidemment loin d'être exhaustives, du moins pourront-elles guider certains choix. Voici une liste de pistes, en vrac :

– bulletins d'information (radio, télévision)
– débats contradictoires (radio, télévision)
– bulletins météorologiques (radio, télévision)
– commentaires sportifs (radio, télévision)
– allocutions formelles (radio, télévision, vidéo[5])

---

5. On ne sera pas surpris de voir figurer la mention de documents vidéo parmi des suggestions de documents sonores. En effet, l'étude d'un document vidéo ménage.

– extraits de films (vidéo)
– interviews (radio, télévision, vidéo)
– extraits de pièces de théâtre (radio, télévision, vidéo)
– micro-trottoirs (radio, télévision)
– chansons (CD, vidéo)
– conférences (radio, télévision, vidéo)
– annonces (cassette, radio)
– messages publicitaires (radio, télévision, vidéo)
– etc.

Qu'en est-il de la durée des documents sonores à retenir pour une exploitation en classe ? Il convient de sélectionner des documents assez courts car il est de loin préférable de multiplier les séances de décodage de l'oral à partir d'enregistrements succincts – quatre minutes semblent un maximum – plutôt que de se satisfaire de fastidieuses séances d'écoute d'un seul document fleuve. L'intérêt des élèves s'émoussera moins vite si on leur propose des travaux d'écoute ponctuels, correctement définis, portant sur une grande variété de supports de courte durée. C'est l'addition de nombreuses séances de travail sur le décodage de l'oral qui construira une réelle capacité d'écoute et non la volonté de viser à l'exhaustivité en l'espace de quelques lourdes séquences.

Si l'éclectisme est de mise quant à la nature des types de discours à faire entendre et de leurs supports, empressons-nous de souligner qu'il est absolument de rigueur quant à l'origine géographique des types d'anglais à faire écouter. Plus personne ne songe à prétendre de nos jours que seuls les phonèmes et les schémas intonatifs de la Received Pronunciaton (RP) britannique constituent l'inébranlable canon de l'anglais oral !

> [RP] had for centuries been regarded as a kind of standard, having its base in the educated pronunciation of London and the Home Counties. Its use was restricted to this region, however, being characteristic by the nineteenth century of upper-class speech throughout the country. Thus, though its base was a regional one, its occurrence was socially determined.
>
> *Everyman's English Pronouncing Dictionary*, Daniel Jones, Fourteenth Edition, Dent Dutton, 1977.

Concluons en soulignant qu'il convient de rester à l'écoute d'un anglais aux origines aussi variées qu'est vaste le monde anglophone, sans quoi nous encourons le risque de rendre nos élèves sourds aux multiples variations offertes sur le thème de l'anglais oral. Il serait bien regrettable de compromettre ainsi la qualité de leurs tentatives de communication avec une partie non négligeable de nos contemporains.

---

naturellement une grande place à la compréhension de l'oral et ce d'autant plus aisément que cette dernière est facilitée par le décodage de l'image.

2 CONNAÎTRE LA LANGUE ORALE POUR MIEUX L'ENTENDRE

A. PRÉAMBULE

Avec *The Young Person's Guide to the Orchestra*, Benjamin Britten propose aux enfants la découverte guidée de chacun des instruments qui constituent l'orchestre, dans l'espoir d'affiner leur perception de ce tout harmonieux mais pourtant constitué de la juxtaposition d'unités singulières.

Pourquoi ne pas procéder de même avec la langue orale, phénomène musical par excellence, lieu de toutes les variations possibles à partir d'un corpus invariant ? Pour filer la métaphore musicale, ne pourrions-nous pas avancer que les élèves sont un peu comme des apprentis musiciens qui doivent maîtriser le solfège pour être en mesure d'aborder l'écoute analytique d'une partition ?

Est-ce abuser que de dire que la langue orale procède de la combinatoire d'un solfège mélodique et rythmique, comparable à un code phonologique, qu'il est nécessaire de connaître pour en discerner les traits, les combinaisons et les inflexions qui surgissent au fil du discours ?

B. PHONÉTIQUE ET PHONOLOGIE : LES BASES D'UNE « GRAMMAIRE » DE L'ORAL

Ce sont Henri Adamczewski et Jean-Pierre Gabilan qui utilisent l'expression « grammaire de l'oral » dans leur ouvrage *Déchiffrer la grammaire anglaise* (Didier). L'expression est fort à propos. En effet, de la même manière que la langue écrite est régie par un système d'organisation interne qu'il est convenu d'appeler « grammaire », la langue orale procède d'un type de structuration comparable, fondé sur les données invariantes de la phonétique et de la phonologie.

> La Phonétique traite des sons en eux-mêmes (spécificité physiques objectives, acoustiques et articulatoires, des phonèmes). La Phonologie traite des sons en interaction avec leur voisinage (à l'échelle minimalement de l'énoncé), dans l'énonciation vivante et singulière, adressée et située dans l'inter-discours, dans un environnement: phénomènes d'attraction, de dépendance, de compensation, tels que ceux liés à l'intonation, à l'accent de phrase, [...]
>
> Danielle Bailly, *Les mots de la didactique des langues*, Le cas de l'anglais, Lexique, Ophrys, 1998.

C'est donc l'ensemble de ce système phonologique que nous nommons « grammaire » et qu'il convient d'entraîner les apprenants à décoder. En effet, prononciation, accents de mots, accents de phrase et formes faibles doivent faire l'objet de parcours de reconnaissance fréquents et réguliers si l'on veut parvenir à autonomiser les jeunes auditeurs par le transfert des compétences ainsi acquises.

Dans la chaîne parlée, en anglais, ce sont les mots accentués qui sont porteurs de sens par contraste avec les autres « bruits » de la phrase, majoritairement réalisés en forme faible. L'oreille doit être prête à les saisir et à les identifier. Elle doit être entraînée à faire la part de ce qui est liminal, de façon prévisible, de ce qui est plus audible, mais de façon aléatoire. Ainsi dans *You should have seen the state of him !*, tout n'est pas bon à entendre pour comprendre le message. Il y a fort à parier que *you+should+have* seront réalisés en [jəʃəd əv] plutôt qu'en [juːʃʊdhæv], que *seen* portera un léger accent et que *state* culminera au sommet de la phrase amorçant ainsi une petite chute mélodique qui elle-même affaiblira [hɪm] en [ɪm]. Et encore n'a-t-on rien dit de l'interprétation des diverses réalisations intonatives possibles de cet énoncé.

On le voit, si l'énonciateur opère à l'écrit des choix qui sont repérables par les marqueurs grammaticaux étayant son discours, de même, en situation de produire du discours oral, le locuteur prend des partis, opère des choix dont les variations de l'intonation et d'accentuation constituent les traces. Que l'on compare les énoncés suivants et les significations différentes qu'induit le seul déplacement de l'accent de phrase et l'on verra mieux encore les effets de sens que le locuteur recherche et réalise par le biais d'une inflexion volontaire de la forme sonore de son discours :

1. **You** made me kill her!
2. You **made** me kill her!
3. You made **me** kill her!
4. You made me **kill** her!
5. You made me kill **her**!

Nous avons affaire ici à des « faits de langue » au même titre que ceux que l'on peut aborder dans un texte écrit. Il s'agit bien là, en effet, de saisir des effets de sens par une interprétation convenable d'une forme donnée.

Il convient, par conséquent, de sensibiliser les élèves à cette réalité et, mieux encore, de les amener à la conceptualiser de manière satisfaisante, comme nous nous efforçons de le faire dans bien d'autres domaines de l'apprentissage de la langue.

C. L'A.P.I.[6] : MÉTALANGUE OBLIGÉE DE LA GRAMMAIRE DE L'ORAL ?

Il nous semble de quelque intérêt de s'arrêter sur la question de l'utilisation et du bon usage de l'Alphabet Phonétique International en classe, étant entendu qu'il n'est nullement question dans ces pages de proposer ce qui pourrait ressembler de près ou de loin à un précis de phonologie de l'anglais[7]. Le souci qui nous anime ici est de proposer une réponse simple à la question maintes fois posée par nos jeunes collègues : doit-on ou non recourir à l'A.P.I.?

Proposons des éléments de réponse inspirés par le bon sens. Soulignons donc que :

– l'A.P.I. est un code conventionnel, comme peut l'être l'ensemble du solfège mélodique et rythmique en ce qui concerne l'écriture musicale ;

– s'il n'est pas vraiment utile de se livrer comme autrefois à des dictées de sons ou à de fastidieuses transcriptions phonétiques de segments entiers, en revanche il semble nécessaire de proposer des jalons cohérents et pragmatiques aux élèves. Utiliser la transcription conventionnelle de tel ou tel phonème offre une autonomie certaine à l'élève qui souhaite mémoriser du lexique ou qui effectue une recherche dans un dictionnaire, où les premiers éléments fournis concernent précisément la phonétique ;

– il est donc précieux d'associer systématiquement – du moins au début – un symbole phonétique avec un mot qui comporte le phonème concerné et dont on est certain qu'il est correctement réalisé par l'ensemble des élèves.

Ainsi, le tableau suivant nous semble constituer une aide envisageable :

The phonetic alphabet

Vowels

[æ] as in act [ækt], plait [plæt]
[ɪ] as in pretty ['prɪtɪ], build [bɪld], busy ['bɪzɪ], sieve [sɪv], women ['wɪmɪn], pocket ['pɒkɪt]
[e] or [ɛ] as in bet [bet], bury ['berɪ], said [sed], says [sez]
[ɒ] as in pot [pɒt], sorry ['sɒrɪ]
[ʊ] as in pull [pʊl], good [gʊd], should [ʃʊd], woman ['wʊmən]
[ʌ] as in cut [kʌt], flood [flʌd], rough [rʌf], son [sʌn]
[ə] as in potter ['pɒtə], alone [ə'ləʊn], furious ['fjuːrɪəs], nation ['neɪʃən]

6. Alphabet Phonétique International.

7. À ce sujet, les lecteurs consulteront avec profit l'excellent opuscule de Michel Ginésy : *Mémento de phonétique anglaise*, Nathan Université, 1995.

[ɑː] as in father ['fɑːðə], heart [hɑːt], sergeant ['sɑːdʒənt]
[iː] as in see [siː], evil ['iːvl], magazine [ˌmægə'ziːn], receive [rɪ'siːv]
[ɔː] as in law [lɔː], broad [brɔːd], fault [fɔːlt]
[uː] as in zoo [zuː], do [duː], shoe [ʃuː], true [truː]
[ɜː] as in burn [bɜːn], learn [lɜːn], worm [wɜːm]

Diphthongs and triphthongs

[eɪ] as in paid [peɪd], day [deɪ], grey [greɪ]
[ɪə] as in fear [fɪə], beer [bɪə], mere [mɪə]
[aɪ] as in dive [daɪv], guy [gaɪ], aisle [aɪl]
[eə] or [ɛə] as in bear [beə], dare [deə], where [weə]
[ɔɪ] as in boy [bɔɪ], void [vɔɪd], destroy [dɪs'trɔɪ]
[ʊə] as in skewer [skjʊə]
[əʊ] as in note [nəʊt], dough [dəʊ], slow [sləʊ]
[aʊ] as in out [aʊt], bough [baʊ], crowd [kraʊd]
[aɪə] as in fire [faɪə], buyer [baɪə], liar [laɪə]
[aʊə] as in flour [flaʊə], flower [flaʊə]

Consonants

The phonetic symbols [b, d, f, g, h, k, l, m n, p, r, s, t, v, w, z] have the same value as their normal transcriptions. The following are different :
[j] as in yes [jes], onion ['ʌnjən]
[ʃ] as in ship [ʃɪp], machine [mə'ʃiːn], sugar [ʃʊgə]
[tʃ] as in chew [tʃuː], nature ['neɪtʃə]
[ʒ] as in treasure ['treʒə], closure ['kləʊʒə]
[dʒ] as in jaw [dʒɔː], adjective ['ædʒɪktɪv]
[θ] as in thin [θɪn], three [θriː]
[ð] as in these [ðiːz], bathe [beɪð]
[ŋ] as in sing [sɪŋ], finger ['fɪŋgə]

Looking Forward 2e, Belin, 2001.

Si l'on souhaite s'inspirer d'une approche peut-être plus exhaustive de la retranscription phonétique de l'anglais, on pourra se référer aux tableaux pages 14-16 de *L'anglais de la linguistique* par Alain Frangi et Justyna Optolowicz, Belin, 1998.

Dans les pages qui suivent, nous proposons une série d'activités centrées sur divers aspects de la grammaire de l'oral. Toutes visent à placer les élèves en état d'écouter méthodiquement quelques unes des spécificités physiques de la langue dans le but d'assouplir leur oreille, avant d'aborder le stade de la compréhension d'un message oral complexe.

Soulignons qu'il est préférable, sur le plan de l'organisation de ce type de travail avec les élèves, de le mettre en œuvre aux moments où la classe est fractionnée en groupes plutôt qu'en classe entière. Les heures d'enseignement modulaire semblent tout à fait adaptées à ce type de travaux qui requièrent attention et finesse d'écoute.

Par ailleurs, il va sans dire qu'un laboratoire de langue équipé d'un matériel de pointe, reste le lieu le mieux adapté aux travaux d'entraînement à l'écoute et à la reconnaissance fine des sons. On se prend à rêver de salles pourvues de laboratoires multimédia qui allient avec souplesse, grâce à l'outil informatique, les possibilités d'enregistrement, de synthèse vocale, d'écoute et bien d'autres possibilités d'analyse fine des réalisations d'un message oral. Plus raisonnables, nous saurions nous satisfaire d'un laboratoire traditionnel. Heureux sont les collègues et les classes qui peuvent y avoir accès. Les plus démunis n'ont d'autre choix que l'opiniâtre pression auprès des Conseils Régionaux, relayée par les services d'intendance et appuyée par les chefs d'établissement. Ne dit-on pas : *Where there's a will, there's a way*?

Mais revenons à notre propos pour conclure en déplorant que trop souvent au lycée, est négligé le travail élémentaire de la phonétique des mots, considérant à tort que seul le collège à pour mission d'y pourvoir de façon exhaustive et définitive. Rappelons qu'un travail phonologique, qu'il s'agisse de décodage ou d'encodage, de perception ou de production, représente une entreprise opiniâtre et de longue haleine qui ne porte ses fruits que si elle est constamment et régulièrement renouvelée par le contact répété avec d'abondantes portions de la langue, aussi variées que possible.

D. CONNAÎTRE LA LANGUE ORALE : LE STADE DU MOT

Entraîner les élèves à discriminer le sens des mots par l'identification des variations phonématiques constitue le stade le plus élémentaire du passage de la forme au sens. Loin d'être superfétatoire, ce travail nous semble essentiel pour qui aurait le souci sincère de fournir enfin des aides objectives aux élèves anglicistes – et ce non seulement en termes de décodage de l'oral, mais aussi sur le plan de l'encodage de celui-ci. En effet, n'est-il pas navrant d'entendre des élèves des grandes classes du lycée et, au-delà, produire un sabir nommé anglais où *live* se superpose à *leave* et ou *work* le dispute à *walk*?

Il nous semble donc primordial de réhabiliter les activités de pure phonologie comme autant de gammes nécessaires à la pratique fluide de la langue.

Pour un travail de ce type, au niveau du mot, on pourra opter pour des activités de discrimination auditive faisant intervenir, par exemple :

Les paires minimales[7]

Exercice

Tu vas entendre plusieurs séries de mots. Chaque série est constituée du même mot répété plusieurs fois mais elle comporte un intrus. Repère l'ordre d'apparition de l'intrus.

a. *thin, thin, bin, thin*
b. *park, pack, park, park*
Etc.

Solution

a. L'intrus est l'élément 3. **b.** L'intrus est l'élément 2.

Exercice

Tu vas entendre une série de phrases incomplètes. Au début de chaque phrase, tu vas entendre une paire minimale. Répète-la puis écoute la phrase et complète-la avec l'élément sonore le mieux approprié selon le contexte.

a. (*leave/live*) Répète : …
When does she …… for L.A.?
Complète et répète : …
b. (*work/walk*) Répète : …
Will you …… the dogs for me?
Complète et répète : …
Etc.

Solution

a. *leave* **b.** *walk*

Exercice

Pronounce the following sentences, making sure the underlined words have different sounds. Translate each of the sentences and say which one could be followed by the response underneath.

1. a. I work at seven. ……………………………………………
b. I woke at seven. ……………………………………………
Oh, did you?
2. a. He's dropped the bowl. ……………………………………………
b. He's dropped the ball. ……………………………………………
Is it broken?
3. a. - I ate Chinese food. ……………………………………………
b. - I hate Chinese food. ……………………………………………
Did you enjoy it?
Etc.

Solution

1/b, 2/a, 3/a.

7. Pour une liste des paires minimales et pour d'autres pistes de travail encore, on se reportera avec profit aux ouvrages d'Ann Baker : *Ship or Sheep?*, *Tree or Three?* et *Introducing English Pronunciation*, tous trois édités par Cambridge University Press.

L'accent de mot

Exercice

Tu vas entendre une série de mots de quatre syllabes. Répète chaque mot puis classe-le dans le tableau suivant en fonction des schémas accentuels proposés. Que remarques-tu?

democratic (adj.) *activity* (n.) *rapidity* (n.)
arithmetic (adj.) *variety* (n.) *information* (n.)
derogatory (adj.) *immigration* (n.)

O o o o	o O o o	o o O o
type: *'comfortable*	type: *A'merican*	type: *acci'dental*

Solution

O o o o	o O o o	o o O o
type: *'comfortable*	type: *A'merican*	type: *acci'dental*
	ac'tivity	*infor'mation*
	va 'riety	*immi'gration*
	de'rogatory	*demo'cratic*
	ra'pidity	*arith'metic*

De cette écoute-constat, on pourra déduire, entre autres règles d'accentuation, que:

– les mots de plus de deux syllabes en «-ic» portent l'accent sur la voyelle qui précède ce suffixe (type: *journa'listic*)*.

– les mots de plus de deux syllabes en «-ity» portent l'accent sur la voyelle qui précède ce suffixe (type: *speci'ficity*).

* La règle fonctionne lorsque *arith'metic* est utilisé comme adjectif. Cependant on notera le déplacement de l'accent lorsqu'il s'agit du substantif *a'rithmetic*.

Un travail en tous points identique peut être effectué pour ce qui concerne les règles d'accentuation de base, sur les mots trisyllabiques ou dissyllabiques. Cependant, en la matière, on ne cherchera pas à viser d'entrée à l'exhaustivité, préférant mettre en lumière les principes de l'accentuation au fur et à mesure de leur émergence au fil des séquences d'apprentissage réparties sur l'année.

E. CONNAÎTRE LA LANGUE ORALE : LE STADE DE L'ÉNONCÉ

Une fois intégrés dans le flot du discours, la reconnaissance et le décodage des mots présentent des difficultés persistantes. Contractions, affaiblissement des accents de mot, liaisons, réductions vocaliques, repérage difficile des délimitations des groupes de souffle, etc. persistent à brouiller le message pour qui n'est pas entraîné à prévoir, et donc à compenser ce que d'aucun ont pu appeler *acoustic blur*[8]. Il semble dès lors judicieux de définir deux axes pour le travail de décodage des invariants sonores au niveau de l'énoncé :
– entraînement au repérage des éléments saillants ;
– entraînement au repérage du flou sonore, *(blur)*.

Entraînement au repérage des éléments saillants

L'accent de phrase

Exercice

Écoute le document suivant. Frappe dans tes mains le rythme que tu entends. Récris le texte en faisant apparaître les accents. Recopie les mots accentués. Que remarques-tu?

Stop all the clocks, cut off the telephone,
Prevent the dog from barking with a juicy bone,
Silence the pianos and with muffled drum
Bring out the coffin, let the mourners come.[9]
[...]

From Funeral Blues, W. H. Auden

Solution

Stop *all the* ***clocks, cut*** *off the* ***te****lephone,*
*Pre****vent*** *the* ***dog*** *from* ***bar****king with a* ***juicy bone,***
Si*lence the pianos and with* ***muffled drum***
Bring *out the* ***coffin,*** *let the* ***mour****ners* ***come****.*
stop - clocks - cut - telephone
prevent - dog - barking - juicy - bone
silence - pianos - muffled - drum
bring - coffin - mourners - come

On remarque que tous les mots ne sont pas accentués. Les mots accentués sont les mots qui construisent le sens.

8. L'expression est de Gillian Brown dans *Listening to spoken English*, Longman, 1977.
9. On trouvera une émouvante récitation de ce poème poignant dans le film de Mike Newell, *Four Weddings and a Funeral*, PolyGram Video, 1995.

Exercice

If you want to send a message by telegram you use only the key words. Like this:

I'm arriving at the station at 7 pm = arriving station 7pm.

These are the words we stress when we read the sentence:

I'm **arriving** at the **station** at **seven pm**.

Underline the key words in the following sentences and read them with the appropriate stress.

1. We'll meet you at the airport around midnight.

2. We're going to borrow one or two books from the library.

Solution

1. meet, airport, midnight. **2.** borrow, books, library.

L'accent de phrase et les effets de sens

Exercice

Tu vas entendre quatre fois la même phrase. D'une répétition à l'autre, repère les variations de l'accentuation. En fonction de ces repérages, associe chacune des phrase à une suite possible. Qu'en déduis-tu ?

1. You made me kill her!	**a.** Why me?
2. You **made** me kill her!	**b.** I'm no murderer.
3. You made **me** kill her!	**c.** Scaring her would have been enough!
4. You made me **kill** her!	**d. You** are to be blamed.

Solution

1/d, 2/b, 3/a, 4/c.

Les variations de l'accentuation, par les mises en relief qu'elles occasionnent, induisent des variations du sens.

L'intonation

Exercice

Écoute les phrases suivantes. Fais particulièrement attention à leur intonation. Répète chaque phrase puis associe chaque numéro de phrase à une intention du locuteur. Que constates-tu ?

N.B. Les élèves ne disposent pas de la transcription des « énoncés ».

Énoncés	**Intentions du locuteur**
1. *Where the hell have you been?*	A. emphase
2. *I just can't believe it!*	B. neutralité
3. *The Prime Minister is to leave for the States tomorrow.*	C. reproche
4. *It won't hurt you.*	D. encouragement
5. *There's no need to worry about him.*	
6. *Another new dress!*	

Solution

1/C, 2/A, 3/B, 4/D, 5/D, 6/C.

Prêter attention aux intonations avant de reconnaître les mots renseigne sur la tonalité du message, prédisposant ainsi à sa compréhension.

Exercice

Écoute les trois groupes de phrases suivants. Place des flèches montantes (↗) ou descendantes (↘) en fonction de ce que tu entends en fin de phrase. Qu'en déduis tu ?

Groupe 1	**Groupe 2**	**Groupe 3**
1. *Half the work force travels to work by car.* **2.** *They opposed his decision.*	**1.** *What time do you get up on weekdays?* **2.** *What would you say were the worst moments in an ordinary day?*	**1.** *Don't you read newspapers?* **2.** *Do you speak English?*

Solution

Groupe 1

1. *Half the work force travels to work by* ***car****.*

2. *He opposed his decision.*

Groupe 2

1. *What time do you wake up on weekdays?*

2. *What would you say were the worst moments in an ordinary day?*

Groupe 3

1. *Don't you read* ***news****papers?*

2. *Do you speak* ***Eng****lish?*

Constat obtenu par comparaison des trois types d'énoncés :

Groupe 1 : les énoncés informatifs, dépourvus d'intentions particulières de la part du locuteur, comportent une chute de la voix sur la dernière syllabe du dernier mot accentué.

Groupe 2 : les questions qui commencent par un mot en WH- sont généralement posées avec une intonation descendante.

Groupe 3 : les interrogations comportent une montée de la voix sur la dernière syllabe accentuée.

Entraînement au repérage du flou sonore (*acoustic blur*)

Les groupes de souffle

La compréhension de l'organisation de la chaîne parlée, le décodage en continu du flux sonore, présentent sans conteste des difficultés persistantes, une fois franchi le stade de la phonologie du mot. S'entraîner à décoder les groupes de souffle peut permettre de lever progressivement cette difficulté.

Exercice

Tu vas entendre le début d'une interview radiophonique. Tu disposes de la transcription de ce début. Elle ne comporte aucune ponctuation et tous les mots sont accolés.

1. Repère les mots et les syllabes accentués.

2. Délimite, non pas les phrases, mais les groupes de souffle que tu entends.

(Texte de l'enregistrement)

Feeding the pigeons in Trafalgar square is to become an offence if Westminster City council gets its way. Last night they voted to try and get legislation to prevent people from scattering bird food in this square, famous all over the world for its pigeons. Well, we haven't got a pigeon but we have got the chairman of Westminster City council's environment committee, who's Councillor John Lord on line. Good morning.

Solution

1. **fee**dingthe**pi**geonsintra**fal**garsquareistobe**come**anof**fen**ceif**west**minstercity**coun**cilgetsitswaylastnighttheyvotedtotryandgetlegis**la**tiontopre**vent/peo**plefrom**sca**ttering/bird/foodinthissquare/**fa**mousallovertheworldforits**pig**eons/wellwe**ha**ventgota**pig**eonbutwehavegotthe**chair**manof**west**minster*citycouncilsen**vi**ronment/com**mi**tteewhos**coun**cillor/john/lordonlinegood**mor**ning

* ['wesmɪnste] ou [wes'mɪnstə]

2. Groupe 1

feedingthe**pi**geonsintra**fal**garsquareistobe**come**anof**fen**ceif**west**minstercity**coun**cilgetsitsway

Groupe 2

lastnighttheyvotedtotryandgetlegis**la**tiontopre**vent/peo**plefrom**sca**ttering/bird/foodinthissquare

Groupe 3

famousallovertheworldforits**pig**eons

Groupe 4

wellwe**ha**ventgota**pig**eonbutwehavegotthe**chair**manof**west**minster*citycouncilsen**vi**ronment/com**mi**ttee

Groupe 5

whos**coun**cillor/john/lordonline

Groupe 6

good**mor**ning

Les *gap fillers* (le remplissage)

Les *gap fillers* sont la marque des « ratés » du discours, de ses pauses et hésitations qui se matérialisent par des bruits, des blancs qu'il est bon de savoir repérer pour pouvoir ne pas leur accorder plus de sens qu'ils n'en méritent.

Exercice

Interview de l'assistant anglais par une classe de 1re (*Bâtir du sens en anglais - volume 2*, Mireille Batail, et al., Éditions CRDP de Lorraine, 1998.[10])

Script 1

"What do you think about France?"

"Ah, well, er, that's, er, that's an interesting question, er, my answer is, er, it's, er, it's very... very pretty, er, very picturesque, very nice to look at, ... the buildings are all, er, very nice, er, one thing though, is that, er, I think the atmosphere in... an English town is different to that of a French town. An English town is more..., seems..., seems to be more open and more friendly."

"Eh? Are you saying French people are unfriendly?"

"Well, er, well, how shall I put this? Er, I was not... I was not really saying that, er, I was just saying that the atmosphere, er, is a bit different in England."

[...]

Objectif

Discriminer l'information essentielle du remplissage (*gap filler*).

Phase 1 : exercice de compression

– Faire écouter l'enregistrement une première fois en suivant sur le script.
– Lors d'une deuxième écoute, demander aux élèves de surligner l'information essentielle. On obtient, après correction, le script 2.
– Lors d'une troisième écoute, un élève viendra marquer d'une croix sur le script 2 (projeté au tableau) l'emplacement des *gap fillers*, et on déduira en commun leur emplacement et leur fonction.

Phase 2 : retour aux *gap fillers* et au script 1

En comparant les deux scripts, on effectuera un classement en quatre colonnes des *gap fillers* présents dans le script 1.

Le locuteur ne trouve pas les mots.	Le locuteur précise ou infirme ce qu'il vient de dire.	Le locuteur fait une pause pour réfléchir à ce qu'il va dire.	Le locuteur bat en retraite.

10. C'est avec un réel profit que le lecteur consultera cet ouvrage, accompagné d'enregistrements sur CD.

Cette liste pourra être complétée au fur et à mesure des documents travaillés en classe pendant l'année.

Solution

"What do you think about France?"

"It's very pretty, very picturesque, very nice to look at; the buildings are all very nice. One thing though, I think the atmosphere in an English town is different to that of a French town. An English town seems to be more open and more friendly."

"Are you saying French people are unfriendly?"

"I was just saying that the atmosphere is a bit different in England."

Les formes faibles

Au rang des phénomènes sonores constitutifs d'une « grammaire de l'oral » figurent les formes dites faibles ou réduites.[11] S'il est prévisible de mal les entendre c'est que dans la grande majorité des cas, elles concernent les éléments stables et immuables de l'armature grammaticale et syntaxique de la phrase *(structure words)*. À moins d'une intention particulière du locuteur, elles ne reçoivent statistiquement pas d'intensité particulière. Un entraînement spécifique au repérage de ces formes affaiblies prépare l'auditeur à plus de sérénité lors d'une écoute complexe.

Exercice

Voici une série de phrases incomplètes. Seuls figurent les mots accentués. Complète les vides avant d'écouter chacune des phrases.

Qu'en déduis-tu ?

a. (1) ...... *had* (2) ...... *go* (3) ...... (4) ...... *hospital* (5) ...... *see* (6) ...... *friend (7)* ...... *(8)* ...... *taken ill suddenly.*

b. *Please! Pass* (1) ...... (2) ...... *book*(3) ...... (4) ...... (5) ...... (6) ...... *table.*

Solution (pour a seulement)

(1) n'importe quel pronom personnel sujet (2) *to* (3) *to* (4) *the* (5) *to* (6) *a* ou n'importe quel adjectif possessif accordé au sujet (7) *who* (8) *was*

Tous ces mots sont des mots grammaticaux (mots outils = *structure words*). Ils sont réalisés en forme faible. Il est prévisible de mal les entendre.

11. Pour une liste complète des mots possédant des formes réduites, on se reportera au mémento de Michel Ginésy, op. cit.

Exercice

Lis silencieusement les phrases suivantes.

1. Repère les mots qui ne porteront pas d'accent puis entraîne-toi à prononcer les phrases à haute voix.

2. Récris les phrases en utilisant les formes contractées puis entraîne-toi à les prononcer.

a. *I would have been drowned if you had not rescued me.*

b. *She is bound to spend the evening moaning if the film is bad.*

Solution

1. a. *I would have been/ if you had/me.* **b.** *She is/to/the evening/if the/is.*

2. a. *I would've been drowned if you hadn't rescued me.* **b.** *She's bound to spend the evenng moaning if the film's bad.*

Rappelons-le, les exercices suggérés ici ne visent certainement pas à l'exhaustivité. Trop vaste, l'abord du domaine des spécificités sonores de l'anglais dépassent amplement les bornes de ce guide. Cependant, le but de ces exercices est de convaincre le lecteur de l'incontournable nécessité qu'il y a de travailler l'ensemble des régularités de la langue orale afin d'affiner la conceptualisation de ce que nous avons pu nommer la « grammaire » de l'oral. Nous restons convaincus que seule sa connaissance permet de construire une véritable capacité de décodage en parfaite autonomie. Nous sommes bien conscients que d'autres aspects de la grammaire de l'oral pourraient faire l'objet de travaux spécifiques de repérage et de reconnaissance. Ainsi, on pourra s'inspirer des entrées suivantes pour mettre au point des exercices spécifiques portant, entre autres phénomènes, sur :

- les mots comportant des lettres non prononcées : *san**d**wich, **k**night, han**d**some, lis**t**en, **h**eir*, etc.
- les amalgames phonétiques : *Whatcha gonna do tonight ?, I ain't gonna letcha do that !*
- les différentes réalisations phonétiques en fonction de l'origine géographique et sociale : What's your name, mate ? [wɒʃə'naɪːmaɪ] (Londres [Cockney] et Sud-Est d'Angleterre).[12]

12. Le film fournit une mine d'occasions de confrontation à des accents divers. Pour ne parler que des accents britanniques, on pourra, par exemple, tirer d'enrichissantes conclusions de l'opposition entre les accents très « marqués », phonologiquement, socialement et historiquement, dans des films tels que *Brassed Off* (Mark Herman), *A Room with a View* (James Ivory) et *Elizabeth* (Michael Hurst) par exemple.

• le déplacement de l'accent de mot selon la catégorisation grammaticale : *present* (v.) [pRɪ'zent] vs. *present* (n.) ['pRezənt].
• la réalisation différente de la lettre « s » en fonction de la catégorisation grammaticale du mot : *use* (v.) [juːz] vs. *use* (n.) [juːs].
• les différentes réalisations de la lettre « s », marqueur du pluriel.
• les effets de sens des diverses intonations possibles applicables aux *question tags*.
• le [r] de liaison et le [r] « parasite » : *I'm sure * he did it* [aɪmʃɔːriːdɪdɪt] (liaison), *I clearly saw * it* [aɪklɪəlɪsɔːrIt] (« parasitage »).

Bref, en conclusion, disons une fois encore, qu'avant même d'entreprendre un quelconque travail de compréhension globale ou détaillée d'un message oral, il convient d'accroître toujours plus profondément la connaissance de la langue en tant que phénomène purement sonore. Dans les pages qui précèdent, nous avons tenté de montrer qu'une grande partie des objectifs à long terme du professeur doit pouvoir porter sur les aspects essentiellement physiques et sonores de la langue parlée.

C'est la connaissance de ces paramètres, combinée à des savoirs grammaticaux, lexicaux et à des savoir-faire méthodologiques, qui fait de l'élève un auditeur capable.

3 DÉCODER CE QUE L'ON ENTEND : PISTES MÉTHODOLOGIQUES

A. UNE SUCCESSION D'OPÉRATIONS MENTALES COMPLEXES

Pour l'apprenant, la capacité de compréhension orale met en œuvre, souvent de façon simultanée, des compétences variées et diverses qui relèvent aussi bien des savoirs que des savoir-faire.

Dans la perspective d'un travail méthodologique du décodage de l'oral, il est vital qu'élèves et professeurs puissent avoir une vision parfaitement consciente et claire des compétences mobilisées lors des travaux d'écoute. Les premiers y gagneront en autonomie par le biais de méthodes transférables. Les seconds y trouveront de nombreuses occasions de démultiplier et de mieux cerner les travaux à mettre en œuvre en fonction des compétences visées.

Nous nous proposons d'envisager ici, si ce n'est l'intégralité, du moins les plus flagrantes des activités mentales qui sont impliquées dans l'acte d'écoute. Pour plus de clarté, nous avons tenté une distinction entre les activités mobilisées lors du décodage de l'oral et qui relèvent de la mobilisation d'un savoir savant sur la langue orale (connaissance technique des particularités sonores de la langue, connaissances grammaticales et lexicales) et celles qui relèvent plus de la mobilisation d'un savoir-faire méthodologique.

Savoir	**Savoir-faire**
• repérage des éléments connus ou compris (savoir lexical et grammatical) • repérage des traits saillants, potentiellement significatifs (savoir phonologique)	• anticiper un contenu • émettre des hypothèses sur le sens des items lexicaux repérés mais inconnus • tester et vérifier la pertinence des hypothèses • anticiper et inférer l'inconnu ou le mal entendu • éliminer les fausses interprétations *a posteriori*

L'apprenant auditeur, lorsqu'il est confronté à un message oral, ne cesse de jeter des passerelles entre ce qu'il a saisi et ce qui lui reste à découvrir, dans une dynamique où la marche en avant peut alterner avec des phases d'incertitude, voire de reculade, dans un marais sans cesse mouvant.

La démarche de l'élève auquel on demande de décoder un message oral est incertaine et souvent peu assurée. Les zones d'ombre, les passages mal entendus ou mal compris l'emportent parfois sur le nombre d'éléments stables convenablement repérés, si ce n'est compris. La laborieuse avancée vers la signification est certes étayée par la connaissance des spécificités de la langue orale, mais elle met également en branle un solide savoir-faire méthodologique transférable dont l'enjeu reste l'accès à l'autonomie.

L'enseignant est l'agent principal de ce travail méthodologique. Son souci fondamental doit porter sur l'aide à apporter aux élèves auditeurs. Exiger la compréhension de messages sonores au fil des projets de l'année est une chose indispensable et nécessaire. Considérer que les activités d'écoute procèdent d'une aptitude naturelle de l'élève en est une autre, erronée et funeste.

Il est toujours dommage d'observer des séances de compréhension auditive où le seul art du pédagogue consiste à mettre en marche un magnétophone, libérant ainsi un flot de parole, pour l'interrompre parfois de façon à faire place à un questionnement sur les contenus du document entendu. Péché de jeunesse ? Rien n'est moins sûr !

Nous restons persuadés qu'en matière de décodage de l'oral, le principal travail de l'enseignant consiste à proposer des aides à l'écoute, graduées en difficulté et progressives dans le temps.

Osons la redite et soulignons à nouveau que les séances modulaires ou en demi-classe semblent offrir le meilleur moment pour le déploiement du travail d'aide méthodologique. Un travail méthodologique régulier, bien réparti dans le temps, doit permettre d'acquérir des bases transférables pour la compréhension de l'oral dont on recueillera le bénéfice lors des séances en classe entière.

■ B. TRAVAIL MODULAIRE

Suivent quelques suggestions d'activités qui viennent en complément de l'ensemble de celles décrites plus haut, portant sur les caractéristiques de la langue en tant que phénomène sonore. Il s'agit ici de se centrer plus précisément sur deux des activités spécifiques à l'auditeur d'une langue 2 :
– la prédiction de la suite d'un énoncé.
– la compensation de l'inconnu ou du mal entendu.

Prédire la suite d'un énoncé

Il est toujours amusant de se livrer avec les élèves à un petit jeu qui vaut bien plus que de longues explications. Il s'agit d'exposer la consigne de l'activité, en français, de la façon suivante :

« Bonjour ! Aujourd'hui, nous allons … **silence** … Vous allez entendre … **silence** … De temps en temps, je vais … **silence** … l'enregistrement de façon à ce que vous puissiez … **silence** … Prêts ? »

Une fois passé un temps de surprise, les élèves se prêtent volontiers au jeu qui consiste à compléter la consigne lacunaire (on peut très bien s'inspirer d'un tout autre type de message pour mener à bien cette prise de conscience de manière ludique). Car il s'agit bien de faire percevoir que tout récepteur est actif face au message qui lui est destiné et que l'une de ses activités principales – comme d'ailleurs pour ce qui est de la lecture – consiste à se projeter en avant et à prédire – on aimerait pouvoir dire « préentendre » – la suite du message émis en fonction des indices repérés en amont.

Exercice

N.B. Il est très simple de «monter» ce genre d'activité à partir d'un support sonore. Nous choisissons cependant de citer ici une activité extraite de l'*Aide à l'évaluation, Seconde générale et technologique, Anglais, Tome 1*, ministère de l'Éducation nationale, de la Recherche et de la Technologie, DEP, 1996, dans l'espoir que le lecteur pourra disposer de l'enregistrement correspondant.
(Les élèves ne disposent pas du script, donné ici à titre indicatif.)

Tu vas entendre un dialogue. Certaines phrases sont inachevées. À chaque arrêt de l'enregistrement, termine la phrase par le mot ou le groupe de mots qui te semble logiquement compléter l'énoncé. Attention, plusieurs solutions sont possibles !

Script

Nigel: I'm really hungry, but I don't feel like cooking. How about...
Karen: Oh, yes! But we went out last night, and I feel so tired! I'd much rather...
Nigel: It's always the same story with you. I hate it when you are like that. Think positive!
Karen: Stop it, will you! You don't have to...
Nigel: I'm sorry. I didn't mean it. I'm tired too. Why don't we order something from...
Karen: Sounds like a good idea! Let's...
Nigel: Where's Gino's take-away phone number? Thank you. Oh no!
Karen: What's the matter?
Nigel: The phone's...
Karen: Oh, gosh!
Nigel: Don't worry! There's plenty of food...

Remarque

Ici, il n'est pas nécessaire de contextualiser l'écoute par une activité d'anticipation. La situation évoquée ici doit pouvoir faire appel au vécu de l'auditoire tant elle est banale et fréquente. Nous laissons au lecteur le soin d'imaginer l'ensemble des solutions possibles.

Variantes

• Prédire en fonction du repérage de la catégorie grammaticale.
Avant même de demander aux élèves d'annoncer leurs solutions, on peut intercaler au coup par coup une phase collective d'identification de la catégorie grammaticale du mot ou du groupe de mots attendus. Ainsi on fondera avec plus d'assurance la prédiction sur la connaissance de la syntaxe. Cette phase peut se conduire sans recours au script.

• Aider à la prédiction.
Il peut être utile avec des élèves en difficulté de prévoir une aide à la prédiction de la suite des énoncés. Dans ce cas, on aura recours à un QCM dont les items correspondront à chacun des arrêts de l'enregistrement. Par exemple: arrêt 1, a. *order a pizza*, b. *going out*, c. *a quick snack*, etc.

Compenser l'inconnu ou le mal entendu

Écouter un message sonore en classe peut également avoir pour enjeu d'entraîner les auditeurs à aiguiser l'attention portée aux éléments qui précédent et/ou qui suivent un passage mal entendu dans le but d'en reconstruire le sens *a posteriori*. La prise de conscience de la nécessité d'effectuer de fréquents va-et-vient entre ce qui précède et ce qui suit contribue à persuader l'apprenant du caractère essentiellement non linéaire de la compréhension de l'oral.

Exercice

Source : *Aide à l'évaluation, Seconde générale et technologique, Anglais, Tome I*, ministère de l'Éducation nationale, de la Recherche et de la Technologie, DEP, 1996.

N. B. Avant d'amorcer l'activité, il est important d'indiquer aux élèves que la scène se déroule dans un restaurant de type *fast-food*. De nombreux bruitages concourent à camper l'ambiance sonore typique de ce genre de lieux. Ils constituent autant d'indices sur lesquels les élèves peuvent prendre appui.

Les élèves ne disposent pas du script, donné ici à titre indicatif.

Tu vas entendre un dialogue. Un bruit parasite t'empêchera d'entendre un mot ou un groupe de mots. Puis tu entendras la fin de la réplique. Un signal sonore indique que la réplique est terminée et que tu peux écrire le mot ou le groupe de mots manquant.

1.	6.
2.	7.
3.	8.
4.	9.
5.	

Script

(John's taking his mum to Mc Ronald's, the local fast food restaurant, for the first time.)

Mum: What's on the ......

*John: Everything's written on the board up there! Plenty of good things to choose from!/**

Waiter: Can I take your ...... , Madam?

Mum: I really don't know what to order./ Well, I think I'll have a cheeseburger and ......, although they are fattening./

Waiter: Is it to eat in or ......

Mum: We'll have it here./

Waiter: Anything to ......?

Mum: A coke! There isn't much choice, is there?/

Waiter: Small, regular or ......

Mum: Large, please./
John: I'll have chicken nuggets, one regular coke and a packet of cookies.
Mum Where can I get ......
John: But you eat with your fingers, Mum!/
Mum: The place is crowded, there aren't many seats left.
John: We'll have to ......
Mum: We're going to be late!/ Well, next time, we'll go to ......
John: But I thought you didn't like Italian food!
* / symbolise l'interruption de l'enregistrement.

Variante (et solution)

Puisque l'objectif est ici de faire prendre conscience du rôle de l'avant et de l'après dans la chaîne parlée, on peut mettre en place une activité plus complète qui rend ces deux paramètres plus explicites encore :

Tu vas entendre un dialogue. Un bruit parasite t'empêchera d'entendre un mot ou un groupe de mots. Puis tu entendras la fin de la réplique. Un signal sonore indique que la réplique est terminée.

1. Repère et écris dans le tableau les éléments que tu as entendus soit avant, soit après le bruit et qui te font penser à un mot ou à un groupe de mots possibles.

2. Réécoute l'enregistrement, vérifie tes hypothèses et inscris-les dans la colonne centrale.

indices facilitateurs entendus avant	**propositions de mots ou groupe de mots**	**indices facilitateurs entendus après**
	1. menu	*written - good things*
	2. order	*don't know what to order*
	3. French fries/chips	*fattening*
eat in or	*4. to take away*	*have it here*
	5. drink	*a coke*
small, regular or	*6. large*	*large, please*
where	*7. cutlery/knives and forks*	*eat, fingers*
aren't any seats	*8. wait*[13]	*be late*
	9. a pasta restaurant/pizzeria	*Italian food*

13. Cet item illustre bien le sens de ce type de travail. En effet, s'il ne tient compte que de l'avant, l'auditeur anticipera l'occurrence d'un verbe de la famille de *stand*. Ce n'est qu'après avoir entendu les éléments situés après (*be late*) qu'il pourra infirmer sa première hypothèse et opter pour le domaine lexical de *wait*.

Ce type d'activité met en lumière la triade sans cesse à l'œuvre au cours des exercices de décodage d'un message oral, à savoir :
- émission d'hypothèses ;
- test des hypothèses ;
- confirmation/infirmation des hypothèses.

Ce sont principalement les variations possibles sur le thème de cette triple articulation qui serviront de base à quiconque souhaite mettre au point des activités à visée méthodologique en matière de décodage de la langue orale.

Précisons, par ailleurs, que si les suggestions que nous avons faites jusqu'à présent exigent des élèves des réponses en anglais, on peut parfaitement envisager d'autres façons de procéder dont l'objectif est d'amener les apprenants à expliquer et à décrire en français les divers processus qu'ils mettent en place, à titre individuel, pour compenser les éléments restés opaques.

Le travail méthodologique, s'il ne se démarque jamais de sa finalité qu'est l'amélioration de la pratique langagière, s'accommode parfaitement de ces moments d'échange et de verbalisation en français. Ils sont autant de mises au point enrichissantes pour l'ensemble de la classe, comparables à celles que l'on sollicite lors des phases de pratique raisonnée de la langue. Les points de vue s'y échangent et se confrontent. L'ensemble des élèves en dégage un profit d'autant plus grand que ces moments d'apprentissage méthodologique se fondent sur leurs difficultés, enfin objectivées. Il est toujours apaisant de les voir reconnues et prises en compte de manière constructive. Travailler à y remédier par l'acquisition d'un savoir-faire, autant que par la mobilisation d'un savoir, offre à tous les mêmes moyens objectifs de réussir.

Ainsi la mise en œuvre des activités décrites plus haut aurait-elle pu prendre un tour bien plus dialectique au sein de la classe. Les résultats auraient alors eu bien moins d'importance, de même que les erreurs, pour faire la part belle aux réponses faites à la question de la justification des solutions retenues. En somme, il importe peu que l'élève trouve ou non une réponse plausible, l'essentiel étant alors pour lui de pouvoir mettre en mots la description du cheminement mental qui l'a conduit à telle ou telle réponse. Il s'agit par ce biais d'amener l'apprenant à porter un regard le plus objectif possible sur l'efficacité ou l'inefficacité des méthodes personnelles qu'il privilégie et le cas échéant, l'inviter à en adopter d'autres réputées plus performantes.

Aux plus jeunes de nos collègues, nous aimerions dire que le travail méthodologique, qu'il s'applique au décodage de l'oral ou à tout autre aspect de la langue, doit pouvoir ménager une place à la diversité des façons de faire de chacun. Car même si la tentation est grande et louable d'unifier les procédures méthodologiques, il convient de rester conscient que cette homogénéisation de la présentation des savoir-faire peut bien ne pas satisfaire le plus grand nombre de nos élèves tant les styles cognitifs sont divers.

L'introduction du travail méthodologique est un bien que nul ne songe à contester. Ses bénéfices sont patents mais il ne saurait cependant être considéré comme une panacée.

4 DU DÉCODAGE AU SENS : DESCRIPTION DE PROCÉDURES

A. PRÉAMBULE

Cette partie qui s'articule autour de l'exploitation d'un document sonore (dont le début est également exploité p. 164) va nous permettre d'exposer et de commenter les diverses étapes caractéristiques d'une séance consacrée au décodage de l'oral. Nous espérons que le lecteur y trouvera matière à réflexion et source d'inspiration.

The Trafalgar Square Pigeons

Radio host: Feeding the pigeons in Trafalgar Square is to become an offence if Westminster City Council gets its way. Last night they voted to try and get legislation to prevent people from scattering bird food in this square, famous all over the world for its pigeons. Well, we haven't got a pigeon but we have got the chairman of Westminster City Council's environment committee, who's councillor John Lord on line. Good morning!

Interviewee: Good morning!

Radio host: Why won't you let people feed the pigeons?

Interviewee: Well! We do have a pigeon problem in Central London. Their numbers are growing and the public should be aware that they are a public health hazard, really. They carry salmonella, tuberculosis, not to mention the damage that their acidic droppings do to our public buildings and statues.

Radio host: The acidic droppings! Aren't there any use for them? Couldn't they be used as a fertilizer?

Interviewee: Er… I think they're too acid for that… er… over a ton a year gets removed from Nelson's column, believe it or not, so there is an issue here…

Radio host: I mean there is an issue also that people love the pigeons. They come from all over the world to see them.

Interviewee:	Well… they do, and I don't think we're seeking to eliminate pigeons… In every major European city, you'll find pigeons in our public squares and so on… er… er… and I'm sure that Trafalgar Square will remain in that same frame…
Radio host:	Well, I'm sorry that's all we've got time for. We have to fly! John Lord, thank you!

Diffusée à une heure matinale, sur BBC Radio 4, cette interview présente certains avantages qui ont présidé à sa sélection en tant que support de travail :

– la langue y est contemporaine ;
– la vitesse du débit de parole est fluide, les accents authentiques ;
– le sujet abordé est d'actualité (la question du tourisme y est couplée aux problèmes du respect de l'environnement) ;
– l'arrière-plan culturel est riche (on y fait allusion au fonctionnement de la démocratie municipale – Trafalgar Square, haut lieu d'histoire et jalon de l'urbanisme londonien y est central).

Pour ce qui est du choix de la classe à laquelle on réservera l'exploitation de ce document, deux possibilités s'offrent à nous :

– soit on prévoit un travail portant sur la construction du discours au fil de l'énonciation en mettant en lumière la lente déconstruction de l'argumentaire de l'invité sous les coups de boutoir de l'animateur et l'on optera pour une classe de Première, déjà autonome dans ses habitudes de prélèvement et de repérage formels ;
– soit on souhaite procéder à un examen du passage de la forme au sens et l'on privilégiera une classe de Seconde en choisissant de proposer une démarche fondée sur l'aide à l'écoute.

Après cette brève analyse, comment procéder ?

B. AVANT L'ÉCOUTE : ANTICIPER

L'anticipation est d'une importance extrême en matière de décodage de l'oral. Il est vital que l'occasion soit donnée aux élèves de se tendre vers ce qu'ils vont écouter.

Imaginons-nous dans l'aérogare d'une capitale étrangère, anxieux car notre vol est retardé. Il est a peu près certain que nous prélèverons sans peine les informations que nous attendons, lorsqu'une annonce retentira dans le hall pourtant bondé de passagers. On n'entend bien que ce que l'on s'attend à entendre.

Par ailleurs, de la même façon que l'apprenti lecteur est invité à aborder la lecture d'un document par l'examen de son paratexte, il est primordial que l'auditeur puisse se faire une représentation *a priori* de ce qu'il va être amené à écouter.

Ainsi pourra-t-on sélectionner certains documents sonores en fonction des bruits et des sons périphériques au message (éléments suprasegmentaux) puis exploiter ces éléments au moment de l'anticipation, sous la forme d'émission d'hypothèses pour lesquelles on exigera des justifications. Une telle activité donne toujours lieu à un brassage lexical, fonctionnel et grammatical qu'il est précieux de consigner au tableau en vue d'une prise de notes. Car tel est bien l'enjeu de la phase d'anticipation : travailler à insérer ce qui reste encore inconnu au sein d'un réseau de possibles qui mobilisent la participation et l'attention de tous, tout en créant l'attente de la confirmation ou de l'infirmation des hypothèses.

Phase 1

Ici, dans le cas de notre support, nous ne disposons d'aucun indice sonore – comme bien souvent – puisque le document à travailler est une interview téléphonique radiodiffusée. On choisira donc de projeter au tableau une des nombreuses vues de la célèbre place, mettant en scène touristes et pigeons.

Étape 1

On demandera aux élèves de rechercher individuellement le plus grand nombre de mots isolés correspondant aux éléments de l'image projetée.

Étape 2

On regroupera les élèves par deux en leur demandant de mettre en commun leurs trouvailles et de les présenter sous la forme d'un associogramme.[14]

Étape 3

Un élève sera dépêché au tableau pour centraliser toutes les propositions provenant des différents binômes. L'objectif est ici d'encourager la production orale fondée sur un brassage lexical important. C'est à ce stade que le professeur parlera des pigeons en tant que nuisance pour l'environnement et la santé :

Pigeons pollute the square.
*They are **a nuisance.***
They are a danger.
They carry dangerous germs.
*They are **a health hazard.***

---

14. Pour ce qui concerne l'organisation, la présentation et les enjeux de la mobilisation lexicale par le truchement d'un associogramme, on pourra se référer au chapitre 7.

Phase 2

On procède à l'écoute de la première phrase *(Feeding the pigeons in Trafalgar Square is to become an offence if Westminster City Council gets its way)* qui correspond au premier groupe de souffle. Il s'agit de brièvement mettre en lumière la focalisation du discours sur le thème des pigeons nuisibles.

Tâche 1

Listen and pick out the stressed words.

Tâche 2

Listen and pay attention to the intonation of the sentence.

Solution

Tâche 1

feeding - pigeons - Trafalgar Square - become - offence – Westminster City - Council - its way.

Tâche 2

L'intonation est montante suggérant que l'animateur n'est pas parvenu au terme de son argumentation.

Ceci ouvre la voie à une phase de production orale où les élèves se livrent à une activité de prédiction où l'on va privilégier le recours aux auxiliaires modaux épistémiques habituels :

*It **could/may** become an offence to feed the Trafalgar Square pigeons.*

*There **must** be a serious problem with the pigeons in this square as the City Counci is about to stop people feeding them.*

*The problem **could/may/might** have something to do with the germs pigeons carry.*

Cette rapide phase d'anticipation amorce le travail du passage de la forme au sens tout en laissant ouvert l'ensemble des possibles de façon à entretenir l'intérêt. En effet, à ce stade les élèves ignorent encore tout de la nature et de la forme du document, encore moins de son contenu. Un travail de compréhension globale devrait pouvoir permettre de lever certains voiles.

C. PENDANT L'ÉCOUTE : AGIR POUR ACCÉDER AU SENS

Nous avons eu l'occasion de le dire : les élèves perçoivent souvent les travaux d'écoute comme autant de jeux de pistes semés d'embûches et de chausse-trappes. Nous avons tenté de montrer qu'à moins d'un entraînement spécifique à la reconnaissance des caractéristiques sonores de la langue, doublé d'un bagage méthodologique, il n'est pas anormal qu'un apprenti auditeur ait les plus grandes peines à se repérer dans ce qui lui apparaît trop souvent comme un informe magma sonore.

L'heure est venue d'ajouter que tout auditeur – *a fortiori* un apprenti auditeur en milieu institutionnel – doit avoir une raison d'écouter un document sonore. En milieu institutionnel cette nécessité existe rarement, on doit donc la créer. C'est de la confrontation à la résolution d'une tâche que découle la mise en pratique des savoirs et des savoir-faire. Exposer une classe éberluée à un flot sonore continu pour conclure par un *Well ? What have you understood ?* a toujours laissé l'ensemble des protagonistes sur un profond sentiment de frustration.

D'où l'impérieuse nécessité d'organiser les divers moments du décodage sonore autour de tâches précises. Il convient d'assigner à l'auditeur des missions graduées et progressives devant le convaincre que nul ne s'attend à ce qu'il accède à tout le sens d'un seul coup, mais bien au contraire, que l'accès au sens se fera par la résolution de tâches successives et complémentaires. Celles-ci visent à le rendre acteur de la construction – ou plus exactement de la reconstruction – du sens dans une perspective de compréhension globale dans un premier temps puis de compréhension détaillée ensuite.

Compréhension globale

Dans le cas qui nous occupe, une fois la phase d'anticipation résolue, on assigne des tâches d'écoute à visée de compréhension globale. Elles se caractérisent par le fait qu'elles doivent pouvoir être accomplies à partir de repérages qui n'impliquent pas les effets de sens profonds. On veillera à les graduer tout en les limitant aux aspects de surface, purement formels.

1. Identifier la nature du document

On procède à une seule écoute intégrale du document.

Tâche 1

Decide what type of programme this is. Tick the correct answer.
- ❑ *a report on a politician*
- ❑ *a lecture*
- ❑ *an interview*
- ❑ *a programme on politics*

Tâche 2

Decide what the speakers' jobs are. Tick the correct answers.
- ❑ *a television announcer*
- ❑ *a journalist*
- ❑ *a local politician*
- ❑ *a member of the RSPCA*
- ❑ *a radio presenter*

La mise en commun de ces deux activités donne lieu à un prise de parole du type :

I think the two people are either a journalist or a radio presenter talking to a local politician. Therefore it must be a radio interview.

2. Permettre un commentaire de surface

Afin de permettre une première approche élémentaire du commentaire et d'autoriser rapidement une prise de parole dès la première écoute, on procède ensuite à une phase de discrimination lexicale.

Tâche

Choose the adjectives in the list below that best correspond to the attitudes of the presenter and the interviewee.

Negative adjectives	***Positive adjectives***
authoritarian	*confident*
patronizing	*logical*
ill-at-ease	*open-minded*
haughty	*understanding*
narrow-minded	*faltering (= hesitant)*
ironical	*amusing*
assertive	*convincing*
peremptory	*cheerful*

Remarquons à nouveau que cette tâche repose exclusivement sur une interprétation convenable des éléments supra-segmentaux entendus, comme l'intonation, le rythme, les hésitations, les reprises et les *gap fillers*. Remarquons aussi qu'on a pris soin de suggérer des pistes lexicales de façon à libérer la prise de parole.

La mise en commun peut donner lieu à des prises de parole que l'on complexifiera en faisant appel à la notion de contraste et à la structure *sound* (v.) + adjectif :

The local politician **sounds** *quite ill-at ease unlike the presenter who* **sounds** *rather assertive and authoritarian.*

In fact, the politician is trying hard to **sound** *convincing but he fails because he's not confident enough whereas the host* **sounds** *rather haughty.*

Ces énoncés constituent autant de commentaires guidés qui préparent à la compréhension plus détaillée de cette conversation où les rapports de force inégaux influencent sensiblement les formes du discours.

Compréhension détaillée

Au terme des deux phases précédentes, les élèves auront pu se forger une idée générale de la nature du document ainsi que du type de discours qui s'y déploie. L'élève est désormais prédisposé à partir du connu pour aller vers l'inconnu. Reste donc maintenant à aborder le travail de compréhension détaillée qui porte sur le recueil des données factuelles, recueil fondé sur le repérage correct des effets de forme et des éléments dénotatifs.

Dès lors se pose à l'enseignant l'épineuse question de la démarche à adopter.

Aider à la compréhension plutôt que l'évaluer

À ce stade et à un niveau élémentaire, il est une façon de procéder qui consisterait à proposer une grille d'écoute traditionnelle, identique à celles que l'on trouve très fréquemment dans les manuels. On peut imaginer qu'elle revête la forme suivante :

Listen and fill in the grid.

People	Places	Problems	Solutions	Others

Très répandues dans les pratiques de classe, les grilles d'écoute présentent certes l'avantage d'orienter l'écoute de l'auditeur vers des pans très spécifiques du document à décoder. Mais c'est là, selon nous, que se borne la part qu'elles apportent au décodage de l'oral. En l'occurrence, l'auditeur aura beau savoir qu'il doit être vigilant à l'exposé de *problems* évoqués dans le document qu'il va entendre, quelle sera la qualité de son recueil d'informations s'il ne parvient tout bonnement pas à reconnaître les signaux formels – sonores ici – véhiculant les messages relatifs à l'entrée *problems*?

En d'autres termes si, dans le cas qui nous occupe, l'auditeur s'avère incapable d'entendre des segments comme, par exemple, *their numbers are growing / public health hazard / damage / salmonella / tuberculosis / acidic droppings*, aucune grille d'écoute ne contribuera à le rendre moins sourd.

Qui plus est, remarquons que le recours systématique aux seules grilles d'écoute ne ferait que creuser les disparités entre les auditeurs les plus capables et les autres. Or notre objectif est bien de proposer au plus grand nombre de nos élèves – si ce n'est à tous – les mêmes voies d'accès à la réussite. En effet, renvoyé à ses connaissances ou à ses lacunes sans aucune aide extérieure, l'élève exposé à une grille d'écoute a le net sentiment d'accomplir une activité d'évaluation de son aptitude à comprendre un message sonore sans que rien ne vienne lui faciliter la tâche.

On le voit, il convient décidément de prendre une distance raisonnable par rapport aux grilles d'écoute en tant qu'outils didactiques. Lors des phases de compréhension détaillée, l'enjeu essentiel du travail de l'enseignant consiste assurément à déployer de judicieuses activités d'aide.

Aider à la discrimination auditive

On l'aura compris, à ce stade du travail de la compréhension détaillée, notre préférence va à un type d'activité qui sollicite la capacité à entendre et à repérer les mots porteurs de sens.

On s'apprête à procéder à une écoute partielle du document (jusqu'au premier *Good morning*).

Avant cela, on distribue aux élèves un document où figure une banque lexicale. Y sont présents des mots tirés de l'extrait à écouter, mêlés à des distracteurs. La présentation des mots de cette liste répond à un ordre aléatoire :

scattering (v.)
feeding (v.)
enormous (adj.)
food (n.)
voted (v.)
park (n.)
chairman (n.)
legislation (n.)
world (n.)
registration (n.)
pigeons (n.)
word (n.)
committee (n.)
environment (n.)
region (n.)
present (v.)
third (adj.)
prevent (v.)
bird (n.)
night (n.)
offence (n.)

On procède à une répétition à haute voix de chaque item en prenant soin de faire noter l'accent de mot. En effet, si l'on souhaite que les élèves repèrent une forme sonore, encore faut-il qu'ils l'aient intégrée au préalable.

Par ailleurs, on fournit les explications nécessaires concernant des items comme *scatter* (v.) et *chairman* (n.).

Tâche 1

Listen and highlight the words you have actually heard.

De façon à permettre l'agencement des éléments repérés en fonction de l'ordre chronologique de leur apparition, on procédera à une écoute supplémentaire.

Tâche 2

Listen again and put the items you have picked out into chronological order.

Solution

feeding, pigeons, offence, night, voted, legislation, prevent, scattering, bird, food, world, chairman.

De la sorte, la mise en commun qui s'ensuit se fait d'autant plus aisément qu'elle se fonde sur des éléments objectifs dont le repérage ne doit rien au hasard mais bien au degré d'acuité auditive de chacun et à la capacité de mettre en relation les éléments dénotatifs repérés, dans une entreprise de reconstruction du sens. Suit une phase de reformulation interactive.

Tâche 3

Now try and summarize what you have understood using the items you have picked out.

Cette phase de production orale guidée autorise des productions libres du type :

I'm not sure but I think it's the chairman of an organisation who's speaking here.

Last night some people voted on something.

Yes, that's right. They want to stop people feeding pigeons.

Feeding the pigeons will become an offence, I think.

I don't agree. I'd say, scattering bird food will become an offence, not feeding the pigeons.

Dans un but de complexification de l'énonciation, on peut alors saisir l'occasion pour introduire la structure *prevent someone from* + V-ING :

The chairman wants to ***prevent*** *people* ***from feeding*** *the pigeons on one of the most famous squares in the world.*

In London, the environment committee are trying to ***prevent*** *the tourists* ***from feeding*** *the pigeons in Trafalgar Square.*

Ainsi, une phase de compréhension dûment aidée par des tâches adaptées s'avère plus efficace et rentable en termes de compréhension et de production orale que si elle avait pris pour appui une grille d'écoute bien trop lâche dans son guidage.

Si l'on tient cependant à faire absolument usage d'une grille d'écoute, c'est sans doute à ce stade de notre parcours qu'elle doit intervenir (dans la forme que nous avons décrite plus haut). Toutefois, il conviendra de la détourner quelque peu de sa finalité initiale pour la transformer, non plus en support de l'écoute mais en grille de synthèse. En effet, rien ne nous empêche de la proposer aux élèves comme outil de centralisation des informations qui ont circulé au sein de la classe lors des diverses phases de reformulation collective. À ce compte, pendant les dites phases, le professeur peut désigner un ou deux élèves dont la charge sera de prendre en notes ce qui se dit au sein de la classe et d'organiser ces relevés au tableau grâce à une grille de récapitulation. Il s'agit là d'un excellent entraînement à la prise de notes, thème sur lequel nous devrons revenir.

N. B. On aurait très bien pu envisager d'appliquer une travail identique de discrimination auditive à l'ensemble du document au risque cependant d'alourdir la procédure et de lasser un auditoire qui aurait alors eu à prendre en compte une considérable quantité d'information. Sans doute pourra-t-on réserver un travail de cette ampleur à des classes plus aguerries.

Pratique raisonnée de la langue

Lors des travaux relatifs à l'écoute, il semble recommandable de faire porter cet indispensable moment d'analyse constat sur un des phénomènes sonores dont on a dit qu'ils constituent une véritable grammaire de l'oral.

Nous choisissons ici de procéder à un constat portant sur un des marqueurs de la réduction vocalique caractéristique des formes faibles ou réduites : le phonème [ə] *(schwa)*. En effet, on peut postuler que si le *schwa* est si mal réalisé par les élèves c'est qu'il échappe tout naturellement à leur attention du fait de son caractère liminal.

On prélèvera un énoncé du document que l'on inscrira au tableau : *We do have a pigeon problem in Central London : their numbers are growing and the public should be aware that they're a public health hazard.*

On procède ensuite au repérage des formes accentuées. On demande plusieurs répétitions individuelles et chorales, mélodiques et rythmiques du segment sélectionné, comme s'il s'agissait de faire répéter une chanson. On attire l'attention sur la réalisation des mots *are, should, that* réalisés respectivement en [ə], [ʃəd] et [ðət] pour finalement déboucher sur le constat d'une réalisation en forme faible des mots outils ou *structure words.*

On prolonge ce constat par une exercice de lecture d'énoncés en exigeant la réalisation correcte des formes faibles.

Accompagner la prise en charge autonome de l'écoute

Dans un processus graduel d'accès au sens par le décodage de la forme sonore, on doit pouvoir alterner des phases d'écoute guidée avec des phases où les auditeurs sont invités à prendre en charge le décodage de l'oral en semi-autonomie ou en autonomie totale. C'est au cours de telles phases que les élèves peuvent prendre l'initiative de déployer et d'appliquer les méthodes mises en place lors des travaux modulaires ou lors de séances précédentes consacrées au décodage de l'oral. Lorsqu'il est assuré que ses élèves sont parvenus à une maîtrise satisfaisante des savoir-faire sélectionnés par lui, il est fondamental que l'enseignant réduise son guidage et place ses élèves en situation de responsabilité.

C'est pourquoi, pour poursuivre l'exploitation du document *The Trafagar Square Pigeons,* on pourra procéder à une succession d'écoutes fragmentées au fil desquelles les élèves accéderont au sens par le repérage en autonomie de paramètres comme[15]:
- les mots porteurs de sens, systématiquement accentués ;
- les intonations, particulièrement outrées dans la bouche de l'animateur ;
- le repérage des *gap fillers* qui dénotent ici la déconstruction progressive de l'argumentation de l'interviewé jusqu'à atteindre à la vacuité.

À un niveau plus avancé, on pourra aller jusqu'à faire repérer les nombreuses formes interro-négatives qui jalonnent le discours de l'animateur comme autant de traces de sa subjectivité, de son scepticisme et de son humour.

Organiser la prise de notes

Il est des élèves – les plus chevronnés ou ceux des classes supérieures – qui n'éprouvent plus le besoin d'utiliser les aides à l'écoute que le professeur déploie dans les niveaux élémentaires. Leur accès à un stade satisfaisant d'autonomie leur procure plus de liberté. À ces élèves, qui pour être des auditeurs compétents n'en éprouvent pas moins des difficultés de transcription des éléments sonores repérés, on peut suggérer une méthode transférable à toutes les situations de décodage de l'oral. Celle-ci s'inspire librement des travaux de Mireille Batail, et al. (op. cit.).

On propose une grille d'écoute libre comportant autant de cercles concentriques que l'on prévoit d'écoutes du document.

15. Pour la mise en œuvre de ces pistes, on se reportera aux suggestions de travail méthodologique fournies au début de ce chapitre.

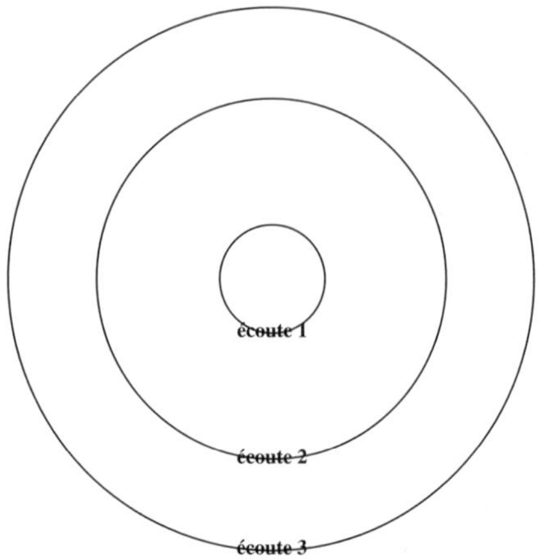

On procède ensuite à la série d'écoutes en isolant les zones d'investigation suivantes :

Écoute 1 : repérage des intervenants et des noms.

Écoute 2 : repérage d'éléments saillants, connus ou reconnus.

Pause réflexive durant laquelle l'élève effectue des microprédictions à partir des éléments repérés.

Écoute 3 : saisie des données complémentaires, confirmation ou infirmation des microhypothèses.

On peut ainsi obtenir une synthèse schématique (incomplète ici) du type :

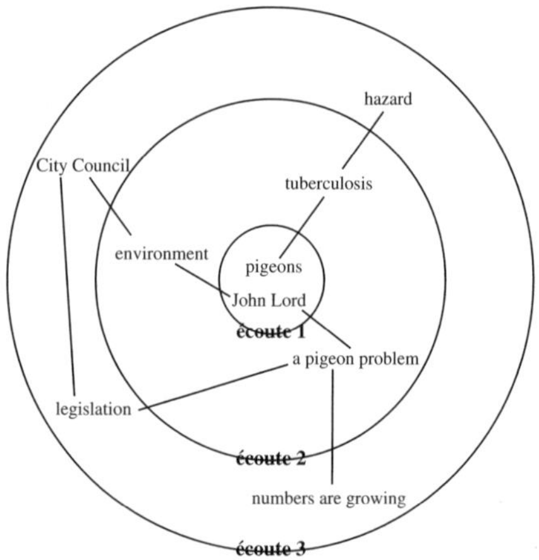

Les prélèvements ainsi effectués servent ensuite de base à l'activité de reformulation collective, telle qu'on a pu la décrire plus haut.

D. APRÈS L'ÉCOUTE : CONSTRUIRE SUR LES ÉLÉMENTS PRÉLEVÉS

On a pu l'observer au fil de la mise en œuvre : les activités de décodage de l'oral trouvent un prolongement naturel dans des activités d'encodage de l'oral. Que ce soit lors des phases de mise en commun, de reformulation, d'enrichissement de l'expression ou de pratique raisonnée de la langue, les élèves sont constamment encouragés à prendre la parole.

À l'issue des travaux d'écoute, il s'agit de fournir des occasions de prolongement où l'on va déployer des tâches qui vont faire fructifier les acquis. Il est maintenant question de proposer des activités suffisamment riches et motivantes pour que les élèves puissent communiquer de façon plus personnelle mais toujours dans le contexte imprimé par le document source comme par son exploitation. Plusieurs pistes s'offrent à nous pour privilégier la prise de parole.

Organiser un débat

Préparation

Au fil des écoutes, on aura assigné pour tâche de relever les arguments qui plaident en faveur ou contre le maintien des pigeons sur la place de Trafalgar. Le débat à venir s'appuiera donc sur les données informatives qui ont fait l'objet d'un décodage lors des diverses phases de l'exploitation. Dans un premier temps on pourra escompter obtenir le corpus suivant :

Tableau 1

For	Against
They appeal to the tourists. Their droppings could be used as fertilizer. People love the pigeons.	They're dirty. Their droppings are acidic. They're a problem. Their numbers are growing. They're a health hazard. They carry salmonella and tuberculosis. They damage public buildings.

Dans le but d'enrichir l'argumentation et de rendre les futurs échanges plus complexes encore, on pourra proposer une activité de remue-méninges, organisée en binômes, au cours de laquelle les élèves élaboreront des arguments supplémentaires. À ce stade, le professeur peut circuler d'un groupe à l'autre pour fournir des aides lexicales à la demande. On peut ainsi obtenir des compléments du type :

Tableau 2

For	Against
They are part and parcel of the London tradition. They bring life to the square. Photographers love them. The people who sell pigeon food make good money. The square wouldn't be the same without them.	They can peck you and hurt you. Their droppings smell. They mess up the square. They don't fit in with the solemnity of Nelson's column. Local taxes are spent on cleaning up their droppings. It's a waste of good money.

Au final, les élèves disposent donc d'une banque d'arguments d'une importance non négligeable, dont l'élaboration a mobilisé à la fois le décodage de l'oral (tableau 1) et l'encodage de l'écrit (tableau 2). Par ailleurs, toute l'attention des élèves pourra se centrer sur les modalités de leurs prises de parole (annonce du point de vue, présentation d'un argument, détraction, interruption, reprise, etc.) dès lors que la recherche d'arguments aura été effectuée en amont et restera accessible tout au long de l'activité.

Mise en œuvre

On divisera la classe ou la demi-classe (on peut proposer cette activité lors d'une séance modulaire consacrée à l'encodage de l'oral) en deux groupes après avoir désigné un modérateur chargé d'amorcer et d'arbitrer le débat.

Le cadre donné au débat pourra être le simulacre d'une séance du Westminster City Council's Environment Committee ; son enjeu : le vote de la loi promulgant le maintien ou l'éviction des pigeons sur Trafalgar Square.

Évaluation

En toute logique, les critères d'évaluation de ce moment de prise de parole en continu doivent s'inspirer très étroitement des acquis mis en place lors de la séance ou de la séquence. Il est primordial d'associer les élèves à l'élaboration des critères de l'évaluation, de même qu'il semble constructif de les associer au processus même de l'évaluation.[16] Ici, la performance des élèves pourra être évaluée à l'aune des critères suivants :
– réalisation acceptable de l'accentuation des mots porteurs de sens ;

16. Nous reviendrons sur l'association des élèves aux processus d'évaluation dans le chapitre 12.

– réalisation acceptable des formes faibles de certains mots outils ;
– adéquation des schémas intonatifs avec les intentions du locuteur ;
– mobilisation satisfaisante d'un lexique approprié au thème abordé.

Simuler une interview

Il s'agit là d'une activité d'imitation étroite.

La préparation nécessaire à la mise en place de cette activité de prolongement est en tous points semblable à la précédente, à cela près qu'il convient de prévoir une phase de préparation des questions du journaliste.

L'objectif avoué d'une telle entreprise est de plagier voire de singer les formes sonores étudiées au cours de l'exploitation du document. Les élèves excellent généralement à reproduire des accents et des intonations pour peu qu'on en fasse l'objectif déclaré et central de l'activité et bien souvent les moins diserts d'entre eux s'avèrent être de prodigieux comédiens. Qu'importe la clownerie quand au final c'est la pratique de la langue qui y gagne !

La particularité de ce type d'activité est qu'elle autorise l'usage du magnétophone. L'interview ou la série d'interviews sera enregistrée. On en conservera ainsi la trace de façon à pouvoir y revenir lors d'un travail à visée spécifiquement évaluative impliquant le groupe entier. Il s'agira alors de commenter les performances de chacun dans un esprit de critique positive à l'aune de critères de réussite définis en commun.

Ce faisant, il sera question de porter un regard objectif, distancé car après-coup, dans le but d'affiner la conceptualisation des paramètres formels mobilisés. L'entreprise visera en effet à mesurer collectivement la distance qui peut séparer une réalisation cacophonique ou erronée, d'une norme satisfaisante, repérée, manipulée et conceptualisée en amont.

5 CONCLUSION

Nous avons souhaité persuader le lecteur que le travail de décodage de l'oral, c'est-à-dire du passage d'une forme, essentiellement fuyante, au sens qu'elle véhicule, ne peut être vraiment profitable qu'à la condition qu'il se fonde sur la connaissance des phénomènes sonores propres à la langue.

La maîtrise d'un savoir-faire méthodologique s'impose comme un complément essentiel pour entraîner les élèves à un accès de plus en plus autonome à la signification des messages oraux.

Ces deux axes de la didactique du décodage de l'oral, centrés sur l'apprenant, ses savoirs et ses savoir-faire, doivent pouvoir être mis en valeur par des procédures didactiques élaborées par un enseignant davantage soucieux de privilégier les démarches d'aide à l'écoute que d'évaluation de celle-ci.

Ce n'est qu'à ce prix que, sur le plan psychologique, on restaurera la confiance nécessaire à l'abord des travaux de compréhension de l'oral tout en faisant crédit à l'intelligence des apprenants.

BIBLIOGRAPHIE

Ann Baker, *Ship or Sheep ?*, Cambridge University Press, 1981.

Ann Baker, *Introducing English Pronunciation*, Cambridge University Press, 1982.

Ann Baker, *Tree or Three ?*, Cambridge University Press, 1982.

Mireille Batail et al., *Bâtir du sens en anglais, Stratégies pour comprendre l'anglais oral*, CRDP de Lorraine, 1998.

Michel Ginésy, *Mémento de phonétique anglaise*, Nathan Université, 1995.

Lionel Guierre, *Règles et exercices de prononciation anglaise*, Longman France, Paris, 1987.

Penny Ur, *Teaching Listening Comprehension*, Cambridge University Press, 1984.

La compréhension de l'oral, Les langues modernes, n° 2, 1999.

Aide à l'évaluation, Seconde générale et technologique, Anglais, Tome 1, ministère de l'Éducation nationale, de la Recherche et de la Technologie, 1996.

5

La production orale

1 INTRODUCTION

Soyons bien persuadés qu'un sondage effectué parmi les élèves et les parents d'élèves, placerait le développement de la capacité à parler convenablement l'anglais au tout premier rang des tâches qui incombent aux enseignants des lycées.

Dès lors, s'installe un mal entendu.

L'opinion publique entretient le mythe d'un apprentissage institutionnel de la langue, étalé sur sept années de scolarité, qui suffirait à garantir une forme d'aptitude langagière s'apparentant, à ses yeux, à une forme de bilinguisme. L'institution pour sa part n'œuvre pas suffisamment à élucider ses attentes, au terme desquelles il semble bien qu'il s'agisse plus d'amener les apprenants à parler de l'anglais que l'anglais.

Or, la pression sociale qui pousse à une conception avant tout utilitaire de l'apprentissage de la langue orale, existe bel et bien. Elle est légitime. Elle se fonde sur les exigences du marché du travail, comme sur le format de certains examens et concours postbac, qui placent la maîtrise des langues vivantes parmi les premiers critères de sélection et d'évaluation. Nul n'échappe à cette pression, ni les élèves, ni les enseignants, de sorte que les constats, de part et d'autre, se teintent parfois d'amertume lorsque viennent les premiers bilans. Qui n'a jamais entendu tel élève de Terminale déplorer avec une belle lucidité son niveau d'anglais parlé, figé à un stade rudimentaire ? Qui ne s'est jamais fait quelques soucis à la perspective de devoir préparer à l'épreuve orale de fin d'année, de certains élèves de Terminale, aux niveaux parfaitement hétérogènes, couvrant toute la gamme – du balbutiement à la prise de parole la plus fluide ?

C'est que la capacité à prendre la parole en langue vivante, qu'on la nomme capacité d'encodage ou de production de l'oral, demeure la partie émergée de l'apprentissage d'une langue. C'est sans doute celle dont on attend le plus, celle qui paraît la plus précieuse puisque c'est celle qui autorise les modes d'interaction les plus immédiats et les plus vitaux avec le monde : parler pour faire agir, parler pour dire, pour se dire, parler pour demander, parler pour socialiser. Face aux exigences pressantes d'une situation qui implique un locuteur et son colocuteur, les ratés ou les succès de sa mise en œuvre sanctionnent instantanément le degré de maîtrise de l'expression orale.

Il est une autre attitude qu'il convient de débusquer d'entrée. Elle concerne cette fois les enseignants. Nous voulons faire allusion à cette position qui consiste à poser que l'élève parvient au lycée avec un savoir-faire largement suffisant en matière de production orale. Prétextant le manque de temps, on s'empresse de considérer que l'essentiel du travail d'entraînement à l'expression orale a été accompli en amont dans les classes du collège. Ainsi, au lycée, la production orale échapperait-elle à toute procédure didactique la prenant pour cible centrale, sous prétexte qu'il y a mieux et plus urgent à faire ?

Rien ne serait plus funeste. Il suffit d'entendre la majorité des candidats aux épreuves orales du Baccalauréat pour se persuader du bien-fondé des travaux d'entraînement à la prise de parole.

En contrepartie, les *Instructions Officielles* restent, il est vrai, laconiques pour qui espérerait y trouver des repères précis. Sans doute faut-il y voir le louable souci de ménager la latitude essentielle dévolue au professeur :

> À l'ancienne explication de textes [...] et au commentaire de texte inspiré de l'analyse littéraire [...], on préférera une exploitation des textes qui accorde certes l'importance qui convient à la compréhension [...], mais qui vise aussi et surtout le développement des moyens d'expression des élèves pour les mettre en mesure non seulement de rendre compte des contenus sans négliger l'implicite, le non-dit et les références culturelles, mais encore de prendre position à leur égard en exprimant un point de vue critique.
>
> [...] Dans le domaine de l'expression, l'élève devra être capable, tant à l'oral qu'à l'écrit et selon l'orientation de chaque série :
>
> De rendre compte de ce qu'il a entendu ;
>
> De s'exprimer dans un cadre imposé ;
>
> De formuler une opinion personnelle et de porter un jugement motivé ; [...]
>
> *Instructions Officielles*

Pour succinctes qu'elles soient, ces quelques indications suffisent à dessiner de larges axes pour le travail d'expression orale au lycée.

On peut les gloser pour remarquer que :

– l'enrichissement des modalités de l'expression orale figure au rang des objectifs majeurs. Il s'agit donc de prendre en compte les acquis du collège, de les faire fructifier et de les perfectionner de façon à atteindre une expression toujours plus personnelle et nuancée, laissant libre cours à l'expression de la subjectivité de l'élève. De là découle, sur le plan didactique, la nécessité de programmer un apport lexical et fonctionnel régulier, fourni et varié ;

– les activités favorisant la prise de parole s'appuient sur l'ensemble des travaux de décodage, oral ou écrit, qui auront mis en lumière les effets de sens. Il apparaît dès lors que la capacité à produire de l'oral reste la première à être sollicitée lors de tous les travaux de mise en commun consécutifs aux diverses phases du décodage. Les activités de rebrassage et de reformulation des contenus constituent le stade premier, nécessaire mais non suffisant, de l'entraînement à la prise de parole ;

– les situations au fil desquelles se déploie l'expression orale dépendent étroitement du cadre thématique imparti par les documents choisis. On aperçoit donc aisément la nécessité d'aborder un ensemble de supports variés, correspondant à des entrées thématiques assez diverses pour pouvoir assurer un apport lexical et fonctionnel adapté à chaque thème ainsi qu'une conceptualisation convenable des repères culturels évoqués. On peut espérer que c'est de la confrontation aux réalités culturelles d'un monde anglo-saxon kaléidoscopique qu'émergera la capacité à se forger un point de vue et une réflexion critique éclairante.

En somme, on le constate, dès lors que se dissipe le leurre du bilinguisme, l'entraînement à la prise de parole en milieu institutionnel retrouve ses justes proportions, ses réelles limites et ses véritables enjeux didactiques au terme desquels la prise de parole apparaît comme la :

> [...] capacité à construire un discours (sur un thème donné ou à partir d'un document), en enchaînant des phrases complexes, sans être guidé par les questions d'un interlocuteur. [Elle permet de se] préparer à l'épreuve orale du baccalauréat en développant un comportement de locuteur.
>
> *Instructions Officielles*, classe de Seconde.

2 LA PRISE DE PAROLE EN MILIEU INSTITUTIONNEL : ÉTAT DES LIEUX

A. LE PARADOXE DE LA COMMUNICATION

Pourquoi parle-t-on en classe ? Et si cette question, provocante de naïveté, n'était pas si incongrue ? Si sa réponse allait à ce point de soi, nos classes ne ressembleraient-elles pas plus souvent à de bruyants forums ?

On peut sans doute trouver des éléments de réponse dans le fait que l'expression orale se situe à l'exacte croisée de toutes les activités générées par la mise en œuvre des compétences de décodage, qu'il s'agisse de l'oral ou de l'écrit. Le recours fréquent à l'encodage de l'oral, à l'expression orale dans un cadre communicationnel, trouve sa pleine justification dans le fait qu'il facilite l'appropriation et la fixation des savoirs et des savoir-faire mis à jour lors des phases de décodage, et ce de manière quasi immédiate. En effet, la fixation des connaissances nouvelles, comme celle des gestes mentaux nouvellement acquis, ne peut se faire de façon satisfaisante qu'à la condition que celles-ci découlent d'une étape de prise en charge autonome des énoncés lors de l'acte de parole. Voilà qui explique sans doute pourquoi c'est souvent par la mobilisation de la compétence à produire un discours oral que l'enseignant invite ses classes à cheminer vers la signification puis à fournir les preuves de la compréhension des documents exploités. La performance des élèves y est sanctionnée dans l'immédiateté du discours.

Ce faisant, l'enseignant allie dans le même temps la nécessité de rebrasser les éléments dénotatifs tirés des documents tout en mettant à l'épreuve de nouveaux éléments du discours permettant d'en rendre compte ou de les manipuler avec toujours plus de précision et de nuance. En substance, au lycée, il s'agit de dire pour rebrasser, reformuler et commenter avec des moyens langagiers toujours plus perfectionnés.

S'il n'existe pas de modèle type en matière d'apprentissage de l'encodage de l'oral, il est cependant possible de définir certaines étapes caractéristiques du parcours vers l'autonomie :
- confrontation à un support et définition de tâches de décodage du support ;
- exposé collectif des données factuelles mises à jour ;
- rebrassage et reformulation des données sous le guidage du professeur qui peut imposer le recours à telle ou telle forme ;
- prise de parole semi-guidée ;
- prise de parole en continu.

Dès lors, dans ce cadre précis, la bonne santé d'une classe se mesurera à son degré de volubilité et de loquacité. N'entend-on pas dire qu'« une classe qui marche », c'est « une classe qui parle » ? À l'inverse, le moindre silence, le moindre instant de mutisme collectif est vite interprété comme le signe patent d'un échec, plongeant les plus aguerris d'entre nous dans d'insondables remises en question. La tyrannie de la parole exerce bel et bien sa rigoureuse discipline sur les professeurs de langues vivantes. *Fair enough !* diront les anglicistes, et nous avec eux.

Mais à y regarder de plus près, de nombreux obstacles se dressent sur les voies de la prise de parole en classe. L'approche communicationnelle retenue pour l'enseignement/apprentissage des langues vivantes soulève un certain nombre de questions lorsqu'on la confronte à la réalité d'une classe de trente-cinq élèves.

Quels sont les enjeux de la communication orale en classe ? Sans revenir sur ce qui a été dit dans les premiers chapitres de ce guide au sujet de cette approche, bornons-nous à mettre en avant ses répercussions les plus visibles en terme de didactique. Il s'agit donc pour le professeur de favoriser, dans d'harmonieuses proportions, le déploiement de chacune des fonctions langagières, de façon à fonder la nécessité de faire circuler la parole en classe ainsi que l'illustre le tableau suivant[1]:

1. D'après M. Boutry et al., *Anglais en classe de Sixième - Cinquième*, CRDP de Lille, 1991.

Fonctions langagières	Parler pour
Imparting and seeking information	échanger des informations
Expressing and finding out intellectual attitudes	exprimer une opinion
Expressing and finding out emotional attitudes	exprimer un sentiment
Expressing and finding out moral attitudes	exprimer un jugement
Suasion (getting things done)	faire agir
Socializing	sacrifier aux usages sociaux

Nous trouvons là six grandes articulations pouvant servir de cadre à une infinité d'occasions de prendre la parole en classe. Toutes se centreront donc sur la production orale, visant non tant à la prise de parole – c'est-à-dire à la mise en œuvre des formes et des structures (grammaticales, lexicales, phonologiques) – mais bien à l'action par le langage, c'est-à-dire à la mise en œuvre des fonctions du langage dans une interaction avec l'environnement, à savoir les protagonistes de la classe.

Une didactique de l'agir ou du faire privilégie, plus que la grammaticalité des énoncés, la nécessité d'identifier correctement les divers contextes de communication et les diverses variations de la langue qui y correspondent. Dans ce contexte :

> [...] les interlocuteurs sont partenaires en situation, répondant à leurs besoins naturels d'informer, d'interroger, de menacer, de convaincre, et de saisir la valeur culturelle et sociale de ce qui est dit.
>
> Claire Kramsch, *To Group or not to Group?: Le parler, le faire et le dire en classe de langue*, Les langues modernes, N° 6, 1988.

Mais en classe de langue, contrairement aux situations du quotidien, vécues par les élèves en dehors de l'établissement scolaire, la notion de « besoins naturels » n'a pas cours. L'expression spontanée qui caractérise le milieu naturel prend le plus souvent la forme de conversations, de dialogues et d'échanges verbaux directs.

> L'être humain ne survit que grâce à sa dimension relationnelle et sociale, et son existence physique et mentale dépend autant de l'action sur le monde que du Langage, celui-ci étant au service de celle-là.
>
> Danielle Bailly, *Les mots de la didactique des langues*, Ophrys, 1998.

Environné de ses congénères et de ses condisciples, même silencieux, un élève survivra ! Ne craignons pas le truisme et donnons en acte à nos classes : il n'y a rien de moins naturel que de se réunir plusieurs fois par semaine pour parler une langue dont la zone d'influence se limite aux quatre murs d'une salle de classe. À l'exclusion des élèves qui portent en eux-mêmes les ressorts de leur motivation, ceux que l'on ne parvient pas à conduire au stade d'un *willing suspension of disbelief* sont parmi ceux qui éprouveront le plus de peine.

Ce constat léger, voire simpliste, reste lourd de conséquences sur le plan de la didactique de la production orale. En effet, nous restons persuadés qu'un grand nombre des moments où la parole circule en classe, procède d'une mise en scène artificielle du discours et des intentions d'énonciation. Tout effort didactique en matière de production orale tend à la mise en place de situations de communication factices, de simulations de situations naturelles, où l'on va jouer un rôle. À commencer par celui de l'élève qui apprend l'anglais !

Annoncer un *pair work*, mettre en place un débat, fonder une activité d'expression orale sur un déficit d'information, exiger un rebrassage à partir de notes constituent autant d'activités qui placent clairement l'énonciation sur le plan du jeu, noble simulacre de la réalité. Tout est ici subterfuge.

En classe, si la parole occupe une place de choix, celle-ci doit pouvoir ne rien devoir au hasard, encore moins à la seule bonne volonté des élèves, même si cette dernière constitue une précieuse composante de tout travail. La circulation de la parole sera toujours garantie par une scrupuleuse démarche didactique qui ménagera une alternance entre des moments ritualisés (rebrassage en début d'heure, correction des exercices, par exemple) et d'autres, véritables mises en scène au service de la communication. C'est par le recours à une approche rigoureuse que l'on multipliera les chances de surmonter les handicaps qui compromettent souvent les séances de production orale.

B. LES MOMENTS DE LA PRISE DE PAROLE

Bien souvent, nos jeunes collègues qui débutent dans le métier d'enseignant de langue vivante, s'interrogent sur la quantité d'anglais qui doit circuler lors d'une séance de langue ainsi que sur la nature des moments propices à cette circulation. Nous allons tenter de dissiper leurs inquiétudes.

Quelle quantité d'anglais doit-on parler ?

Sur le premier aspect de cette double question, disons d'emblée qu'il nous semble possible de viser à l'omniprésence de la langue en classe, à quelques détails près que nous envisagerons plus tard.

Une exposition maximale des élèves à la langue orale, par le biais des interventions du professeur comme par celui de l'écoute de documents sonores, couplée à l'exigence d'une pratique de la langue par les élèves, la plus abondante possible, reste le seul moyen de recréer un semblant d'immersion. D'ailleurs, nos collègues anglophones, *native speakers* et garants de l'authenticité de la langue au même titre que leurs collègues francophones, ne s'encombrent pas de scrupules en ce qui concerne la quantité et la qualité de la langue parlée dans leurs classes : *the more, the better*. La classe constitue une micro-société où l'anglais tient le rang de langue vernaculaire.

D'où il découle qu'en classe le plus grand nombre d'échanges doit pouvoir se faire dans la langue cible.

Ainsi, les consignes seront-elles généralement exposées en anglais par le professeur. Dans le cas où elles ne seraient que partiellement ou mal comprises, on pourra les faire reformuler en français par l'un des membres de la classe. Gageons que cette discipline s'avérera très vite payante étant donné le caractère stable et peu changeant de cette portion de langue utilisée par le professeur pour passer ses consignes. Par ailleurs, soulignons qu'exposer les élèves à des consignes données dans la langue, reste encore le meilleur moyen de les entraîner à la compréhension de celles-ci le jour de l'examen venu.

Nous avons fait allusion plus haut à une restriction concernant le recours au « tout anglais ». Elle est majeure. En effet, si le parti pris d'une circulation maximale de la langue en classe reste l'unique moyen de satisfaire aux exigences de l'approche communicative, il peut présenter quelques inconvénients à certains moments de la séance. Ainsi les moments cruciaux, consacrés à la réflexion lors des phases de pratique raisonnée de la langue comme ceux centrés sur l'acquisition de savoir-faire méthodologiques, seront préférablement conduits en français puisqu'ils font appel à une métalangue ou à un discours explicatif. L'activité de verbalisation, centrale ici, constituant alors le premier stade de la conceptualisation ou de la compréhension, il n'est dès lors pas question d'en compromettre les bénéfices par le recours à une métalangue formulée dans la langue-cible.

Remarquons que l'on procédera sans doute différemment avec les classes de spécialité et les sections littéraires en général, pour lesquelles le recours à une langue du commentaire rend bel et bien nécessaire la maîtrise d'un bagage métalinguistique en anglais.

Ces remarques étant posées, il reste bien entendu que les élèves doivent, eux aussi, pouvoir être incités à intervenir en anglais, à tous propos et au sujet de tout ce qui se déroule en classe. La maîtrise d'un *classroom English* de bon aloi doit pouvoir les y préparer.

Dès le début de l'année, on pourra insister sur le recours à certaines fonctions langagières particulièrement utiles à la communication au sein de la classe. On pourra élaborer un travail d'apprentissage spécifique portant sur le *classroom English* à la faveur duquel on amorcera une réflexion sur la notion de fonctions langagières.

Exemple

Classify the expressions below according to the function they refer to and fill in the grid.

What you can say to	
• ask for information	– – – –
• give a piece of advice	–
• make a polite request	– – –
• offer your help	–
• ask for permission	–
• express your embarrassment or hesitation	– – –

1. Could you repeat please?
2. I think David should have used the preterite here.
3. I'm afraid I didn't catch what you said.
4. Could you tell me why we can't use the present tense in this sentence?
5. What's the English word for...?
6. Well... er... um...
7. I'd like to know the meaning of...
8. Shall I switch the lights off?
9. Would you like me to plug in the overhead projector?
10. Could you speak up?
11. Do you know how to spell this word?
12. Would you help me with this exercise, please?
13. Well... how shall I put it?
14. Can we use our dictionaries?

D'après Josianne Hamonet-Babonneau,
Teacher's Survival Kit, tome I, CRDP de Bretagne, 1993.

Sur ce principe, il peut être intéressant d'alimenter régulièrement au fil de l'année un glossaire strictement fonctionnel concernant la vie de la classe. Ce principe, appliqué dès la seconde devrait contribuer à rendre durable l'habitude de l'emploi du *classroom English* dans les deux autres classes du lycée où les élèves n'y recourent que très parcimonieusement. Les entrées suivantes peuvent constituer autant de sections d'un glossaire fonctionnel (d'après A. Herrenberger et al., *L'anglais en classe de Seconde : comment faire pour savoir faire ?,* CRDP de Strasbourg, 1992) :

– que dire si tu n'as pas compris une question ou une consigne ;
– que dire pour demander une audition ou une explication supplémentaire ;
– comment demander de l'aide pour exprimer une idée en anglais ;
– que dire dans le cas où tu penses ne pas avoir grand chose à dire sur le thème abordé ;
– que dire pour faire comprendre que tu es en pleine hésitation ;
– que dire pour soutenir, compléter ou contredire l'opinion d'un camarade ;
– que dire en cas de retard ou d'oubli de tes affaires ;
– comment interpeler le professeur ou l'un de tes camarades ;
– liste des consignes les plus fréquemment utilisées par le professeur.

L'accueil des élèves

Parmi les moments qui jalonnent la séance, l'accueil des élèves dans la salle de classe doit pouvoir offrir l'occasion de prises de parole entre les élèves et le professeur contribuant à installer d'entrée la relation pédagogique dans le contexte de la langue-cible.

On imagine un professeur souriant, debout à la porte de la classe, adressant à tel ou tel, au fur et à mesure de son entrée en classe, un *Good morning ! Wow, you look punchy today !* ou toute autre remarque visant à instaurer une brève relation individuée de personne à personne. Généralement très sensibles à ce rituel, les élèves savent souvent y répondre par quelques phrases de salutations sincères et il arrive parfois qu'un court dialogue puisse s'engager. Car enfin, avec qui d'autre qu'avec le professeur – et l'assistant – les élèves pourraient-ils entretenir des relations de socialisation dans la langue-cible ?

Dans le même ordre d'idée, nous pensons qu'il peut être fructueux de redonner ses lettres de noblesse à un *small talk* de début de séance. Véritable échauffement *(warm-up)*, il permet de réamorcer les réseaux neuronaux et d'exercer les organes perceptifs engourdis par l'interruption de la pratique de la langue d'une séance à l'autre. Le plus souvent, un tel échauffement est reçu de manière gratifiante par les élèves qui perçoivent bien que ces échanges dans la langue se déroulent sans autres enjeux que ceux de la courtoisie interpersonnelle, sans véritable souci de précision formelle et encore moins d'évaluation.

Pour qui souhaiterait donner un tour plus rituel à ces moments, au risque de les rendre peut-être moins attrayants, on pourra s'inspirer de la méthode suivante. Il y est question de donner, de loin en loin, un temps de libre parole à un élève ou à un groupe d'élèves volontaires en début de séance, souvent en début de semaine.

Cette activité que Françoise Lemarchand et Kathleen Julié nomment *Here is the news* s'avère être un excellent exercice d'entraînement à la prise de parole en continu comme un très utile moteur à l'interaction, pour peu que l'ambiance générale de la classe le permette. En voici le canevas sous forme de fiche, tel qu'il a pu être proposé à des élèves de Première.

Here is the news

Preparation

– Choose a piece of news or any other information you wish to present to the class (choose from topics that interest you).

– Prepare an **oral** presentation. You may resort to notes.

– Rehearse your presentation at home. It should be fluent and should not exceed two minutes.

Performance

– You will be standing in front of the class.

– First, give a brief outline of the theme of your presentation.

– Then go into detail, but only about essential information.

– In conclusion, explain why you chose this piece of news or information.

The listeners' reactions

The listeners may

– ask you questions,

– comment on what you have said,

– link what you have said to any other topic or situation they have been reminded of during your presentation,

– show approval or disapproval,

– comment on your performance as a speaker.

Il va sans dire qu'afin de maintenir la motivation à la prise de parole, le professeur s'abstiendra de poser une évaluation de quelque nature qu'elle soit. Cependant ceci n'empêchera pas la classe de débattre, certes du contenu de l'exposé, en anglais, mais également de ses aspect formels (accent, rythme, intonation). Mais en français cette fois.

Le rebrassage de contrôle en début de séance

Assez systématique au collège, le contrôle oral en début de séance se pratique peu fréquemment au lycée. Nous pouvons le déplorer à plus d'un titre.

En effet, cette prise de parole initiale contribue à asseoir l'idée que l'apprentissage d'une langue repose sur la capacité à mettre en mémoire l'ensemble des données brassées lors des séances précédentes. De plus, un rebrassage régulier des données doit permettre de tisser le fil d'Ariane qui fédère l'ensemble des séances du projet pédagogique, en en faisant apparaître plus clairement encore la cohérence aux yeux des élèves.

Pour mener à bien ce contrôle, on préférera favoriser la prise de parole en continu d'un élève ou deux, sous la bienveillante supervision de la classe, plutôt que de recourir à un questionnement méthodique proposé par le professeur, toujours perçu comme potentiellement pénalisant.

Ce moment de prise de parole revêt une grande importance dans la mesure où il permet de prendre en compte le travail des élèves qui auront consenti un effort d'apprentissage. Pour ceux-ci prendre la parole de façon continue à ce stade de la séance, revient à solliciter la mémoire à moyen terme dans un effort de construction autonome du discours prenant appui sur les notes prises en classe. Aussi ne doit-on pas hésiter à gratifier d'une note correcte les élèves volontaires ou tout autre élève désigné qui aura bien tiré son épingle du jeu.

Dans le cas de classes moins promptes à coopérer ou tout simplement moins autonomes quant à l'organisation de la prise de parole, on peut travailler à impliquer, non plus un seul élève, mais bien toute la classe dans ce nécessaire travail de rebrassage. Dans le but d'éviter le silence, on fournira à la classe un rappel du matériau à mobiliser.

Rebrassage semi-guidé

Phase 1

– Le professeur demande à chaque élève de se remémorer le plus grand nombre de mots nouveaux appris lors de la séance précédente (sollicitation de la mémoire à moyen terme).

– Le professeur désigne cinq élèves pour aller inscrire simultanément au tableau leurs trouvailles (auto-dictée accompagnée du rappel de la catégorie grammaticale du mot).

Phase 2

– L'ensemble de la classe a pour consigne d'utiliser **tous** les mots présents sur le tableau dans une série de productions orales. Le rôle du professeur se limite à la distribution de la parole et à la correction des erreurs. Il efface les mots au fur et à mesure de leur apparition dans les productions des élèves (production orale semi-guidée).

Variante

Il est parfois des classes particulièrement rétives. Le cas échéant, on pourra faire l'économie de la phase de mobilisation pour imposer l'ensemble du corpus lexical dont on attend le rebrassage par le truchement d'un transparent rétro-projeté.

Il peut être utile d'adjoindre aux seuls éléments lexicaux les faits de langue grammaticaux manipulés en amont, tout comme certaines entrées fonctionnelles.

Exemple[2]

Transparent

HOW DOES IT FEEL?		
Vocabulary	**Grammar**	**Functions**
family (n.) relatives (n.) acquaintance (n.) overnight (adv. suddenly (adv.) bewildered (adj.) thunderstruck (adj.) amazed (adj.) lifelong (adj.) shatter (v.) lead(v.) a peaceful life	have + -EN used to + V you = anyone	Expressing resentment – it's a terrible shame to + V – it's such a shame to + V – it makes me sick to + V – I'm fed up to my back teeth with + GN – Why on earth do they + V? Expressing regret – I wish they + past tense

Ainsi peut-on espérer des productions du type :

– *The article we worked on last time points out that you can find yourself with no family overnight simply because of a civil war.*

– *It really makes me sick to think that some people will never lead a peaceful life again after a trauma like that.*

– *Their houses and mosques have been shattered by mortar shells. I think that's a terrible shame.*

D'après Claire Kramsch, *To Group or not to Group?, Le parler, le faire et le dire en classe de langue*, Les langues modernes, N° 6, 1988.

2. L'exemple cité ici fait référence à un document publicitaire d'alerte publié par les soins du United Nations High Commissioner for Refugees dont on trouvera une reproduction dans *Your Way Terminales*, p. 141, Nathan, 1995.

Une telle pratique installe très tôt l'idée que, quelle que soit la nature de la séance précédente, il est du devoir des élèves de pouvoir en rendre compte. Ce faisant, ce travail, qu'il se déroule en parfaite autonomie ou de façon beaucoup plus fermement guidée, s'il est systématisé dès la classe de Seconde, contribue à préparer les élèves à une éventuelle épreuve orale au Baccalauréat durant laquelle ils devront faire preuve de leur capacité à prendre la parole en continu pendant une dizaine de minutes.

Activité de relais

Au moment du rebrassage de début de séance, l'objectif du professeur peut viser à l'allongement de la durée de la prise de parole, de façon à préparer progressivement à la prise de parole en continu. Une activité de relais constitue alors une très bonne ressource.

Il s'agit de demander aux élèves de débuter leur prise de parole par la répétition du propos de l'élève précédent tout en proposant des moyens d'articulation logiques. Si l'on reprend ainsi les trois productions précédentes on peut aboutir à trois prises de parole successives d'une ampleur de plus en plus conséquente.

Prise de parole élève 1

The article we worked on last time points out that you can find yourself with no family overnight simply because of a civil war.

Prise de parole élève 2

The article we worked on last time points out that you can find yourself with no family overnight simply because of a civil war ***and*** *it makes me sick to think that some people will never lead a peaceful life again after that trauma.*

Prise de parole élève 3

The document we worked on last time points out that you can find yourself with no family overnight simply because of a civil war ***and*** *it makes me sick to think that some people will never lead a peaceful life again after that trauma* ***since*** *their houses and mosques have been shattered by mortar shells. I think that's a terrible shame.*

On pourra procéder ainsi jusqu'à la (rapide) saturation de la mémoire à court terme.

L'anticipation

Nous avons eu l'occasion de décrire les procédures propres à cette phase dans les précédents chapitres. Aussi nous contenterons-nous ici d'en envisager les répercussions sur le plan de la production orale.

L'objectif de la phase d'anticipation reste de faire réagir oralement le plus grand nombre d'élèves sur un sujet donné dans le but de constituer une banque lexicale et argumentative préalable à l'abord d'un thème et d'un support nouveau. Dès lors, il convient sans doute de préciser aux élèves que ce n'est pas tant la valeur des arguments avancés ou la pertinence des notions exprimées qui importe mais bien la profusion et la variété de l'expression.

Nous pensons que les moments d'anticipation doivent permettrent au plus grand nombre d'élèves d'apporter leur contribution personnelle à l'entreprise collective. Il nous semble par conséquent nécessaire de pouvoir accepter les prises de parole les plus riches sur le plan de la forme, comme celles ne dépassant qu'à peine le stade du mot. Les auteurs de ces dernières trouveront les moyens d'améliorer leur production orale plus tard au fil des activités du projet.

La complexification de la production orale

La pente naturelle des élèves les incline à une expression personnelle succincte. N'étant qu'occasionnellement placés en position de locuteurs véritables, c'est rarement qu'ils recourent à un type d'énonciation où figurent les signes de la gestion autonome du discours, dans une situation indépendante de tout guidage extérieur.

Prendre la parole en classe constitue un exercice éminemment contraignant et il revient au professeur d'en rappeler toujours les contraintes et les lieux de passage obligés. Si les élèves ont oublié, ou ne songent pas à employer tel domaine lexical, telle structure grammaticale ou fonctionnelle aux divers moments de la prise de parole, l'enseignant, connaissant parfaitement les acquis des élèves à un stade donné, représente l'archiviste scrupuleux de la mémoire linguisitique de la classe. Son rôle consiste alors à rappeler les portions de langue oubliées ou temporairement effacées de la mémoire pour en imposer l'utilisation. Ce n'est guère qu'à ce prix que les élèves évolueront d'un stade d'énonciation rudimentaire vers une expression plus nuancée, si ce n'est autonome.

Exemple

Prenons pour illustrer notre propos, l'exemple du document intitulé *Living with Pigeons*, extrait du manuel *Your Way 1res*, Nathan.

En un premier temps, un travail de décodage de l'écrit, articulé à partir de l'analyse du lexique (mots transparents, mots dérivés, mots composés, etc.) aura permis la mise en réseau des divers champs lexicaux présents dans l'article comme l'élucidation des mots résistant à ce protocole d'analyse par le recours à la synonymie ou à l'antonymie: *houses* (n.) = *dwellings* (n.), *conflicts* (n.) = *clashes* (n.).

On aura, par ailleurs, choisi de complexifier l'énonciation par un travail fonctionnel portant sur l'expression de la cause et de la conséquence. Par exemple :

Cause	***Consequence***
As … , …	*Consequently, …*
Since … , …	*As a result, …*
… , that is (the reason) why …	*… , therefore …*

Dès lors la phase de rebrassage des données ou de reformulation de celles-ci peut suivre le scenario suivant, où le professeur va systématiquement mettre l'élève sur la voie de la complexifiacation de ses énoncés par le rappel d'outils linguistiques *ad hoc* :

Complexification grammaticale

Élève 1 : *This is a magazine article about Hackney.*

Élève 2 : *It's in north-east London.*

Professeur : *OK. Could someone use a relative clause to link these two sentences together?*

Élève 3 : **(énoncé complexifié)** *This is a magazine article about Hackney* ***which*** *is (a district) in north-east London.*

Élève 1 : *Veronica Jones thinks her classes are overcrowded.*

Professeur : *Quite true. Now, express the same idea but start your sentence with "She wishes…*

Élève 1 : *Er….* **(énoncé complexifié)** ***She wishes*** *her classes were not overcrowded.*

Complexification lexicale

Élève 1 : *There are loads of people who don't have a job in Hackney.*

Professeur : *Now, we've got an interesting point here. Could someone say this differently? Why not use "jobless" or "unemployed"? Can you try?*

Élève 2 : **(énoncé complexifié)** *Loads of people are* ***jobless*** *in Hackney.*

Professeur : *Fine. Now do you remember the expression we came across in paragraph two and which is a synomym of "unemployed"?*

Élève 2 : *I think it's "on the dole".*

Professeur : *That's right. Can you use it?*

Élève 2 : **(énoncé complexifié)** *The main issue in Hackney is that loads of people are* ***on the dole****.*

Complexification fonctionnelle

Élève 1 : *A lot of men are out of work in Hackney.*

Élève 2 : *Yes, that's right. That's because of their lack of qualifications.*

Professeur : *Correct. Now, I want you to express the notion of cause or consequence.*

Élève 2 : Er… **(énoncé complexifié)** ***As*** *most men have no qualifications, they are out of work.*

Professeur : *Or…?*
Élève 3 : **(énoncé complexifié)** *Most men lack qualifications* **therefore** *they are on the dole.*

Variante

Pour les classes qui éprouvent encore le besoin de fonder la production orale sur une base écrite, on pourra choisir de préparer une aide à la production orale que l'on affichera au tableau. Elle peut prendre la forme suivante.

– *Lack of transport* < **cause/consequence** > *Hackney = a neglected ghetto*
– *Lack of qualifications* < **cause/consequence** > *joblessness, unemployment* < **cause/consequence** > *juvenile delinquency, mugging, thieving.*

C. LORSQUE LE SILENCE SE FAIT

Le sentiment de frustration que ressent l'enseignant est immense lorsqu'il peine, voire échoue, à faire circuler la parole au sein de la classe lors de l'une des phases de la séance. Très souvent incriminée, la mauvaise volonté des élèves ne saurait suffire à expliquer les raisons du mutisme qui les frappe parfois. Si les symptômes en sont malheureusement connus de tous les professeurs de langue, des débutants aux plus chevronnés, reconnaissons, pour le soulagement de tous, que les causes et les responsabilités se répartissent également entre tous les protagonistes de la classe.

Nous nous proposons ici d'envisager quelques unes des raisons du silence tout en proposant des amorces de pistes de réflexion pour leur résolution.

L'élève agent du silence

L'inhibition

Force est de le constater : des quatre compétences, l'expression orale est celle qui suscite les plus grandes réticences, voire les plus grandes craintes de la part des élèves les plus réservés. Il n'est pas rare de se trouver confronté à de véritables blocages qu'il est souvent bien difficile de lever.

L'argument de la timidité doit pouvoir être entendu et pris en compte par les enseignants de langues vivantes, ne serait-ce que pour travailler à le contourner. En effet, à un âge où le regard porté par l'autre sur soi est primordial dans l'élaboration d'une image narcissique positive, chaque prise de parole peut être interprétée par certains comme une douloureuse occasion de s'exposer au jugement de l'ensemble de la classe. Erreurs, fautes et balbutiements sont alors redoutés, non pas comme des avatars naturels du discours, mais bien comme le signe patent de cuisants échecs. L'élève se sent alors seul au milieu de tous, renvoyé à ses insuffisances, meurtri. Dès lors il y a fort à parier qu'il ne souhaitera pas renouveler une expérience subjectivement vécue comme une brimade.

Par ailleurs, c'est souvent dans l'esprit de ces élèves les moins loquaces que se forge l'idée que prendre la parole, c'est encourir le risque de s'exposer à une évaluation. Chaque « s » omis à la troisième personne du singulier, chaque mot écorché, chaque lacune lexicale s'annonce pour eux comme autant d'occasions de mériter la mise au pilori. Autant ne pas prendre ce risque et se taire.

Les spécialistes du fonctionnement des groupes nous diront, en outre, que dans une dynamique de classe très ritualisée, où les plus histrioniques des élèves sont systématiquement sollicités par un professeur soucieux de l'avancée de la séance, il devient alors facile de se réfugier, souvent définitivement, derrière l'activité remarquable de certains.

Ressources possibles

Pour les élèves les plus inhibés, le premier objectif vise à restaurer la confiance. Pour ce faire il ne faut pas craindre de recourir à des techniques élémentaires comme :

La répétition

On délimite un îlot de trois ou quatre élèves au sein duquel on a pris soin d'inclure l'élève problématique. On procède alors à une ou deux répétitions d'un énoncé formulé par un camarade ou extrait d'un document sonore. On termine par une répétition de l'énoncé par l'élève concerné, non sans omettre de l'encourager.

Le partage de la prise de parole

Dans le cadre d'une activité de rebrassage des données en début de séance, on peut répartir la classe en groupuscules de trois élèves. On leur demande de travailler collectivement, en temps limité, à la mise au point d'une production orale visant à un rebrassage exhaustif. Les trois partenaires partagent la tâche et travaillent alors ensemble non seulement à la mobilisation de données factuelles, lexicales ou grammaticales, mais également à la manière de les présenter à l'oral devant la classe. On peut autoriser la prise de quelques notes.

La deuxième phase de ce travail de groupe consiste à mettre en place la prise de parole au sein du trinôme, en se répartissant des portions de l'exposé. Le professeur peut alors circuler d'un groupe à l'autre et prêter une oreille bienveillante à ce qui s'y dit.

Lors de la présentation à la classe, les trois partenaires enchaînent tour à tour la partie du discours qui leur incombe.

Tout l'enjeu de cette activité consiste à alléger la responsabilité de la prise de parole tout en en assurant une mise au point collective où chacun a sa part de travail.

Le recours aux marqueurs authentiques de l'hésitation

D'où vient que l'on s'attend à ce que la prise de parole d'un élève soit le lieu de la plus parfaite exactitude, si ce n'est d'une tradition scolaire qui a depuis longtemps jeté l'anathème sur l'erreur ?

Ainsi que nous l'avons souligné dans le chapitre précédent, il est bien rare qu'un discours suive un cheminement parfaitement linéaire. Celui produit par les élèves est essentiellement sinueux et en cela il se rapproche de tout discours produit en situation authentique, même si les causes des hésitations et des ratés qui l'émaillent sont de nature très différente.

Il nous semble qu'il convient de ménager une place à toutes les marques d'hésitation dès lors qu'elles sont formulées selon les formes requises. C'est alors que reprises, reformulations spontanées et toute la gamme des *gap fillers (let me see, hold on, er, what I'm trying to say is,* etc.) peuvent retrouver une place naturelle dans les prises de parole d'élèves et se substituer au parasitage des « alors… , heu… , ben… , bon … ,» etc.

L'ennui

Le manque de motivation pour la prise de parole frappe aussi bien les élèves habiles à manier la langue que les autres. Souvent il faut en rechercher la cause par l'examen des situations de communication auxquelles les élèves sont invités à collaborer.

Très grossièrement, il semblerait que bien souvent les raisons qui motivent la circulation de la parole en classe échappent à ceux-là mêmes qui sont supposés la prendre en charge. Régulièrement, la légitime question : « pourquoi parler ? » demeure sans réponse convaincante. À l'évidence, les enjeux que mettrait en lumière une réponse dictée par les seules motivations institutionnelles (avoir de bonnes notes, s'entraîner pour l'examen final, etc.) ne suffisent plus.

Par ailleurs, il est une autre question tout aussi pressante pour les élèves : « de quoi parler ? » Elle devient légitime pour peu que l'on analyse les situations de communication déployées le plus souvent en classe. Très schématiquement, certes, il y est presque toujours question d'échanges verbaux portant sur des données que l'ensemble des protagonistes de la classe partagent à égalité. Peut-on dès lors parler de communication ? En effet, tous les élèves exposés au même document, auront tous mis en œuvre les mêmes procédures de décodage pour accéder à la signification. Au final, tous auront une intelligence globalement identique des mêmes données factuelles et l'activité d'expression orale aura tôt fait de se transformer en un ressassement individuel ou collectif de ce qui est connu de tous.

Ressources possibles

La réponse à l'ennui qu'induisent les rituels de la vie de la classe comme les impasses où conduisent certaines situations d'apprentissage sont à rechercher dans :

La variété

Elle concerne non seulement la nature des documents à introduire en classe (ainsi que les procédures didactiques) mais également les types de prise de parole que l'on souhaite qu'ils induisent. Si le commentaire de textes ou de documents iconographiques répond bel et bien à des exigences institutionnelles, il est fort dommage de limiter les prises de parole des apprenants à l'exégèse de la pensée ou de l'art d'autrui. Il nous semble vital de réintroduire dans les classes des occasions essentiellement ludiques de prendre la parole sans pour autant se démarquer des finalités de fixation et de conceptualisation attachées à l'acte de parole. Ainsi, plagier un *talk show*, imiter le parler caractéristique d'un bulletin d'information, s'inspirer des débats d'une *Debating Society* peuvent fournir de fructueuses occasions en terme d'expression orale.

De bonnes raisons pour prendre la parole

À côté des activités de rebrassage, de reformulation et de commentaire, nous croyons qu'il convient de proposer des situations où la circulation de la parole s'inspire étroitement des situations naturelles d'expression orale. Amener les élèves à communiquer revient à les inciter à l'interaction. Il convient donc de créer des situations où la parole circulera de l'un à l'autre (des uns aux autres) dans une relation d'interdépendance véritable. En d'autres termes, il faudra opter pour des procédures qui répartissent inégalement l'information au sein de la classe, d'un groupe à l'autre, de façon à recréer la nécessité d'une activité langagière qui vise tour à tour à la quête de l'information et à la diffusion de celle-ci. C'est là tout l'enjeu des activités basées sur le déficit d'information *(information gap)* que nous décrirons plus bas.

L'écart entre le vouloir dire et le savoir dire

C'est la réduction de l'écart entre ces deux pôles que tente d'opérer tout locuteur en milieu institutionnel à chacune de ses prises de parole. De cela, les élèves ont une conscience très aiguë, voire paralysante. Ils savent parfaitement que l'activité d'idéation s'effectue pour eux en référence à la langue maternelle. Dès lors, toute prise de parole en langue seconde se réduit à un transcodage du français à l'anglais. De fait, si les prises de parole échouent parfois ou restent en deçà des espérances, alors que les consignes du professeur sont parfaitement comprises et que la situation, propice à la communication, a été clairement campée et analysée, c'est que bien souvent les moyens lexicaux, fonctionnels et argumentatifs font défaut, sont insuffisants ou encore inadaptés à la tâche d'expression orale proposée.

Fonder rigoureusement les travaux d'expression orale sur les acquis construits en amont

Forçons le trait ! Lancer tout de go, comme amorce à une phase de prise de parole, une injonction du type *Now class, let's talk about pollution and environmental issues,* aura vraisemblablement pour seule conséquence de plonger une majorité d'élèves dans un état de muette perplexité. Il y a fort à parier qu'une telle démarche leur ferait davantage prendre conscience de leurs lacunes lexicales ou argumentatives qu'elle ne contribuerait à amorcer un échange vivant au sein de la classe. En d'autres termes, en mettant les élèves en état de dire, sans se soucier de construire les moyens de dire, on place en quelque sorte la charrue avant les bœufs.

De fait, ce sont les acquis mis en place au fil des diverses étapes d'une séquence organisée autour d'un thème précis, qu'il s'agit de mobiliser au moment de la phase de prise de parole en continu. En effet, celle-ci ne sera fructueuse qu'à la condition qu'elle s'alimente du lexique, des structures grammaticales, fonctionnelles et argumentatives qu'aura permis de mettre en lumière l'exploitation des documents jalonnant le projet pédagogique.

Par ailleurs, la pauvreté de l'expression orale provient parfois d'une faiblesse de l'argumentation. Si l'activité de l'enseignant se centre exclusivement sur les moyens de dire – les formes du discours – en négligeant le fond et les contenus de celui-ci, les prises de parole risquent bien de tourner court, faute d'arguments et de points de vue à échanger.

Sans qu'il soit ici question de prétendre que les élèves sont incapables d'élaborer une réflexion personnelle, il faut souligner qu'il appartient au professeur de langue, le cas échéant, d'alimenter cette réflexion par l'apport d'arguments que les élèves seront invités à s'approprier puis à réemployer lors de leurs prises de parole. Ce n'est souvent qu'au prix de cet effort que l'on placera graduellement les élèves sur la voie d'une réelle expression orale, s'éloignant ainsi du simple stade de la production[3]. Mais force est cependant de constater que l'expression occupe une place bien moindre que la production tant il reste vrai que les phases de mise en place et d'appropriation des outils *(skill-acquisition)* prédominent naturellement, au détriment des phases de prise en charge en autonomie *(skill-using)*.

Le professeur agent du silence

Bien malgré lui, en sacrifiant à certaines routines professionnelles, le professeur contribue à l'entretien du silence. Au nombre de ces routines figure le questionnement magistral.

Les questions orales posées par l'enseignant constituent encore trop souvent la plus grande part des interventions magistrales au cours de la séance. Si l'on en fait une analyse très sommaire, il apparaît que les raisons qui incitent l'enseignant à questionner se répartissent en deux grandes catégories :

Questionner pour conduire la classe

Ce questionnement concerne les aspects de gestion de la classe. Il a souvent une portée incitative et vise à :

– solliciter le recours à une structure particulière dans le cadre d'une activité de complexification. Exemple : *Could you rephrase this sentence using "whereas" ?*

– mettre l'élève sur la voie d'une micro-tâche à accomplir (formulation de consigne). Exemple : *Can you pick out the stressed words ?'*

– demander un éclaircissement en cours d'expression. Exemple : *Do you mean to say the hero sounds sarcastic here ?'*

– exprimer (ou feindre) l'incompréhension pour susciter une reformulation. Exemple : *Sorry. I don't really grasp what you mean. Could you say that again ?*

3. Par « expression », nous entendons cette forme de discours qui se fonde sur les convictions de l'énonciateur et qui en porte les marques modales. À l'inverse, la « production » orale pourra prendre la forme d'un discours dénué de toute implication personnelle de l'énonciateur.

– rappeler à l'ordre et vérifier le contact. Exemple : *Can I have your attention, please ?*

Il s'agit là d'interpellations qui répondent effectivement aux nécessités de la communication interpersonnelle entre l'enseignant et les élèves. Elles doivent être considérées comme autant de signes témoignant d'une circulation fluide et authentique de la langue entre les élèves et un professeur soucieux de ménager toujours plus de place à la langue, jusque dans les aspects les plus pragmatiques de la vie de la classe. En somme, nous avons affaire là à la partie du *classroom English* qui est dévolue au professeur.

Questionner pour évaluer

À l'opposé, se situe l'ensemble des questions que pose traditionnellement le professeur afin de jalonner l'avancée de l'exploitation d'un document. De ce questionnement, on escompte généralement qu'il fournira une aide, une série de pistes successives pour accéder au sens. En effet, question après question, il est censé mettre l'élève en état de quête des indices qui révéleront la signification. Le professeur devient alors un personnage central, indispensable au processus de décodage. Il est le seul déclencheur de la prise de parole ; transformé en questionneur pointilleux, ce qui se dit, se dit par lui et pour lui.

La classe doit alors faire face à une incessante batterie de questions :

– *Who are the main characters ?*
– *Where and when does the story take place ?*
– *What happened to the main character before this scene ?*
– *What can you imagine or what can you know about this place ?*
– *Can you explain Janet's feelings and behaviour ?*

De ce type de procédure, encore très répandue dans les pratiques de classe selon nos observations, il faut s'empresser de dire qu'il s'apparente très étroitement aux substituts du questionnement que sont les QCM, les *True/False exercises* ou les grilles à remplir, particulièrement présents dans les méthodes communicatives.

Disons à nouveau et avec force que le recours au questionnement magistral ne saurait s'apparenter à une démarche d'aide au décodage de la forme dans le but d'accéder au sens. Il nous apparaît très clairement qu'elles sont, au contraire, du ressort de l'évaluation de la compréhension. En effet, le questionnement ne fait que confirmer à l'élève sa capacité, ou le plus souvent son incapacité, à produire une réponse, tout en faisant l'impasse sur les techniques de repérage des indices formels, seules garantes pour l'élève de la mise en évidence du passage de la forme au sens.

Chaque question lancée à la classe par le professeur revient en somme à dire à l'ensemble des élèves : « apportez-moi encore et toujours plus de preuves de votre bonne compréhension de la langue » alors que les élèves préféreraient de loin s'entendre dire : « voici une succession de tâches qui vont vous permettre de prélever des indices formels qui, une fois mis en réseau, feront la lumière sur tout ou partie de la signification. »

On perçoit là toute l'étendue qui sépare une démarche didactique fondée sur la dépendance des élèves face au maître, d'une autre, qui vise, elle, à l'affranchissement de l'influence magistrale par la maîtrise de savoir-faire méthodologiques de décodage puis d'encodage.

S'il fallait surenchérir pour fustiger l'habitude de questionner excessivement, il suffirait de pointer l'inanité de cette démarche en terme de communication. Quelle est cette situation qui place les apprenants dans l'obligation de fournir des informations à une personne qui les exige et dont ils savent pertinemment qu'elle n'en a nul autre besoin que celui d'évaluer ?

Dès lors prendre la parole, c'est consentir à l'évaluation. Or nous savons que la pente, bien naturelle, des élèves ne les porte pas à ce genre de consentement.

Ressources possibles

La seule alternative au questionnement magistral excessif réside dans la mise en place de tâches de repérage visant au décodage, comme celles que nous avons pu décrire dans le chapitre précédent.

On s'aperçoit que les prises de parole nécessaires aux diverses mises en commun suscitées par ces tâches permettent au professeur d'occuper une place bien moins centrale, presque incidente. En effet, son action se limite alors à la régulation de la circulation de la parole au sein de la classe, sans que son temps de parole personnel n'excède celui des élèves occupés à synthétiser et à reformuler les éléments correctement repérés lors de tâches d'écoute ou de lecture judicieusement définies.

Il n'est dès lors plus question, pour les élèves, de prendre la parole seulement si l'on connaît la réponse à une question mais bien davantage de fonder la prise de parole sur un série de paramètres objectifs et accessibles à tous, découlant d'un travail de quête d'indices mis en place par le professeur.

En somme, dans une démarche centrée sur la communication, le professeur doit consentir à limiter son rôle à celui de chef d'orchestre, ce qui implique l'exercice d'une autorité bienveillante placée au service de l'initiative de chacun.

D. LES ÉLÉMENTS FAVORISANT LA CIRCULATION DE LA PAROLE

Organisation spatiale de la classe

À une didactique de la production orale fondée sur le questionnement, correspond une organisation spatiale particulière de la classe. Nous avons déjà abordé ce sujet dans les chapitres précédents. Bornons-nous ici à quelques remarques complémentaires.

Le professeur étant le pivot de toutes les activités, le récepteur de tous les messages émis par les élèves, il doit faire face à l'assemblée des élèves. C'est alors la traditionnelle disposition en rangées qui prévaut.

À l'inverse, à une didactique fondée sur l'échange et l'interaction entre les élèves – laquelle place le professeur dans une position presque marginale – correspond une organisation de la salle de classe qui favorise le vis-à-vis, le dialogue et la conversation. Dans ce cas, les élèves doivent pouvoir se faire face pour être de véritables interlocuteurs des uns et des autres sans que la disposition de la classe ne vienne entraver le jeu des regards et des gestes qui doublent bien souvent le discours. Une disposition de la classe en U, simple ou double, semble être alors la mieux appropriée.

Par ailleurs, une telle disposition favorise la variabilité de la géométrie de la classe en fonction des divers types de travaux possibles :
- travaux par groupes de trois ou quatre élèves ;
- travaux par quarts de classe ;
- travaux par groupes de deux élèves (possibilité de vis-à-vis) ;
- travaux reposant sur une division de la classe en deux groupes antagonistes (débats, *for & against activities*, etc.) ;
- travaux nécessitant un espace scénique *(role playing)*.

Acquisition d'un savoir-être de locuteur

Il paraît indispensable d'encourager les élèves à se considérer comme de réels locuteurs à chacune de leurs prises de parole. Se comporter et réagir en tant que locuteur permet d'optimiser la portée de ce qui est dit.

Or, pour toutes les raisons que nous avons évoquées plus haut, nous voyons que les élèves ne proposent bien souvent que des énoncés hésitants, incomplets ou avortés, parfois à peine audibles. Certes, les conditions de la passation du discours oral dépendent étroitement des raisons qui nous poussent à le tenir. En situation naturelle, il n'est nul besoin de déterminer par avance la hauteur de voix avec laquelle on va choisir de s'exprimer, ni même la nature de l'accompagnement physique et gestuel du discours que l'on s'apprête à tenir devant un auditoire ou un interlocuteur unique. Ces choses-là relèvent de la spontanéité.

En milieu institutionnel, où tout est simulation, voire simulacre, ces points précis de l'attitude du locuteur doivent pouvoir faire l'objet d'une vigilance particulière de la part des apprenants, si ce n'est d'un enseignement spécifique de la part du professeur. Que l'on se rassure, il n'est pas nécessaire d'être un expert du jeu théâtral ni un spécialiste de technesthésie pour manifester tous les signes de l'incompréhension lorsque le seuil minimal de perception d'un énoncé n'est pas atteint, par exemple. Dans ce cas précis, fréquent en classe, on s'éloignera de l'émetteur – plutôt que de s'en rapprocher – et l'on suscitera une répétition, tout en ponctuant à l'aide d'une gestuelle signifiant le mal entendu.

Savoir être un locuteur intelligible et convaincant doit pouvoir figurer en tête des critères de recevabilité de toute prise de parole. Cela peut impliquer, entre autres paramètres :
– parler à voix haute, de manière intelligible pour tous ;
– embrasser du regard tout l'auditoire ou établir un contact visuel avec un interlocuteur unique ;
– manifester le désir de convaincre par la gestuelle ;
– manifester le désir de convaincre par le recours pertinent à des schémas intonatifs appropriés ;
– interpréter correctement les signes physiques émis par l'interlocuteur et, le cas échéant, reformuler spontanément ;

Bien souvent, on tirera profit des séances de travaux modulaires pour entraîner les élèves à respecter ces exigences de base.

Alternance des moments d'aisance et des moments de précision *(fluency vs accuracy)*

Une autre façon d'encourager à l'expression orale les élèves obnubilés par la crainte de l'évaluation, consiste précisément à amoindrir, voire à annuler, l'importance de cette dernière. En effet, le professeur peut définir des moments de la séance où il va privilégier la quantité et la fluidité de ce qui est dit, au détriment de la précision formelle, qu'elle soit grammaticale ou phonologique.

De manière à remplir leur rôle de motivation à la prise de risque, les enjeux de tels moments doivent être clairement annoncés à l'ensemble de la classe. Sans qu'il soit question de proposer un système figé gouvernant cette alternance, nous pouvons tenter de recenser les moments d'une séance où celle-ci peut se mettre en place :

Aisance ***(fluency)***	**Précision** ***(accuracy)***
• accueil des élèves, *socializing*, *small talk*	• correction collective des exercices
• phase d'anticipation	• rebrassage des contenus en début de séance, reformulations
• prises de paroles induites par les tâches de décodage	• phases de complexification de l'énonciation
• prises de parole en continu (expression)	• prises de parole semi-guidées (production)
Moments de prise de risques	**Moments de fixation**

3 PROPOSER DE BONNES RAISONS DE PRENDRE LA PAROLE : QUELQUES EXEMPLES

A. PRÉAMBULE

Les moments ritualisés de la prise de parole en classe, comme les phases de rebrassage ou de complexification de l'énonciation par exemple, constituent autant de gammes indispensables à la maîtrise du discours. Cependant, du fait de leur caractère contraint par un guidage serré ou par un semi-guidage plus lâche, ces moments s'imposent vite pour ce qu'ils sont dans le fond : des exercices de production orale qui ménagent somme toute assez peu de place à la communication et à l'interaction.

Dès lors que l'on souhaite provilégier ces deux notions lors de séances centrées sur la pratique de l'oral, il convient de travailler à une véritable mise en scène de la langue au sein de la classe. Inciter les élèves à communiquer en classe de manière interactive revient à les placer dans des situations fictives d'échange, les plus proches possibles de la réalité de la communication intersubjective. Il s'agit en somme de leur fournir de bonnes raisons de s'adresser les uns aux autres.

Nous voudrions envisager ici quelques-uns des scénarios possibles pour une dramaturgie de l'échange en langue orale.

B. LE DÉFICIT D'INFORMATION *(INFORMATION GAP)*

Principe

Les activités de prise de parole fondées sur le déficit d'information nécessitent une répartition inégale de l'information au sein de la classe. Dans ce cas, tous les élèves ne disposent pas de la même information et se crée dès lors une tension… orchestrée par le professeur. De manière à résoudre cette tension, les élèves doivent communiquer entre eux afin de combler le fossé qui les sépare.

Très couramment utilisée par les tenants de l'approche communicative, cette technique se révèle déclencheuse de parole tout en autorisant le recours à un questionnement vrai. De plus, la construction de la signification s'effectue dans un cadre véritablement communicationnel qui place l'élève en position de locuteur plus que de répétiteur et où l'échange verbal regagne en authenticité du fait du statut locutif différent d'un intervenant à l'autre.

Avantage supplémentaire : la technique du déficit d'information, en restituant l'initiative de la prise de parole aux seuls élèves, relègue le professeur à la marge de la classe, minorant ainsi son temps de parole personnel.

Organiser le déficit d'information à partir d'un support écrit

Prenons à nouveau appui sur l'article extrait de *The European* mentionné p. 205. Deux procédures peuvent être retenues :

Cas 1 : interaction en classe entière

La classe est divisée en deux groupes. Le travail se fait en binômes au sein de chaque groupe. Chaque groupe reçoit tout ou partie du même texte rendu diversement lacunaire par le professeur.

Texte groupe 1	**Texte groupe 2**
Hackney, in (1) …… London, has long been the home of the (2) ……. It is a place scarred by deserted houses boarded up to prevent desperate squatters from moving in. A fifth of all dwellings in the borough have been declared unfit to live in. Today the area accommodates people from a wide range of ethnic backgrounds, cultures and countries. With unemployment at 23 per cent, Hackney has one of the worst job rates in the country. One in	Hackney, in north-east (1) ……, has long been the home of the underprivileged. It is a place scarred by deserted houses boarded up to (2) ……. A fifth of all dwellings in the borough have been declared unfit to live in. Today the area accommodates people ffom a wide range of ethnic backrounds, cultures and countries. With unemployment at (3) …… per cent, Hackney has one of the worst job rates in the country. One in four men is out of work and half

four men is out of work and half the young (3) …… are on the dole. Most men in Hackney are labourers, thrown out of work as local manufacturers went out of business. Etc.	the young black males are on the dole. Most men in Hackney are (4) …… , thrown out of work as local manufacturers went out of business. Etc.

S'ensuit une courte phase de mise au point des questions déterminées en fonction des lacunes de chacun des textes :

Questions groupe 1 > groupe 2	**Questions groupe 2 > groupe 1**
1. Where exactly in London is Hackney ? **2.** What sort of people live in Hackney ? Etc.	**1.** Can you tell me where Hackney is ? **2.** What have the deserted houses been boarded up for ? Etc.

L'échange d'information s'effectue alors d'un groupe à l'autre tandis que deux élèves centralisent au tableau, sous forme de notes, les données échangées par leurs camarades.

Cas 2 : travail en amont par demi-groupe suivi d'une phase interactive en classe entière

(N.B. Cette configuration correspond exactement à la répartition des séances pour une classe de 1re S depuis la rentrée 2000 : une heure en classe entière assortie d'une heure par demi-groupe.)

• Phase A (compréhension écrite détaillée)

En amont, chaque demi-groupe aura travaillé sur une partie seulement du texte (repérage et traitement du lexique, mise en réseau, reformulation)

Groupe A > partie droite - Groupe B > partie gauche

En devoir à la maison, chaque groupe aura effectué à l'écrit une synthèse guidée des contenus de la portion de l'article étudiée.

• Phase B (interaction groupe A < > groupe B)

La classe entière est divisée en deux groupes distincts correspondant aux deux demi-groupes de la phase A.

À chacun des demi-groupes, le professeur distribue deux tableaux de recueil de l'information différents :

Tableaux du groupe A

A. Inquire about Janet Allen. Gather information about the following aspects.

1 > Place of residence	
2 > Origin	
3 > Family situation	
4 > Housing conditions	

B. Inquire about Veronica Jones. Gather information about the following aspects.

1 > Job	
2 > Difficulties with her job	
3 > Causes and explanation	

Tableaux du groupe B

A. Inquire about Hackney. Gather information about the following aspects.

1 > Location	
2 > Type of residents	
3 > Housing conditions	
4 > Main problem	
5 > Consequences	

B. Inquire about homelessness in Hackney. Gather information about the following aspects.

1 > Statistics and figures	
2 > Main cause	
3 > Possible solution	
4 > Main consequence of the current situation	

La phase interactive qui est ainsi mise en scène s'avère d'autant plus dense et durable que les élèves fondent leurs réponses sur les éléments brassés et mis au point lors de l'élaboration de leurs synthèses individuelles. Remarquons à ce sujet que l'on peut parfaitement demander aux élèves de ne pas du tout recourir à leurs notes durant toute la phase d'échange, mettant ainsi à l'épreuve leur mémoire à moyen terme.

Notons pour finir, et surtout à l'attention des élèves, qu'il s'agit bien de sacrifier – mais de manière combien plus motivante et ludique – à la nécessité de « corriger » l'exercice de synthèse donné à faire chez soi.

Organiser le déficit d'information à partir d'une image

> L'image par son ambiguïté est souvent polysémique et la part d'implicite qui y est contenue en fait un support idéal pour encourager les échanges oraux dans la classe: elle est catalyseur d'expression orale.
>
> Josianne Hamonet-Babonneau, *The Teacher's Survival Kit, Tome 4*, CRDP de Bretagne, 1996.

Le mythe de l'image, déclencheuse de parole, a la vie dure. Certes, sa polysémie, son ambiguïté comme sa capacité à supporter toutes les projections subjectives de l'imaginaire la désigne comme un merveilleux thème de discours. Mais convenons que l'image, à l'égal du texte ou du document sonore, ne porte pas en elle toutes les potentialités d'échange interactif que requiert l'approche communicationnelle.

Là encore, il nous semble que l'on doit pouvoir mettre en scène le support didactique qu'est l'image si l'on souhaite la transformer en véritable moteur de l'échange oral entre les élèves.

Travail de groupe sur une image morcelée

Ce travail sera conduit lors d'une séance modulaire ou en demi-groupe. L'image suivante aura été fractionnée en trois parties :

Phase 1 (préparation)

Le groupe classe est alors divisé en trois sous-groupes auxquels on distribue une sous image : groupe 1, sous-image 1, etc. À ce stade, le professeur donne la consigne de mobiliser lexique et structures grammaticales nécessaires à la description. Il circule de groupe à groupe et fournit de l'aide à la demande, par exemple :

Sous-image 1	Sous-image 2	Sous-image 3
squint at (v.) *play hide and seek* (v.) *brick wall* (n.) *count* (v.) *cheat* (v.) *playful* (adj.) *play a trick on* (v.) etc.	*cross arms* (v.) *threshold* (n.) *bite one's nails* (v.) *lace curtain* (v.) *gossip* (v., n.) *stare at* (v.) *worried* (adj.) etc.	*squat* (v.) *brick wall* (n.) *battle dress* (n.) *camouflage jacket* (n.) *tense* (adj.) *rifle* (n.) *be on the watch* (v.) etc.

Phase 2 (interaction)

Le professeur constitue des trinômes, chacun étant composé d'un élément issu des groupes de préparation précédents. Ainsi, chaque trinôme se compose d'un élève « spécialiste » d'une des trois parties de l'image initiale.

Approche globale

Les trois élèves de chaque trinôme reçoivent la même grille de collecte d'information qui va servir de support à la première phase interactive. S'ensuit un échange de questions et de réponses entre les trois protagonistes. Le temps imparti à cet échange est chronométré.

Places	People	Objects

Approche détaillée

Le professeur distribue alors un second document de collecte de l'information qui nourrit une deuxième vague d'échanges aidés par la mobilisation lexicale effectuée en amont. Le temps imparti à cet échange est chronométré.

Physical appearance	Actions	Expression

Négociation de la signification de l'image

Il s'agit ici d'inciter les élèves à résoudre le problème posé par le fractionnement de l'image grâce à l'échange et au débat. Pour cette phase de mise en commun, l'amorce pourrait être : *What do you think these three pictures have in common?* Le professeur circule alors d'un groupe à l'autre pour assister, sans y participer, aux échanges des élèves.

Phase 3 (rebrassage)

De retour en classe entière, l'image est rétro-projetée et on en exige un commentaire à visée évaluative.

Ces trois phases ainsi enchaînées constituent ni plus ni moins une phase d'anticipation axée sur une production orale interactive. Pour ce faire, on s'est attaché à réduire les interventions magistrales, autant que possible.

Remarquons que cette procédure, décrite dans le cadre d'une demi-classe, aurait très bien pu être proposée à une classe entière divisée en trois grands groupes. À ce compte, sans doute aurait-on fait l'économie de la phase de préparation lexicale pour se lancer d'entrée dans les échanges rendus nécessaires par le déficit d'information.

Découverte progressive d'une image

Une autre façon de mettre en scène une image fixe afin d'en accroître la rentabilité en terme de production orale consiste à en programmer une découverte progressive. Certes, il ne s'agit pas ici, à proprement parler, de favoriser l'interaction mais plutôt d'entretenir la motivation et la quantité de langue qui lui est afférente par la construction d'un suspense et le renvoi à l'imaginaire des élèves.

Ce genre d'activité fait évidemment la part belle à l'emploi de la modalité épistémique puisque chaque élève se comporte en locuteur véritable, prenant en charge les moyens de dire les nombreuses évocations suggérées par une image rendue encore moins monosémique par le fractionnement.

La succession d'images qui suit sera rétro-projetée devant l'ensemble de la classe.

On peut obtenir le scénario suivant.

Fraction 1

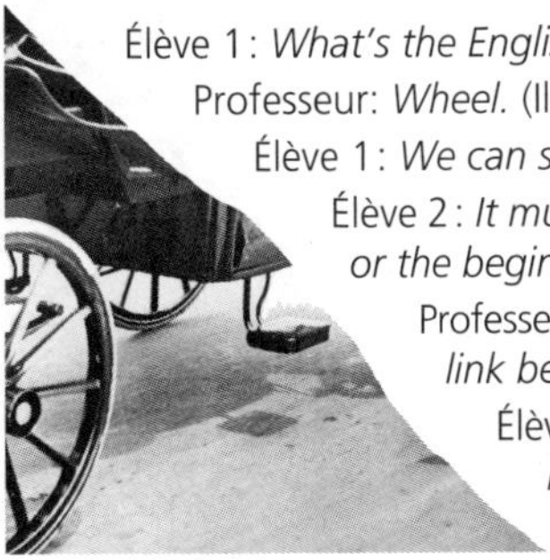

Élève 1 : *What's the English for roue, please?*

Professeur: *Wheel.* (Il écrit le mot au tableau.)

Élève 1 : *We can see the wheels of a carriage.*

Élève 2 : *It must be a photo from the nineteenth century or the beginning of the twentieth century.*

Professeur : *Could someone try and establish a logical link between those two sentences?*

Élève 3 : *We can see the wheels of a carriage so it's probably a photo taken in the early twentieth century.*

Élève 4 : *Well maybe not. I'd say it was the Queen's carriage.*

Élève 5 : *Or Cinderella's. She could be on her way to Prince Charming's castle.*

Etc.

Fraction 1 + fraction 2

Élève 1 : *There are three men sitting in the carriage. They must be rich as they are wearing top hats.*

Élève 2 : *I rather think the three men must be going to a wedding because that's the type of hat people only wear for ceremonies.*

Élève 3 : *Anyway, we can't tell for sure when this photo was taken.*

Etc.

Fraction 1 + fraction 2 + fraction 3

Élève 1 : *There's a man running after the carriage.*

Professeur : *Well I wouldn't say he's running* ***after*** *the carriage. He's running* ***alongside*** *the carriage.* (Il note et symbolise la nouvelle préposition au tableau.) *Could you use this new word in your sentence?*

Élève 1 : *There's a man who's running alongside the carriage.*

Élève 2 : *He must be a terrorist.*

Élève 3 : *Yes, and he's probably going to shoot one of the three men.*

Etc.

Image intégrale

On peut se livrer alors à un commentaire collectif et exhaustif de cette image en privilégiant le recours aux structures du contraste et de l'opposition par exemple.

On le constate ici, le jeu de suspense entretenu par le dévoilement progressif du document aura autorisé davantage de prises de parole qu'un abord plus frontal du document. C'est pourquoi on l'a différé jusqu'au dernier moment.

C. LE TRAVAIL EN BINÔME (*PAIRWORK*)

Les activités déployées lors des travaux en binôme permettent bien souvent de proposer, sans tarder, un champ d'application aux éléments exposés dans une phase précédente de la séance ou de la séquence d'apprentissage. Dans ce cadre, les tâches de production orale proposées peuvent être mises en œuvre à partir :
– de dialogues semi-guidés ;
– d'exercices de remise en ordre d'un dialogue dont l'enchaînement logique aura préalablement été chamboulé *(jumbled dialogue/conversation)* ;
– de jeux de rôles prenant appui sur la description minutieuse du rôle de chacun (voir ci-dessous) ;
– d'exercices d'improvisation libres mais cependant contraints par un cadre situationnel prédéterminé de façon assez lâche. Par exemple :

Role A	**Role B**
• You are a fussy customer. • You are not a polite type of person. • You want to buy a holiday. • You insist on travelling to an English-speaking country. • You are both air and sea sick.	• You are a junior travel agent. • You are polite and courteous. • This month's assignment consists in selling as many packaged tours to the French Riviera as you possibly can. • It's Friday. Closing time is in 30 minutes.

Ajoutons qu'au nombre des contraintes qui permettent de cadrer les travaux en binôme peut figurer la nécessité de recourir obligatoirement à certaines formes grammaticales aussi bien qu'à certaines fonctions langagières pré-définies. Ainsi, on assignera ici comme obligation le recours à :

Role A	**Role B**
Grammar – Don't you…? – Why should I…? **Functions** • advising – Instead of V+ -ING, you'd better V. • threatening – You'd better V, otherwise…	**Grammar** If I were you, I would… **Functions** • suggesting – Why not V ? – How about n/V +-ING ?

À propos du travail en binôme, remarquons avec Yvonne Cossu qu'il permet à chaque élève de parler :

> […] avec un pair qui ne le juge pas. Cette activité responsabilise les élèves du fait de l'effacement du professeur.
>
> Yvonne Cossu, *L'enseignement de l'anglais, Préparation au CAPES et au CAPLP2*, Nathan Université, 1995.

En effet, la minoration de la place du professeur n'est pas le moindre avantage que présentent les travaux en *pair work.* La démultiplication de groupes tous attelés à accomplir la même tâche de production augmente considérablement les occasions offertes à chacun de prendre la parole. Dès lors, le professeur après avoir précisé les tâches imparties à chacun n'a plus qu'à circuler entre les rangs pour offrir son aide ou rappeler à la consigne les binômes égarés.

On objectera sans doute que de telles démarches génèrent beaucoup de bruit au sein de la classe. Et l'on aura raison. Mais n'oublions jamais que *language is a noisy business* et que dans l'attente de jours meilleurs, c'est-à-dire de classes aux effectifs plus légers, personne ne pourra reprocher à quiconque de chercher à optimiser de la sorte le temps de parole accordé à chacun des trente-cinq élèves de nos classes.

Jeu de rôles guidé

Très directif, ce type de travail en binômes, vise principalement à l'imitation très étroite d'une situation abordée en amont. Ainsi le *pairwork* suivant découle-t-il d'un exercice de décodage de l'oral d'où l'on aura extrait la majeure partie du matériau langagier nécessaire à sa mise en place. Pour l'élève, la latitude laissée à l'invention est volontairement réduite dans le but de privilégier essentiellement le réemploi lexical et fonctionnel. Chaque binôme reçoit le canevas suivant :

Pairwork

You want to book a holiday in a campsite in England. You haven't got much to spend. You're looking for a cheap holiday. The travel agent is trying to be helpful.

Role A: The customer	Role B: The travel agent
You want to book a holiday. →	
	Inquire about the type of holiday.
← You are used to camping. →	
	Ask about the destination.
← You can't afford to go too far. →	
	Inquire about the duration of the stay.
← You can't take more than two weeks holiday. →	
	Suggest a campsite in France.
← Refuse. Going abroad will be far too expensive for you. →	
	Find a convincing argument to get the customer to agree.
← Ask about the destination. →	
	Answer vaguely.
← You insist on being near a beach. →	
	Give information about the seaside resort.
← Express worry about the cost. →	
	The holiday is all-inclusive. Rush the customer to fill in a form.
← You can't pay in advance. →	
	Suggest a deposit.
← Sound hesitant. →	
	Rush the customer to make a decision. Give reasons.
← Agree to pay the deposit. →	
	Thank the customer and hurry him/her out.

Variante

On peut distribuer à différents groupes diverses parties du dialogue en demandant de faire un inventaire le plus complet possible de toutes les possibilités. De cette façon, on constituera un copieux corpus dans lequel chaque binôme puisera afin de reconstituer un dialogue cohérent.

■ D. ORGANISER UN DÉBAT

Comme pour les exercices précédents, la tenue d'un débat contradictoire se situera en bout de chaîne, en dernière instance, à la fin du projet.

Le terme de débat est sans doute un bien grand mot pour désigner une activité de prise de parole très contrainte par les arguments comme par les moyens de les avancer que l'ensemble du projet pédagogique aura permis de mettre en place. C'est sans doute pourquoi l'on veillera à toujours en limiter l'étendue par un strict chronométrage.

N'oublions jamais qu'ici aussi il s'agit d'incarner un rôle. En effet, ce que l'on vise par le truchement du débat en classe, c'est bel et bien le réemploi et le rebrassage plus que la construction d'une argumentation véritablement personnelle et la défense de ses propres points de vue. Ces moments consacrés à l'échange interactif de propos contradictoires gagneront en intérêt et en dynamisme si l'on procède à la manière des *Debating Societies* en contraignant tel ou tel – telle partie de la classe ou telle autre – à se faire le défenseur de positions et d'idées souvent totalement étrangères à ses convictions. Pour ce faire, on procédera par tirage au sort lorsque viendra le moment de définir les équipes d'orateurs. Le déroulement du débat sera supervisé par un élève qui jouera le rôle de modérateur tout en veillant à organiser les tours de parole de manière équitable.

Quel que soit le thème retenu, insistons sur la nécessité de fonder les échanges sur des documents exploités en classe. On veillera à sélectionner des sujets susceptibles d'alimenter la controverse, des thèmes assez tranchés pour inviter à des prises de positions marquées, voire volontairement outrées. L'essentiel restant pour l'enseignant l'échange, la performance orale et sa mise en œuvre.

Exemple : *For or against serving a prison sentence... at home*

Variation sur une suggestion de Brigitte Leclercq et Marie-Agnès Pigearias, *L'anglais au lycée*, Belin, 1990.

Hi-tech ball and chain

Prison officers and probation officers do not want electronic tagging of offenders introduced into Britain in an attempt to solve the problem of our overcrowded prisons. It is, they say, a violation of civil liberties.

But Home Secretary Douglas Hurd is determined to press ahead with pilot home curfew tagging schemes next year. Is Hurd right? Are the critics of electronic tagging dismissing an invaluable hi-tech solution to problem prisons?

In America, Mail correspondent George Gordon put the tag to the test… I can trim the lawn or ask the neighbours over for coffee. The only thing I can't do is go out of the grounds.
I am temporarily a man in electronic handcuffs: violator number 28 to a computer set in the headquarters of the Nassau county probation service. Twenty-four hours a day for however long a sentence is set, I'm hooked into this non-sleeping programmed jailer, whose single function is to alert the cops to a break-out.
This is the electronic detention system that keeps an estimated 10,000 Americans locked in their homes instead of behind bars.
Long term men say it drives them crazy and they end up loathing the little black box which transmits their moves. In Oregon one out of two offenders offered the electronic handcuffs said he would rather go to jail.
It was in Mineola that I signed the electronic surveillance programme participant agreement. A neat black box about the size of a cigarette packet was strapped to my left leg and probation supervisor Martin Lambert used a screwdriver and a wave of an electronic gizmo to alert the tamper circuit. "Try to undo the straps and we will pick it up in moments," he said.
With the leg attachment comes a neat box the size of a typewriter. This is plugged in at home to a wall circuit and also to the telephone. I can travel no more than 150ft from the box without risking time in a real jail. The monitor is a computer talking to another computer in the probation office headquarters. It is from the headquarters that my life is programmed and watched -in my case with fictitious work hours.
The first question any electronic prisoner asks is How do I break the link?"
"As far as we know, you can't," Mr Lambert said. The leg transmitter and the monitor don't tell you where a prisoner is, but rather where he isn't at a particular time.
Meanwhile colleague Richard Lay sat in probation headquarters at a terminal monitoring about 30 criminals and me. About 200 local criminals have done time under its control. When I tried to unstrap my leg attachment he saw the screen flash 'tamp'.
When I walked too far out of the 150ft boundary, the screen flashed 'violation'. And when I was ten minutes late coming in, another 'violation' flashed up.
Once the leg transmitter is on, it stays on for the length of the sentence. You even have to bathe with it. Mr Lambert said: "it can be uncomfortable, but not as uncomfortable as six months inside."
Candidates for electronic detention are carefully selected. Violent criminals are generally excluded along with all those involved in crimes from the top felony bracket.
First offenders, drunken drivers, shoplifters and petty criminals hovering on the verge of a short sentence are automatic considerations. They also have to have a telephone and electricity.
Electronic detention is irksome and humiliating in the sense that for six months or a year you're a person under control and withdrawn from normal life.
On the other hand, every three months when you report in for a leg battery change at headquarters, there is a stark glimpse of the alternative - a line of jail cells housing those who didn't qualify.

Adapted from the *Daily Mail*

Étape 1

La classe est divisée en deux groupes distincts. L'un fait l'inventaire des arguments « pour », l'autre celui des arguments « contre ».

Au sein de ces deux groupes, le travail se fait en binômes de façon à ce que chacun trouve l'occasion de s'impliquer dans la tâche assignée.

Étape 2

Chaque groupe effectue un travail d'étoffement de l'argumentation avec l'aide du professeur qui circule d'un groupe à l'autre. (Remarquons incidemment que l'aide de l'Assistant peut, à ce stade, s'avérer très précieuse.)

Étape 3

Il s'agit de préparer et de prévoir la parade à l'argumentation adverse.

Étape 4

Après avoir préparé l'argumentation, il s'agit maintenant de définir le plus précisément possible les cadres langagiers qui vont régir l'échange de vues au cours du débat. Sans qu'il s'agisse de se livrer à un travail notionnel-fontionnel *stricto sensu* il est question d'amener les élèves à intervenir sur la portion de leur discours qui va permettre l'échange des vues d'un groupe à l'autre. Pour ce faire, on pourra proposer l'activité suivante :

Voici une liste d'expressions que tu pourras utiliser au cours du débat. Répartis-les selon qu'elles permettent de:

- contrecarrer un argument;
- demander des précisions;
- acquiescer;
- présenter un argument;
- apporter des précisions.

That's a load of nonsense!
I believe that...
Now you're overstepping the mark!
For me, there's no doubt that...
I am convinced that...
Now, come on!
You're contradicting yourself; you've just said that...
Something is still not clear to me.
How can you possibly justify such a point of view?
Contrary to what has been said, I strongly believe that...
You've got a point there but...

Exactly what do you mean?
That's a very prejudiced view indeed.
That's completely irrelevant.
There isn't the slightest proof to support that.
That simply doesn't hold water.
What I'm trying to say is...
I'm not sure I understood your point.
What we have to realize is...
Rubbish!

Sur ce modèle, on peut envisager de demander aux élèves de créer un *vade mecum* fonctionnel où ils pourront consigner et organiser toutes les expressions mobilisées au fil des débats proposés au long de l'année. Par ailleurs, un telle entreprise devrait avoir des répercussions bénéfiques quant à la structuration de la production écrite.

4 CONCLUSION

Nous avons tenté de démontrer que les activités d'encodage de l'oral ne doivent rien au hasard et encore moins à la bonne ou à la mauvaise volonté de nos classes. Elles procèdent d'une programmation didactique.

Quelle que soit la démarche retenue, les phases de production orale s'appuient systématiquement sur les nombreuses données mises à jour par l'exploitation des documents qui jalonnent le projet pédagogique de façon à ne jamais renvoyer l'élève à la vertigineuse conscience du gouffre qui sépare ce qu'il pourrait vouloir dire de ce qu'il est réellement capable de dire.

Si les activités que nous avons décrites font souvent la part belle au guidage, voire à la contrainte, c'est que nous croyons que l'entraînement à la prise de parole en continu, à l'expression de la pensée par le canal de la parole, passe, au lycée encore, par de nombreux moments de simple production orale qui sont autant de gammes nécessaires avant le stade complexe de la prise de parole libre, car subjective.

BIBLIOGRAPHIE

M. Dimier-Quinque et al., *L'anglais au Bac. Écrit et oral*, Albin Michel, Paris, 1995.

6

La production écrite

1 PRÉLIMINAIRES

A. PRÉAMBULE

Dans les *Instructions Officielles,* la part qui est consacrée à la production de l'écrit est très succincte. En effet, elle est mentionnée comme étant un des « trois objectifs spécifiques et indissociables » qui consistent à vouloir :

> Mettre l'élève à même de comprendre, de parler, de lire et d'écrire toujours plus et toujours mieux un anglais contemporain authentique.

Plus loin, dans les commentaires complémentaires, nous pouvons lire :

> La pratique de l'écrit permet de maîtriser un **code** spécifique [...] En classe de Seconde, la pratique de l'expression **semi-guidée** doit permettre aux élèves d'assimiler les exigences d'une expression écrite convenable : pertinence des contenus, organisation, correction, richesse lexicale et grammaticale, clarté.

Et enfin, en Terminale, l'épreuve du baccalauréat permettra entre autres aspects :

> L'évaluation de l'aptitude à l'expression écrite.

On le voit, les indications sont limitées au strict minimum, ce qui laisse aux enseignants une grande liberté pour ce qui est de la méthode à adopter pour aborder cette facette de l'enseignement de la langue. Nous pouvons remarquer, cependant, la référence faite au **code**, qui corrobore notre manière de concevoir le fonctionnement des capacités d'un point de vue cognitif. En effet, au même titre que dans sa démarche de compréhension, l'élève cherche à pénétrer dans un système différent du sien dans les activités qui touchent à l'écrit. Il doit donc décoder la forme pour ensuite accéder au sens. Il s'agit pour lui, après une phase d'appropriation, d'utiliser ce code nouveau, afin de transmettre un message par le biais d'une série de « signes » qu'il organise en réseaux destinés à en assurer la cohérence. Du point de vue de l'apprentissage, les activités de production écrite constituent donc un degré de performance plus élevé que la simple compréhension. En effet, il est possible qu'un apprenant maîtrise la méthodologie du décodage de manière honorable sans pour autant qu'il soit capable de produire un écrit satisfaisant. Il en va de même, d'ailleurs, pour le décodage et l'encodage de l'oral.

Comment expliquer ce constat ? Pour que la production soit satisfaisante, c'est-à-dire qu'elle se rapproche d'une certaine « norme » et qu'elle soit suffisamment riche, il faut que l'élève maîtrise un système linguistique qui diffère de celui de sa langue maternelle. Alors que pour décoder, il lui suffisait de le reconnaître, il faut maintenant qu'il l'ait intégré et se le soit approprié.

Nous parlons de la notion de « norme » entre guillemets car il convient précisément d'éviter d'enfermer nos élèves dans un système figé. En effet, l'anglais est une langue qui évolue particulièrement rapidement et qui de plus, présente de nombreuses variations en fonction de la partie du monde dans laquelle elle est parlée. Les enseignants se doivent de garder une certaine largesse d'esprit, et de s'assurer que tel ou tel énoncé n'est vraiment pas acceptable, avant de le rejeter. Par exemple, la distinction entre *as* et *like* a tendance à se gommer dans le système américain, où l'on entend fréquemment : *like I do.* Il convient cependant d'amener les élèves à ne pas s'éloigner d'un système défini d'un commun accord, dont le non respect rendrait leurs productions sinon inacceptables, du moins sujettes à caution.

Ainsi, pour pouvoir être performant au niveau de ses productions écrites, l'élève doit maîtriser un système formel et langagier. Il s'agit pour lui de connaître les différentes formes discursives et leurs caractéristiques, ainsi que ce qui en fera l'étoffe, à savoir le lexique et la morphosyntaxe. Il doit également apprendre à se conformer à un certain nombre de règles de présentation, telles que le respect des majuscules et de la ponctuation et l'organisation des paragraphes, règles qui ne coïncident pas toujours avec le système français.

B. POURQUOI ÉCRIRE ET QUAND ?

Rappelons qu'écrire constitue également un acte de communication, même si cela paraît moins évident que pour la parole. En effet, tout texte écrit l'est pour un destinataire. Il s'établit donc une mise en relation par l'intermédiaire d'un support visuel, papier ou écran d'ordinateur. Même dans le cadre de la rédaction d'un journal intime, on peut considérer que la personne qui écrit, établit un acte de communication avec elle-même.

Nous ne chercherons pas à faire une liste exhaustive des différentes occasions d'écrire dans la vie de tous les jours, car elle risquerait de se montrer fastidieuse et surtout de s'éloigner de notre propos. Ce qui nous intéresse ici, c'est de bien cerner les différentes circonstances dans lesquelles le recours à l'écrit est souhaitable, voire nécessaire dans le cadre de la pratique de classe.

Trois occasions principales se dégagent :
– les élèves ont besoin d'écrire pour prendre des notes afin de constituer une trace écrite sur leur cahier leur permettant de se remémorer et d'apprendre ce qui a été vu en classe ;
– l'écrit peut être en soi l'objet de l'activité (ateliers d'écriture) ;
– ils auront recours à l'écrit dans le cadre des diverses évaluations qui jalonnent leur scolarité au lycée, l'expression écrite du Baccalauréat en constituant le stade ultime.

Au cours de leur scolarité, les élèves peuvent également être amenés à écrire en anglais en dehors du cadre de la classe, s'ils établissent une correspondance avec de jeunes anglophones. Ils peuvent également, s'ils désirent trouver un « job d'été » dans un pays de langue anglaise, être amenés à rédiger une demande d'emploi et une lettre de motivation. Les élèves qui font cette démarche sont de plus en plus nombreux, car ils comprennent bien que cela constitue pour eux une bonne opportunité de se familiariser avec la langue et la culture, comme d'ouvrir leurs horizons personnel et même professionnel. Ils sont bien conscients que le monde du travail ne connaîtra bientôt plus de frontières et qu'à ce titre, la connaissance de l'anglais devient indispensable.

Ces diverses utilisations de l'écriture doivent donner lieu à un travail systématique dans le cadre de la classe, afin de donner à nos élèves les moyens de s'exprimer dans une langue riche et claire. Qui, en effet, dans sa pratique professionnelle, n'a pas entendu certains élèves se plaindre d'avoir des idées mais de ne pas savoir comment les transcrire ? Ce qui, il faut l'admettre, est terriblement frustrant. Il convient donc, au même titre que pour les trois autres grandes capacités, de fournir aux élèves les outils méthodologiques et langagiers propres à l'écrit qui leur permettront de s'exprimer comme ils le souhaitent. Il est en effet indispensable de consacrer du temps à la production écrite dans le cadre de la classe, même si les activités peuvent paraître peu communicatives du point de vue de l'interactivité. En effet, une classe où les élèves parlent est bien sûr plus vivante qu'une classe où tout le monde écrit. Cependant, on peut pallier cet inconvénient en proposant des activités qui s'effectueront en binômes ou en groupes, ainsi privilégiant les échanges, souvent fructueux, entre les apprenants. Pour les élèves les plus timides, les activités d'écriture présentent l'avantage de leur permettre de s'exprimer sans avoir à se mettre en avant en prenant la parole. Bien sûr, même s'il est nécessaire de convaincre ces élèves que leur participation orale reste indispensable, force est de constater que l'écrit permet d'avoir un contact privilégié avec chacun d'entre eux, à titre individuel, et que ce cadre permet d'accéder, dans une certaine mesure, à la pensée de tous les élèves.

C. DE LA FIXATION DES ACQUIS À LA MISE EN PLACE DE STRATÉGIES D'ÉCRITURE

Penchons-nous sur les différentes phases du processus d'acquisition de la langue. Après une phase de découverte d'éléments nouveaux dans un document écrit – nous avons déjà fait largement allusion à cet aspect dans le chapitre 3 – l'apprenant les identifie et les isole, les notant sur son cahier. Il est ensuite invité par le professeur à les manipuler, d'abord à l'oral dans des activités de transfert qui lui permettent de commencer à les fixer, puis à l'écrit dans une phase de production semi-guidée lui donnant la possibilité d'utiliser ces éléments nouveaux dans des contextes similaires afin de commencer à se les approprier.

Dans ce cas, la finalité du passage à l'écrit n'est pas à proprement parler le désir d'expression. En effet, il s'agit d'un outil d'apprentissage qui, par son caractère stable, permet la fixation et la mémorisation, la reprise et la remédiation, rend l'élève acteur de sa conceptualisation et lui permet donc de prendre en charge son acquisition. L'oral quant à lui est beaucoup plus fugace, ne laisse pas de trace visible, ne permet pas vraiment des réajustements. Donc écrire aide à apprendre. Ces remarques sont tout aussi valables pour le lexique que pour les structures morphosyntaxiques.

La production écrite ne saurait pourtant se limiter à ce rôle. Il convient de lui restituer sa véritable fonction de communication, en amenant les élèves à l'utiliser comme outil d'expression. Dans cette perspective, la fixation des acquis constituera non plus une fin en soi, mais un stade intermédiaire qui permettra l'accès à l'autonomie langagière. D'ailleurs, bien qu'incontournables, les seuls acquis lexicaux et grammaticaux ne suffisent pas. Il convient de mettre en place de véritables stratégies propres à l'écriture. Les élèves doivent en effet être en mesure de mobiliser efficacement les outils langagiers dont ils disposent en fonction du type de discours qu'ils cherchent à produire. Il faut donc leur permettre, par l'étude de divers modèles authentiques appropriés, d'identifier les caractéristiques formelles et stylistiques des différents modes discursifs, et les amener dans un premier temps à les imiter, toujours à des fins d'appropriation, pour les amener finalement à une expression libérée autonome.

Les connaissances culturelles peuvent également s'avérer précieuses. Si, par exemple, les élèves ont pour consigne de rédiger une lettre de candidature à un emploi fictif, ils doivent savoir que les contractions seraient très mal venues, car elles seraient considérées comme un manque de respect à l'égard du destinataire. Ils doivent être conscients qu'elles correspondent à une réalité linguistique lorsqu'on les rencontre à l'écrit. Elles sont la trace de la transcription d'un discours oralisé, d'où leur présence dans les parties dialoguées, voire dans le style indirect libre (*stream of consciousness*). Les élèves ont tendance à les utiliser machinalement, sans se soucier de leur valeur, du fait d'habitudes acquises au collège où l'anglais, même écrit, consistait généralement en une transcription de structures communicatives issues de l'oral.

Il convient également de les inciter à avoir recours à des stratégies de compensation, en cas de manque lexical, notamment, qui risquerait de bloquer le désir d'expression. Les élèves doivent dans ce cas être capables de formuler leurs idées autrement, en faisant appel à d'autres connaissances. À cet égard, il importe d'insister sur l'idée que la plupart de leurs blocages sont dus au fait qu'ils construisent leur trame en français plutôt que de mobiliser efficacement leurs savoirs en anglais.

Bien sûr, on veillera au respect de la forme, notamment à l'enchaînement logique des paragraphes par l'utilisation de connecteurs préalablement repérés au cours d'activités de décodage de l'écrit.

Enfin, on incitera les élèves à contrôler leurs productions, pendant et après son élaboration, afin d'effectuer les corrections nécessaires. On se montrera d'autant plus exigeant que toutes ces stratégies auront fait l'objet d'un apprentissage et d'un entraînement systématiques.

2 LES DIFFÉRENTES TECHNIQUES D'ÉCRITURE

Ces techniques sont liées à la nature du sujet proposé qui induit une forme discursive d'un certain type avec les caractéristiques qui lui sont inhérentes. Dans son excellent ouvrage intitulé *Bac Anglais, Mode d'emploi* (Ellipses, 1995), Arlette Vesque distingue quatre catégories :

Catégorie I

Elle est en général liée à la créativité et à l'imagination ou peut également partir d'un thème ou du contenu d'un texte. Elle suppose la maîtrise d'éléments linguistiques intégrés dans un ensemble structuré, compte tenu d'un type de discours particulier.

1. La **description** : lexique, éléments grammaticaux (par exemple: mots composés, adjectifs, emploi de déterminants, de prépositions…)

2. La **narration** : emploi de formes verbales, de marqueurs temporels, de liens logiques et chronologiques; la technique d'écriture étant celle du **récit**.

3. Le **dialogue** : répliques, *tags*, *gap fillers*, formes contractées, niveau de langue, types de phrases, discours direct, ponctuation (guillemets, points d'interrogation et d'exclamation), indications scéniques mettant en évidence l'attitude, les sentiments ou les réactions des interlocuteurs.

4. Le **monologue** : emploi du pronom personnel à la première personne, peu de mots de liaison, discours indirect libre.

5. La **lettre** : en-tête, salutation, niveau de langue, correction grammaticale, lexique, mots de liaison, formule de politesse.

Catégorie II

Elle implique en particulier la structuration de paragraphes, l'emploi de liens logiques, les techniques d'expansion ou de réduction à partir d'un titre ou d'un texte.

1. La **rédaction d'un article de journal** : titre, sous-titre, paragraphes structurés, mots-clés, mots de liaison, faits et opinion.

2. Le **résumé** : repérage des mots clés et des idées essentielles, reformulation, articulation de phrases, emploi de la troisième personne, respect du nombre de mots imposé. Éviter la paraphrase et l'interprétation.

Catégorie III

Le lecteur s'interroge sur le contenu ou un aspect particulier d'un texte sans donner son opinion personnelle.

1. L'**analyse** : repérage des éléments pertinents du texte (mots-clés, détails particuliers), mise en relation de ces éléments compte tenu du contexte ou de la situation, mise en évidence de l'implicite et du rôle du narrateur.

2. Le **commentaire** : étude du contenu du texte du point de vue du message lui-même et des divers procédés utilisés par l'auteur pour rendre ce message (organisation générale du texte, mode d'écriture, éléments stylistiques, grammaticaux et lexicaux) ; le fond et la forme étant associés pour produire du sens.

Le commentaire peut être guidé ou laissé à l'initiative de l'élève.

Catégorie IV

On s'interroge sur un sujet ou un thème, à partir, par exemple, d'une citation ou d'une notion, ou sur le message d'un texte en donnant son opinion personnelle. Cette dernière catégorie implique la rédaction d'un *essay* structuré et bâti à partir d'un plan.

1. La **discussion** : explication de façon objective des mots clés, des idées pertinentes ou du message contenu dans le texte ; puis analyse critique de ces éléments et prise de position.

2. L'**argumentation** : apparentée à la discussion, elle met surtout l'accent sur le raisonnement ou la démonstration logique à base d'arguments (pour ou contre), l'objectif principal étant de convaincre; d'où le rôle important des articulations du discours et des liens logiques.

On le voit, la liste est longue et les possibilités de sujets qui attendent les candidats au Baccalauréat, multiples et variées. On comprend bien qu'il sera impossible de tout traiter en Terminale et qu'il convient donc de sensibiliser les élèves aux diverses formes discursives dès la Seconde. En effet, l'énumération ci-dessus ne prendra toute sa valeur aux yeux des élèves que si l'on a pu leur faire découvrir les divers constituants par eux-mêmes, au cours de l'étude de documents recouvrant toutes ces formes. Il ne faut jamais perdre de vue que l'apprentissage est d'autant plus efficace qu'il est pris en charge par les élèves eux-mêmes.

Une fois ce travail effectué, il peut être intéressant de proposer un exercice permettant l'application des constats. Celui qui suit est tiré du même ouvrage :

Exercice

Cerner le sujet

Pour chacun des sujets suivants, précisez les points indiqués.

a. Nature du sujet : lettre, description, récit, analyse, commentaire, essai.

b. Tâche à accomplir : imaginer, raconter, décrire, comparer, argumenter, donner son opinion.

c. Repérage des mots clés.

Sujets

1. *Does the consumer society destroy spiritual life?*

2. *"Cinema". What does the word suggest to you?*

3. *Relate one of your best childhood memories.*

4. *If you had to move to a foreign country, which one would you choose to live in? Say why.*

5. *There should be limits to the freedom of the press. Do you agree?*

6. *The USA tends to have a strong influence on the European way of life. Can you explain why?*

7. *In our modern world, is it better to live in the country or in a big city? Illustrate your point.*

8. *In your opinion, what is the best way to bring up a child?*

9. *What is your idea of a good life?*

10. *You are to spend a few years as a student abroad. Before leaving, write to a close friend telling him or her about your hopes and fears and trying to imagine to what extent living there will change you.*

On peut envisager de prolonger cet exercice en sélectionnant quelques uns des sujets proposés et en demandant aux élèves de déterminer quels temps et quelles formes verbales ils utiliseraient s'ils devaient les rédiger.

Il serait intéressant de leur faire justifier leurs choix en s'appuyant sur des considérations linguistiques en adéquation avec la forme choisie.

On peut également demander aux élèves de noter dans un tableau, le lexique qui pourrait être utilisé pour traiter le sujet choisi. Les diverses colonnes du tableau concerneraient les verbes, les noms, les adjectifs, les mots de liaison et autres connecteurs. À partir de ces éléments, il leur serait possible d'ébaucher des phrases qui pourraient ensuite être organisées et redistribuées dans un plan cohérent. En procédant de la sorte, on fait prendre conscience que le mot induit l'idée, alors qu'en général les élèves réfléchissent aux arguments qu'ils pourraient énoncer en français, pour ensuite se demander comment le dire en anglais. Or en utilisant le procédé inverse, ils partent du lexique qu'ils connaissent et qu'ils ont donc à leur disposition pour leurs besoins d'expression, au lieu de se retrouver dans une impasse du fait de leurs connaissances insuffisantes.

3 LES ATELIERS D'ÉCRITURE

A. PRÉAMBULE

En préambule, insistons sur le fait qu'au lycée, les élèves arrivent en Seconde avec une quantité non négligeable d'acquis essentiellement lexicaux et morphosyntaxiques, plus ou moins stabilisés, l'appropriation n'étant pas définitive pour beaucoup d'entre eux. Les activités que nous proposons participeront donc à la validation des processus d'acquisition tout en enrichissant les savoirs des apprenants. Dans le second cycle, les activités de communication que nous mettons en place se doivent d'encourager la complexification et l'enrichissement de l'énonciation de nos élèves afin de leur permettre de s'exprimer avec finesse et précision. Il en va de même, cela va de soi, pour le travail d'écriture.

B. LE TRAVAIL D'ÉCRITURE DE LA SECONDE À LA TERMINALE

En Seconde

Après l'évaluation de début d'année, nous consacrons une bonne partie de l'horaire qui nous est imparti à la mise en place de la méthodologie du décodage aussi bien écrit qu'oral. Ce faisant, nous rebrassons les structures langagières soit après leur reconnaissance ou leur identification dans un document papier, audio, voire vidéo, soit, ce qui est beaucoup plus intéressant, en les suggérant aux élèves pour faciliter leur désir d'expression. En effet, il est souvent plus productif de se demander quels seront les besoins langagiers pour pouvoir analyser et commenter un document, c'est-à-dire pour pouvoir en parler, plutôt que d'isoler un fait de langue rencontré dans un texte et de le faire manipuler de manière généralement artificielle et peu communicative. Ce travail de manipulation de la langue se pratique essentiellement à l'oral afin d'en assurer la fixation. C'est d'ailleurs après ces phases de prise de parole guidée, lorsque les structures introduites ont été utilisées par un nombre suffisant d'élèves, qu'interviennent les séances de pratique raisonnée de la langue[1], au cours desquelles les élèves sont amenés à réfléchir à son fonctionnement. C'est alors qu'intervient l'écrit qui représente une étape de plus sur le chemin de l'appropriation. Dans ce cas, écrire constitue non pas une fin en soi mais une aide à l'apprentissage, comme nous l'avons déjà signalé. Prenons un exemple pour illustrer notre propos. L'extrait suivant provient d'un article sur le drame de Littleton, Colorado, intitulé *High School Horror.* Dans cette partie de l'article, le journaliste tente de trouver des explications rationnelles pour essayer de comprendre l'horrible geste des deux adolescents.

Absentee parents

Then there are the parents who did not see, or did not want to see, the warning signs of their children's marginality. These parents remained inattentive at a crucial time, too busy with their careers and their own social status. American teenagers increasingly live in their own worlds, ignored by adult society except as target markets. TV programmes, films, video games, music, fashion and advertising are aimed specifically at young people, who spend most of their time in school, on the streets, in the shopping malls, in front of a screen, anywhere but in the company of caring adults.

If parents do not offer love and guidance, and peers do not offer respect, these "losers" may resort to hate crimes of solitude, desperation, and ignorance. The Colorado "jocks"[1] did not believe they were being violent when they bullied the "nerds".[2] And the nerds came to believe that respect and power come only from violence. That sort of violence is deadly.

Speakeasy, Éditions Nathan, September-October,1999.

1. jock (n, US slang): athlete, student more interested in sports than in studies.
2. nerd (n, US slang): unpopular studious person.

1. Nous reviendrons sur la PRL dans le chapitre 9.

Après avoir consacré le temps nécessaire au décodage de l'ensemble de l'article, on propose aux élèves les énoncés suivants :

If *parents* ***spent*** *more time with their children, there* ***would be*** *fewer problems of delinquency.*

If *the murderers* ***had*** *not* ***been bullied,*** *they* ***would*** *not* ***have carried out*** *such monstrous crimes.*

Après avoir laissé les élèves produire des énoncés sur ces modèles pour s'exprimer sur le problème soulevé par cette partie de l'article, et après les avoir amenés à s'exprimer sur leur fonctionnement et leur valeur, la phase suivante consiste donc à leur demander d'écrire un court paragraphe incluant autant d'énoncés formés sur le même modèle, que possible.

Voilà le type de phrases que les élèves peuvent raisonnablement produire en s'appuyant sur le contenu du texte :

If the parents had seen the warning signs of their children's marginality, they would have tried to help them. If they had not been so busy with their careers, they would have paid more attention to their children. Generally speaking, if American teenagers were not ignored by adults, they would be happier. If parents offered more love and guidance, "losers" would no longer resort to hate crimes.

Il y a d'autres possibilités bien sûr, incluant les productions qui s'éloigneraient du contenu explicite du texte et qui seraient également les bienvenues. Il s'agit donc, on le voit, d'une production très guidée au service de la langue. On a en effet amené les élèves à formuler des hypothèses non réalisées dans le passé (= irréel du passé) ainsi que des hypothèses non réalisées dans le présent (= irréel du présent). On pourra alors relever les paragraphes produits afin de pouvoir juger du stade d'appropriation des élèves, et procéder ensuite à une remédiation, si nécessaire.

En Seconde, les occasions de productions langagières sont nombreuses et il ne faut pas hésiter à les multiplier. Lors des évaluations sommatives de fin de séquence, on s'efforcera de proposer un exercice de transfert permettant la réutilisation de plusieurs des structures vues au fil des séances.

Ceci dit, il convient également de consacrer quelques séances à l'écriture en elle-même, prise cette fois pour objet d'étude. Dans cette optique, ce sont les exercices visant à l'expansion de la phrase simple et à l'enchaînement des idées par leur mise en relation à l'aide de connecteurs qu'il faut privilégier.

Prenons le document suivant :

HARRY POTTER **by J. K. Rowling**	**THE LORD OF THE RINGS** **by J. R. R. Tolkien**	**THE WIZARD OF OZ** **by L. Frank Baum**	**ALICE IN WONDER-LAND** **by Lewis Carroll**	**THE NARNIA CHRONICLES** **by C. S. Lewis**
MAJOR CHARACTER				
HARRY POTTER A skinny orphan who learns that he has a magical heritage	FRODO BAGGINS A Hobbit, a smallish chap with hairy feet, on a crucial mission	DOROTHY A young girl living on a Kansas farm with her Uncle Henry and Aunt Em	ALICE A very sensible girl who finds herself meeting a number of very silly creatures	PETER AND LUCY Two of several bright and adventurous British youngsters
ENCHANTED PLACE				
HOGWARTS SCHOOL The place for young witches and wizards to learn their trade	MIDDLE EARTH Our planet but imagined in a distant past called the Third Age	THE LAND OF OZ A realm of Munchkins, good and bad witches and flying monkeys	WONDERLAND A topsy-turvy domain of upside-down logic and talky eccentrics	NARNIA A beautiful, lush land subject to periodic invasions and internal uprisings
ENTRY TO MAGICAL WORLD				
HOGWARTS EXPRESS departs from a secret platform at London's King's Cross Station	THE BOOKS' PAGES No humans in our world time-travel back to Middle Earth	CYCLONE, SLIPPERS A big wind blows Dorothy in; enchanted shoes get her out	A RABBIT HOLE Alice later goes elsewhere by stepping through a looking glass	A WARDROBE A closet affords Lucy her first trip to Narnia. Other routes appear later
SCREEN ADAPTATIONS				
PENDING A live-action Sorcerers Stone is gearing up for release within a year or two	SEVERAL They include a 1978 animation. A live film starts shooting next month	MGM MUSICAL, 1939 The classic with Judy Garland and the song *Over the Rainbow*	DISNEY, 1951 This animated musical is the best known of nine Alice-based films	NONE but several TV versions of individual novels that make up the *Chronicles*
MORAL OF THE TALE				
BELIEVE IN YOURSELF The most important magic comes from inside each of us	POWER CORRUPTS A magic ring that can control the world must be destroyed	NO PLACE LIKE HOME Sometimes, though, going away is the best way to appreciate it	BE YOUNG AT HEART Alice hopes she will dream of Wonderland in drab adulthood	YOU GOTTA BELIEVE Religious faith offers a path from an earthly to a real paradise

Time, 4/10/1999.

Il s'agit d'un encart inséré dans un dossier consacré par *Time* à Harry Potter, le héros tant apprécié des jeunes lecteurs et créé par Joanne Rowling. Cet encart est intitulé, *The Charms of Fantasy Worlds.* Après une séance consacrée à l'identification, la description, et le décodage des éléments contenus – il s'agit notamment de lever les difficultés lexicales –, on divisera la classe en cinq groupes et on chargera chacun d'entre eux de reconstituer une histoire à partir des informations fournies verticalement. Il va de soi que l'entrée intitulée *screen adaptation* sera écartée car non pertinente dans le cadre de notre projet. Observons les diverses colonnes : pour chaque roman, dont certains sont d'ailleurs bien connus de nos élèves, on apprend quel en est le personnage principal, où se passe l'action, et comment accéder à ce monde merveilleux. Pour finir, l'auteur de ce tableau propose la morale de l'histoire sur un ton humoristique. On demandera aux élèves de chaque groupe de bâtir une trame narrative fondée sur les éléments fournis, ce qui occasionnera des débats pour ce qui est du choix des différents temps forts de l'action. À partir de cette ossature, à l'intérieur de chaque groupe, les élèves rédigent individuellement un paragraphe correspondant au moment de l'histoire qu'ils ont en charge. On posera comme principe que le temps du récit est le prétérit. Ensuite, il conviendra de leur demander de réfléchir ensemble à la manière d'enchaîner les paragraphes, ce qui les contraindra à introduire des connecteurs et à s'assurer que le réseau anaphorique est correctement constitué. Le professeur suscite l'auto et l'intercorrection en vue d'obtenir des productions linguistiquement correctes. Il s'agit certes de rester modeste et de ne pas attendre de productions trop longues. Vu que ce type d'activité s'effectue en classe, il paraît raisonnable de ne pas y consacrer plus de trois ou quatre séances afin d'éviter le phénomène de lassitude. On demandera ensuite à un élève de chaque groupe, sur la base du volontariat, de bien vouloir rentrer la production sur ordinateur afin de pouvoir distribuer une copie du produit fini à chacun des participants. Les élèves apprécient également que leur travail soit placé sur le site Internet du lycée et ils sont généralement tout à fait compétents pour ce qui est de l'aspect technique des manipulations. Les CDI sont de mieux en mieux équipés et l'utilisation du matériel informatique est à encourager dans la mesure où les élèves devront savoir s'en servir pour réaliser leurs dossiers dans le cadre des TPE[2] lorsqu'ils seront en Première.

---

2. TPE : Travaux personnels encadrés. Ceux-ci sont mis en place depuis la rentrée 2000 en classe de Première, pour être poursuivis en Terminale en 2001. Nous y reviendrons dans le chapitre 11.

Le même type d'approche du travail d'écriture peut se concevoir pour la rédaction d'articles de journaux dont la présentation est bien sûr tout à fait différente de celle de l'écriture littéraire. Il est possible, par exemple, d'enregistrer un journal télévisé sur la BBC ou Sky News, par exemple, selon le mode d'équipement du lycée (câble ou satellite). Il faudra choisir autant de sujets qu'il y a de groupes concernés, en travailler la compréhension afin de repérer les éléments d'information pertinents, ainsi que le lexique utile, passer ensuite à la rédaction d'articles sur le mode journalistique, à propos des mêmes nouvelles, en respectant les caractéristiques du genre. Il va de soi qu'un travail en amont sur la presse écrite est indispensable.

En Première et en Terminale

Les activités proposées pour la classe de Seconde restent toujours valables. C'est le degré d'exigence qui évolue. On attend des élèves que leur expression s'affine et qu'ils utilisent du lexique plus recherché ou plus spécialisé pour éviter les répétitions, qu'ils manipulent les énoncés complexes plus fréquemment et avec plus d'aisance, et que leurs productions s'allongent. Il est d'usage, quant à ce dernier point, et quel que soit le niveau concerné, de préciser dans les consignes le nombre de mots attendus. En effet, le jour du Baccalauréat, les candidats des séries ES et S doivent produire une expression comportant 300 mots (± 10 %) et quelques unes des questions proposées aux candidats de la série L exigent également de leur part un nombre de mots précis. Il est donc important d'habituer les élèves à cette contrainte tout au long de leur scolarité au lycée, car ils doivent être capables de respecter cette donnée de la consigne.

Plus on avance dans le second cycle, plus les activités d'écriture se multiplient. Les élèves deviennent de plus en plus efficaces dans le domaine des activités de décodage, il est donc possible de consacrer plus de temps aux activités de production, en particulier celles concernant l'écrit.

En Première, par exemple, on sollicitera très régulièrement de la part des élèves, des comptes rendus écrits. Après le commentaire oral – assorti d'une prise de notes – d'un document iconographique, par exemple, on demandera de préparer une synthèse écrite à faire à la maison (on pourra la relever, afin d'avoir une idée du niveau de performance de chacun). En classe, également, le passage à l'écrit se fait à de nombreuses occasions. Il permet d'opérer une pause structurante, chaque élève se voyant chargé de rassembler les éléments d'information repérés, ou les idées émises par l'ensemble du groupe classe. Cette façon de procéder permet de mettre tous les élèves sans exception au travail, y compris ceux qui ont tendance à rester en retrait lors des phases de mise en commun à l'oral, soit par timidité, soit parce qu'ils comptent sur leurs camarades. De plus, le professeur se déplace parmi les élèves, il répond à leur demande d'aide lexicale ou grammaticale, indique les erreurs en en permettant ainsi la rectification immédiate – évitant, ce faisant, que certaines erreurs récurrentes ne s'enkystent – et surtout établissant un contact personnel individualisé avec chacun des membres de la classe. On peut avec profit demander aux élèves de rédiger un court paragraphe après avoir étudié l'extrait d'une vidéo, par exemple. Dans ce cas, le passage à l'écrit s'appuie sur les mots clés du scénario, s'il y a des dialogues, et pour ce qui est des éléments descriptifs, le professeur introduira le lexique utile à la demande. En procédant ainsi, on enrichit les possibilités d'expression des élèves, tout en permettant de conserver une trace écrite organisée à propos d'un support dont ils ne peuvent pas disposer chez eux pour pouvoir s'en approprier les éléments linguistiques.

En Terminale, on se doit bien entendu d'étudier les différents types discursifs, comme nous les avons définis précédemment, afin de bien préparer les futurs candidats bacheliers à toutes les éventualités. Dans cette optique, il est bon de donner régulièrement des sujets relevant des diverses catégories évoquées. Les élèves les rédigent soit en classe en temps limité, soit à la maison avec la possibilité dans ce cas d'utiliser les outils de référence, à savoir leurs précis grammaticaux et leurs dictionnaires. Ces sujets feront l'objet d'une évaluation formative. Nous y reviendrons en fin de chapitre.

Il ne s'agit pas néanmoins de focaliser uniquement sur l'examen à venir, au risque d'angoisser inutilement les élèves et surtout de perdre complètement l'idée de plaisir qui se doit, malgré toutes les contraintes, de rester attaché à l'étude de l'anglais. En effet, si nos élèves n'éprouvent plus de plaisir vis-à-vis de l'étude de la langue et de sa culture, ils perdent toute leur motivation et le climat de la classe s'en trouve rapidement dégradé. Il convient donc de maintenir un équilibre raisonnable entre les activités directement destinées à la préparation de l'épreuve et celles concernant la langue au sens large.

Pour ce qui est de l'écriture, comme les élèves ont atteint en principe, un stade déjà satisfaisant pour ce qui est de leur appropriation des diverses techniques auxquelles nous avons fait allusion jusque là, pourquoi pas, au moins une fois dans l'année, amener les élèves à rédiger une nouvelle *in extenso* ? Ils ont été familiarisés à ce genre littéraire très particulier dans le cadre de l'apprentissage de la lecture suivie et en connaissent donc les caractéristiques. Pour rendre l'activité plus ludique, on peut organiser un concours au sein de la classe, ou entre plusieurs classes de l'établissement, voire même entre plusieurs établissements. Des concours de nouvelles sont d'ailleurs organisés par certaines académies qui les proposent sur leur site Internet. Voici un exemple qui a été réalisé avec deux classes, une scientifique et une littéraire. Une revue littéraire, *The Good Book Guide*, proposait alors à ses lecteurs, un concours de nouvelles dont le sujet était assez libre dans la mesure où la seule contrainte était qu'il devait obligatoirement y avoir une bibliothèque et/ou un bibliothécaire dans l'histoire. Malgré l'importance du nombre de mots imposés – 1 000 mots – l'idée de participer a séduit les élèves, d'autant qu'un courrier demandant la possibilité d'impliquer des classes dans le concours, avait été suivi d'une réponse affirmative directement adressée aux élèves et leur souhaitant en outre, bonne chance. C'est donc avec enthousiasme qu'ils se sont lancés dans l'aventure. Les deux classes concernées ont été divisées en groupes de deux à cinq élèves maximum, suivant les affinités. Dans un premier temps, chaque groupe a discuté pour décider de ce que pourrait être l'histoire qu'ils allaient écrire, choisissant un cadre et des personnages. Puis ils ont été invités à se remémorer quelles étaient les contraintes liées au genre de la nouvelle. La définition suivante leur a ensuite été distribuée et expliquée :

> The short story differs from the novel in the dimension that Aristotle called "magnitude", and this limitation of length imposes differences both in the effects that can be achieved and in the choice, elaboration and management of the elements to achieve those effects. Edgar Allan Poe, who is sometimes called the originator of the short story as an established genre, was at any rate its first critical theorist. He defined what he called "the prose tale" as a narrative which can be read at one sitting of from half an hour to two hours, and is limited to "a certain unique or single effect" to which every detail is subordinate. Poe's comment applies to many short stories, and points to the economy of management which the tightness of the form always imposes in some degree. The short story writer introduces a very limited number of persons, cannot afford the space for the leisurely analysis and sustained development of character, and cannot undertake to develop as dense and detailed social milieu as does the novelist. The author often begins the story close to, or even on the verge of, the climax, minimizes both prior exposition and the details of the setting, keeps the complications down, and clears up the denouement quickly — sometimes in a few sentences. The central incident is often selected to manifest as much possible of the protagonist's life and character, and the details are devised to carry maximum import for the development of the plot. This spareness in the narrative often gives the artistry in a good short story higher visibility than the artistry in the more capacious and loosely structured novel.
>
> M. H. Abrams, *A Glossary of Literary Terms*, HBJ College Publishers, 1993.

Le travail de rédaction a ensuite pu commencer. Le premier jet a fait l'objet d'une correction, les erreurs étant simplement soulignées, et a été ensuite rendu aux élèves qui les ont rectifiées, toujours collectivement. Les productions ont été reprises trois fois, toujours selon le même procédé. Finalement, un volontaire de chaque groupe a tapé son texte sur un des ordinateurs du CDI. Un jury composé de volontaires issus des deux classes a élu la nouvelle gagnante ainsi que les deux meilleures suivantes. Elles ont toutes les trois été envoyées au concours mais, malheureusement, elles n'ont pas été sélectionnées... Il est vrai qu'elles étaient à la lutte avec des productions émanant d'écrivains anglophones ! Les élèves n'ont eu aucun regret, ils étaient déjà suffisamment fiers de leurs productions.

Voici la nouvelle qui a recueilli tous les suffrages. Nous demanderons à nos lecteurs de se montrer indulgents et de ne pas perdre de vue qu'il s'agit d'un modeste travail d'élèves, que nous avons décidé de montrer dans toute son authenticité :

Short story

"Excuse me Sir, could you tell me where the books by Edgar Poe are?"
"Here," he said, "on this shelf."
The librarian was sitting down at his desk when he saw his secretary and friend arrive.
"Oh! Hello James," the secretary said. "So, how was the burial? Not too hard?"
"... Just like a burial."
"Yes, but what about you?" he asked.
"Well, I don't know. I try to admit that she has not suffered, but I feel guilty..."
"It's not your fault! And you know it."
After a long silence the man gave James his mail and left.
James thought that it might be letters of condolences again, put them on his desk and went back to work.

In the evening, after dinner, James, who did not know what to do, decided to read his mail. "My wife had to die for my friends to write to me," he thought sadly. As he had guessed, the letters, very numerous, all contained condolences, but one of them retained his attention.
It seemed to him that its envelope reminded him of something and that the fragrance which emanated from it was familiar to him.
The reading of the letter plunged him into a deep stupor. Actually, this letter was very strange. He had no indication about its origin, it was as if it came from nowhere. The text was constituted of big cut letters.
It was written in black and white: the exact narration of one day of his life.
Suddenly he remembered the scene: she was in the bathroom, in front of the mirror, sadly gazing at her hopelessly flat belly, forever flat... And he, as a fool

who, despite his unrestrained love for her, had never deigned to start a family, he was looking at her, crying.
This was their last argument…
They had no child.

On the next day, at eight o'clock p.m., James arrived at the library and, without thinking of it, asked his secretary:
"Are there any letters for me today, William?"
"There are some," William answered, "but not as numerous as yesterday."
He sat down on his seat and leafed through his mail. Then he saw it… It was so different from the others. He hesitated for a few minutes before tearing it open. But what he dreaded happened. It was the same as the day before. He tried not to read it but his curiosity was such that he could not resist, even if he knew that this could be bad for him, maybe even dangerous.
This time, the mysterious person told him about his mother's arrival at this beautiful "old people's home of Portsmouth", on the seaside. Mother had been sorrowful that day and had recommended him to come and visit her often.
James remembered that he had never been there again. He got very confused about that.
He decided to go back home and have a rest to get a grip on himself.
"It's not possible for somebody to have spied on me during my whole life, he thought while he was walking in the street, this story is unbelievable! If it keeps going on like that, I will become crazy!"
When he was at home, he took some sleeping-pills and slept the entire day. But his night was horrible, nightmarish. He had visions and imagined the worst situations.
The reason why he returned to the library, the day after, was only because he wanted to see if there was one of those letters which had become his whole object of thought, again. It was waiting on his desk, alone. He read it in a hurry.
His father had died, five years ago…
James was not present at the burial. He was on his honeymoon in Cuba with his young and pretty wife. Oh, it was so wonderful! Even so, at his return, sorrowful news were waiting for him. But he did not worry about it for a long time.
James suddenly started crying, this had not happened to him since the accident which had generated the premature death of his beloved wife.
"I'm fed up with all this!" he thought. "Why did she die and not me?"

The day after was the same, but his behaviour started to seem very shady: James was completely obsessed with the letters and went to his work just to receive them.
It made him sick. He eventually lost his job. James thought that the mysterious man would send the letters to his home. But it was not the case, they were always addressed to the library, under his own name. That is why James had to go there every morning.
This little game carried on for months and every day, there were more and more personal details. It seemed that the 'enemy' knew any minute of his life by heart, and James spent all this time thinking about it.

After careful considerations, he realized that, as far as all these related scenes were concerned, only his wife and himself knew about everything. That is the way why he finally accepted the impossible: the author of the letters was probably his late wife. This hellish doubt spoilt his life for weeks. But now, he was sure… It was *her* perfume…
Why was she so hard with him?

One day, he received the most terrifying letter. This one was not describing the past anymore but the future… It was about his own death. The date and the way to die were not precised. The only indication was "*soon*".
Then he understood. It was clear. She was calling him. She wanted him to join her. At that moment, James felt an overwhelming need to hold her tight in his arms. William had not seen his friend for six months, at least. Actually James had not really gone back to the library since his dismissal. He only went there stealthily to get his letters. Informed by a colleague, William was very disappointed. Despite his friend's attitude, he tried to contact him, but in vain.
William worried a lot about James who had completely disappeared. He decided to investigate. First of all, if his door remained closed, he would break into his flat. When he arrived on the threshold with the locksmith, tried as he might to knock and to shout, there seemed to be noone. The locksmith opened and William could see James at his desk. He was completely transformed. His eyes looked empty and had dark rings. He was writing a letter and cutting letters in newspapers. When he saw William he blinked and fainted. He went into a deep coma.

He was immediately whisked to hospital. In the meanwhile, William decided to understand what had happened. By rummaging through his flat he found a great number of letters which all contained a part of James's remorse. Then he realized that the unfinished letter on the desk was similar to the others. He understood immediately: *James* was the author of the letters he received.
James was never to recover. One day, the doctors, deciding that he was clinically dead, switched off the life support system.

Julie Meresse, Julie Diaz, Terminale L1

Dans les classes où les élèves ont choisi l'anglais comme spécialité, il est également possible, et même souhaitable, de commencer à les entraîner à la rédaction d'explications de texte littéraires. En effet, la majorité de ces élèves ont le projet de faire des études d'anglais par la suite, il est bon de les aider à s'y préparer. Nous en reparlerons dans le chapitre consacré à la littérature.

4 ACTIVITÉS MODULAIRES

A. PRÉAMBULE

Comme nous l'avions déjà souligné dans la partie consacrée au décodage de l'écrit, les séances de modules permettent un travail plus personnalisé avec les élèves, dans la mesure où il tient compte des besoins spécifiques et des capacités de chacun. C'est dans cette optique que nous proposons des activités axées sur la méthodologie de la production écrite nous semblant particulièrement adaptées à ce type de séances. Les exercices qui suivent ont été sélectionnés dans le précédent guide.

B. DIALOGUES INCOMPLETS

On donne aux élèves le texte d'un dialogue où n'apparaissent les reparties que d'un seul locuteur. Il est préférable de fournir les trois ou quatre premières répliques dans leur intégralité pour que les élèves comprennent bien la situation et délimitent le sujet avec précision. D'après le contexte fourni, ils doivent reconstituer les questions ou les réponses manquantes.

Là encore, il s'agit de sensibiliser les élèves à l'importance des indices contextuels qui doivent les guider pour créer un ensemble logique. Ces indices sont mis en valeur à la correction : éléments lexicaux soulignés, structures grammaticales encadrées. Dialogues et conversation téléphoniques se prêtent bien à ce type d'exercice.

Exercise

A holiday in the Lake District

Can you guess what Sue is saying in the following conversation? Fill in the blanks.

Sue: Hello, Dave. How was your holiday?
Dave: Just great! We had a wonderful time.
Sue: ....
Dave: Well, no. The water's far too cold there. But we had some nice picnics by the lakes.
Sue: ....
Dave: In B & Bs most of the time. And we met some nice people.
Sue: ....

Dave: No, not many, fortunately. Except in Ambleside and Windermere which are really popular and get lots of tourists.

Sue: . . . .

Dave: Not really because we didn't stay long enough. But we met a friendly couple in Coniston; they're coming down here next month.

Sue: . . . .

Dave: Oh, it was great. In fact, we had really good meals wherever we stayed.

Sue: . . . .

Dave: Of course I will. I'll write down all the addresses for you.

Possible solution

Sue: Did you go swimming?
Sue: Where did you stay?
Sue: Were there a lot of tourists around?
Sue: Did you become good friends with any of the local people?
Sue: And what was the food like where you stayed?
Sue: You must give me the addresses of the places where you stayed.

C. HISTOIRES INCOMPLÈTES

On choisit une histoire courte, une petite nouvelle par exemple, où s'intercalent passages dialogués et récit. On fournit aux élèves les premières lignes du texte, telles qu'elles apparaissent dans l'histoire, puis on leur donne une version dans laquelle on a supprimé une ligne sur deux. Les élèves doivent étudier attentivement la version incomplète qui leur est fournie, analyser le début et la fin de chaque phrase, les temps, les termes grammaticaux, tout ce que le contexte leur procure pour les aider à compléter l'histoire. Ils doivent également prêter attention à la ponctuation.

Il est intéressant ensuite de comparer les versions des élèves avec le texte original. On peut analyser les variantes éventuelles au niveau de l'intrigue alors que le matériau de départ était le même pour tous.

Exercise

What do you think could be written in the lines that have been blanked out? Complete the passage.

1. Late on Friday night, in June 1889, I was at home with my wife
2. when the doorbell suddenly rang.
3. I sat up in my chair, and my wife said disappointedly, "It must
4. . . . .

5. I was not pleased, since I had just returned from a hard day's
6. ....
7. dressed in black entered our sitting-room.
8. ....
9. self-control. She ran forward to my wife and cried on her
10. ....
11. "Why, it is Kate Whitney," my wife said to me. They had been
12. ....
13. "I didn't know what to do, so I came straight to you," she
14. ....
15. Dr Watson, and I am so worried about him."
16. ....
17. habit of taking opium, and in later years had not been able to
18. ....
19. about her husband's trouble. We tried to comfort her.
20. ....
21. "Yes, recently he has been visiting an opium house in the East
22. ....
23. the day and returns in the evening, tired and exhausted. But
24. ....
25. that terrible place. A young woman like myself cannot go there
26. ....
27. "I am Isa's doctor," I replied, "and he listens to me. So, I shall go
28. ....

The original version

1. Late on Friday night, in June 1889, I was at home with my wife
2. when the doorbell suddenly rang.
3. I sat up in my chair, and my wife said disappointedly, "It must
4. be somebody wanting a doctor. You'll have to go."
5. I was not pleased, since I had just returned from a hard day's
6. work. We heard the door open and then footsteps. A woman
7. dressed in black entered our sitting-room.
8. "Excuse this late visit," she began, and then suddenly lost her
9. self-control. She ran forward to my wife and cried on her
10. shoulder. "Oh, I'm in such trouble. Please help me."
11. "Why, it is Kate Whitney," my wife said to me. They had been
12. at school together, and Kate had been a friend for many years.
13. "I didn't know what to do, so I came straight to you," she
14. explained. "It's my husband – he's not been home for two days,
15. Dr Watson, and I'm so worried about him."

In his days at college, Isa Whitney had developed the dangerous habit of taking opium, and in later years had not been able to give it up. This was not the first time Kate had spoken to us about her husband's trouble. We tried to comfort her.

"Do you know where your husband is?" I asked anxiously.

"Yes, recently he has been visiting an opium house in the East End of London, by the riverside. Usually he is away only during the day and returns in the evening, tired and exhausted. But this time he has been away for two days, and doubtless is still in that terrible place. A young woman like myself cannot go there among such evil men."

"I'm Isa's doctor," I replied, "and he listens to me. So, I shall go there and send him home. I promise you this."

Sir Arthur Conan Doyle, *Sherlock Holmes Stories*, adapted by P. Nokes, Oxford University Press, 1962. Exemple proposé dans *Reading and Writing Activities*, CRDP Nancy-Metz, 1985.

On pourra fournir une liste des énoncés manquants, dans le désordre, aux élèves en difficulté

D. MOTS DE LIAISON ET ARTICULATIONS DU DISCOURS

Pour amener les élèves à enchaîner leurs idées et enrichir leur expression, il est indispensable de les faire travailler sur les mots de liaison (connecteurs) et les articulations du discours, comme dans les exercices suivants :

A. Compléter un paragraphe dont on a retiré les mots ou expressions servant à l'articulation des idées

Selon le niveau du groupe, on peut fournir ces termes manquants sous forme de QCM ou sous forme de liste dans le désordre, mais là, les élèves ne font qu'opérer un choix. Pour encourager la production pure, il est préférable de ne fournir aucune autre aide que celle du contexte. Dans ce cas, il faut être sûr d'avoir suffisamment fait manipuler les connecteurs et expressions concernées pour éviter de mettre inutilement en difficulté les élèves.

À la correction, on fait justifier les choix : pourquoi une expression de cause à tel endroit, et une de conséquence à tel autre ?

Exercise

Choose the correct link word or expression for each blank in the passage from the suggestion in the list below.

It was a normal busy Saturday in Tesco's supermarket. (1) …… it was absolutely packed and there were queues a mile long at each check-out desk.
(2) …… , I absolutely had to get a tin of curry sauce and Tesco's was the only place that sold it. Why, you may ask, did I have to get curry sauce? (3) …… , I had invited Indian friends to dinner and I was determined to impress them with my own "Indian" cooking. (4) …… , there I was, battling my way towards the row with the sauces when a woman ran into me with her shopping trolley. (5) …… , she did not stop and say sorry, but tried to push me out of the way. (6)…… , I found I did not immediately realise the danger: all I was concerned about was the rudeness of the woman in question. (7) …… , I should also say that I do not have a good sense of balance and, when pushed unexpectedly, I tend, more often than not, to end up on the floor. (8) …… , it was the pyramid of tins and not the floor that broke my fall. There was a great deal of laughter, tins everywhere, and a rather angry manager at my side in next to no time. He enquired briefly about my health and suggested that I might find what I wanted in another shop rather than in his. (9) …… , he asked me to leave. I soon found myself outside the supermarket, bruises already appearing all over my body and, (10) …… , without the essential tin of curry sauce! (11) ……, when my friends arrived that evening I said, with the smile that only a liar can assume, "Terrible thing happened today – my cooker exploded. Why don't I take you out to a restaurant for dinner?"

1. as a result/I mean/however/for example

2. so/incidentally/however/to sum up

3. well/in other words/all in all/for example

4. I mean/anyway/strange as it may seem/that is to say

5. consequently/so/that's why/what's more

6. however/first/as a result/all in all

7. incidentally/I mean/however/that is to say

8. in the first place/in this case/incidentally/as a result

9. in a word/however/strange as it may seem/first

10. well/so/to top it all/then

11. that's why/incidentally/for example/I mean

Solution

1. I mean **2.** however **3.** well **4.** anyway **5.** what's more **6.** as a result **7.** incidentally **8.** in this case **9.** in a word **10.** to top it all **11.** that's why.

B. Articuler des histoires présentées sous forme de propositions indépendantes

On donne aux élèves une histoire sous forme de phrases simples non reliées. Ils doivent reprendre tous les éléments donnés pour constituer des phrases longues et articulées en ajoutant les mots de liaison, pronoms relatifs, signes de ponctuation nécessaires. Il est intéressant de constater que les mêmes faits de départ peuvent être reliés de façon différente selon les élèves.

Exercise

Combine the short sentences below into more complex ones, adding link words, any necessary relative pronouns and the correct punctuation, in order to make a short paragraph.

Mike's father is a policeman.
He overtook on a double yellow line.
It could have cost him his driving licence.
He told the officer about his father.
He happened to work at the same station.
He just gave him a warning.
Mike thanked him.
He reflected that being a policeman's son did have some advantages.

Possible solution

Mike, whose father is a policeman, overtook on a double yellow line, which could have cost him his driving licence if he had not told the officer about his father, who happened to work at the same police station. Mike thanked the officer for just giving him a warning and reflected that being a policeman's son did have some advantages.

C. Éléments clés non articulés

On peut aussi fournir une histoire, non pas sous forme de phrases simples mais sous forme d'éléments clés non articulés, non conjugués et donnés dans le désordre. Cela implique de la part des élèves un plus grand travail de reconstitution qui peut se faire en deux étapes. Un extrait du roman de Gerald Durrell, *My family and other Animals* servira notre propos. L'exercice est développé dans la brochure du CRDP de Nancy-Metz : *Reading and Writing Activities,* déjà citée.

Exercise

Use the different elements to make complete sentences about an event that took place while the Durrell family was on holiday in Corfu at some time in the past. The elements are not in the right order, and the verbs are given in the infinitive.

1. Durrells/the/holiday/on/be

. . . .

2. Corfu/they/on/be

. . . .

3. they/a/large/live/villa/in

. . . .

4. receive/they/a/letter

. . . .

5. a/it/long/be/letter

. . . .

6. Hermione/it/great/be/from/Aunt

. . . .

7. and/she/come/want/to/with/stay/them

. . . .

8. not/she/in/good/be/health

. . . .

9. advise/a/doctors/her/climate/warm

. . . .

Now write a short paragraph by putting the information in the sentences above into one long sentence.

Possible solution

1. The Durrells were on holiday.
2. They were on Corfu.
3. They were living in a large villa.
4. They received a letter.
5. It was a long letter.
6. It was from great Aunt Hermione.
7. She wanted to come and stay with them.
8. She was not in good health.
9. Her doctors (had) advised a warm climate.

While the Durrells were on holiday in Corfu, living in a large villa, they received a long letter from great Aunt Hermione who wanted to come and stay with them because her doctors (had) advised a warm climate as she was not in good health.

D. Une prodution plus libre

Une autre activité peut entraîner les élèves à articuler leurs idées, mais dans une production plus libre. Cela consiste à mettre au tableau une liste de mots de liaison qu'ils doivent ensuite obligatoirement utiliser dans une histoire de leur création.

E. LA TECHNIQUE D'EXPANSION : DU TÉLÉGRAMME À LA LETTRE

On donne les mots clés d'un télégramme. Les élèves doivent rédiger la lettre correspondante en trouvant le bon registre de langue selon la situation de départ et en prêtant une attention particulière à la concordance des temps et aux mots de liaison.

Exercise

Read the telegram* from Tom to his mother and then write Tom's letter that followed.

MARY IN ACCIDENT. LEG BROKEN, HOSPITAL. NEED YOU AND MONEY. LETTER FOLLOWS. TOM.

Possible letter

Dear Mum, As I hope you understood from my telegram, Mary has had an accident.

She was walking along the street near our house when a car mounted the pavement out of control and hit her. Fortunately, she wasn't badly hurt but her leg's broken and she's going to be in hospital for a week or so.

This means there will be no one to stay at home and look after the kids. The problem is I can't just stop work for a week or else I'll lose my job. Could you possibly come and stay until Mary's back on her feet again? I'd be very grateful.

There is also the question of money. As you know, Mary has been doing some word-processing at home and gets paid per page. This has been a big help to us recently but now, without that money coming in I don't know how we're going to make ends meet. Could you see your way to lending us some cash to tide us over? We should be able to pay you back in a couple of months.

Anyway, we'll talk about it when I see you.

Love from all of us,

Tom.

* *Les télégrammes nationaux n'existant plus en Angleterre, pour que la situation demeure « authentique », il faut que la mère de Tom habite à l'étranger. On peut également utiliser des dépêches d'agence de presse pour effectuer le même type d'activité. Dans ce cas, l'exercice de rédaction prendra la forme d'un article de journal et non d'une lettre.*

C'est l'occasion de rappeler aux élèves les grands principes de rédaction d'une lettre : la présentation, la clarté des idées, l'enchaînement des paragraphes, l'importance d'un message immédiatement compréhensible. On peut également signaler que dans le cas d'une lettre adressée à un proche, le ton se veut direct et assez familier, comme si on parlait de vive voix à la personne, d'où la possibilité d'utiliser des contractions.

Cet exemple de production est bien sûr très ambitieux, et on ne s'attendra pas à ce que tous les élèves d'un groupe de Seconde atteignent ce niveau. En outre, bien d'autres développements sont possibles. Profitons de la description de cette activité pour évoquer la mise en place de correspondance avec des élèves anglophones. Il existe, certes, des associations qui proposent des correspondants à nos élèves et qui fonctionnent bien dans l'ensemble. Mais dans ce cadre, il s'agit d'une activité individuelle qui ne concerne pas la classe entière et qui ne peut pas être exploitée de manière productive au niveau du groupe. Les élèves concernés demandent en général des conseils, ou cherchent à s'assurer que leurs lettres sont correctes en sollicitant l'aide de leur professeur au moment de l'interclasse. Il est plus intéressant de chercher à impliquer tous les élèves en organisant un échange classe à classe, afin de pouvoir exploiter les activités d'écriture induites par la correspondance qui s'ensuit. Il est d'ailleurs souhaitable de se servir d'Internet afin d'accélérer le rythme des échanges.

F. L'UTILISATION D'INTERNET DANS LES SÉANCES DE MODULES

Cet outil est très motivant pour les élèves et permet de rendre les activités de production écrite plus ludiques. Il faut, pour que l'utilisation en soit conviviale, que le lycée dispose d'une salle informatique équipée d'au moins huit postes installés en réseau et permettant l'accès individuel au Web. On peut ainsi organiser un travail de recherche sur un thème déjà abordé en classe entière à partir de documents papiers et/ou vidéo.

Prenons un exemple : dans le cadre d'une séquence ayant pour objectif culturel les *Native Americans*, les élèves ont étudié divers documents iconographiques et textes dans leur manuel. Ils ont en outre travaillé des extraits sélectionnés dans deux films : *Dances with Wolves* de Kevin Costner et *The Last of the Mohicans* de Michael Mann. Afin d'éviter les représentations stéréotypées, il est essentiel de présenter un nombre important de documents exprimant des points de vue multiples et variés.

Dans cette perspective, le Web trouve toute sa dimension dans la mesure où il permet l'accès à un nombre quasi illimité de documents. Les élèves travaillent en binômes et surfent dans un premier temps sur des sites préalablement repérés et visités par le professeur. Ils ont pour consigne de parcourir les documents qui se présentent, en lisant plus attentivement les parties qui leur paraissent les plus essentielles. On les laisse ensuite chercher d'autres sites en utilisant les moteurs de recherche à partir d'un mot-clé. Chaque binôme est chargé de sélectionner et de sauvegarder un document qui l'a particulièrement intéressé, avec l'accord préalable du professeur. Les documents sont placés dans un fichier qui porte le nom de la classe et de ses deux groupes de module. Puis, ces documents sont imprimés. Le travail d'écriture peut alors commencer dans la classe. Les élèves, toujours par deux, résument et reformulent les données qu'ils ont collectées. Il s'agit d'opérer un travail de réduction afin de ne conserver que les éléments informatifs les plus pertinents. Les documents sélectionnés présentent l'avantage de fournir aux élèves des éléments langagiers qu'ils peuvent prendre en charge à des fins de réutilisation. Le groupe élabore ensuite un plan de manière à intégrer les paragraphes élaborés par chaque paire afin de produire un ensemble cohérent. Pendant le travail de rédaction, le professeur aide les élèves à contrôler leurs productions en veillant à la correction lexicale et morphosyntaxique. Enfin, deux élèves volontaires entrent la production collective et définitive dans l'ordinateur. On peut placer celle-ci sur le site Internet du lycée. Il va de soi que les productions sont tirées et distribuées à tous les participants.

Toutes ces manipulations informatiques peuvent paraître fastidieuses, mais on constate que les élèves ne rechignent pas et s'y adonnent pour l'instant avec enthousiasme. On peut supposer que dans quelques années, ces activités leur paraîtront tout aussi classiques que celles que nous leur proposons actuellement. N'oublions pas cependant que ces activités d'écriture intégrant l'outil informatique en classe de module, constituent une bonne manière de préparer nos élèves à l'élaboration des dossiers qu'ils devront réaliser dans le cadre des TPE en classe de Première.

Mentionnons également, comme nous l'avions déjà fait dans la partie consacrée au décodage de l'écrit, les fascicules élaborés par les groupes de travail du ministère et qui proposent des activités supplémentaires pour les modules. Les exercices qui sont consacrés au travail d'écriture sont tout à fait intéressants. Regroupés sous forme de projets, ils sont bien construits et progressifs. Nos lecteurs les trouveront dans le tome II de l'*Aide à l'évaluation*. Nous les encourageons vivement à le consulter.

5 LE CONTRÔLE DE LA PRODUCTION ET LE TRAITEMENT DE L'ERREUR

Nous consacrons plus loin (chapitre 12), un chapitre à l'évaluation ainsi qu'aux diverses techniques de correction et de remédiation. Cependant, lorsque l'on traite de la production écrite, il paraît impensable de ne pas faire allusion aux multiples erreurs qui constellent les travaux de nos élèves. En effet, sans même parler des devoirs qu'ils soumettent à notre évaluation afin d'obtenir une note leur permettant de se situer dans le système institutionnel, dès qu'ils écrivent, ils prennent le risque de faire des erreurs. De plus, du fait de la trace écrite, ces erreurs sont parfaitement visibles, bien plus que lors de productions orales, plus fugitives par essence. Le professeur peut donc constater, lors des divers travaux d'écriture effectués en classe, dans quelle mesure ses élèves s'écartent de la norme telle que nous l'avons définie plus haut dans ce chapitre.

Les erreurs sont à la fois « normales » et prévisibles. N'oublions pas que nos élèves se situent dans un processus d'appropriation transitoire d'une langue étrangère. Ils ne sont pas bilingues, et ils ont beau avoir atteint le stade du second cycle, l'idéal, si toutefois il existe, est loin d'être atteint. Il ne faut pas oublier non plus que lorsqu'ils écrivent en français, leurs productions sont loin d'être parfaites alors qu'il s'agit pourtant de leur langue maternelle... En anglais, les erreurs présentent des formes variées. Nous n'allons pas en établir la typologie dans cette partie, mais disons brièvement qu'elles sont globalement d'ordre lexical – mots mal utilisés ou mal orthographiés – ou d'ordre morphosyntaxique. Il convient donc, sans culpabiliser les élèves – nous devons bien rester conscients que ces erreurs sont normales – et sans parler de fautes car la connotation morale attachée à ce concept serait des plus malvenue, de mettre en place une stratégie pour aider les apprenants à se rapprocher de la norme.

À ce titre, citons une fois de plus le tome II de l'*Aide à l'évaluation* dont la deuxième partie est entièrement consacrée à des activités portant sur le traitement de l'erreur. On peut très utilement les donner à faire à nos élèves de Seconde au cours de séances modulaires, voire même en Première et pourquoi pas en Terminale, si besoin est.

Il est également utile de signaler leurs erreurs aux élèves lors des activités de production écrite effectuées en classe afin qu'ils essaient de s'auto-corriger. On peut aussi les aider en les mettant sur la voie s'ils n'y parviennent pas seuls. Lorsque l'on corrige leurs productions, il est judicieux de recenser et de classer les erreurs récurrentes en plusieurs rubriques, ceci avant de faire une correction au tableau. Les élèves prendront des notes en fonction de leurs besoins personnels et pourront s'y référer lorsqu'ils auront d'autres travaux d'écriture à effectuer. Ainsi, ils prendront progressivement conscience des erreurs à éviter et contrôleront d'autant mieux leurs productions qu'ils sauront quels sont les aspects de la langue qu'ils se doivent de particulièrement surveiller. Dans cette optique, il convient de regrouper les erreurs en quatre catégories concernant, le lexique (barbarismes et orthographe), le groupe nominal, le groupe verbal et la syntaxe.

Il peut également être intéressant de relever des énoncés comportant plusieurs erreurs significatives, puis de les soumettre aux élèves qui les rectifient en essayant de comprendre ce qui a bien pu générer la structure fautive. En effet, lorsque les apprenants parviennent à comprendre l'origine de leurs erreurs, ils font un pas de plus sur le chemin de l'appropriation. Nous appelons ce procédé exercice de cacographie, terme qui amuse toujours les élèves !

Une autre possibilité consiste à reproduire une production qui présente des erreurs courantes, sans en citer l'auteur pour éviter qu'il ne se sente humilié, et de la soumettre au reste de la classe afin de voir comment elle pourrait être améliorée, enrichie, voire développée. Ce procédé permet une prise en charge collective et raisonnée, généralement productive. Voici un exemple de travail qui présente de nombreuses erreurs relevant des diverses catégories citées ci-dessus :

Martin Dupont, élève de 1re S1 *Lundi, 2 octobre 1999*

What are the major causes of unemployment?

The unployment is the mean news that we listen in the radio. The unemployment have ever existed but now, that becomes more and more the subject of the conversation. Why does the unemployment be more present now (and during the crisis)?
There are two unemployment crisis, in 1970 and now. The major causes of unemployment are, in 1962 and 1975, the problem of the petrol-crisis. Now, the problem is the automatisation. Before, the industries who engaged the least was the little industries and now the big industries sack some people because it receive more and more money. The craftsmen need of employees but the society forget the craftsmen because they aren't numerous.
For conclude, there is a paradoxe between the society of yesterday and the society of now but the paradoxe is present inside each society.

On peut le soumettre tel quel aux élèves les plus avancés, et pour les élèves qui sont en difficulté, souligner les erreurs en mettant dans la marge un symbole pour en signaler la catégorie :
- lex = lexique
- o = orthographe
- dét = déterminant
- prep = préposition
- adj. inv. = l'adjectif a été mis au pluriel
- adj° = degré de l'adjectif
- gr* = faute de grammaire de base (les *howlers,* c'est-à-dire les erreurs qui font hurler certains professeurs à l'université !)
- tps = temps
- conc = concordance des temps
- aux = mauvais choix de l'auxiliaire
- gall = gallicisme (énoncé calqué sur le français)
- nb = erreur portant sur le nombre, singulier ou pluriel
- ind = mot indénombrable
- md = mal dit
- ns = non sens

Cette liste ne prétend pas à l'exhaustivité, chacun étant libre, selon ses habitudes, d'y introduire des symboles supplémentaires.

Après avoir repéré les erreurs et en avoir indiqué la nature, le premier groupe d'élèves réécrit le devoir, en supprimant les erreurs et en reprenant complètement les énoncés les moins idiomatiques. Ils essaient également de trouver d'autres arguments, qu'ils organisent et relient en utilisant des connecteurs adéquats. L'autre groupe se contente d'essayer de corriger les erreurs soulignées, en réfléchissant à leur origine. Nous laissons à nos lecteurs le soin d'imaginer le type de production amendée que l'on pourrait obtenir, d'autant que les possibilités sont multiples.

BIBLIOGRAPHIE

M. H. Abrams, *A Glossary of Literary Terms, sixth edition,* HBJ College Publishers, 1993.

Arlette Vesque, *Bac anglais, Mode d'emploi*, Ellipses, 1995.

Aide à l'évaluation, Seconde générale et technologique, Tome 2, Ministère de l'Éducation Nationale, de la Recherche et de la Technologie, 1996, 1997.

Reading and Writing Activities, CRDP Nancy-Metz, 1985.

7

Le lexique

1 INTRODUCTION

Le lexique ne doit plus rester le parent pauvre de l'enseignement et de l'apprentissage des langues vivantes en général et de l'anglais en particulier.

Dans les classes, tableaux noirs et cahiers se noircissent de mots au fil des séances et souvent d'abondante façon au lycée. Mais s'est-on jamais interrogé sur ce que l'élève doit faire ou peut faire de ces copieuses listes, prises en notes à la hâte dans le feu de l'action ? En guise de travail spécifique sur le lexique, la consigne – parfois simplement implicite – se borne à l'exigence d'un apprentissage par cœur sans guidage aucun, sans méthode aucune. Combien de fois se contente-t-on de la demande d'une mémorisation aux finalités par ailleurs incertaines pour l'apprenant ? En outre, quelle part est dévolue à l'appréciation de la précision lexicale, de la nuance de la pensée et de l'expression que permet le choix délibéré de tel mot plutôt que de tel autre, dans les évaluations auxquelles nous soumettons régulièrement nos élèves ? Ne nous contentons-nous pas trop souvent d'une mention vague, mais cependant bonificatrice ou minorative, portant sur la « richesse lexicale » des copies qui nous sont remises ?

En quoi les praticiens de terrain sont-ils responsables de la pauvreté ou de la richesse lexicale de leurs élèves ? La question corollaire qui vient à l'esprit porte sur la nature des aides et du guidage offerts aux élèves en matière d'apprentissage du lexique. Comment les amener vers une vision la plus claire possible du lexique en tant que système de sous-systèmes imbriqués, hiérarchisés et organisés ? Cette notion sera illustrée plus loin.

Nous voudrions tenter de plaider ici pour une pratique raisonnée du lexique. S'il est désormais acquis par tous que la conceptualisation d'un fait de langue est favorisée par des activités de repérages en contexte, de mises en contraste, de pratique intensive débouchant sur une phase de verbalisation réfléchie, l'abord du lexique échappe encore curieusement à cette conduite, alors qu'elle est la seule capable de placer l'apprenant sur la voie de la construction d'une représentation du phénomène linguistique visé, la plus juste possible. On voit mal comment l'enseignement/apprentissage des mots – portion de la langue qui dit le mieux le monde, réel ou abstrait – ferait l'économie des démarches mobilisant les processus cognitifs.

Nous voudrions tenter de plaider ici pour que s'instaure au fil des séquences d'apprentissage un travail systématique et régulier centré sur le lexique, de la même façon que sont systématiques et réguliers les travaux portant sur la compétence linguistique ou sur la compréhension de l'écrit, pour ne citer que ces deux champs-là. Un travail didactique sur la langue ne saurait être complet s'il passe sous silence les activités qui vont amener l'apprenant à agir de façon de plus en plus autonome sur la manière dont il conceptualise et mémorise avec méthode la lourde charge lexicale à laquelle il est constamment exposé.

En matière d'apprentissage du lexique, comme pour toute autre partie de la langue, il revient au professeur d'organiser les savoirs qui doivent devenir opérationnels dans les quatre grandes compétences. Il est du ressort de l'enseignant non seulement de mettre l'élève en contact avec de nouveaux mots dans des contextes variés, mais également, voire avant tout, de lui proposer la plus grande variété d'activités d'organisation de son lexique, de ses répertoires et de ses glossaires personnels.

Ici, comme pour tout autre geste professionnel qui fait le quotidien de l'enseignement des langues, présentation, étoffement, fixation, rebrassage restent les gestes professionnels majeurs de l'enseignement du lexique.

2 UNE QUESTION DE VOCABULAIRE

A. LEXIQUE OU VOCABULAIRE ?

Progressivement, l'usage a relégué au second plan le terme « vocabulaire » au profit de celui de « lexique » qui désigne tous les « mots de contenu », les mots à sémantisme plein par opposition aux mots grammaticaux (que certains ont pu naguère nommer « mots outils »). Au plan linguistique, le sens du mot « lexique » s'affine encore pour faire référence à :

> [...] l'ensemble indéterminé des éléments signifiants stables (mots, locutions...) d'une langue, considéré abstraitement comme une des composantes formant le code de cette langue."
>
> *Le Nouveau Petit Robert*, 1994.

Toujours selon *Le Nouveau Petit Robert,* le terme « vocabulaire » désigne :

> [...] les mots d'une langue considérés dans leur histoire, leur formation, leur sens.

Mais si en termes de didactique parler de « lexique » semble plus pertinent, c'est que :

> [...] le terme « lexique » réfère à une prise en compte du continuum entre morpho-syntaxe et sémantique: autrement dit à une analyse des caractéristiques grammaticales de certains items lexicaux.
>
> Danielle Bailly, *Les mots de la didactique des langues - Le cas de l'anglais*, Ophrys, 1998.

C'est une toute autre façon de concevoir le mot qui se dessine ici, riche de conséquences au plan de l'apprentissage. En effet, le mot – il conviendrait alors de parler d'« item lexical » – se perçoit non seulement dans ses rapports avec le contexte large de son émergence (type de support, type d'énoncé, thème du discours, etc.) mais également et plus particulièrement selon sa position dans la chaîne parlée ou écrite en fonction de ses caractéristiques grammaticales. Il y a là un considérable levier d'accès au sens qu'interdit une conception plus étroite du mot comme « mot de vocabulaire », sorte d'entité absolue, décontextualisée, donnée comme préexistante à tout acte d'énonciation. Si le « mot de vocabulaire » s'étiole aux côtés de ses congénères en de fastidieuses listes, l'« item lexical » s'épanouit lui dans les méandres du discours.

À ce stade, nous aimerions hasarder une autre voie de discrimination entre les deux termes de « vocabulaire » et de « lexique », une voie plus en rapport avec les actes d'apprentissages effectués par l'élève et les phases de conceptualisation. Nous croyons qu'une acception du terme « vocabulaire » pourrait désigner le répertoire lexical personnel de l'élève. Propre à chaque apprenant, il est éminemment individuel. Il ne s'agirait donc que d'une infime partie de la somme lexicale qui forme le code de la langue et ce qui est prélevé, mémorisé et organisé par l'apprenant lui-même au fil de ses contacts avec la langue. De nature temporaire et transitoire, perpétuellement en devenir, instable et perfectible, ce « vocabulaire » pourrait être constitué de répertoires et de glossaires intermédiaires, traces des stades successifs dans la conceptualisation du lexique de la langue-cible.

C'est sans doute sur ce « vocabulaire » que l'enseignant a pour mission d'intervenir en multipliant les occasions de lui donner toujours plus de cohérence, de l'organiser et d'inviter à son organisation analytique et réflexive pour en garantir une mémorisation optimale et une mobilisation fluide et souple.

B. VOCABULAIRE ACTIF, VOCABULAIRE PASSIF, VOCABULAIRE DE SIMPLE RECONNAISSANCE

Vocabulaire actif [1]

On admet communément que les items lexicaux qui doivent faire l'objet d'un stockage dans la mémoire à long terme, de façon à être mobilisables sans retard et sans intervention d'un stimulus extérieur en situation de communication relèvent du vocabulaire actif.

1. M.-C. Tréville et L. Duquette parlent de « vocabulaire productif ».

Vocabulaire passif[2]

Tout comme le vocabulaire actif, le vocabulaire passif a fait l'objet d'un apprentissage, cependant il est en sommeil. Certes, il est engrangé dans la mémoire mais n'est mobilisable que s'il est convoqué dans le cadre d'une situation assez forte qui le transférera dans la mémoire active. Souvent, il s'agit d'items lexicaux qui restent d'un usage statistiquement faible dans la langue.

Vocabulaire de simple reconnaissance

Cette catégorie englobe les mots que l'on rencontre rarement. Il faut les analyser pour en comprendre le sens (inférence, composition, dérivation etc.), sans qu'il soit nécessaire de les retenir au-delà d'un premier, et vraisemblablement unique, contact.

C. VOCABULAIRE EXPLICITE, VOCABULAIRE IMPLICITE

Vocabulaire explicite

L'ensemble des items lexicaux apparaissant dans un document donné relève du vocabulaire explicite. On peut concevoir que les trois catégories précédemment citées constituent des sous-divisions de la catégorie « vocabulaire explicite ».

Vocabulaire implicite

Il regroupe l'ensemble des items lexicaux qui permettront un échange de vues, un commentaire du document abordé.

Pour artificiels qu'ils puissent paraître, ces clivages, formalisés par les *Instructions Officielles* ou par certains auteurs, s'avèrent d'une grande utilité pour l'enseignant comme pour l'élève. À l'enseignant, ils permettent de définir avec plus de précision les objectifs lexicaux à atteindre. Ils autorisent une meilleure programmation des parcours d'apprentissage du lexique en séparant l'essentiel de l'accessoire. Ces distinctions permettent également de mieux conserver la mémoire de la culture lexicale de chacune des diverses classes enseignées.

Par ailleurs, lors des phases de présentation du lexique, faire systématiquement appel à ces catégories permet au professeur de proposer

2. Ici, les mêmes auteurs parlent de « vocabulaire réceptif » qui recouvre également le vocabulaire de simple reconnaissance.

une première étape de hiérarchisation de la charge lexicale dont il propose l'abord. Distinguer par un système de couleurs ou de codes, le vocabulaire actif du vocabulaire passif présentés lors d'une séance peut constituer une activité simple qui place l'apprenant sur la voie – certes la plus élémentaire – d'une première prise en charge du lexique, de sa mémorisation et de son apprentissage par le biais d'une simple activité de tri. De façon peut-être encore plus profitable, on peut suggérer aux élèves d'établir eux-mêmes ce travail de classement à l'issue de l'exploitation d'un document et d'en justifier le bien fondé devant la classe.

3 ENSEIGNEMENT/APPRENTISSAGE DU LEXIQUE

A. APPRENDRE LES MOTS D'UNE L2

Qu'est-ce qu'apprendre des mots lorsqu'on est élève d'une classe de langue vivante ? Marie-Lise Tréville et Lise Duquette proposent les premiers éléments de réponse à cette question :

> Apprendre le vocabulaire d'une langue consiste à entreposer, dans la mémoire, des mots (avec leurs règles d'emploi et les ramifications qui les relient à d'autres mots) de telle sorte qu'ils puissent en être extraits, en moins d'une fraction de seconde, dès qu'ils sont nécessaires pour effectuer une tâche langagière.
>
> *Enseigner le vocabulaire en classe de langue*, Hachette, 1996.

Michael Wallace complète ce point de vue en précisant :

> [...] to 'know' a word in a target language as well as the native speaker knows it may mean the ability to:
> (a) recognise it in its spoken or written form;
> (b) recall it at will;
> (c) relate it to an appropriate object or concept;
> (d) use it in the appropriate grammatical form;
> (e) in speech, pronounce it in a recognisable way;
> (f) in writing, spell it correctly;
> (g) use it with the words it correctly goes with, i. e. in the correct location;
> (h) use it at the appropriate level of formality;
> (i) be aware of its connotations and associations.
>
> *Teaching Vocabulary*, Heinemann, 1982.

Notons déjà que ces deux définitions de l'apprentissage du lexique mettent en lumière son trait essentiel : le lexique s'organise en une variété de systèmes. Atteindre une maîtrise satisfaisante du lexique requiert l'activation d'un nombre élevé d'opérations mentales complexes. Elles sont diversement mobilisées selon les situations de communication auxquelles nous nous trouvons confrontés. Prenons, par exemple, le mot *rough*. Qu'il soit auditeur, locuteur ou lecteur, l'utilisateur de cet item lexical n'aura pas recours aux mêmes canaux de mobilisation et d'activation. L'auditeur recourra à la représentation phonétique du mot *rough*, c'est à dire [rʌf], pour parvenir aux données concernant le sens du mot, sa catégorie grammaticale, ses positionnements possibles sur l'axe syntagmatique[3], horizontal, sans omettre des variations envisageables sur l'axe paradigmatique[4], vertical. Le locuteur, pour sa part, doit être capable de réaliser [rʌf] tout en se basant sur la signification du mot correctement mémorisée. Le lecteur, quand à lui, mise sur la succession r+o+u+g+h = *rough* pour associer un lexème à sa charge sémantique, au demeurant parfaitement arbitraire.

En effet, apprendre un item lexical, c'est être capable de s'approprier l'arbitraire qui joint un lexème à une signification, associe un ensemble fini de signes graphiques ou phoniques (r+o+u+g+h = rough = [rʌf]) à une catégorisation grammaticale (*rough* peut être nom, adjectif, adverbe ou encore verbe) et à un sens. On le voit, connaître un mot revient à activer une signification après avoir :

- analysé un contexte précis de communication ;
- analysé le contexte thématique de l'acte de communication ;
- traité les aspects formels (orthographe, phonologie) ;
- traité les aspects syntaxiques (nom, verbe, etc.).

Ce sont là certaines des étapes, et encore s'agit-il des plus élémentaires, qui peuvent favoriser chez l'apprenant une meilleure représentation lexico-sémantique lors d'un travail constant de conceptualisation, qui associe processus formels et processus sémantiques dans l'acquisition du lexique en langue vivante seconde.

B. COMMENT ENSEIGNER LES MOTS D'UNE L2 ?

Sélectionner

Il est du ressort de l'enseignant du Second Cycle d'établir ses propres progressions en matière de lexique puisque les *Instructions Officielles* ne placent aucune borne à l'abord de cette composante de la langue. Ainsi, l'enseignant doit-il mettre en place des critères de sélection pour chaque projet pédagogique afin de mieux planifier l'exploration des champs lexicaux retenus. Ces critères peuvent être définis comme suit :

---

3. F. de Saussure appelle « syntagme » toute combinaison dans la chaîne parlée.

4. Le rapport paradigmatique est celui qui associe une unité de la langue réalisée dans un énoncé avec d'autres (non présentes dans l'énoncé considéré).

Sélectionner en fonction de la difficulté

Il semble important de ne pas perdre de vue la notion de niveau de langue lors du choix des items à présenter en restant judicieusement sélectif dans ses choix. Par exemple, en ce qui concerne la notion de colère, au plan du vocabulaire actif, on utilisera *angry* (adj.) plutôt que *ratty* (adj.), *worked up* (adj.) ou encore *berserk* (adj.) plutôt que *wrathful* (adj.) ou *ireful* (adj.).

Sélectionner en fonction de la fréquence

Il s'agit là d'un critère à manier avec précaution. Bon nombre de mots ont en effet une fréquence d'apparition assez faible dans les situations de communication de la vie réelle, mais peuvent s'avérer indispensables dans le cadre des activités d'une classe de langue vivante. Il en va ainsi d'items lexicaux comme par exemple *chalk* (n.) ou *blackboard* (n.) ou, dans un autre registre, d'expressions comme *detrimental to* (adj.) ≠ *beneficial to* (adj.), les uns pouvant apparaître dans un *classroom English* des plus pratiques, les autres au fil d'un commentaire faisant appel à un registre de langue et à une sophistication lexicale plus élevés.

Sélectionner en fonction de la quantité

Ici encore, il est difficile d'être prescriptif quant au poids de l'apport lexical par séance.

> It's impossible to be dogmatic about the number of new lexical items that should be presented in a sixty-minute lesson. We should suggest an average of eight to twelve productive items as representing a reasonable input.
>
> Gairns, Ruth and Stuart Redman, *Working with Words: A Guide to Teaching and Learning*, Cambridge University Press, 1986.

La quantité d'items à proposer dans une séance dépend en fait très étroitement de la nature du travail de manipulation, de classement et d'organisation que l'enseignant se propose de mettre en place en aval. Il n'est certes pas question de saturer la mémoire des élèves mais encore moins de les laisser affronter seuls et par leurs propres moyens une charge lexicale trop pesante. En tout état de cause soulignons qu'il s'agit plus d'enseigner à nos élèves du second cycle de l'anglais plutôt que l'anglais. En matière de lexique notre ambition serait pleinement satisfaite si nous atteignions, à l'issue de sept années de contact avec la langue, les quelques 1 500 items lexicaux qui définissent *a minimum level of general ability* (Gairns, *ibid.*). Pour mémoire, rappelons avec Marie-Claude Tréville et Lise Duquette *(ibid.)* qu'un locuteur natif « disposerait d'un vocabulaire productif de 2 000 mots auxquels s'ajouterait un vocabulaire réceptif cinq à six fois supérieur. »

Sélectionner en fonction des besoins langagiers

La notion de besoin langagier s'apprécie par rapport au niveau enseigné d'une part, mais aussi et surtout, relativement aux situations de communication dans lesquelles l'enseignant va installer la pratique de la langue. Il est vraisemblable que le vocabulaire requis pour participer à un court débat ou encore pour rédiger une lettre sera assez différent de celui qu'il faut mobiliser pour produire un commentaire littéraire. Quoi qu'il en soit, il convient de veiller à ne pas mettre les élèves en situation de dire ou d'écrire sans leur avoir fourni les moyens – lexicaux ici – de le faire. Autrement dit chaque situation de production doit être rigoureusement définie en fonction de l'ampleur des connaissances lexicales présentées et manipulées en amont de la tâche de production exigée. Ce n'est qu'à ce prix que l'on peut conduire vers l'autonomie. Par ailleurs, des situations d'apprentissage explicitement définies, assorties de situations de communication clairement établies, engendrent des attentes spécifiques de la part des apprenants faisant la part belle à la motivation pour l'apprentissage. En tout état de cause, l'enseignant reste le seul juge capable d'établir un équilibre entre un apport lexical pléthorique mais inadapté et une présentation lexicale congrue mais trop maigre pour répondre à des contingences de communication efficace.

Sélectionner en fonction de la « maturité langagière »

La « maturité langagière, c'est-à-dire l'étendue des connaissances déjà en place » selon Marie-Claude Tréville et Lise Duquette *(ibid.)* conditionne grandement les choix opérés par le concepteur de projets pédagogiques. De même, il convient de ne pas négliger « la connaissance conceptuelle des mots » présentés. En sus de cette dimension conceptuelle, nous aimerions ajouter la connaissance de la charge culturelle véhiculée par certains mots. Ainsi, par exemple, sur le plan conceptuel, comme sur le plan culturel d'ailleurs, de quelle utilité seraient *parish* (n.), *parishioner* (n.), *parochial* (adj.) et *go on the parish* (v.) pour qui serait incapable de les rapprocher de mots déjà en mémoire comme *vicar* (n.), *vicarage* (n.) et *churchgoer* (n.) ? De plus, présenter *go on the parish* (v.) sans le référer au système daté du *Poor Relief* britannique semblerait assez vain. De même, quelle réalité culturelle et conceptuelle pourraient bien recouvrir l'association de *prefect* (n.), *fag* (n.), *rugby* (n.), *bully* (v.) et *manly Christianity* (n.) si on extrayait ces items du contexte des *Public Schools* de l'Angleterre victorienne ? Remarquons que dans les cas précédents, il semblerait tout à fait judicieux de faire principalement porter la conceptualisation sur les réalités culturelles recouvertes par ces termes.

Contextualiser

Présenter le lexique en contexte est un choix fondamental et impérieux pour qui veut en favoriser la conceptualisation et l'apprentissage. Par opposition, le recours à la mémorisation de listes de mots induit

> [...] une conception des mots comme des objets existant en eux-mêmes indépendamment de toute relation à un sujet. Les mots ont une sorte de valeur absolue, et vivent sur la page sous forme de liste comme en un monde d'idées préexistantes.
>
> Marie-Claude Tréville et Lise Duquette, *Enseigner le vocabulaire en classe de langue*, Hachette, 1996.

Jamais, ou très exceptionnellement, un mot n'apparaît de façon isolée. Le cas échéant, observons qu'un contexte, à l'implicite souvent forcé, comme c'est le cas de certains messages publicitaires, vient l'éclairer, le connoter ou encore en mobiliser toutes les acceptions en un seul instant.

Un lexème ne s'assortit d'une signification que relativement à un contexte d'occurrence et par rapport aux autres éléments lexicaux qui l'environnent. Ainsi dans *we had a rough crossing from Dover to Calais*, le mot *rough* (adj.) ne signifie-t-il pas tout à fait la même chose que dans *that cloth is too rough to the touch*. En outre, *he has a rough tongue* offre une nuance de sens différente encore. Toutefois, remarquons que dans ces trois occurrences r+o+u+g+h = rough = [rʌf] occupe un endroit de la chaîne syntaxique dévolu à l'adjectif, dans la majorité des cas. Ce sont donc bien, dans le premier cas, les mots *crossing* (n.), *Calais* (n.) et *Dover* (n.) qui font pencher *rough* vers le sens de *choppy* (adj.) alors que *cloth* (n.) et *touch* (n.), mais surtout *that* (det.), en orientent le sens vers *harsh* (adj.) davantage que vers *soft* (adj.). Un mot ne prend sens que dans le jeu de ses collocations.

Par ailleurs, si tel locuteur préférera dans l'instant de l'énonciation recourir à *we had a* ***rough*** *crossing from Dover to Calais* plutôt qu'à *we had a* ***choppy*** *crossing from Dover to Calais* après avoir éliminé *we had a* ***storm-tossed*** *crossing from Dover to Calais*, c'est bien que l'énonciateur effectue des tris et sélectionne parmi un nombre fini de possibilités celle qui lui semble le mieux convenir aux contingences de la situation.

En matière d'apprentissage du lexique, le travail de l'apprenant est de nature éminemment sémantique et les processus formels restent d'une grande importance, en particulier dans les premiers stades de l'appropriation.

> L'acquisition d'un mot dépend principalement de son intégration au niveau sémantique : si le lien sémantique ne s'établit pas, le processus d'association formelle ne permet qu'une fixation partielle en mémoire ; s'il y a association, le mot s'intègre dans les types de réseaux divers : syntagmatiques, paradigmatiques, etc.
>
> Marie-Claude Tréville et Lise Duquette, *Enseigner le vocabulaire en classe de langue*, Hachette, 1996.

Contextualiser un item lexical l'active en lui donnant vie (une liste décontextualisée est un champ mort) dans ses relations à son contexte immédiat. À un autre niveau, un tout autre type de contextualisation, presque topographique, peut en favoriser la mémorisation à long terme. En effet, ne doutons pas que le souvenir de mots tels que *greenery* (n.), *soil* (n.), *environmental* (adj.), *issue* (n.), *campaign* (v.) et *convince* (v.) sera d'autant plus vivace que, outre les bénéfices d'un travail lexical spécifique, l'élève conservera le souvenir exact non seulement du cadre thématique *(Environmental Issues in Africa)* dans lequel il a été amené à les manipuler mais aussi du lieu précis dans lequel ces items sont apparus pour la première fois, à savoir ici, un document intitulé *Woman Power,* extrait de *Newsweek*, March 9, 1992.

Il n'en reste pas moins vrai que la question de l'investissement d'une forme graphique ou sonore arbitraire par une signification particulière reste la pierre d'achoppement des processus d'apprentissage du lexique. Ce passage ardu doit donner l'occasion à l'enseignant de solliciter et d'impliquer le plus souvent possible l'apprenant par de fréquentes manipulations de façon à le placer sur la voie d'une réelle appropriation visant à l'élaboration consciente et réfléchie de son propre vocabulaire.

C'est pourquoi il convient d'entraîner à une méthode ou encore à des stratégies d'apprentissage du lexique, qui ne feront plus de la mise en mémoire, un processus aléatoire, ne faisant que creuser les inégalités entre la minorité des élèves les plus capables de travailler seuls et la vaste majorité des autres.

4 SUGGESTIONS DE PISTES DE MISE EN ŒUVRE

A. PRÉAMBULE

De l'ensemble des remarques qui précédent, on déduira sans peine quelques principes fondamentaux de l'apprentissage du lexique :

- L'apprentissage du lexique procède par association. Les mots sont associés à des idées, des sons, des images ou encore à d'autres mots.
- La notion de contraste, d'opposition terme à terme peut constituer pour l'apprenant un principe organisationnel.
- La mémorisation se produit à l'issue de manipulations dans le cadre d'un domaine sémantique, d'un thème fédérateur, d'un récit ou d'une situation de communication. En effet, l'apprentissage du lexique suit la même logique

que l'étude de la grammaire. Comme c'est le cas pour n'importe quel fait de langue à caractère grammatical, le mot est présenté, manipulé, conceptualisé – en somme appris – dans un contexte signifiant. La signification d'un item lexical n'est pas donnée par l'item lui-même, mais bien par ses emplois en situation dans un contexte clair. Il n'est certes pas aisé de tenir un propos universel et applicable à tous en matière de mise en mémoire. En effet, s'il existe des styles cognitifs assez clairement définis (auditif, visuel, etc.) il semble acquis que chaque enseignant a recours à un panachage de ces styles sans nécessairement toujours favoriser le recours majoritaire à l'un d'entre eux. En tout état de cause, il nous semble qu'il serait pernicieux d'associer tel ou tel élève à un seul style cognitif à l'exclusion des autres. L'approche méthodologique vise précisément à exposer l'ensemble des élèves à des modalités d'apprentissage très diverses et variées dans l'espoir qu'ils retiendront celles qui leur conviennent le mieux.

En matière de mémorisation du lexique, on a dit l'importance de la contextualisation et les effets bénéfiques que peut avoir le souvenir d'un contexte d'apprentissage sur la mobilisation active d'un mot. C'est pourquoi nous avons axé la description de notre travail sur une présentation et des manipulations du lexique systématiquement centrées sur des mises en réseaux et l'établissement de liens. Par ailleurs, il nous semble qu'inciter les élèves à intervenir sur leur vocabulaire par le biais d'activités spécifiques favorise grandement leur motivation pour l'apprentissage lexical et, par contre coup, la qualité, la quantité et la stabilité des éléments placés en mémoire.

Bornons-nous ici à rappeler que plutôt que de parler de mémoire, il convient davantage de faire allusion à plusieurs types de mémoire. En effet, on peut distinguer :

– la mémoire immédiate : rétention des données de quelques secondes à une minute ;
– la mémoire à court terme : rétention des données pendant quelques minutes ;
– la mémoire à long terme : rétention des données de quelques jours à quelques années.

C'est cette dernière que travaux et activités spécifiques doivent permettre de développer. Daniel Gaonac'h, dans son *Vocabulaire de sciences cognitives*, 1998, (cité par Danielle Bailly) précise que :

> [les] informations qui peuvent être situées dans le temps et dans l'espace et dont la récupération est fortement liée à des effets de contexte (mémoire « épisodique ») comme les « connaissances générales du monde, indépendamment du moment et du lieu de leur constitution, et dont la récupération est fortement liée à leur organisation » (mémoire sémantique) étayent la mémoire à long terme.

• L'apprentissage du lexique doit ménager une part de réflexion importante aux phénomènes morphologiques de façon à mettre en évidence quelques unes des liaisons entre forme et sens : catégories de mots, rapports entre graphie et phonie, phénomènes de lexicogénèse simples[5].

• L'apprentissage du lexique va de pair avec l'entretien des zones de la mémoire où il est entreposé. Dès lors, il semble primordial de ménager des phases de rebrassage du lexique engrangé dans la mémoire à court et à long terme et ce, par le biais d'activités portant aussi bien sur les capacités de production que de compréhension.

Par des exemples d'activités, nous avons souhaité illustrer de la façon la plus pragmatique qui soit quelques-uns de ces préceptes. Les exemples qui suivent ne sont jamais que des suggestions dont nous ne proposerons que l'amorce. Le lecteur pourra peut-être s'en inspirer, les adapter et certainement en faire varier la nature à loisir. Chacune de ces activités propose une manière différente d'envisager l'organisation du lexique. Aucune de ces activités n'est évidemment exclusive d'une autre ou de toute les autres. Au contraire, elles peuvent parfaitement se combiner en un réseau organisationnel selon les cas et les préférences des élèves. Car, ne l'oublions pas, il s'agit ici pour nous de développer l'autonomie par le contact avec des activités aisément transférables.

L'essentiel reste pour nous de donner au lecteur l'envie et le goût de déployer des procédures spécifiquement consacrées à l'apprentissage du lexique, lequel ne doit rien au hasard, mais tout à la volonté délibérée de l'enseignant comme au sens de l'effort de l'apprenant.

B. LE TRAVAIL DU LEXIQUE : À QUEL MOMENT LE PRÉSENTER ?

La première demande dont sont porteurs nos plus jeunes collègues concerne la manière de présenter le lexique à la classe. Mais encore faut-il avoir au préalable décidé de la nature et de la quantité de lexique qui doit faire l'objet d'une présentation spécifique en fonction du support retenu. En la matière, les quelques critères mentionnés plus haut s'avéreront probablement de quelque utilité.

Précisons toutefois qu'il ne convient certainement pas de présenter l'intégralité de la charge lexicale d'un document inconnu. En effet, si nous nous plaçons dans la perspective d'une activité de compréhension de l'écrit par exemple, nous savons d'une part que les élèves peuvent déployer des stra-

5. À cet égard, le lecteur ne s'étonnera pas de ne pas trouver d'activités portant sur les processus de lexicogénèse – par dérivation, composition, suffixation, préfixation, etc. – dans ces pages consacrées à l'apprentissage du lexique. Nous le renvoyons aux développements qui leur sont consacrés dans le chapitre 3.

tégies autonomes d'accès au sens (traitement du lexique inconnu par inférence, analyse de la composition des mots, etc.) et d'autre part, qu'il n'est pas toujours nécessaire pour eux de comprendre chaque mot d'un texte pour être un lecteur performant de l'anglais dans les classes du second cycle.

Se pose ainsi, d'abord la question du choix et de la sélection des quelques items qui feront l'objet d'un apprentissage spécifique au titre du vocabulaire actif. Ensuite, vient la question des modalités de présentation de ce vocabulaire.

Le moment de l'anticipation semble être le plus propice à la présentation du lexique, d'un lexique relatif à un thème, quelle que soit la nature du support retenu.

Dans ce but, on fait réaliser un remue-méninges effectué en binômes pendant un temps donné. En effet, réunis par paire, les élèves se stimulent, s'entraident et la quantité d'items mobilisés s'accroît d'autant. Un mot-thème (hypéronyme) est affiché au tableau, les élèves sont alors invités à mobiliser le plus grand nombre possible de mots relatifs à ce thème, sans aucune exclusive de catégorie. Une mobilisation lexicale guidée par un associogramme (remis aux élèves ou présenté au tableau) s'avère plus attractive et beaucoup plus productive. La forme que revêt l'associogramme constitue un premier guidage de la recherche presque introspective qu'effectue chaque élève conjointement à un camarade.

Il peut être :

1. libre

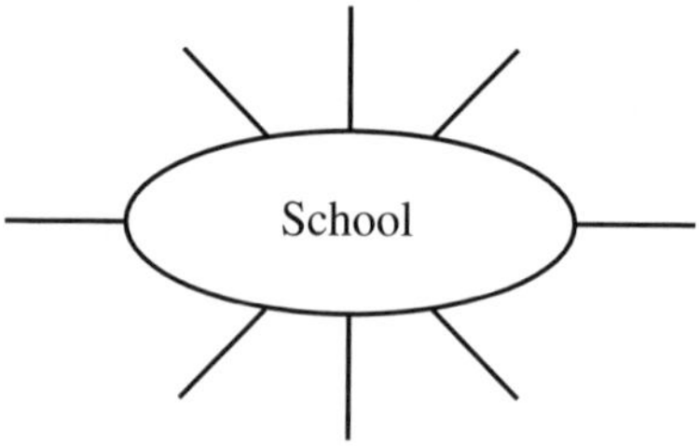

Ce cas de figure est vraisemblablement celui qui sollicite l'élève le plus profondément. Outre la mobilisation des items lexicaux enfouis dans la mémoire, il exige de l'élève qu'il soit capable de définir lui-même les principes d'organisation et de sériation de la charge lexicale évoquée. En cela l'associogramme libre constitue un excellent outil de gestion du lexique en totale autonomie. Par ailleurs, lors de la mise en commun, les échanges interactifs nécessaires à l'élaboration négociée des critères d'organisation fournissent, d'une part, l'occasion de prises de parole authentiques et en situation et, d'autre part, impliquent le plus grand nombre d'élèves dans la prise de décision, préparant ainsi à une meilleure conceptualisation.

2. guidé par référence aux catégories grammaticales

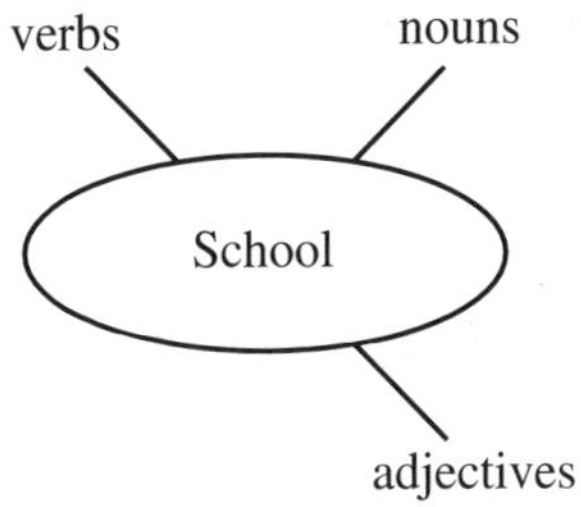

3. guidé par entrées thématiques

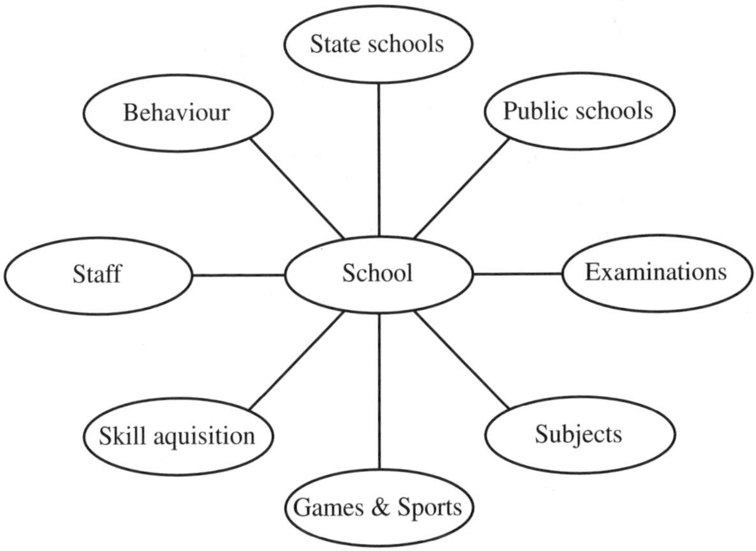

Quel que soit le cas de figure retenu, la phase de mise en commun du travail de mobilisation lexicale va constituer le moment privilégié de l'enrichissement et de l'introduction des items nouveaux, jugés nécessaires par rapport au support à aborder.

Le professeur sera à l'écoute des trouvailles des élèves qu'il utilisera comme un tremplin vers l'accroissement du bagage lexical. Pour ce faire, il pourra avoir recours aux principes de mise en réseau et d'association par contraste (antonymie) ou par quasi équivalence (synonymie). Bien entendu, chacune des nouvelles propositions ainsi faite, sera, si nécessaire, accompagnée, d'une mise au point phonétique (matérialisation du ou des accents de mot, recours à l'alphabet phonétique international pour certaines parties du mot).

Ainsi, tel élève pourra proposer *private school* (n.) que l'on mettra en équation avec *public school* (n.), *fee-paying school* (n.) et *elite* (n.). Par contraste, on opposera alors *state school* (n.), *grammar school* (n.) et *comprehensive school* (n.) et *ordinary people* (n.). Tel autre lancera *good pupil* (n.) dont on pourra s'inspirer pour introduire *brilliant* (adj.), *hard-working* (adj.) et *well-behaved* (adj.) par opposition, respectivement, à *slow* (adj.), *sluggish* (adj.) et *disruptive* (adj.).

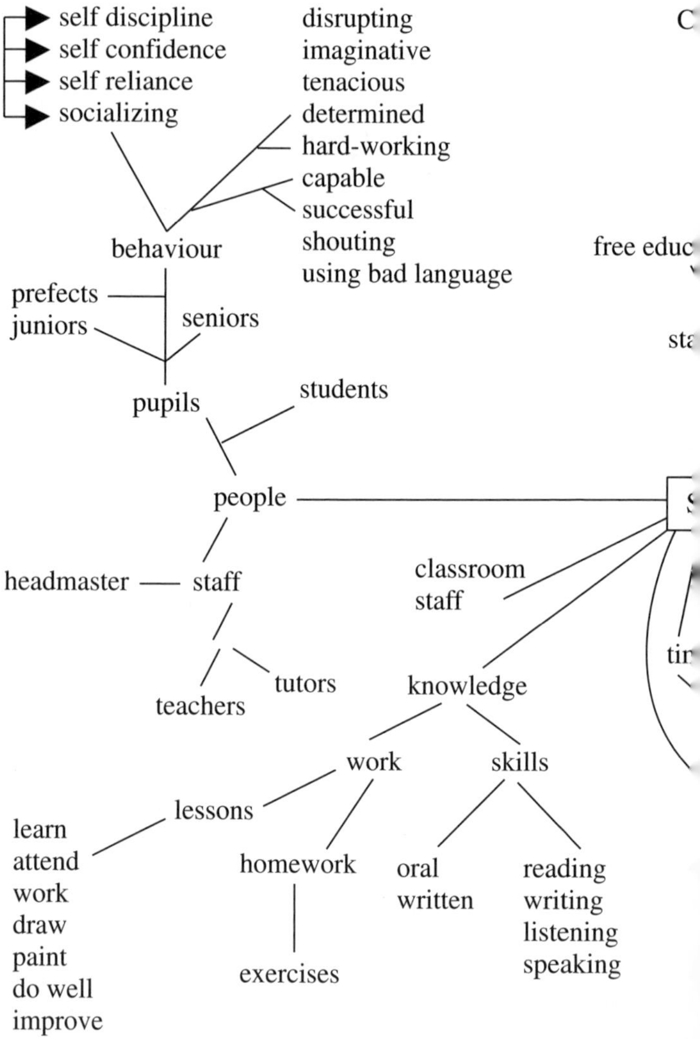

Si ce travail collectif exige de l'enseignant une grande souplesse et la parfaite maîtrise du contenu lexical des documents à aborder, il semble bien qu'elle emporte l'adhésion des élèves, qui manifestant souvent pour les mots un intérêt de collectionneur, sont enthousiasmés par le résultat final de cette recherche lexicale collective. Le document récapitulatif qui suit est extrait de l'opuscule *De la forme au sens, du sens à la forme*, CRDP de Picardie.

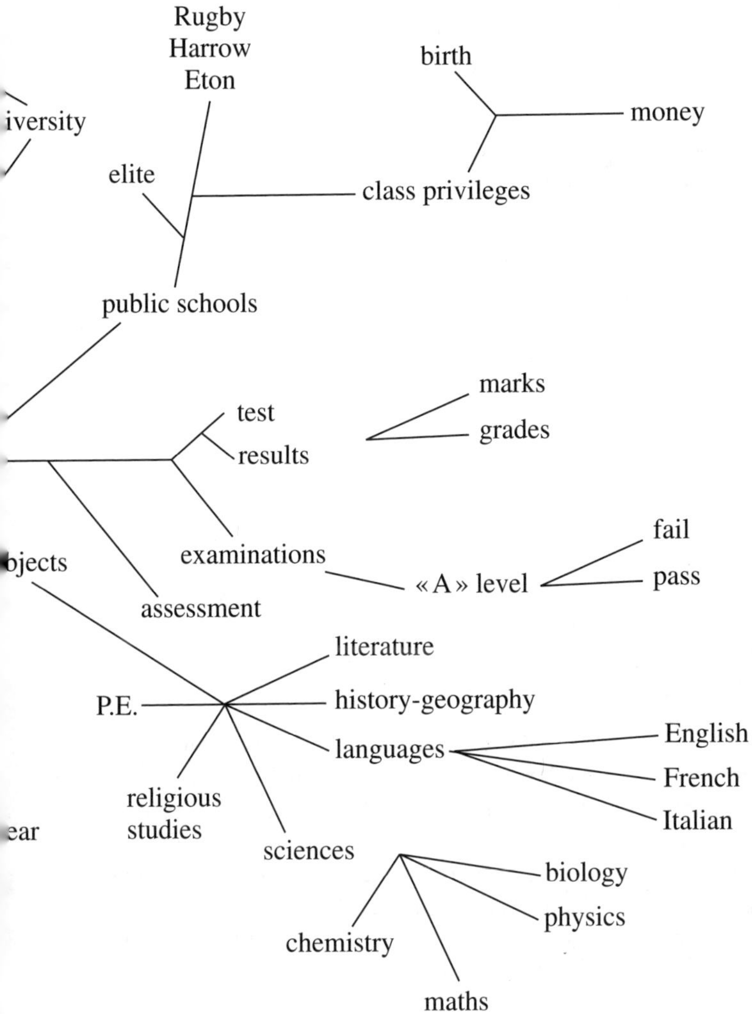

En ce qui concerne le temps imparti à ce moment clé d'une séance, on peut consacrer dix à quinze minutes au travail de mobilisation lexicale à deux et tout autant à la mise en commun. Il est bien entendu qu'il ne saurait être question de consacrer l'intégralité d'une séance à la phase d'anticipation si celle-ci ne débouchait sur aucune activité de production ou de compréhension qui en justifie le bien-fondé. Ce n'est qu'au cours des activités de réinvestissement placées en aval que le lexique présenté dans un contexte large et lâche va prendre du sens, en situation, dans le contexte et le co-texte du support retenu et des activités afférentes.

Reste à envisager la nature du travail subséquent, spécifiquement centré sur le vocabulaire actif, sa mise en mémoire et son organisation.

■ C. LE TRAVAIL DU LEXIQUE : COMMENT L'ORGANISER ?

Organiser le lexique grâce à la grammaire

Une des premières méthodes pour accéder au sens des mots, consiste à connaître leur nature grammaticale de façon à pouvoir analyser leur positionnement et les systèmes de dépendance qui les relient sur l'axe syntagmatique (horizontal) comme sur l'axe paradigmatique (vertical).

axe paradigmatique ↓	*She*	*was*	*flaunting* *wearing* *sporting*	*a*	*flashy* *gorgeous* *horrible* *ridiculous* *little*	*black* *blue* *red*	*skirt* *dress* *hood*
axe syntagmatique →			**paradigme 1** **verbe (v.)**		**paradigme 2** **adjectif (adj.)**	**paradigme 3** **adjectif (adj.)**	**paradigme 4** **nom (n.)**

Dès lors, on conçoit mieux la nécessité qu'il y a de toujours accompagner un nouvel item lexical d'une abréviation identifiant son appartenance à telle ou telle catégorie grammaticale. Il est primordial que les élèves en fassent de même lors de la prise de notes. Cette habitude s'acquiert très rapidement et permet une première prise en charge de l'organisation de l'apport lexical au cours de chaque séance. De plus, ce repérage autorisera plus d'aisance lors des travaux portant sur l'utilisation du dictionnaire où l'on retrouvera les mêmes types de catégorisation.

Envisageons maintenant quelques activités de manipulation dont il convient de préciser qu'elles doivent se dérouler en aval de l'exploitation des thèmes et des documents dont elles s'inspirent puisqu'elles proposent l'occasion de manipuler l'ensemble du lexique que l'enseignant aura présenté ccomme appartenant à la catégorie du vocabulaire actif.

Exemple d'activité de remise en ordre de l'axe syntagmatique

Réordonne les mots des phrases suivantes.

a. *and/and/big/blue/long/fair/eyes/./is/hair/He/tall/lanky/with*

b. *I/to/I/used/Square/Washington/live/moved/have/./.*

Solution

a. *He is tall and lanky with big blue eyes and long hair.*

b. *I have moved. I used to live in Washington Square.*

Exemple d'activité de segmentation de l'axe syntagmatique

Réécris les phrases suivantes après avoir séparé les mots.

a. *oneafternoonabigwolfwaitedinadarkforestforalittlegirltocomealong*

b. *thegirltookanautomaticoutofherbasketandshotthewolfdead*

Solution

a. *One afternoon, a big wolf waited in a dark forest for a little girl to come along.*

b. *The girl took an automatic out of her basket and shot the wolf dead.*

Exemple d'activité de discrimination catégorielle

Dans chacune des séries suivantes, précise la nature grammaticale de chaque mot puis élimine l'intrus.

a. *elephants - graveyard - herds - kill - ivory - tusk.*

b. *halve - plummet - improve - promote - unacceptable - involve.*

Solution

a. *elephants* (n.), *graveyard* (n.), *herds* (n.), *kill* (v.), *ivory* (n.), *tusk* (n.). L'intrus est donc *kill.*

b. *halve* (v.), *plummet* (v.), *improve* (v.), *promote* (v.), *unacceptable* (adj.), *involve* (v.). L'intrus est donc *unacceptable.*

Document de référence : *Bloody Ivory*, p. 115.)

Exemple d'activité de variation de la compatibilité sémantique (axe paradigmatique)

Fais varier les paradigmes repérés dans la phrase suivante de façon à produire une nouvelle phrase cohérente. Puise dans la banque lexicale ci-dessous. Attention certains mots ne pourront pas être utilisés !

Campaigners* (1)** *want* ***wearing **(2)** *ivory to become as* ***unacceptable*** **(3)** *as sporting the fur of a spotted cat.*

buy (v.)	*reprehensible* (adj.)	*commonplace* (adj.)	
poacher (n.)	*fashion designer* (n.)	*sport (v.)*	*traffic* (v.)
activist (n.)	*environmentalist* (n.)	*smuggler* (n.)	*outrageous* (adj.)

Solution

– ***Activists*** *want* ***buying*** *ivory to become as* ***reprehensible*** *as sporting the fur of a spotted cat.*

– ***Environmentalists*** *want* ***trafficking*** *ivory to become as* ***outrageous*** *as sporting the fur of a spotted cat.*

Une autre possibilité serait de laisser aux élèves le choix des paradigmes à faire varier, comme celui du vocabulaire à mobiliser.

Organiser le lexique grâce aux rapports de hiérarchie

On peut amener les élèves à prendre conscience de l'orientation des rapports de hiérarchie entre les mots par des activités de classement et d'orientation des items d'un champ lexical en allant de l'hypéronyme (mot générique) à l'hyponyme (terme spécifique renvoyant à une sous-classe) ou encore de la métonymie à l'holonymie (le tout pour la partie, la partie pour le tout).

Exemple d'activités d'orientation d'un corpus lexical (hypéronyme > hyponyme)

1. Pour chacune des séries suivantes, propose un mot générique pour fédérer les mots qui les composent.

a. *fly* (n.) - *moth* (n.) - *flea* (n.) - *ant* (n.) - *beetle* (n.) - *butterfly* (n.) .

b. *poaching - smuggling - murder - shoplifting - embezzlement.*

Solution

a. *insect*

b. *crime/offence*

2. Propose un sens d'orientation pour le domaine lexical suivant.

igloo (n.) - *chalet* (n.) - *house* (n.) - *home* (n.) - *hut* (n.) - *cabin* (n.) - *habitat* (n.) - *home* (n.) - *cottage* (n.) - *dwelling* (n.)

Solution

habitat (n.) - *dwelling* (n.) - *castle* (n.)- *cottage* (n.) - *house* (n.) - *home* (n.) - *chalet* (n.) - *cabin* (n.) - *igloo* (n.) - *hut* (n.).

Exemple d'activités d'orientation d'un corpus lexical (métonyme > holonyme)

Propose un sens d'orientation du domaine lexical suivant. Quel critère de tri as-tu retenu ?
amazon.com (n.) - *box* (n.) - *computer* (n.) - *mouse* (n.) - *warehouse* (n.) - *home* (n.) - *wrapping paper* (n.) - *worker* (n.) - *product* (n.) - *crate* (n.) - *ship* (v.).

Solution

(critère chronologique) *home, computer, mouse, amazon.com, warehouse, worker, crate, product, box, wrapping paper, ship.*

Document de référence : *From your Mouse to your House*, p. 123.

Organiser le lexique grâce aux rapports graphie/phonie

Un item lexical ne saurait être considéré comme actif si son sens et son orthographe ne s'accompagnent pas de son image sonore. Or nous savons à quel point l'orthographe anglaise désempare les élèves qui, bien souvent, tablent sur celle-ci pour établir la prononciation des mots. Pourquoi, dès lors, ne pas se servir de la relation entre graphie et phonie pour mettre en place des activités qui tentent de rationaliser cette relation tout en proposant des manipulations qui favorisent la mise en mémoire ?

Exemples d'activités

1. Parmi les mots suivants, élimine ceux qui ne comportent pas le son [i:].
lean (v.) - *fleece* (n.) - *learn* (v.) - *breach* (n.) - *believe* (v.) - *bitch* (n.) - *league* (n.) – *lead* (v.) - *leaflet* (n.) - *receive* (v.) - *belief* (n.) - *bread* (n.) - *peaceful* (adj.) - *break* (v.) - *breakfast* (n.).

Solution

learn, bitch, lead, bread, break, breakfast.

2. Regroupe les mots suivants en fonction de la place de l'accent de mot.
epidemic (n.) - *majority* (n.) - *democratic* (adj.) - *proportion* (n.) - *promotion* (n.) - *superiority* (n.) - *fantastic* (adj.).

Solution

fantastic, majority, proportion, promotion (2e syllabe)
epidemic, democratic, fantastic (3e syllable)
superiority (4e syllable)

3. Tous les mots suivants comprennent le couple de lettres o + w. Cependant, ce couple ne se prononce pas toujours de la même façon. Regroupe les mots en fonction de la prononciation du couple o + w.
browse (v.) - *bowel* (n.) - *blow* (n.) - *bowl* (n.) - *flow* (v.) - *owe* (v.)

Solution

[aʊ] browse, bowel.
[əʊ] blow, bowl, flow, owe.

Organiser le lexique grâce aux relations d'association

Nous l'avons vu, un item lexical n'est pas une entité préexistante à tout acte de communication et qui serait entreposé dans quelque glossaire inerte extérieur au locuteur. À nouveau, l'accès à la signification d'un mot comme la facilité avec laquelle on va le mémoriser dépendent grandement de son inscription au sein d'un, voire de plusieurs, réseaux d'associations et de dépendances sémantiques.

Exemple (l'hypéronyme *travel* [v.])

Crée un réseau de mots autour de chacun des hyponymes suivants.
Puise dans la banque lexicale ci-dessous. Attention ! Tous les mots proposés ne te seront pas nécessairement utiles et certains peuvent servir plusieurs fois.

trek (v.)	*migrate* (v.)	*emigrate* (v.)	*hike* (v.)
tour (v.)	*journey* (v.)	*walking stick* (n.)	*the Ocean* (n.)
cry (v.)	*seasonal* (adj.)	*flee* (n.)	*plane* (n.)
hill (n.)	*sunshine* (n.)	*sweat* (n.)	*salmon* (n.)
painful (adj.)	*abroad (adj.)*	*foreigner* (n.)	*straw hat* (n.)
backpack (n.)	*plod* (n.)	*hot (adj.)*	*cruise* ((n.)
coach (n.)	*liner* (n.)	*persecute* (v.)	*the Himalayas* (n.)

On peut organiser au tableau, en commun, une récapitulation de cette activité sous la forme d'un associogramme (incomplet ici) :

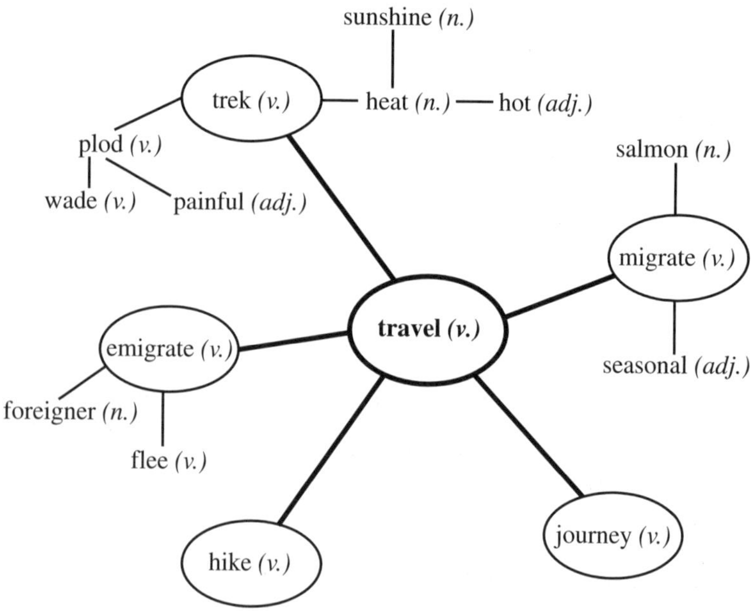

Après ce type de manipulation, on peut déboucher sur une activité de mise en correspondance des hyponymes avec leur définition, telle qu'on pourrait la trouver dans un dictionnaire unilingue.

Relie chaque verbe à sa définition en anglais.

hike (v.)	*go away from one's own country to settle there*
migrate (v.)	*travel, go to a distant place*
emigrate (v.)	*go on a long hard journey*
journey (v.)	*1. move from one place to another to live there. 2. (birds and fishes) come and go with the season - travel regularly from one region to another*
trek (v.)	*go on a long walk in the country, for pleasure or exercise*

Ici, une variante – sans doute plus enrichissante – pourrait être de demander aux élèves de rédiger eux-mêmes des définitions pour chacun des verbes manipulés dans le style caractéristique des articles de dictionnaire.

Organiser le lexique en dressant une carte lexicale thématique

(Document de référence : *Bloody Ivory*, p. 115.)

Il peut être très précieux, en fin d'exploitation, de proposer une pause durant laquelle on va collectivement dresser la carte lexicale correspondant au document étudié. Il s'agit ici de réduire le texte au minimum pour n'en retenir que son armature lexicale, puis de l'organiser en fonction des réseaux sémantiques présents dans le texte. Remarquons qu'une telle activité, à visée principalement méthodologique, parachève parfaitement le travail de compréhension détaillée, tout en préparant à la mémorisation du lexique par une activité de tri et d'organisation. Remarquons également que le document récapitulatif obtenu peut parfaitement servir de base et d'aide à une phase de prise de parole en continu sur le sujet.

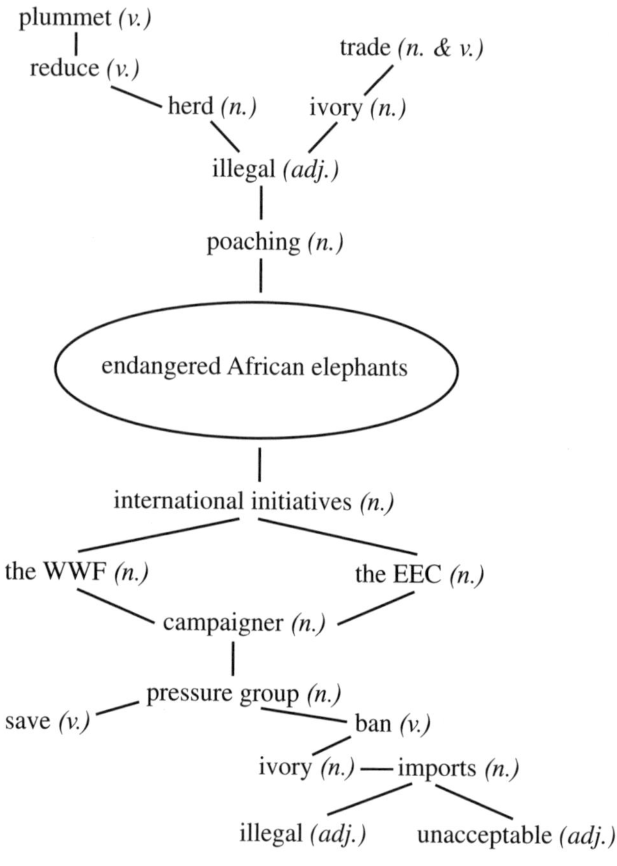

Organiser le lexique en utilisant le dictionnaire

Quel que soit le type de dictionnaire utilisé, qu'il soit unilingue ou bilingue, voilà un outil qui favorise l'accès à l'autonomie en matière d'apprentissage du lexique. De retour chez lui ou encore dans le cadre d'un travail au CDI (lecture ou exercice de traduction), l'élève doit savoir manipuler un dictionnaire avec aisance et discernement. Or, nous le savons, tel est rarement le cas, tant les jeunes utilisateurs de cet outil sont trop hâtifs dans leurs recherches ou encore diversement capables de lire posément un article de dictionnaire. Il appartient, dès lors, à l'enseignant d'entraîner ses classes – et plus particulièrement les classes de Seconde – au maniement rapide et efficace de cet outil précieux. Entre autres aspects, on veillera à sensibiliser les élèves à la nécessité de :

– repérer la catégorie grammaticale du mot recherché de façon à pouvoir l'insérer de façon pertinente sur l'axe syntagmatique ;
– lire l'article en entier en prêtant une attention particulière aux exemples qui contextualisent les diverses acceptions du mot. Il s'agit là de permettre un meilleur positionnement sur l'axe paradigmatique ;
– repérer les collocations (prépositions, particules, constructions particulières etc.) proposées au fil des exemples donnés (par exemple à propos de *diet* (n.) on rencontrera ***a light*** *diet*, ***be/go on a*** *diet*, ***watch one's*** *diet*, ***a low calory*** *diet*, ***live on a*** *diet* ***of rice***, *diet* ***coke***) ;
– savoir interpréter correctement les nombreux symboles et abréviations qui constituent le code d'écriture spécifique aux dictionnaires.

5 CONCLUSION

Si les moments de travail spécifiquement dévolus au lexique remportent toujours l'adhésion des élèves, c'est qu'ils répondent à un besoin impérieux. En effet, nombreux sont ceux qui ont une conscience aiguë des exigences nouvelles que pose le travail de la langue au lycée et tout aussi nombreux sont ceux qui se sentent démunis pour y faire face. Au rang des manques que nos élèves déplorent le plus, l'insuffisance de leur bagage lexical tient souvent la première place. Mais avant tout, les élèves restent sur le sentiment que l'étude du lexique ne leur a jamais (ou rarement) été proposée de façon raisonnée, construite et transférable. Ce désarroi ne fait que les prédisposer à recourir aux bonnes vieilles méthodes d'antan dont nous savons désormais la très relative efficacité.

Disons au moment de conclure, que si solides que puissent être les projets consacrés à l'apprentissage du lexique, ils resteraient vains s'ils n'étaient suivis et prolongés de constantes révisions et de nombreux rebrassages. En la matière, que l'on parle de progression en spirale, de révision structurée ou de rebrassage, on cherche à désigner un :

> [...] procédé visant à réactiver constamment les acquis linguistiques pour garantir une meilleure fixation et, partant, favoriser leur réutilisation future.
>
> Mireille Quivy et Claire Tardieu,
> *Réussir l'épreuve sur dossier au CAPES*, Ellipses, 1995.

Qu'il concerne la production ou la compréhension, ce procédé de réactivation doit conduire à une décontextualisation progressive du mot, de façon à opérer un transfert vers d'autres situations. À cet égard, certains auteurs comme Marie-Claude Tréville et Lise Duquette *(ibid.)* préconisent

« un planning de révision des mots nouveaux [...] sachant qu'un mot nouveau doit être vu de 6 à 10 fois avant d'être mémorisé ».

L'éclectisme et la variété des procédures de révision semblent être les seules voies vers une prise en compte satisfaisante de la diversité en matière d'apprentissage. En effet :

> [...] individual students have strong personal preferences for conscious study to acquire vocabulary. Some like dictionary work, some keep vocabulary lists, some prefer to learn new words from written texts and others from conversation. Some students like to guess meaning while others have a low tolerance for the uncertainty that guessing provokes.
>
> E. Marcussen-Hatch, *Psycholinguistics. A Second Language Perspective*, Newburt House Publishers, Cambridge, 1983, cité par Danielle Bailly (*ibid.*).

BIBLIOGRAPHIE

C. Bouscaren, F. Lab, *Les mots entre eux, Words and their collocations*, Ophrys, 1998.

Gairns, Ruth and Stuart Redman,*Working with Words : A guide to teaching and learning vocabulary*, G Cambridge University Press, 1986.

Marie-Claude Tréville et Lise Duquette, *Enseigner le vocabulaire en classe de langue*, Hachette, 1996.

Michael Wallace, *Teaching Vocabulary*, Heinemann, 1982.

8

Le travail autour d'un thème

1 AVANTAGES DE CETTE APPROCHE

L'approche thématique constitue ce que l'on appelle la technique boule de neige. On organise une séquence qui suit un fil conducteur culturel, littéraire ou civilisationnel, ce qui lui donne une bonne cohérence. On introduit toute une série de supports portant sur un même thème. Ainsi, au fil de leurs découvertes, les élèves sont mis en situation d'accumuler des savoirs et savoir-faire, tout en ayant la possibilité de les réinvestir rapidement, en les mettant au service du support suivant.

Ceci est particulièrement vrai pour le lexique. En effet, les items repérés en début de séquence, sont retrouvés dans les autres supports et les élèves ont donc la possibilité de les redécouvrir dans un contexte un peu différent. Cette méthode favorise donc le rebrassage et par la même, la fixation. Le vocabulaire est ainsi présenté de manière dynamique et le corpus présenté s'élargit au fur et à mesure de la découverte des différents supports.

Il en va de même pour les repères culturels qui sont mis en évidence. D'une part ils s'accumulent et d'autre part les apprenants ont la possibilité de les mettre en perspective afin de les intégrer de manière cohérente. Par cette approche thématique, on évite le pointillisme culturel et l'atomisation des savoirs que génère l'étude d'une multitude de documents qu'aucun lien logique ne relie. On se prémunit ainsi contre le risque de voir des stéréotypes se fixer dans l'esprit de nos élèves.

En procédant de la sorte, nous pensons que l'exposition à la langue est de meilleure qualité. Le choix de supports présentant des spécificités diverses permet un travail raisonné sur les quatre capacités. On cherchera en effet à proposer plusieurs supports papier qui pourront être des documents iconographiques – photographies, affiches, ou tableaux –, des extraits de presse, des données géographiques ou historiques, des fragments de roman, des nouvelles, voire même des poèmes. On travaillera également avec profit sur des vidéos – extraits de films ou documentaires –, et si possible sur des enregistrements audio. Dans tous les cas on privilégiera l'authenticité des documents. De cette manière, tous les aspects de la langue pourront être travaillés, que ce soit au niveau du décodage de l'écrit ou de l'oral, qu'à celui de la production. Diverses fonctions langagières pourront également être mises en avant, que ce soit au stade de la reconnaissance, ou à celui de la prise en charge à des fins d'expression.

Nous avons également l'opportunité de proposer un certain nombre de documents que les élèves travailleront en autonomie, élargissant par là même leurs connaissances culturelles mais également leurs compétences de lecteur. Nous avons déjà eu l'occasion d'insister sur l'importance de cette démarche qui permet aux élèves de développer efficacement leurs capacités cognitives.

De plus, cette manière de procéder recueille l'adhésion des élèves. Ils en saisissent aisément la cohérence et apprécient cette possibilité qui leur est donnée d'accumuler des savoirs. En effet, cette mise en réseau qu'elle nécessite rend les apprenants particulièrement actifs et fait appel à leur intelligence d'une manière particulièrement stimulante et valorisante.

Nous sommes bien conscients que cette approche ne présente aucun caractère d'originalité dans la mesure où c'est celle qui est majoritairement retenue par l'ensemble des manuels de Second Cycle, dont les unités sont presque toujours thématiques. Si nous avons tenu à la développer dans ce chapitre, c'est parce que nous pensons que la pratique qui consiste à prélever un certain nombre de textes dans un manuel sans chercher à établir un lien entre eux, nous paraît peu compatible avec l'idée d'accumulation et de transfert des connaissances. D'autre part nous souhaitons encourager nos collègues à bâtir leurs propres séquences en fonction de leurs goûts et de leurs intérêts, plutôt que de subir de manière passive, des choix imposés par les concepteurs de manuels.

2 MISES EN GARDE

A. ÉVITER LA LASSITUDE

Il est important d'éviter de provoquer la lassitude chez nos élèves. Les séquences que nous proposons doivent garder une dimension raisonnable. Au lycée, consacrer une dizaine de séances à un même thème paraît réaliste, mais au-delà, on peut normalement s'attendre à perdre l'attention d'une grande partie de la classe. N'oublions pas qu'un des moyens pédagogiques de garder en éveil l'intérêt des apprenants consiste à les surprendre en variant les activités au maximum. Deux facteurs doivent être pris en considération pour assurer la réussite de cette entreprise.

Le choix des thèmes

Il convient de les sélectionner en fonction des intérêts connus ou prévisibles des élèves. Il n'est, bien sûr, pas question de faire de la démagogie en cédant à la mode du moment pour séduire les élèves. Mais nous savons tous que certains thèmes sont plus à même de les toucher ou de les intéresser que d'autres. Le sport, la musique, pour ne citer que deux des grands classiques, ont *a priori* plus de chances d'obtenir les suffrages que l'avenir de la royauté en Grande Bretagne, par exemple. Ceci dit, on peut supposer que certains sujets qu'ils ne connaissent pas parce qu'ils ne font pas partie de leur domaine culturel, pourront cependant les intéresser. La littérature gothique, par exemple, peu évoquée par nos collègues de lettres, parce que très peu abordée par les auteurs français, et dont la plupart de nos élèves n'ont jamais entendu parler, si ce n'est par le biais détourné du mouvement de mode dit « gothique » qui de toute façon ne les renvoie à aucun repère culturel, les passionne lorsqu'ils s'aperçoivent qu'elle compte des œuvres telles que *Frankenstein* de Mary Shelley ou *Dracula* de Bram Stoker. De même, les problèmes de l'Irlande du Nord, qu'ils connaissent mal et qui les laissent généralement indifférents, peuvent trouver un regain d'intérêt à leurs yeux si on en aborde l'étude par le biais du poignant film de Jim Sheridan, *In the Name of the Father*.

Il est également important que le professeur se permette parfois de proposer des thèmes qui correspondent à des choix dictés par ses goûts personnels, ou même par des compétences particulières. En effet, l'enthousiasme est communicatif et, en général, si on est passionné par un sujet, les élèves le sentent et se montrent prêts à nous suivre.

Le choix des supports

Une fois le choix du thème effectué, il convient d'éviter la lassitude en sélectionnant judicieusement les supports. En effet, ceux-ci, pour préserver l'intérêt des élèves, se doivent de ne pas être trop redondants. Chacun d'entre eux doit apporter un ou plusieurs éléments nouveaux de manière à agrandir le réseau des connaissances culturelles des apprenants. Permettons-nous d'insister sur les bienfaits de l'utilisation de supports vidéo à cet égard. Chaque fois que l'on parviendra à intégrer l'étude d'un ou de plusieurs extraits de film(s)[1] dans une séquence thématique, on est quasiment assuré d'obtenir l'adhésion des élèves. Une des possibilités consiste d'ailleurs à se procurer des films en fonction de leurs potentialités culturelles et d'organiser ensuite nos séquences thématiques autour d'eux. Par exemple, un film comme *Pulp Fiction* de Quentin Tarantino, qui est une brillante démonstration de deuxième degré et qui bouscule joyeusement tous les clichés d'un certain genre de cinéma américain, peut donner l'occasion, en classe de Terminale, de travailler dans un premier temps sur les stéréotypes liés à ce type de film. On étudie ainsi quelques scènes

1. Nous consacrons une partie du chapitre 11 à la vidéo.

de films de James Bond, par exemple, pour ensuite voir comment ces stéréotypes sont déconstruits à des fins parodiques par le lauréat de la Palme d'Or du Festival de Cannes 1994. À ce propos, on peut trouver dans le manuel *New Flying Colours, Terminale,* un texte intitulé «*The Keys of Hell* », extrait du roman éponyme de Jack Higgins, publié en 1965, dans lequel tous les clichés du genre sont présents et qui peut donc constituer un excellent tremplin pour amorcer la séquence.

B. ÉVITER LA DÉRIVE CULTURELLE

Nous ne devons cependant jamais oublier que nous sommes avant tout des professeurs de langue. Il faut donc se méfier et éviter que l'approche thématique ne mette trop l'accent sur l'aspect culturel abordé. Il ne saurait être question de transformer nos séances en cours de littérature ou de civilisation, même si la tentation est grande. Il convient donc toujours de retenir les divers supports en fonction certes de leur intérêt culturel et de la place qu'ils pourront trouver dans la séquence, mais surtout et nous dirons même avant tout, pour leurs potentialités langagières. Celles-ci peuvent être d'ordre lexical ou morphosyntaxique, voire même formel, ou phonologique si le document retenu est un support audio ou vidéo. Ainsi nous étudions ces documents de manière à enrichir les diverses connaissances de nos élèves et à les faire avancer sur la voie de l'acquisition de la langue.

3 EXEMPLES DE MISE EN ŒUVRE

Comme les activités que nous avons évoquées au cours des autres chapitres étaient pour l'essentiel destinées à la classe de Seconde, nous avons choisi cette fois-ci de privilégier le cycle terminal, à savoir les classes de Première et de Terminale, pour ce qui est des exemples d'approches thématiques qui vont suivre.

A. L'INDE

Le projet que nous allons développer ici concerne la classe de Première et peut *a priori* intéresser les élèves des sections S, ES ou L. En effet, il s'agit là d'un thème qui leur est très peu connu, mais qui a le mérite de susciter leur intérêt de façon quasi unanime et immédiate. C'est vraisemblablement la vague idée stéréotypée de l'exotisme supposé de ce pays qui génère cette attirance. Il s'agira bien sûr de leur présenter des documents suffisamment variés pour leur permettre d'abandonner les clichés au profit d'une vision mieux documentée et plus raisonnée de la réalité géopolitique et culturelle de cet état. Dans le cadre de ce thème, on se devra d'évoquer l'ex-empire britannique et la décolonialisation afin que les élèves perçoivent bien le rapport existant entre l'Inde et le monde anglophone, notamment en ce qui concerne sa place au sein du Commonwealth.

On commence la séquence par un *brain storming* en inscrivant le simple mot *INDIA* au tableau. On laisse environ cinq minutes aux élèves pour qu'ils puissent inscrire tous les mots et expressions qui leur passent par la tête, sans aucune restriction. Le professeur n'hésite pas à fournir d'éventuelles indications aux élèves qui en feraient la demande. Puis les mots sont comptés et l'élève qui en obtient le plus grande nombre les annonce. Ils sont inscrits au tableau et le reste de la classe complète cette liste avec ses propres trouvailles. On organise ensuite cet *input* collectif sous forme d'associogramme, les élèves eux-mêmes étant chargés de définir les différentes catégories dans lesquelles ils vont pouvoir classer les divers éléments épars du tableau[2]. Ceci constituera une première trace écrite sur le cahier. On laissera cependant suffisamment d'espace pour pouvoir ajouter tous les nouveaux items lexicaux qui seront rencontrés au cours de la découverte des divers documents étudiés pendant cette séquence. Ainsi les apprenants se constituent-ils une banque de données lexicales qu'ils auront eux-mêmes créée et prise en charge et à laquelle ils pourront facilement se référer. De cette manière, ils auront toutes les chances de pouvoir s'en approprier, sinon la totalité, du moins une grande partie, dans la mesure où elle n'aura pas été imposée par le professeur.

On distribue alors un document provenant d'Internet comportant des données concernant la géographie humaine et la géographie physique de l'Inde.

India

Dateline: 08/18/97

Last week, India celebrated fifty years of independence from the United Kingdom. As the largest democracy in the world, the relatively young nation struggles with incredible diversity, both cultural and physical.

Cultural

India's population of 952 million is second only to China in terms of population. It is expected that India's growth rate of 1.64 percent will cause it to surpass

2. Nous avons déjà eu l'occasion de présenter ce type de démarche dans le chapitre 7, donc nous ne développerons pas davantage.

China (population 1.2 billion, growth rate 1.0%) in the number of people during the 21st century. The sixteen official languages of India, the five major religions, and the caste system create somewhat chaotic conditions for the nation. The United Nation's Human Development Index rates India the third worst in Asia, just above Bangladesh and Laos; there are millions of poor living in urban slums. India holds two of the world's largest metropolitan areas. Mumbai (formerly Bombay) has over 16 million people and is the world's fifth largest area; Calcutta is the tenth largest and has a population of 12 million.

Physical

The diversity of the Indian population is matched by the incredible physical diversity. India is the seventh largest country in land area. Northern India is home to the Himalayan mountain range and the third tallest mountain on the planet, Kanchenjunga (28,208 ft, 8,598m). The Himalayas are being formed by the Indian subcontinent continually pushing northward towards China by the tectonic forces of the earth.

South of the Himalayas lies the valley of the great Ganges River. The river has created the wide and flat Gangetic Plain where millions of Indians live and rely on the water of the Ganges. The Ganges drains the south slopes of the Himalayas and flows eastward to the delta at the Bay of Bengal. India and Bangladesh share the delta. This low-lying area, where Calcutta is located, is often ravaged by floods as well as typhoons (hurricanes). Another major river, the Indus, flows through a small portion of India on its way from the Himalayas through Pakistan and out to the Arabian Sea.

South of the river valleys lies the Deccan region. This plateau occupies much of central and southern India. To the east and west of the Deccan lie the Eastern Ghat and Western Ghat, respectively. The Ghats are mountain ranges on the east and west coasts of the subcontinent. Much of India lies between the Tropic of Cancer and the Equator. Monsoon rains from the Southwest in the Indian Ocean occur during the June through November wet season. India depends on the monsoon for much needed water for agriculture.

India is a land of incredible diversity. They will continue to struggle as the population grows rapidly and surpasses China within a few generations. Asia is a continent of some amazing change and dynamics.

about.com

Après en avoir identifié les caractéristiques, les élèves en prennent connaissance[3] avec pour consigne de préparer quelques questions à poser ensuite à des camarades de leur choix. De la sorte, ils ont l'occasion de manipuler les énoncés interrogatifs qu'ils ne savent pas toujours produire correctement. De plus, pour pouvoir répondre de façon satisfaisante, il

3. Pendant cette phase de découverte, le professeur apporte une aide lexicale à la demande. Les items proposés sont alors inscrits au tableau afin que les élèves puissent enrichir leur banque de mots.

faudra qu'ils mémorisent en partie le contenu du document. Ce type d'activité, très ludique, permet un échange verbal d'autant plus intéressant qu'il est intégralement pris en charge par le groupe-classe, sans que le professeur ait besoin d'intervenir, si ce n'est pour solliciter l'auto ou l'intercorrection. Interrogés par leurs camarades, même les élèves les plus réservés se sentent obligés de répondre. Enfin, au-delà de ces aspects purement langagiers et communicatifs, cette activité permet une mise en mémoire des données lexicales et culturelles.

On distribue alors un autre document, beaucoup plus long, contenant des données historiques. Il provient également d'Internet.

India's extraordinary history is intimately tied to its geography. A meeting ground between the East and the West, it has always been an invader's paradise, while at the same time its natural isolation and magnetic religions allowed it to adapt to and absorb many of the peoples who penetrated its mountain passes. No matter how many Persians, Greeks, Chinese nomads, Arabs, Portuguese, British and other raiders had their way with the land, local Hindu kingdoms invariably survived their depredations, living out their own sagas of conquest and collapse. All the while, these local dynasties built upon the roots of a culture well established since the time of the first invaders, the Aryans. In short, India has always been simply too big, too complicated, and too culturally subtle to let any one empire dominate it for long. […]

In 1610, the British chased away a Portuguese naval squadron, and the East India Company created its own outpost at Surat. This small outpost marked the beginning of a remarkable presence that would last over 300 years and eventually dominate the entire subcontinent. Once in India, the British began to compete with the Portuguese, the Dutch, and the French. Through a combination of outright combat and deft alliances with local princes, the East India Company gained control of all European trade in India by 1769.

How a tiny island nation, thousands of miles away, came to administer a huge territory of 300 million people is one of history's great spectacles. A seemingly impossible task, it was done through a highly effective and organized system called the Raj. Treaties and agreements were signed with native princes, and the Company gradually increased its role in local affairs. The Raj helped build infrastructure and trained natives for its own military, though in theory they were for India's own defence. In 1784, after financial scandals in the Company alarmed British politicians, the Crown assumed half-control of the Company, beginning the transfer of power to royal hands.

In 1858, a rumour spread among Hindu soldiers that the British were greasing their bullets with the fat of cows and pigs, the former sacred animals to Hindus and the latter unclean animals to Muslims. A year-long rebellion against the British ensued. Although the Indian Mutiny was unsuccessful, it prompted the British government to seize total control of all British interests in India in 1858, finally establishing a seamless imperialism. Claiming to be only interested in trade, the Raj steadily expanded its influence until the princes ruled in name only.

The Raj's demise was partially a result of its remarkable success. It had gained control of the country by viewing it as a source of profit. Infrastructure had been developed, administration established, and an entire structure of governance erected. India had become a profitable venture, and the British were loath to allow the Indian population any power in a system that they viewed as their own accomplishment. The Indians didn't appreciate this much, and as the 20th century dawned there were increasing movements towards self-rule.
Along with the desire for independence, tensions between Hindus and Muslims had also been developing over the years. The Muslims had always been a minority, and the prospect of an exclusively Hindu government made them wary of independence; they were as inclined to mistrust Hindu rule as they were to resist the Raj. In 1915, Mohandas Karamchand Gandhi came onto the scene, calling for unity between the two groups in an astonishing display of leadership that would eventually lead the country to independence.
The profound impact Gandhi had on India and his ability to gain independence through a totally non-violent mass movement made him one of the most remarkable leaders the world has ever known. He led by example, wearing homespun clothes to weaken the British textile industry and orchestrating a march to the sea, where demonstrators proceeded to make their own salt in protest against the British monopoly. Indians gave him the name Mahatma, or Great Soul. The British promised that they would leave India by 1947.
Independence came at great cost. While Gandhi was leading a largely Hindu movement, Mohammed Ali Jinnah was fronting a Muslim one through a group called the Muslim League. Jinnah advocated the division of India into two separate states: Muslim and Hindu, and he was able to achieve his goal. When the British left, they created the separate states of Pakistan and Bangladesh (known at that time as East Pakistan), and violence erupted when stranded Muslims and Hindu minorities in the areas fled in opposite directions. Within a few weeks, half a million people had died in the course of the greatest migration of human beings in the world's history. The ageing Gandhi vowed to fast until the violence stopped, which it did when his health was seriously threatened. At the same time, the British returned and helped restore order. Excepting Kashmir, which is still a disputed area (and currently unsafe for tourists), the division reached stability.
India's history since independence has been marked by disunity and intermittent periods of virtual chaos. In 1948, on the eve of independence, Gandhi was assassinated by a Hindu fanatic. His right-hand man, Jawarhalal Nehru, became India's first Prime Minister. Nehru was a successful leader, steering the young nation through a period of peace that was contrasted by the rule of Lal Bahadur Shastri, who fought Pakistan after it invaded two regions of India. Shastri died in 1966 after only 20 months in power, and he was succeeded by Nehru's daughter, Indira Gandhi.
With the name Gandhi (though no relation to Mahatma), Indira was a powerful, unchallenged leader, and opposition remained negligible until she abused her power by trying to suppress the press. When the rising opposition began to threaten her power, she called a state of emergency and continued to reform the nation, actually making some positive economic and political changes despite her

questionable tactics. Her most unpopular policy was forced sterilization, and she was eventually defeated at the polls in 1977 by Morarji Desai of the Jenata party. She won back power in '79, however, but was later assassinated in 1984 by a Sikh terrorist. Although India's political climate remains divisive, the country has attained apparent stability in recent years. Today, India seems poised to realize its potential as an international economic power.

interknowledge.com

Nous avons fait le choix d'éliminer la partie antérieure à 1610, qui ne concernait pas encore les Britanniques, afin de ne pas surcharger inutilement les élèves. Étant donné la longueur de ce document, il sera lu en complète autonomie à la maison, avec pour consigne de transférer les diverses techniques[4], mises en place au cours de séquences précédentes et destinées à améliorer les performances de celui qui lit seul. Les élèves devront en outre, lors de la séance suivante, être capables de faire un compte rendu oral, sans notes, des données qui, selon eux, sont les plus importantes ou les plus intéressantes.

Après ce compte rendu, on peut passer le tout début du film de David Lean, *A Passage to India,* d'après le très beau roman éponyme de E. M. Forster. En effet, le film est intéressant à double titre, car il présente d'une part les deux personnages féminins principaux que les élèves devront connaître pour la suite de la séquence, et il nous montre d'autre part leur arrivée en Inde, dans le port de Bombay. De plus, le vice-roi qui se trouve à bord du même navire, est accueilli avec les fastes d'une cérémonie officielle due à son rang, permettant ainsi aux élèves de dater approximativement l'action qui se situe à l'époque de l'empire colonial, vraisemblablement au début des années 20. Le roman a été publié pour la première fois en 1924 et un certain nombre d'éléments visuels viennent confirmer cette hypothèse (il va de soi que les élèves justifient toutes leurs réponses à l'aide de ces éléments visuels qu'ils auront repérés dans le film). En plus des repérages classiques, on demande aux élèves de relever tous les indices typiquement indiens, ainsi que toutes les traces visibles – et elles sont nombreuses – de la présence britannique en Inde. On leur donne de la sorte l'occasion de rebrasser le lexique vu en début de séquence, ainsi que la possibilité de continuer à organiser leurs repères culturels.

Dans le but de pousser leur réflexion un peu plus loin, on peut leur proposer alors le court extrait suivant :

4. Celles-ci ont été exposées dans le chapitre 3.

2 February. Arrival in Bombay today. Not what I had imagined at all. Of course I had always thought of arrival by ship, had forgotten how different it would be by plane. All those memoirs and letters I've read, … I really must forget about them. Everything is different now.

Ruth Prawer Jhabvala, *Heat and Dust*, 1975.

L'auteur du roman dont est extrait cette citation est la scénariste des films de James Ivory. Ce livre, qui a d'ailleurs été également adapté pour le cinéma, relate l'histoire d'Olivia, une jeune anglaise qui, dans les années 70, part en Inde sur les traces d'une parente ayant vécu à l'époque de l'empire colonial. On peut donc demander aux élèves d'utiliser leurs connaissances pour comparer l'arrivée d'Olivia avec celle d'Adela, le personnage principal du roman de Forster, car toutes deux arrivent à Bombay. On peut aussi leur demander ce que la narratrice entend par *Everything is different now*. D'un point de vue langagier, ils auront ainsi l'occasion, une fois de plus d'exprimer le contraste en produisant des énoncés complexes du type de celui-ci : *unlike Adela who arrived by ship, Olivia arrived by plane.* Pour parler de l'Inde qu'Adela a connu, on aura aussi la possibilité de faire rebrasser *used to* et d'introduire *would* dans sa valeur dite « fréquentative ».

Cette valeur suppose deux conditions d'utilisation :
– un cadre passé posé (par un prétérit ou used to, qui est un prétérit)
– une possibilité d'itération : parcours d'une classe de situations
Cette forme, dite « fréquentative », n'est pas à analyser en dehors du système de la modalité. Elle exprime, comme tous les modaux, un jugement de la part de l'énonciateur.
Très souvent, dans un récit, le narrateur détermine le cadre temporel avec un prétérit (qui peut être used to, lequel n'est pas un modal). C'est seulement ensuite qu'il peut introduire des caractéristiques qu'il attribue aux personnages à l'aide du modal would.

J. Bouscaren, M. Moulin, H. Hodin, *Pratique raisonnée de la langue*, Ophrys, 1996.

On passe ensuite à l'étude d'un extrait du roman de Forster. Dans un premier temps, il peut être utile de distribuer le résumé du roman afin de permettre aux élèves de savoir en quoi l'intrigue consiste. Aucune utilisation pédagogique n'en sera faite, l'objectif étant ici purement informatif.

A Passage to India
A novel by E. M. Forster, published in 1924.
The story is told in three parts, I, *Mosque*, II, *Caves*, III, *Temple*, and concerns a young Muslim doctor, Aziz, whose friendliness and enthusiasm for the British turn to bitterness and disillusionment when his pride is injured. A sympathy

springs up between him and the elderly Mrs Moore, who has come to visit her son, the City Magistrate. Accompanying her is Adela Quested, young, earnest, and charmless, who longs to know the 'real' India and tries to disregard the taboos and snobberies of the British circle. Aziz organizes an expedition for the visitors to the famous Caves of Marabar, where an unforeseen development plunges him into disgrace and rouses deep antagonism between the two races. Adela accuses him of insulting her in the Caves, he is committed to prison and stands trial. Adela withdraws her charge, but Aziz turns furiously away from the British, towards a Hindu-Muslim entente. In the third part of the book he has moved to a post in a native state, and is bringing up his family in peace, writing poetry and reading Persian. He is visited by his friend Mr Fielding, the former Principal of the Government College, an intelligent, hard-bitten man. They discuss the future of India, and Aziz prophesies that only when the British are driven out can he and Fielding really be friends. Among the many characters is Professor Godbole, the detached and saintly Brahmin who is the innocent cause of the contretemps, and who makes his final appearance in supreme tranquillity at the festival of the Hindu temple.

The Concise Oxford Companion to English Literature, 1987.

Bien entendu, il conviendra dans un premier temps de lever les difficultés lexicales et de répondre aux éventuelles questions des élèves. On peut également fournir quelques renseignements sur l'auteur. L'extrait que nous nous proposons d'étudier est le suivant :

When the mosque, long and domeless, gleamed at the turn of the road, she exclaimed, "Oh, yes – that's where I got to – that's where I've been."
"Been there when?" asked her son.
"Between the acts."
"But, mother, you can't do that sort of thing"
"Can't mother?" she replied.
"No, really not in this country. It's not done. There's the danger from snakes for one thing. They are apt to lie out in the evening."
"Ah yes, so the young man there said."
"This sounds very romantic," said Miss Quested, who was exceedingly fond of Mrs. Moore, and was glad she should have had this little escapade. "You meet a young man in a mosque, and then never let me know!"
"I was going to tell you, Adela, but something changed the conversation and I forgot. My memory grows deplorable."
"Was he nice?"
She paused, then said emphatically: "Very nice."
"Who was he?" Ronny enquired.
"A doctor. I don't know his name."
"A doctor? I know of no young doctor in Chandrapore. How odd! What was he like?"
"Rather small, with a little moustache and quick eyes. He called out to me when I was in the dark part of the mosque – about my shoes. That was how we began

talking. He was afraid I had them on, but I remembered luckily. He told me about his children, and then we walked back to the club. He knows you well."
"I wish you had pointed him out to me. I can't make out who he is."
"He didn't come into the club. He said he wasn't allowed to."
Thereupon the truth struck him, and he cried "Oh, good gracious! Not a Mohammedan? Why ever didn't you tell me you'd been talking to a native? 1 was going all wrong."
"A Mohammedan! How perfectly magnificent!" exclaimed Miss Quested. "Ronny, isn't that like your mother? While we talk about seeing the real India, she goes and sees it, and then forgets she's seen it."
But Ronny was ruffled. From his mother's description he had thought the doctor might be young Muggins from over the Ganges, and had brought out all the comradely emotions. What a mix-up! Why hadn't she indicated by the tone of her voice that she was talking about an Indian? Scratchy and dictatorial, he began to question her. "He called to you in the mosque, did he? How? Impudently? What was he doing there himself at that time of night? – No, it's not their prayer time." – This in answer to a suggestion of Miss Quested's, who showed the keenest interest. "So he called to you over your shoes. Then it was impudence. It's an old trick. I wish you had had them on."
"I think it was impudence, but I don't know about a trick," said Mrs. Moore. "His nerves were all on edge I could tell from his voice. As soon as I answered he altered."
"You oughtn't to have answered."
"Now look here," said the logical girl, "wouldn't you expect a Mohammedan to answer if you asked him to take off his hat in church?"
"It's different, it's different; you don't understand."
"I know I don't, and I want to. What is the difference, please?"

E. M. Forster, *A Passage to India*, 1924.

Nous allons nous contenter d'indiquer quelques pistes d'exploitation, afin d'éviter d'inutiles longueurs.

Après les repérages paratextuels habituels qui permettent aux élèves de mettre cet extrait en relation avec le début du film qu'ils ont visionné et le résumé qui leur a été distribué, on procède au décodage du document afin d'accéder à son sens. La première phase, qui concerne la compréhension globale, permet de repérer les personnages présents dans la scène, à savoir Adela Quested et Mrs Moore – que les élèves ont déjà vues dans le début du film –, Ronny, le fils de cette dernière, ainsi que ceux dont il n'est fait que mention, à savoir un jeune médecin musulman – le Dr Aziz – et un médecin anglais – *young Muggins*. Les élèves sont également en mesure d'indiquer où l'action se passe, à savoir en Inde, grâce à des éléments tels que, «*Chandrapore*», «*While we talk about seeing the real India*», «*the Ganges*», «*she was talking about an Indian*». Ils peuvent aussi, grâce à leurs connaissances historiques, situer l'action avant la proclamation d'indépendance puisqu'il est fait référence à une mosquée et à la religion islamique, ce qui indique qu'il s'agit bien d'une époque antérieure à la partition. De plus, les élèves avaient déjà eu l'occasion de repérer des indices visuels se rapportant aux années 20 dans le début du film. Ils identifient également la situation, à savoir que la rencontre entre Mrs Moore et le jeune médecin musulman provoque un quiproquo. En effet, son fils, Ronny qui exerce la fonction de « *City Magistrate* », ne s'est pas imaginé un seul instant qu'elle ait pu parler avec un Indien.

Après avoir amené les élèves à lever les difficultés lexicales par le biais des diverses méthodes de décodage que nous avons déjà présentées et les avoir incités à compléter leur banque de mots, on passe à la compréhension détaillée qui permet de se faire une idée assez précise du rôle et du mode de fonctionnement de chacun des trois personnages présents dans la scène. Pour cela, on fournit une série d'adjectifs permettant de les caractériser, et on charge les élèves de les attribuer à chacun des trois protagonistes, tout en justifiant leur choix – oralement – en s'appuyant sur des indices textuels. On les amène ensuite à comparer les trois personnages, ce qui permet un rebrassage de structures langagières ainsi que des degrés de l'adjectif.

Ceci leur permet de comprendre la manière dont chacun se représente les Indiens et leurs religions (nous supposons que si Aziz avait été hindou, la réaction de Ronny aurait été la même). En effet, Mrs Moore fait preuve d'une très grande ouverture d'esprit, définissant le jeune homme par sa fonction sociale et non par son appartenance ethnique ou religieuse, alors que Ronny réagit de manière inverse. Dans le cadre de l'éducation à la citoyenneté qui fait partie des objectifs de tous les professeurs quelle que soit la matière enseignée, ce texte constitue un très bel appel à la tolérance.

On peut profiter des parties dialoguées pour travailler le passage au style indirect, en indiquant bien aux élèves qu'il ne s'agit pas là d'une fantaisie pédagogique, mais d'un outil leur permettant de rapporter les paroles qui ont été placées dans la bouche des personnages à des fins de reformulation et/ou de commentaire. En tout état de cause, le discours rapporté constitue un des grands classiques du Baccalauréat. Étant donné la difficulté de maniement que cela représente pour la majorité de nos élèves, il convient de le travailler aussi souvent que l'occasion se présente.

À l'évidence, ce texte présente beaucoup d'autres possibilités d'exploitation, mais nous avons choisi de ne pas aller plus loin.

Après ce travail sur un document écrit, littéraire, tout empreint de la partialité de son auteur, il est bon de passer à un type de support différent et de permettre aux élèves de visionner la scène à laquelle il est fait référence dans le texte qu'ils viennent d'étudier, à savoir la rencontre entre

Aziz et Mrs Moore dans la mosquée. Nous n'en développerons pas l'exploitation. Contentons-nous de préciser que cette scène sera essentiellement étudiée en compréhension orale, étant donnée l'importance des dialogues, d'autant que l'anglais utilisé est d'une très grande clarté. Mrs Moore s'exprime dans un anglais britannique très normatif et parfaitement articulé, et Aziz parle avec l'accent typique des Indiens, que l'on peut entendre fréquemment en Grande-Bretagne du fait de la présence de nombreuses personnes d'origine indienne ou pakistanaise. Il est bon que cet accent, parfaitement authentique, puisse être identifié par nos élèves. Nous reproduisons ci-dessous, à titre purement indicatif, la partie du roman correspondant à cette scène. Précisons que le scénariste s'est permis quelques petites modifications, pour les besoins du film.

> […] one of the pillars of the mosque seemed to quiver. It swayed in the gloom and detached itself. Belief in ghosts ran in his blood, but he sat firm. Another pillar moved, a third, and then an Englishwoman stepped out into the moonlight. Suddenly he was furiously angry and shouted:
> "Madam! Madam! Madam!"
> "Oh! Oh!" the woman gasped.
> "Madam, this is a mosque, you have no right here at all; you should have taken off your shoes; this is a holy place for Moslems."
> "I have taken them off."
> "You have?"
> "I left them at the entrance."
> "Then I ask your pardon."
> Still startled, the woman moved out, keeping the ablution tank between them. He called after her, "I am truly sorry for speaking."
> "Yes, I was right was I not? If I remove my shoes, I am allowed?"
> "Of course, but so few ladies take the trouble, especially if thinking no one is there to see."
> "That makes no difference. God is here."
> "Madam!"
> "Please let me go."
> "Oh, can I do you some service now or at any time?"
> "No, thank you, really none – good night."
> "May I know your name?"
> She was in the shadow of the gateway, so that he could not see her face, but she saw his, and she said with a change of voice, "Mrs. Moore."
> "Mrs. – " Advancing, he found that she was old. A fabric bigger than the mosque fell to pieces, and he did not know whether he was glad or sorry. She was older than Hamidullah Begum, with a red face and white hair. Her voice had deceived him.
> "Mrs. Moore, I am afraid I startled you. I shall tell my community – our friends – about you. That God is here – very good, very fine indeed. I think you are newly arrived in India."

"Yes – how did you know?"
"By the way you address me. No, but can I call you a carriage?"
"I have only come from the club. They are doing a play that I have seen in London, and it was so hot."
"What was the name of the play?"
"Cousin Kate."
"I think you ought not to walk at night alone, Mrs. Moore. There are bad characters about and leopards may come across from the Marabar Hills. Snakes also."
She exclaimed; she had forgotten the snakes.
"For example, a six-spot beetle," he continued. "You pick it up, it bites, you die."
"But you walk about yourself."
"Oh, I am used to it."
"Used to snakes?"
They both laughed. "I'm a doctor," he said. "Snakes don't dare bite me." They sat down side by side in the entrance, and slipped on their evening shoes. "Please may I ask you a question now? Why do you come to India at this time of the year, just as the cold weather is ending?"
"I intended to start earlier, but there was an unavoidable delay."
"It will soon be so unhealthy for you! And why ever do you come to Chandrapore?"
"To visit my son. He is the City Magistrate here."
"Oh, no, excuse me, that is quite impossible. Our City Magistrate's name is Mr. Heaslop. I know him intimately."
"He's my son all the same," she said, smiling.
"But, Mrs. Moore, how can he be?"
"I was married twice."
"Yes, now I see, and your first husband died."
"He did, and so did my second husband."
"Then we are in the same box," he said cryptically. "Then is the City Magistrate the entire of your family now?"
"No, there are the younger ones – Ralph and Stella in England."
"And the gentleman here, is he Ralph and Stella's half brother?"
"Quite right."
"Mrs. Moore, this is all extremely strange, because like yourself I have also two sons and a daughter. Is not this the same box with a vengeance?"
"What are their names? Not also Ronny, Ralph, and Stella, surely?"
The suggestion delighted him. "No, indeed. How funny it sounds! Their names are quite different and will surprise you. Listen, please. I am about to tell you my children's names. The first is called Ahmed, the second is called Karim, the third – she is the eldest – Jamila. Three children are enough. Do not you agree with me?"
" I do."
They were both silent for a little, thinking of their respective families. She sighed and rose to go. […]
She accepted his escort back to the club, and said at the gate that she wished she was a member, so that she could have asked him in.
"Indians are not allowed into the Chandrapore Club even as guests," he said simply.

E. M. Forster, *A Passage to India*, 1924.

La distribution du texte ne constitue pas une obligation, dans la mesure où on peut très bien se contenter d'une exploitation audiovisuelle de la vidéo. Cependant, si on choisit de le faire, il convient de ne le donner qu'après cette exploitation. Dans ce cas, on donnera le texte à lire en autonomie, étant donné sa longueur, en demandant aux élèves de noter les différences éventuelles par rapport à la vidéo, qu'ils pourront y trouver. On peut également rebrasser le passage au style indirect.

Pour terminer, il serait bon de donner un aperçu de ce que peut-être la réalité indienne contemporaine, qui est loin d'être idyllique. Pour ce faire, nous avons choisi un court extrait littéraire :

> Ammu finished her schooling the same year that her father retired from his job in Delhi and moved to Ayemenem. Pappachi insisted that a college education was an unnecessary expense for a girl, so Ammu had no choice but to leave Delhi and move with them. There was very little to do for a young girl to do in Ayemenem other than to wait for marriage proposals while she helped her mother with the housework. Since her father did not have enough money to raise a suitable dowry, no proposals came Ammu's way. Two years went by. Her eighteenth birthday came and went. Unnoticed, or at least unremarked upon by her parents. Ammu grew desperate. All day she dreamed of escaping from Ayemenem and the clutches of her ill-tempered father and bitter, long-suffering mother. She hatched several wretched little plans. Eventually, one worked. Pappachi agreed to let her spend the summer with a distant aunt who lived in Calcutta.
>
> Arundhati Roy, *The God of Small Things*, 1998.

Il s'agit ici de la jeunesse de la mère de la narratrice dans l'Inde postcoloniale. Cet extrait qui ne pose pas de problème lexical particulier, si ce n'est peut-être *dowry* et *clutches* qui devront être expliqués, permet aux élèves de se faire une idée de la condition des jeunes filles en Inde, car la situation n'a pas changé pour l'instant, malgré tous les efforts des associations qui militent pour que les filles aient accès à l'éducation au même titre que les garçons. Il suffit dans ce passage de leur faire relever tous les problèmes auxquels Ammu a dû faire face.

Nous pourrions bien évidemment continuer en proposant d'autres documents, car ce thème est extrêmement riche, mais il faut tenir compte de la lassitude que pourrait ressentir les élèves.

Nous espérons avoir su démontrer la cohérence et la logique de ce projet. Insistons encore une fois sur l'idée que nous ne proposons que des pistes d'exploitation et que chacun devra adapter son projet en fonction de sa propre sensibilité, en tenant compte des besoins et des motivations de ses élèves.

B. LES THÈMES SCIENTIFIQUES

Le projet thématique suivant traite d'un problème qui n'est pas spécifique au monde anglo-saxon, bien qu'il soit très largement débattu dans la presse britannique et plus encore dans des magazines américains de qualité comme *Time* ou *Newsweek*, probablement même encore plus qu'en France semble-t-il. Il s'agit des problèmes de bioéthique soulevés par les avancées considérables de la recherche dans les domaines de la biologie, de la médecine ou de la génétique. Cette séquence thématique est destinée à une classe de Terminale scientifique. En effet, il nous semble bon d'intégrer ce type de projet au moins une fois au cours de l'année scolaire. Les élèves concernés se destinent pour la plupart à des carrières scientifiques et seront donc amenés à pousuivre l'étude d'un anglais qui correspondra à celui que nous leur proposons dans ce type d'approche, quel que soit le cursus qu'ils choisiront après le Baccalauréat. En effet, même à la Faculté de médecine où l'apprentissage de l'anglais se trouve interrompu en première année du fait de la préparation au concours, les étudiants qui réussissent doivent s'y remettre en deuxième année. De plus, les documents scientifiques font bien souvent référence à des sujets que nos élèves ont l'occasion d'aborder en cours de biologie ou de physique, ce qui permet une approche interdisciplinaire leur donnant la possibilité de parler de connaissances acquises ailleurs que dans la classe d'anglais. Ainsi se sentent-ils valorisés. Pour ce qui est de l'interdisciplinarité, signalons également que l'éthique des sciences fait partie du programme traité en cours de philosophie dans les sections scientifiques.

Au cours de l'étude de documents scientifiques, les élèves pourront constater que la plupart des termes spécialisés sont transparents et que la langue utilisée n'est pas forcément très complexe, ce qui tend à les rassurer. L'appui sur ces mots transparents constitue pour eux une aide à la compréhension qui est loin d'être négligeable et qui leur permet d'accroître leurs performances de lecteurs. Il n'est pas rare que les manuels de Terminale consacrent une unité à des documents à caractère scientifique. Ceci dit, il est très facile de se procurer des articles dans la presse, car les magazines américains consacrent régulièrement des dossiers entiers à des problèmes scientifiques, particulièrement dans le domaine de la santé publique.

Le petit document qui nous sert à amorcer notre séquence traite des dons d'organes et de tissus. Il est issu d'un dossier intitulé *Ethics* paru dans le numéro du 17 juin 1991 de *Time magazine*.[5]

5. Nous tenons à préciser que nous avons remarqué la présence de ce même document dans le manuel de Terminale *New Flying Colours*. Il s'agit là d'une simple coïncidence dans la mesure où nous utilisions ce dossier dans nos classes depuis quelques années déjà avant la parution de ce manuel.

For the Sake of Some Umbilical Cells, an Anemic Child Gains Two Sisters

When Lea Ann and Brad Curry of Lanesville, Indiana, first lifted the hands of tiny daughter Natalie, their hearts clutched. The baby's left thumb was missing, and her right thumb was useless. The radius bone was missing from the infant's left arm. The doctors' diagnosis was devastating: Fanconi's anemia. Unless Natalie received a new immune system from transplanted stem cells, the units from which all blood cells derive, she faced a short life of severe anemia and possible retardation.

The Currys didn't waste time searching for bone-marrow donors outside the family. Instead, Lea Ann got pregnant. When that fetus miscarried, Lea Ann waited a month, then got pregnant again. The couple gained a healthy baby, Audrey, but she was an unsuitable donor. Within 12 weeks, Lea Ann was again pregnant, this time with Emily, whose tissue proved compatible. So doctors collected and stored the blood from Emily's umbilical cord – blood rich in stem cells. Twenty months after Emily's birth, the cord blood was transplanted into her sister, then 4.

To those who say it is wrong to produce one life to rescue another, Lea Ann responds, "Who are they to judge?" Her own answer is that Natalie, center, now 6, is healthy, as are her sisters.

Après les repérages paratextuels d'usage et l'identification du type de document, on demande aux élèves d'établir des liens entre le titre de l'article et la photo. En effet, le rapport semble évident et les élèves vont pouvoir imaginer ce que cette famille a vécu. On leur demande de discuter par petit groupe et de proposer une version de ce qui, selon eux, a bien pu se passer. Il va de soi qu'ils n'ont pas encore lu l'article. Le professeur, circulant dans les rangs, répond à d'éventuelles demandes d'aide lexicale. Puis, après la mise en commun orale, on les invite à lire l'article afin de vérifier si leurs histoires correspondent à la réalité. Ce faisant, ils ont également pour tâche d'élucider le sens des mots suivants et de proposer leur équivalent en français : *lifted, tiny, clutched, thumb, bone, infant, diagnosis, immune system, stem cells, pregnant, miscarried, unsuitable donor, collected, stored, umbilical cord, rescue.* Quand les élèves annoncent leurs propositions, on les incite à expliquer par quel procédé ils ont réussi à accéder au sens (inférence, composition, mots transparents, repérage de la catégorie grammaticale, connaissances scientifiques personnelles, etc.). Puis ils rangent le document et après quelques minutes de réflexion, deux ou trois volontaires reconstituent l'essentiel de l'article, oralement, en incluant obligatoirement les mots qu'ils viennent de traiter.

Pour terminer l'étude de ce court document, on demande à la classe d'entamer une amorce de débat sur le problème soulevé à la fin, à savoir : *Is it wrong or not to produce one life to rescue another ?*

Au cours de la séance suivante, après une phase de reformulation permettant le rebrassage des items lexicaux, on distribue le document suivant, nettement plus long et que l'on peut considérer comme étant au centre du projet.

When One Body Can Save Another

A family's act of lifesaving conception was on the side of the angels, but hovering in the wings is the devilish ghost of Dr. Mengele

by Lance Morrow

Now the long quest was ending. The surgeons bent over the grail: a 14-month-old girl named Marissa Ayala.

She lay anaesthetised upon an operating table in the City of Hope National Medical Center in Duarte, California. A surgeon inserted a 2.5-cm-long needle into the baby's hip and slowly began to withdraw bone marrow. In 20 minutes they removed about a cup of the viscous red liquid – the stuff of resurrection. The medical team then rushed the marrow to a hospital room where Marissa's 19-year-old sister Anissa lay waiting. Through a Hickman catheter inserted in the chest, the doctor began feeding the baby's marrow into Anissa's veins. The marrow needed only to be dripped into the girl's bloodstream. There, like salmon heading home to spawn, the healthy marrow cells began to find their way to the bones.

Done. If all goes well, if rejection does not occur or a major infection set in, the marrow will do the grail's work. It will give life to the older sister, who otherwise would have died of chronic myelogeneous leukemia. Doctors rate the chance of success at 70%.

The Ayala family had launched itself upon a sequence of nervy, life-or-death adventures to arrive at that denouement last week. Anissa's leukemia was diagnosed thre years ago. In such cases, the patient usually dies within fie years, unless she receives a marrow transplant. Abe and Mary Ayala, who own a speedometer-repair business, began a search across America for a donor whose marrow would be a close match for Anissa's. The search, surrounded by much poignant publicity, failed.

The Ayalas did not passively accept their daughter's fate. They knew from their doctors that the best hope for Anissa lay in a marrow transplant from a sibling, but the marrow of her only brother, Airon, was incompatible. Her life, it seemed, could depend on a sibling who did not yet exist.

A brave, surreal gamble. First, Abe had to have his vasectomy surgically reversed, a procedure with a success rate of just 40 %. That done, Mary Ayala ventured to become pregnant at the age of 43. The odds were 1 in 4 that the baby's bone marrow would match her sister's. The Ayalas won that gamble too. In April 1990 Mary bore a daughter, Marissa. Fetal stem cells were extracted from the umbilical cord and frozen for use along with the marrow in last week's transplant. Then everyone waited for the optimum moment – the baby had to grow old enough and strong enough to donate safely even while her older sister's time was waning. Twelve days before the operation, Anissa began receiving intensive doses of radiation and chemotherapy to kill her diseased bone marrow. As a result, she is losing her hair. Her blood count is plummeting. Her immune system has gone out of business. But in two to four weeks, the new cells should take over and start their work of giving Anissa a new life.

The drama of the Ayalas – making the baby, against such long odds, to save the older daughter – seemed to many to be a miracle. To others it was profoundly, if sometimes obscurely, troubling. It called up brutal images – baby farming, cannibalizing for spare parts. Many saw in the story the near edge of a dangerous slippery slope at the bottom of which they glimpsed an abyss, and maybe the shadow of Dr. Mengele at work.

A marrow transplant represents little risk to the donor: Marissa's health was never in danger, and she came out of last week's procedure with only an ache in the hip. In the words of Dr. Mark Siegler, a medical ethicist at the University of Chicago, "The morbidity rate for this operation is much less than for roller-skating."

What disturbed was the spectacle of a baby being brought into the world not, it seemed, as an end in herself, attended by all the sentiment and sanctity that people supposedly accord a new life. Rather the baby was ordered up to serve as a means, as a biologocial resupply vehicle.

The baby did not consent to be used. The parents created the new life, then used that life for their own purposes, however noble. Would the baby have agreed to the transplant if she had been able to make the choice? Metaphysics: Would the baby have endorsed her own conception for such a purpose?

Is it morally acceptable for parents to conceive a child in order to obtain an organ or tissue to save the life of another one of their children?

YES 47% **NO 37%**

People wanting a baby have many reasons – reasons frivolous, sentimental, practical, emotional, biological. Farm families need children to work the fields. In much of the world, children are social security for old age. They are vanity items for many people, an extension of ego. Or a sometimes desperate measure to try to save a marriage that is failing. Says Dr. Rudolf Brutocco, Marissa Ayala's pediatrician: "Does it make sense to conceive a child so that little Johhny can have a sister, while it is not acceptable to conceive the same child so that Johnny can live?" In American society, procreation is a personal matter. Crack addicts or convicted child abusers are free to have children.

The Ayalas were surely procreating on the side of the angels. Considered on the family's own terms, their behavior is hard to fault. They acted from desperate first principles. Life wants to live. The first duty of parents is to protect their children. The Ayalas say they never considered aborting the fetus if its marrow did not match Anissa's. They will cherish both daughters in the context of a miracle that allowed the older to live on and the younger to be born. It was possible to see the drama as a visitation of grace. But their case resonated with meanings and dilemmas larger than itself. The case opened out upon a prospect of medical-technological possibility and danger that was like a medieval navigator's map – inscribed in blank mid-ocean, "Here there be monsters."

Time, 17/6/1991.

Il s'agit de deux pages extraites du même numéro de *Time* dans lequel nous avions déjà prélevé le document précédent. En réalité, ce magazine a consacré à l'éthique médicale un dossier de cinq pages ; l'article dont nous avons sélectionné les deux premières pages en constitue la majeure partie. Comme c'est généralement le cas avec ce type d'article, le journaliste commence par présenter un cas particulier pour ensuite se lancer dans des propos beaucoup plus généraux. La partie consacrée à la famille Ayala étant la plus susceptible d'intéresser les élèves, nous l'avons retenue.

Avant de distribuer le document (dans sa version d'origine qui comporte une photo de la famille), en anticipation, on inscrit son titre au tableau et on laisse les élèves s'exprimer sur le contenu éventuel de l'article que l'on va leur soumettre.

Les élèves prennent ensuite connaissance de cette double page et repèrent – ils en ont l'habitude – les éléments paratextuels. Ils décrivent la mise en page et plus particulièrement la photo représentant la famille au grand complet, peu de temps avant l'opération d'Anissa. On les aide ensuite à comprendre le sous-titre en expliquant qui est le Dr. Mengele, s'ils ne le connaissent pas, afin qu'ils puissent saisir le sens de cette métaphore qui met en relation les anges et le fantôme de ce personnage diabolique et monstrueux, indiquant ainsi que la frontière entre le bien et le mal n'est pas toujours clairement définie et peut être franchie facilement, parfois involontairement. L'auteur file d'ailleurs sa métaphore dans le premier paragraphe où il mentionne le Graal – ici assimilé à la petite fille – qui, on le sait, a été recherché par les nazis dans leur quête de puissance et d'immortalité. Les élèves n'ont pas de problème pour comprendre cette image, parce qu'ils ont pratiquement tous vus le dernier volet de la série des *Indiana Jones, La dernière croisade.* Ce serait d'ailleurs intéressant de se procurer la vidéo afin de pouvoir étudier la scène où Indiana, se jouant des officiers nazis, se procure le Graal afin de sauver son père mourant. Cela permettrait d'introduire un moment de détente au sein de cette séquence particulièrement sérieuse. Pour revenir au titre et au sous-titre après cette digression, précisons que nous attendons également des élèves qu'ils émettent des hypothèses sur le contenu possible du document, à savoir, la description de l'émouvante aventure de la famille Ayala suivie d'un débat sur les dérives possibles de ce type de pratique.

Dans la perspective du Baccalauréat, les activités que nous proposons ensuite aux élèves concernent essentiellement la compréhension et la compétence linguistique. Dans un premier temps, on leur demande de lire les quatre premiers paragraphes, jusqu'à « *70 %* », en s'appuyant sur ce qu'il y a de plus facilement identifiable, à savoir les noms propres et les chiffres – particulièrement nombreux et signifiants dans ce genre d'article –, qu'ils sont chargés de relever et de trier afin de pouvoir ensuite reformuler une bonne partie du message en prenant appui sur eux.[6] On passe ensuite à un travail d'élucidation d'un certain nombre d'items lexicaux que l'on fait surligner aux élèves, selon les mêmes modalités que celles dont nous avions parlé pour le document précédent. Les mots sont les suivants : *quest, grail, needle, hip, withdraw, bone marrow, stuff, rushed, chest, feeding, dripped, bloodstream, salmon, spawn, occur, set in, chronic myelogenous leukemia, rate.* On reprend ensuite ces mots que l'on ajoute aux chiffres et noms propres pour un travail de reformulation plus riche et plus complexe : les élèves les préparent d'ailleurs par écrit avec pour consigne d'en réutiliser le plus grand nombre.

On laisse ensuite les élèves travailler de manière plus autonome sur les quatre paragraphes suivants, jusqu'à « *new life* », la consigne étant de trouver un titre pour chacun d'entre eux, ce qui les incite à rechercher quelle en est l'information essentielle, tout en surlignant et en traitant le lexique difficile de la même manière que précédemment. Au moment de la mise en commun, l'élève qui propose un titre, indique quels mots il a surlignés et explique les démarches cognitives qui lui ont permis d'en élucider le sens.

Le cinquième paragraphe se prête bien à une activité de pratique raisonnée de la langue à propos des formes verbales que l'on fait surligner et mettre en relation avec les marqueurs de temps qui leur correspondent, demandant ensuite aux élèves de les justifier par rapport aux effets de sens recherchés par l'auteur.

Finalement, la dernière partie, jusqu'à « *Here there be monsters* » est travaillée en complète autonomie. On distribue une fiche de travail avec des activités semblables à celles que l'on peut trouver dans la partie « compréhension » de l'épreuve du Baccalauréat qui, cette fois ne constitue plus une aide, mais une évaluation de la compréhension et qui peut prendre la forme suivante :

3e partie : évaluation de la compréhension

1. Are these sentences true or false? Give reasons for your answers.

a. A marrow transplant might be dangerous for the donor.
b. Roller-skating is more dangerous than giving bone marrow.
c. The Ayalas are considered as cannibals.

6. Nous avons eu l'occasion de décrire ce type d'activité dans le chapitre 3.

d. Philosophers suppose that the baby would have agreed if given the choice.
e. Some people have children because they want them to support them later.
f. A new baby might prevent a couple from getting divorced.
g. In the US, someone who takes drugs can give birth to a child.

2. Find the elements that recall the shadow of Dr. Mengele.

3. Find arguments showing that the journalist does not want to misjudge the Ayala family.

4. Explain the last sentence from *"The case, ..."* to *"... be monsters"*.

Pour prolonger ce dossier scientifique, il peut être intéressant de proposer un passage extrait d'une œuvre littéraire traitant également de la bioéthique, mais dans un style bien sûr différent. Nous proposons *Brave New World* d'Aldous Huxley[7], dans la mesure où ce roman d'anticipation propose une vision effrayante d'une société où la procréation est industrialisée et où l'intégrité physique et morale des individus n'est plus respectée.

Dans un premier temps, il est possible de distribuer des documents que l'on trouve aisément sur Internet, contenant des informations sur l'auteur. Il est souhaitable de les donner à lire en totale autonomie, en procédant de la même manière que pour les documents d'informations sur l'Inde du projet précédent. Après le compte rendu, au début de la séance suivante, on se renseigne pour savoir si certains élèves ont lu *Brave New World* et donc s'ils savent comment le titre a été traduit en français. Généralement c'est le cas, et on leur demande alors de parler de leurs souvenirs de lecture, en anglais bien sûr, ce qui permet à leurs camarades de situer, de manière sommaire et partielle certes, le cadre de l'histoire.

On distribue alors l'extrait suivant :

'I shall begin at the beginning' said the DHC, and the more zealous students recorded his intention in their notebooks: *Begin at the beginning*. 'These,' he waved his hand, 'are the incubators.' And opening an insulated door he showed them racks upon racks of numbered test-tubes. 'The week's supply of ova. Kept,' he explained, 'at blood heat; whereas the male gametes,' and here he opened another door, 'they have to be kept at thirty-five instead of thirty-seven. Full blood heat sterilizes.' Rams wrapped in thermogene beget no lambs.
Still leaning against the incubators he gave them, while the pencils scurried illegibly across the pages, a brief description of the modern fertilizing process;

7. Il s'agit d'une idée proposée par un stagiaire en formation initiale à l'IUFM, qui a eu l'occasion de tester son projet dans une de nos classes, dans le cadre de son stage de pratique accompagnée. Qu'il en soit ici remercié.

> spoke first, of course, of its surgical introduction – 'the operation undergone voluntarily for the good of Society, not to mention the fact that it carries a bonus amounting to six months' salary'; continued with some account of the technique for preserving the excised ovary alive and actively developing; passed on to a consideration of optimum temperature, salinity, viscosity; referred to the liquor in which the detached and ripened eggs were kept; and, leading his charges to the work tables, actually showed them how the liquor was drawn off from the test-tubes; how it was let out drop by drop on to the specially warmed slides of the microscopes; how the eggs which it contained were inspected for abnormalities, counted and transferred to a porous receptacle; how (and he now took them to watch the operation) this receptacle was immersed in a warm bouillon containing free-swimming spermatozoa – at a minimum concentration of one hundred thousand per cubic centimetre, he insisted; and how, after ten minutes, the container was lifted out of the liquor and its contents re-examined; how, if any of the eggs remained unfertilized, it was again immersed, and, if necessary, yet again; how the fertilized ova went back to the incubators; where the Alphas and Betas remained until definitely bottled; while the Gammas, Deltas and Epsilons were brought out again, after only thirty-six hours, to undergo Bokanovsky's Process.
>
> Aldous Huxley, *Brave New World*, 1932, Faber and Faber.

On invite les élèves à lire cet extrait en leur demandant de repérer les personnages présents dans le texte et de situer l'action en justifiant les réponses. On s'attend à la production de :

It might be *It may be* *It could be* *It must be*	*in a clinic, a nursery.* *in a hospital.* *in a maternity hospital.* *in a lab, a factory.*

Ce qui nous donne l'occasion de revoir les différents degré de probabilité exprimés par les modaux. La réponse majoritaire étant *a lab*, on profite de l'occasion pour faire relever dans le texte tous les mots appartenant au champ lexical du laboratoire, puis à celui de la biologie, afin de permettre aux élèves d'étendre leurs connaissances dans le domaine du vocabulaire scientifique. Puis on leur demande de reformuler le contenu de cet extrait en réutilisant les items relevés, et ce toujours à des fins d'appropriation, bien sûr. On peut également leur demander de résumer en quoi consiste ce que le DHC, à savoir *Director of Hatcheries and Conditioning,* appelle *« the modern fertilizing process »*. Cela pourrait prendre la forme d'un organigramme pour introduire une dimension scientifique supplémentaire.

On termine la séance en faisant émettre des hypothèses sur ce que peut être ce que le DHC appelle *« Bokanovsky's process »*. La fois suivante, on distribue la suite et on invite les élèves à la lire afin de vérifier si leurs hypothèses se confirment ou non.

Bokanovsky's Process,' repeated the Director, and the students underlined the words in their little note-books.
One egg, one embryo, one adult - normality. But a bokanovskified egg will bud, will proliferate, will divide. From eight to ninety-six buds, and every bud will grow into a perfectly formed embryo, and every embryo into a full-sized adult. Making ninety-six human beings grow where only one grew before. Progress.
'Essentially,' the DHC concluded, 'bokanovskification consists of a series of arrests of development. We check the normal growth and, paradoxically enough, the egg responds by budding.'
Responds by budding. The pencils were busy.
He pointed. On a very slowly moving band a rack-full of test-tubes was entering a large metal box, another rackfull was emerging. Machinery faintly purred. It took eight minutes for the tubes to go through, he told them. Eight minutes of hard X-rays being about as much as an egg can stand. A few died; of the rest, the least susceptible divided into two; most put out four buds; some eight; all were returned to the incubators, where the buds began to develop; then, after two days, were suddenly chilled, chilled and checked. Two, four, eight, the buds in their turn budded; and having budded were dosed almost to death with alcohol; consequently burgeoned again and having budded - bud out of bud out of bud were thereafter - further arrest being generally fatal - left to develop in peace. By which time the original egg was in a fair way to becoming anything from eight to ninety-six embryos - a prodigious improvement, you will agree, on nature. Identical twins - but not in piddling twos and threes as in the old viviparous days, when an egg would sometimes accidentally divide; actually by dozens, by scores at a time.
'Scores,' the Director repeated and flung out his arms, as though he were distributing largesse. 'Scores.'
But one of the students was fool enough to ask where the advantage lay.
'My good boy!' The Director wheeled sharply round on him. 'Can't you see? Can't you *see*?' He raised a hand; his expression was solemn. 'Bokanovsky's Process is one of the major instruments of social stability!'
Major instruments of social stability.
Standard men and women; in uniform batches. The whole of a small factory staffed with the products of a single bokanovskified egg.
'Ninety-six identical twins working ninety-six identical machines!' The voice was almost tremulous with enthusiasm. 'You really know where you are. For the first time in history.' He quoted the planetary motto. 'Community, Identity, Stability.' Grand words. 'If we could bokanovskify indefinitely the whole problem would be solved.'
Solved by standard Gammas, unvarying Deltas, uniform Epsilons. Millions of identical twins. The principle of mass production at last applied to biology.
'But, alas,' the Director shook his head, 'we *can't* bokanovskify indefinitely.'

Aldous Huxley, *Brave New World*, 1932, Faber and Faber.

De tout évidence, mis à part les élèves qui ont lu le livre et s'en souviennent, les hypothèses avaient très peu de chances d'approcher la réalité du texte ! Après avoir aidé les élèves à élucider le lexique, notamment en attirant leur attention sur les très nombreuses occurrences de *bud* et de ses dérivés, qui en facilitent l'inférence, on s'attardera sur « *The egg responds **by budding*** » présent dans le texte, que nos élèves vont prendre en note comme le font les étudiants qui visitent le laboratoire… On fait utiliser ce type d'énoncé pour faire dire comment s'opèrent les différentes phases décrites par le directeur, en reprenant également le texte précédent. On obtient par exemple : *ova are preserved by being kept at blood heat ; some eggs respond by proliferating and dividing, etc.* On amène les élèves à réfléchir sur le fonctionnement de ces énoncés et sur la valeur de -ING. On peut également, à partir de « *a bokanovskified egg* ***will*** *bud,* ***will*** *proliferate, etc.* » faire sentir la valeur de visée, de prédiction, de *will* qui ici, en l'absence de repère temporel, exprime une caractéristique du sujet de l'énoncé.

On leur demandera ensuite, d'expliquer quel est l'intérêt de ce processus, leur faisant remarquer qu'un des étudiants présents dans la scène a posé la même question : « *But one of the students was fool enough to ask where the advantage lay* ». On peut noter l'ironie du narrateur !

On n'ira guère plus loin dans l'exploitation de ces extraits, qui sont difficiles mais qui permettent aux élèves de se faire une petite idée de l'œuvre et de la vision particulièrement pessimiste du monde futur qu'elle véhicule. On introduira le terme *dystopia* qu'on oppose à *utopia*, ces deux termes étant d'ailleurs présents dans le document issu d'Internet auquel nous avons fait allusion sans toutefois le donner en exemple.

Le sujet général suivant : *Do you think science should interfere in the creation process* peut finalement être soumis à leur jugement et constituer un entraînement à l'expression écrite pour le Baccalauréat. Dans ce cas, on n'omettra pas d'exiger les 300 mots de rigueur.

4 QUELQUES AUTRES THÈMES ENVISAGEABLES

A. PRÉAMBULE

Pour terminer, nous proposerons à titre purement indicatif, une liste de quelques autres thèmes que nous avons expérimentés dans nos classes et qui, selon nous, peuvent être traités avec profit. C'est le niveau de difficulté des documents retenus qui ont motivé le choix des classes proposées, mais permettons-nous de rappeler que tout peut être adapté, et que selon l'exploitation qui en est faite, un support peut très bien convenir à n'importe lequel des trois niveaux du lycée. L'âge, les goûts, et la motivation des élèves doivent néanmoins être pris en considération.

B. EN SECONDE

La protection de l'environnement et plus particulièrement des animaux

On utilise pour cela, dans un premier temps le spot destiné à la télévision fait par *Greenpeace* pour sa campagne pour la protection des animaux à fourrure, dont le slogan est : *It takes forty dumb animals to make a fur coat, but only one to wear it.* On peut le trouver dans une vidéo à caractère éducatif intitulée *Mad for Ads.* On passe ensuite à l'exploitation du document *Question and Answer* (http ://www.worldanimal.net/furresources.html) Enfin, on organise une recherche sur Internet, où les sites consacrés à ce sujet ne manquent pas.

L'école

Nous y avons déjà fait plusieurs fois allusion. On en aborde l'étude par les documents iconographiques proposés par la plupart des manuels. On fait intervenir l'assistant(e) anglophone pour qu'il/elle nous fasse part de sa propre expérience. On étudie quelques textes, dont l'adaptation romancée du film *Dead Poets Society*, et bien sûr des extraits de celui-ci.[8]

Les oiseaux

Comparaison de la nouvelle de Daphné du Maurier et du film d'Alfred Hitchcock d'ailleurs adapté d'après celle-ci.

Les Native Americans

Avec des extraits des films *Dances with Wolves* et *The Last of the Mohicans*, divers textes issus de manuels scolaires, et recherches sur Internet.

Books versus computers

Avec des textes issus de manuels et des extraits du film *Fahrenheit 451,* d'après le roman de Ray Bradbury dont on peut également étudier des passages. On organisera ensuite un débat sur ce thème.

Les niveaux de langue et les divers accents régionaux

On étudiera des extraits de *Pygmalion* de Bernard Shaw et de son adaptation au cinéma, *My Fair Lady.* On peut également trouver, toujours dans un manuel de seconde, un texte intitulé *The Geordie Lad*, où le chanteur Sting expose son point de vue selon lequel il est essentiel de parler

8. Voir la partie consacrée à la vidéo dans le chapitre 11.

le *standard English* pour pouvoir réussir dans la vie. On pourra également étudier sa chanson *An Englishman in New York,* où il est fait référence à l'accent britannique.

Lord of the Flies, *de William Golding*

Nous avons déjà mentionné la possibilité de travailler sur les deux versions filmiques et des extraits du roman dont elles sont adaptées.

C. EN PREMIÈRE

Le SIDA et l'exclusion sociale

Travail sur divers extraits de presse et forum d'opinion sur Internet. Puis étude d'extraits du film *Philadelphia* et du vidéo-clip de la chanson de Bruce Springsteen qui est également utilisée, avec des images différentes, pendant le générique du film. Ce dernier a été ensuite adapté sous forme de roman, on peut donc en travailler quelques extraits.

Little Red Riding Hood *et ses avatars*

Depuis le conte de Charles Perrault, repris par les frères Grimm, jusqu'à celui de Roald Dahl (issu de *Revolting Rhymes* dont il existe une version audio), en passant par les nombreuses adaptations sous forme de *cartoon* de Tex Avery, les diverses versions féministes, celle d'Angela Carter intitulée *The Werewolf,* et enfin la version *PC (politically correct),* très ironique, de James Finn Garner.

La littérature gothique : Frankenstein *de Mary Shelley*

Il ne faut pas omettre d'évoquer la vie extraordinaire de cette jeune femme, de son mari, le poète Percy Bysshe Shelley, et de leurs amis, parmi lesquels on pouvait compter Lord Byron. Il faudra aussi évoquer les circonstances de la création de son roman et également parler de la Révolution Industrielle en Grande-Bretagne qui a suscité des productions littéraires de ce genre au même titre qu'une importante production artistique dont par exemple le célèbre tableau de Joseph Wright of Derby, *An Experiment on a Bird in the Air Pump* (National Gallery, Londres) servant d'illustration à l'édition Penguin du roman. On pourra également étudier des extraits de l'adaptation filmique qu'en a fait Kenneth Brannagh, sans pour autant exclure les versions plus anciennes. Dans la même veine on pourra s'intéresser au roman de Matthew Lewis, *The Monk*, et bien entendu, au *Dracula* de Bram Stoker. Les versions cinématographiques ne manquent pas ; citons celle de Francis Ford Coppola qui plaît beaucoup aux élèves par sa modernité. On pourra également étudier avec profit des extraits de *Sleepy Hollow*, le film de Tim Burton d'après une nouvelle américaine du XIXe siècle de Washington Irving, afin de montrer que le mouvement gothique ne se limite pas à la Grande Bretagne.

Le mythe de la jeunesse éternelle

Le poème de Robert Herrick, *Carpe Diem,* bien qu'ancien (1648), sera étudié avec profit puisque les élèves le retrouveront dans la fameuse scène de *Dead Poets Society* où Mr Keating le fait lire par un élève, dans le hall de l'école, pour ensuite inciter sa classe à profiter du temps présent. Des extraits du roman d'Oscar Wilde, *The Picture of Dorian Gray* ainsi que de son adaptation filmique qui date des années 40, compléteront avantageusement cette étude.

Le problème des noirs aux USA

Étude du célèbre discours de Martin Luther King (il existe une vidéo éducative qui lui est consacrée, dans laquelle on peut trouver une partie de son discours). On peut également montrer des extraits de *Malcolm X* et travailler sur des parties de son autobiographie, pour montrer une forme de lutte différente, plus violente. On fera également allusion au tristement célèbre Ku Klux Klan sur lequel on trouve malheureusement régulièrement des articles dans les magazines américains, et qui possède son propre site sur Internet où l'on peut sélectionner de courts extraits, avec précaution, pour montrer à quel point les théories énoncées sont pernicieuses.

■ D. EN TERMINALE

Les débuts de la colonisation en Amérique avec les Pilgrim Fathers

Données historiques, étude d'un extrait de la pièce d'Arthur Miller, *The Crucible*, ainsi que de l'adaptation pour le cinéma dont il est lui-même responsable. On peut également se pencher sur des passages de *The Scarlet Letter* de Nathaniel Hawthorne (roman et adaptation filmique). On embraye ensuite sur les Amish dans la mesure où, de nos jours, ils vivent à peu près comme leurs ancêtres.[9] Quelques sites leur sont consacrés sur Internet.

---

9. On se référera à la partie consacrée à la vidéo dans le chapitre 11 sur les TIC, dans laquelle nous donnons quelques pistes d'exploitation pour un extrait de *Witness* de Peter Weir.

L'esclavage aux États-Unis

Il est extrêmement facile de trouver des documents sur ce sujet dans tous les manuels scolaires. On s'attardera sur le roman de Mark Twain, *The Adventures of Huckleberry Finn* (la suite de *Tom Sawyer*) ainsi que sur son adaptation cinématographique, plus spécialement sur la partie où le petit garçon aide un esclave noir à s'enfuir pour ensuite regretter son geste. On peut également montrer la vision idyllique de l'esclavage présentée au début du très grand classique, *Gone with the Wind.*

Les années 20 aux USA

On fournira des données historiques (il y a de nombreux sites consacrés à ce sujet sur internet) et on travaillera sur des extraits de *The Great Gatsby*, de Francis Scott Fitzgerald (roman et adaptation filmique), de *Big Money*, de Dos Passos, de *The Grapes of Wrath*, de John Steinbeck, etc.

L'immigration vers les USA depuis la deuxième moitié du XIXe siècle

Tous les manuels y consacrent de nombreux documents faisant allusion à l'arrivée dans le port de New York avec le passage obligé par Ellis Island. On pourra étudier des extraits du film *Titanic* qui montre bien les conditions déplorables dans lesquelles les passagers de troisième classe voyageaient pour essayer de se rendre sur la « Terre Promise ».

Le mythe de la frontière

Depuis le début de la colonisation de la côte Est, en passant par la conquête de l'Ouest et les nombreux *Westerns* qui ont pu être tournés à ce sujet, et jusqu'à la conquête du ciel et de l'espace. On pourra, à ce propos travailler sur la NASA et étudier des extraits du film *The Right Stuff*. Signalons que ce thème fait partie de la sélection interdisciplinaire des sujets proposés par le ministère pour l'élaboration des dossiers dans le cadre des TPE, du moins pour les séries L et ES.

Paul Auster

On peut proposer des interviews où il expose son point de vue sur la création littéraire (Internet), des extraits de *Moon Palace* et du film *Smoke*, dont il a écrit le scénario.

Il existe bien sûr des milliers d'autres possibilités. Notre but était ici de montrer comment mettre en cohérence des documents divers, avec comme premier objectif celui de motiver et d'intéresser nos élèves, en essayant de les surprendre, de manière à leur donner les moyens d'améliorer leurs compétences langagières et leurs connaissances culturelles par le biais d'activités que nous espérons stimulantes.

9

La langue

Pourquoi les élèves du secondaire ne préféreraient-ils pas apprendre la grammaire en comprenant le pourquoi des règles ?

Janine Bouscaren.

1 PRÉAMBULE

N'étant pas des spécialistes de linguistique, c'est avec la plus grande prudence que nous abordons ce chapitre. En tout état de cause, les didacticiens se doivent de se pencher sur les apports de la linguistique de l'énonciation, telle qu'elle a été développée par Antoine Culioli dans le domaine de l'enseignement des langues. Nous sommes d'ailleurs intimement persuadés de l'importance fondamentale de cette approche quant à l'amélioration de la compréhension par nos élèves du fonctionnement de la langue anglaise. L'intérêt de cette démarche est avant tout de ne plus considérer la « grammaire » comme une série de règles censées régir des phénomènes de surface, mais plutôt comme une combinaison d'opérations choisies par l'énonciateur pour transmettre un message correspondant exactement à son point de vue au moment où celui-ci est émis, dans une situation donnée. Ainsi, la langue est considérée non plus comme un objet d'étude figé et immuable, mais au contraire dans toute sa dimension communicative, comme une entité vivante. Dans cette perspective, il convient de s'intéresser aux phénomènes de surface qui constituent les traces visibles – ou audibles – des choix énonciatifs de celui qui se trouve à l'origine du discours, mais surtout, et c'est bien là que l'étude de la langue prend toute sa valeur, aux phénomènes sous-jacents qui relèvent du domaine de la pensée et qui permettent la mise en relief des effets de sens.

L'avantage essentiel de cette manière d'envisager la langue est de la présenter dans toute sa cohérence. Alors que la grammaire traditionnelle présentait une série de phénomènes isolés et donc atomisés qui rendait toute recherche de principes unificateurs illusoire, la grammaire énonciative et la pratique raisonnée de la langue permettent au contraire la mise en évidence d'une cohérence interne du système langagier au sens le plus large du terme. En effet, la pratique raisonnée de la langue :

> sert à présenter les phénomènes grammaticaux d'une façon plus efficace, parce que **plus cohérente**. D'une part, chaque outil grammatical, c'est-à-dire chaque marqueur, représente une opération avec une valeur fondamentale, d'autre part ces marqueurs sont mis en relation les uns par rapport aux autres.
> Elle fait partie intégrante de la phase de compréhension et d'appropriation des textes [...]. En effet, les textes ne sont plus vus comme des objets extérieurs,

> mais comme des constructions faites par des énonciateurs (y compris narrateur et lecteur) dans une situation d'énonciation.
> L'élève s'habitue à trouver et à analyser les marqueurs, les repères, les opérations mises en jeu pour comprendre la construction du texte. Il se rend compte qu'il utilise les mêmes outils pour donner du sens à un texte et pour pratiquer la langue.
>
> J. Bouscaren, M. Moulin, H. Odin, *Pratique raisonnée de la langue*, Ophrys, 1996.

C'est sous cet éclairage que la pratique raisonnée de la langue devient un pilier incontournable de la classe d'anglais. Elle permet en effet d'associer l'apprenant à la construction de ses savoirs langagiers en lui donnant la possibilité de rechercher, d'analyser, de comprendre pour enfin assimiler, le fonctionnement de la langue en tant que véhicule de la pensée et de la communication non pas hors contexte, mais dans un cadre culturel donné, qui par les repères qu'il fournit lui donne toute sa dimension.

2 LANGUE ET GRAMMAIRE DE L'ÉNONCIATION : TENTATIVES DE DÉFINITIONS

> **Langue : II. 1.** Système d'expression et de communication commun à un groupe social (communauté linguistique).
> **Langage : I. 1.** Fonction d'expression de la pensée et de communication entre les hommes, mise en œuvre au moyen d'un système de signes vocaux (parole) et éventuellement de signes graphiques (écriture) qui constitue une langue.
>
> *Le nouveau petit Robert*, 1994.

Ces deux définitions, bien que succinctes, présentent l'avantage de la clarté. Toutes deux font référence à la communication et mentionnent la notion de système, ce qui conforte la position des linguistes énonciativistes. Cependant, c'est la notion de langage qui nous concerne le plus dans la mesure où signes vocaux et graphiques sont nécessaires à sa mise en œuvre. Ce sont principalement ces signes qui constituent l'objet de l'étude des élèves qui apprennent une langue étrangère. On remarque d'ailleurs qu'il est fait ici référence au code de l'oral avant celui de l'écrit, ce qui est normal dans le cadre de l'étude d'une langue première. Dans le cadre de l'étude d'une langue seconde pourtant, ce sont des repérages et des prélèvements opérés dans des supports textuels qui donnent généralement lieu – du moins au lycée – à des constats d'ordre grammatical.

Or, nous pensons que l'oral, malgré son caractère fugace, devrait aussi se prêter à des remarques grammaticales, mais d'un autre type. C'est ce que nous appellerons la grammaire de l'oral ; nous y reviendrons.

La grammaire de l'énonciation se penche sur la mise en relation des signes vocaux et graphiques qui constituent le langage. Les élèves qui ont été habitués à une approche plus traditionnelle, ce qui est encore bien souvent le cas dans les lycées malgré les recommandations concernant une approche plus énonciativiste dans les collèges, peuvent se demander (ou nous demander) pourquoi nous voulons faire de la grammaire autrement. On pourra répondre simplement en disant qu'apprendre des règles par cœur et les appliquer sans vraiment les comprendre n'est pas efficace d'un point de vue cognitif. De plus, la grammaire traditionnelle n'apporte pas de réponses satisfaisantes à une importante quantité de questions que l'on peut être amené à se poser. En effet, on entend encore de nombreuses personnes dire que l'anglais est une langue qui n'a pas de grammaire et qu'elle est constituée d'une série quasiment illimitée d'exceptions ! Ce genre de jugement hâtif et évidemment sans fondement se trouve mis à mal par une approche raisonnée de la grammaire prenant en compte tous les constituants du langage.

> Comment ?
> En étudiant « toutes les pièces du système » et en expliquant comment on peut faire fonctionner celui-ci.
> Ces pièces sont :
> 1) Les **mots du dictionnaire** sous la forme de « bases nues » (noms, adjectifs, verbes, etc.) que, de façon simplifiée, nous appellerons notions.
> 2) Les **marqueurs grammaticaux** qui peuvent être des mots comme *a, the, some, any, of, to, can, must*, etc. ou des affixes comme *-ing, -ed, -s*, etc.
> Tous ces marqueurs révèlent des opérations effectuées pour la mise en relation de ces pièces.
>
> J. Bouscaren, M. Moulin, H. Odin, *Pratique raisonnée de la langue*, Ophrys, 1996.

Voici les conditions d'étude de la mise en relation « des pièces » dont il est question ci-dessus :

> C'est une grammaire qui consiste à présenter une langue, ici, l'anglais, comme un système qui fonctionne de façon cohérente et non comme une suite de règles détachées les unes des autres. Ce qui donne la cohérence à ce système, c'est le concept même d'**énonciation**. On travaillera sur des **énoncés**, c'est-à-dire sur des suites qui sont **prises en charge par un énonciateur** dans une situation d'énonciation. Les phrases, elles, sont des suites grammaticales détachées de toute situation.
>
> J. Bouscaren, *Linguistique anglaise, initiation à une grammaire de l'énonciation, Ophrys*, 1991.

C'est l'organisation du langage ainsi défini qui constitue l'objet d'étude de nos élèves. Mais, permettons-nous d'insister ici sur le fait que cette mise en cohérence ne doit pas se limiter à la seule grammaire.

En effet, tout doit pouvoir être constitué en réseau, suite à une pratique raisonnée, qu'il s'agisse du lexique, du système phonologique ou des repères culturels. C'est à ce prix que les élèves saisiront toute la logique de la langue qu'ils étudient et dont les diverses facettes se trouvent réunies dans un tout cohérent.

Certains esprits chagrins pensent que cette conception de l'enseignement, qui est particulièrement stimulante pour les élèves dans la mesure où elle fait appel à leur intelligence et leur réflexion, ne peut pas convenir à tous, notamment aux élèves en difficulté. Or ceux-ci ont précisément :

> […] le plus grand mal à suivre les explications grammaticales souvent abstraites du professeur. Ils décrochent très vite. D'ailleurs comment nos classes si hétérogènes pourraient-elles comprendre une explication unique et « homogène », fut-elle bien menée ? Ils ont encore plus de mal à comprendre les explications données dans les précis grammaticaux souvent touffus, métalinguistiquement hétéroclites, parce que soumis aux modes et pragmatiquement peu utilisables parce que existant en dehors du cheminement de l'apprentissage réel. Ils correspondent très rarement aux choix et à la démarche vécue en classe, ils obéissent à une autre logique.
>
> C'est pourquoi, à l'explication unique du professeur et à la solution donnée dans les précis grammaticaux, il faut préférer la solution trouvée. Les élèves peuvent se montrer grammaticalement curieux s'ils sont bien appâtés, et capables de se livrer à des analyses et des descriptions pourvu qu'ils soient véritablement mis en mesure de les faire, c'est-à-dire pourvu que les mots ou les énoncés sur lesquels ils sont amenés à réfléchir soient facilement compréhensibles par eux et pourvu que le document qui va servir de support au traitement du problème soit montré sans délai à toute la classe et au bon moment. Les élèves aiment chercher, puis ils ont plaisir à mettre en application une règle ou un système de fonctionnement qu'ils viennent de découvrir.
>
> H. Dupraz, *We can help you, 8, pratique du raisonnement grammatical au collège*, CRDP de Lyon, 1997.

Cette approche, destinée à rendre la langue plus vivante, est précisément destinée aux élèves qui ont le plus de difficultés à organiser leurs connaissances. Les élèves qui ont des facilités tirent toujours leur épingle du jeu, quel que soit le mode de présentation, car lorsqu'ils abordent un fait de langue nouveau, ils sont immédiatement opérationnels, d'un point de vue cognitif ; ils cherchent tout de suite – pas toujours de manière consciente d'ailleurs – à l'insérer dans des réseaux déjà bien organisés pour en opérer le traitement et le rendre cohérent dans un système déjà en place. Les élèves qui ont le plus de mal ont besoin d'être aidés pour accomplir ce type de démarche, d'où l'importance des séances de pratique raisonnée de la langue bien conduites pour les aider à concevoir, et donc commencer à s'approprier, les faits de langues, nouveaux ou non d'ailleurs.

En effet, au lycée, les élèves sont censés arriver avec un bagage langagier qui est loin d'être négligeable. Cependant, ce n'est pas parce qu'un certain nombre d'aspects de la langue ont été vus, qu'ils sont nécessairement acquis. Il convient donc, tout au long du second cycle, en insistant tout particulièrement en Seconde, de rebrasser les faits de langues abordés au collège, dans des contextes nouveaux et enrichissants qui justement en permettent la conceptualisation grâce à leur authenticité, selon la technique de la spirale. Elle consiste à revenir sur un même concept en le montrant sous un jour de plus en plus complexe, au fur et à mesure de l'évolution des capacités cognitives des apprenants.

Ainsi, tout le monde y trouve son compte. Les élèves les plus avancés enrichissent des connaissances déjà bien assises, ceux qui ne les avaient pas encore acquises sont mis en mesure de commencer à s'en approprier les fondements, et le professeur a la satisfaction de voir la démarche qu'il propose porter ses fruits. Ces moments qui font appel à la réflexion de chacun sont toujours une source de plaisir pour tous. Quoi qu'il en soit, sans chercher à faire preuve d'un optimisme débordant, il paraît raisonnable d'avancer qu'il est plus facile de mémoriser un fait de langue et de le remobiliser, lorsqu'on l'a compris.

3 LA POSITION INSTITUTIONNELLE

Dans les compléments aux programmes de Seconde, on peut lire sous la rubrique « Développement de la capacité conceptuelle » :

> Il ne s'agit pas [...] de multiplier les exposés théoriques, même pertinents. L'élève n'est pas une cible à discours. [...]
> Les activités écrites et orales, ouvertes et diverses, qui constituent le ressort essentiel de l'enseignement de l'anglais, offrent à l'élève l'occasion d'une pratique progressivement plus complexe et exigeante de la langue. Du même coup, elles offrent un champ sans cesse plus étendu à une intelligence qui s'exerce sur une matière linguistique qu'il devient de plus en plus nécessaire d'organiser rationnellement.
> Faut-il penser qu'il est inutile pour l'élève d'extraire de tout ce langage qu'il interprète et manipule ceux des principes de fonctionnement qui lui sont accessibles ?
> Faut-il penser qu'il est capable, sans incitation et sans guide, de saisir sous les formes et les agencements de surface, les réseaux de repères et de relations significatifs ?
> Faut-il penser que l'objectif conceptuel est inaccessible et que l'enseignement de l'anglais n'a pas un rôle spécifique à jouer dans la formation de l'esprit ? Poser la question c'est y répondre. [...]

> Il n'est pas question de substituer l'enseignement d'une linguistique rudimentaire à l'enseignement de l'anglais. En revanche, les réflexions, les lectures, les recherches du professeur peuvent le conduire :
> – à saisir les occasions de rapprocher, ceux des faits de langue, des types d'agencement d'apparence disparate qui peuvent être rapprochés en vue d'une observation pouvant éventuellement faire apparaître un concept unificateur (celui d'opérateur par exemple) ;
> – à habituer l'élève aux manipulations pertinentes.
>
> *Instructions Officielles*, 1995.

Cette longue citation appelle quelques commentaires.

Tout d'abord, il est rappelé aux enseignants que tout cours magistral, quelle qu'en soit la forme, est absolument proscrit. Il n'est pas question de faire des cours de grammaire, ce qui est une bonne chose. Espérons ne plus entendre les élèves réciter les pseudo-règles de grammaire qu'on leur a assénées sans jamais les mettre en mesure de les comprendre, qui ne représentent rien dans leurs esprits et qui n'y subsistent que sous une forme fossilisée et donc très peu opérationnelle.

On nous rappelle également que le contact avec la langue se fait au travers d'activités axées sur les quatre capacités. Dans ce sens, la « grammaire » ne représente qu'un outil au service de la compréhension et de l'expression, c'est-à-dire de la communication, et certainement pas une fin en soi. C'est à cet égard d'ailleurs que la linguistique de l'énonciation développée par A. Culioli est particulièrement séduisante pour les professeurs de langues parce qu'elle permet avant tout d'étudier le langage dans sa fonction de communication, tout en y intégrant les derniers apports des recherches linguistique, psycholinguistique et sociolinguistique.

Finalement, nous ne devons pas oublier que nous sommes avant tout des professeurs d'anglais et non des professeurs de linguistique, pas plus d'ailleurs que des professeurs de civilisation ou de littérature. Il faut laisser nos connaissances derrière nous et elles doivent nous servir à faire des choix pédagogiques et à orienter nos séances. Nous devons servir de guides à nos élèves. La construction des savoirs se fait par le biais de la découverte et non par une transmission directe et forcément monolithique de notre part.

Quoi qu'il en soit, même si la position institutionnelle reste assez neutre pour ce qui est de la présentation du programme grammatical du lycée, on peut constater que ce n'est plus le cas au collège où les nouveaux programmes ont vu l'introduction d'une métalangue à coloration linguistique dans les référentiels de grammaire. Nous pensons que cela constitue un pas en avant intéressant, bien qu'une partie non négligeable des enseignants s'y soient montrés hostiles pour la bonne raison que n'ayant pas été formés à la linguistique de l'énonciation, cette nouvelle présentation leur a semblé n'être qu'une fantaisie de bureaucrates ne cherchant qu'à les impressionner, voire à les rabaisser. Or, cette nouvelle présentation n'est pas purement gratuite. Elle correspond à une certaine façon d'envisager la langue selon des principes énonciativistes, comme nous avons déjà eu l'occasion de le signaler. Elle devrait permettre d'orienter l'enseignement de la grammaire au collège dans cette voie, mais encore faut-il que les enseignants y soient préparés. À notre sens, en plus des divers stages qui peuvent être proposés – quoique de manière très inégale selon les académies – dans le cadre de la formation continue des personnels, chacun devrait y mettre un peu du sien et devrait chercher à s'auto-former au fil de lectures diverses. C'est seulement à ce prix que l'enseignement de la langue pourra véritablement évoluer au collège. Remplacer des étiquettes par d'autres ne peut pas suffire, même si les nouvelles sont entièrement justifiées, dans la mesure où pour certains elles ne représentent rien.

Malgré cela, grâce notamment à la présence dans les collèges de jeunes collègues ayant bénéficié de cours de linguistiques lors de leurs études universitaires, on voit arriver au lycée des élèves qui sont habitués à la pratique raisonnée de la langue, qui tiennent compte du point de vue de l'énonciateur et savent s'appuyer sur les divers marqueurs pour opérer des choix linguistiquement corrects. Encore une fois, certaines académies sont mieux loties que d'autres. Ceci dit, les professeurs de lycée qui accueillent ces élèves dans leurs classes de Seconde se trouvent confrontés à la même situation que leurs collègues de collège qui accueillent dans leurs classes de Sixième des enfants qui ont bénéficié d'un apprentissage précoce de l'anglais alors que ce n'est pas le cas pour certains de leurs camarades. Il faut alors pouvoir gérer la différence au mieux, sans frustrer ni les uns, ni les autres.

4 QUELLE « GRAMMAIRE » ET QUELLE TERMINOLOGIE ?

A. CHOISIR UNE APPROCHE GRAMMATICALE

Il convient d'abandonner la grammaire traditionnelle qui, nous avons déjà insisté sur ce point, ne s'intéresse qu'aux phénomènes de surface dans le meilleur des cas. Bon nombre d'élèves admettent n'éprouver aucun enthousiasme vis à vis de la grammaire. Il est vrai qu'apprendre des règles par cœur semble à priori rébarbatif d'autant que cela ne permet pas de s'approprier efficacement la langue qu'on cherche à apprendre.

Considérons la relation prédicative suivante :

<CAT, EAT, MOUSE>

L'énonciateur, qui se saisit de cette relation prédicative, peut alors produire des énoncés de ce type :

– ***the*** *cat* ***is*** *eat**ing*** ***the*** *mouse*
– ***the*** *cat* ***will*** *eat* ***the*** *mouse*
– ***the*** *mouse* ***can be*** *eat**en*** ***by the*** *mouse, etc.*

Les éléments en caractères gras sont des marqueurs d'opération prédicative. Ce sont des traces attestant des choix opérés par l'énonciateur pour la création de ses énoncés. Les possibilités qui s'offrent à lui sont multiples et variées et le mettent en mesure d'exprimer son point de vue.

Le problème de la grammaire traditionnelle est qu'elle ne peut rendre compte que des seuls phénomènes visibles en surface.

Or, lorsque l'on passe d'un système langagier à un autre, le passage ne se fait pas par la surface. En effet, le français (L1) fonctionne avec un réseau de marqueurs – le, la, les, un, une, du, des, etc. –, tandis que l'anglais (L2) a un réseau qui lui est propre – *Ø, a, the, some, any*, etc.

Ces deux réseaux de marqueurs ne se superposent pas. C'est là que la pratique raisonnée de la langue trouve tout son intérêt dans la mesure où elle permet d'explorer ce que la grammaire traditionnelle ne fait que constater. Lorsque l'on passe d'une langue à l'autre, il n'y a pas de possibilité de trajet simple. Ce qu'on va chercher à explorer se trouve sous la surface. Il s'agit d'y trouver quelle est la signification des marqueurs qui permettent justement la réalisation des opérations énonciatives.

Vue sous cette angle, la grammaire devient une activité beaucoup plus humaine et vivante, s'intéressant avant tout aux personnes qui sont à l'origine des énoncés. La grammaire énonciative paraît donc pour l'instant être le meilleur guide pour l'apprentissage de la langue. En effet, il est bon de préciser ici qu'une langue ne s'enseigne pas, elle s'apprend. Les professeurs sont des facilitateurs d'apprentissage, des guides en quelque sorte. Nous sommes là pour proposer, pour mettre les élèves au contact de la langue, mais les processus cognitifs d'apprentissage se mettent en marche en dehors de notre contrôle. Notre tâche consiste donc essentiellement à simplifier le travail des apprenants en les mettant en mesure de comprendre les grands axes de fonctionnement de la langue anglaise, à savoir, **temps, aspect, modalité, et détermination**. Nous posons donc ici que la grammaire énonciative est là pour faciliter l'apprentissage, en mettant les élèves en mesure de comprendre le fonctionnement profond de la langue à des fins d'acquisition, alors que la grammaire traditionnelle, déconnectée de toute réalité langagière, ne permettait que l'enseignement d'une langue sans prendre en considération sa dimension humaine, presque comme s'il s'agissait d'une langue morte. Dans ces conditions la prise en charge des éléments langagiers par les élèves eux-mêmes s'avérait particulièrement difficile.

Ceci dit, aucune école de linguistique n'est à privilégier aux dépens d'une autre. Ce qui compte, c'est l'orientation générale. Toute forme de dogmatisme est à proscrire. Il importe en fait que chacun, par ses lectures, retienne les éléments qui lui conviennent le mieux et se les approprient, sans se soucier des vaines querelles d'écoles qui opposent, parfois de manière virulente, les tenants d'un savoir universitaire. Il est important cependant d'en avoir une vision aussi claire que possible, sinon les élèves sentiront l'incertitude, voire le malaise, de leur professeur et la relation normalement basée sur la confiance, ne pourra pas s'établir dans de bonnes conditions.

B. LA QUESTION DE LA TERMINOLOGIE

Il convient de se demander jusqu'où on peut emmener les élèves dans la métalangue. Par métalangue, nous entendons la terminologie qui permet de décrire et d'analyser la langue qui est l'objet de notre étude.

Voici ce que l'on peut lire dans la préface de la G*rammaire progressive de l'anglais,* d'Henri le Prieult (Belin, 1996) :

> Conscient qu'on ne traite pas un lycéen ou un étudiant de premier cycle à la manière d'un randonneur aguerri, Henri Le Prieult ne charge pas indûment son sac de termes nouveaux. Soucieux d'être suivi, il jette d'emblée ce qui encombre (« forme progressive », « article défini », « auxiliaire du futur »), appelle les outils par leur nom (*some, any, a[n], the*) et n'a recours à des appellations « modernes » que lorsque celles-ci sont cognitivement parlantes (« localiser »).
>
> J. R. Lapaire, Professeur à l'Université de Toulouse-Le Mirail.

Cette attitude, qui relève d'un bon sens évident, nous paraît résumer parfaitement celle qu'il convient d'adopter. Plutôt que de se demander quel mot on va utiliser à propos de tel fait linguistique, il vaut peut-être mieux se demander ce que ce choix risque d'impliquer. Prenons le cas classique du « présent progressif » cité ci-dessus, qui a d'ailleurs disparu de la très grande majorité des manuels. Cette dénomination, qui ne parlait d'ailleurs guère à certains élèves qui l'appelaient le « présent progressiste » (!), enfermait la construction « présent de *BE* + -ING » dans une représentation unique et partielle de son fonctionnement, d'où la définition que l'on continue à entendre : « c'est le temps qu'on utilise pour parler de quelque chose qui est en train de se dérouler ». Remarquons tout d'abord que le mot « temps » est impropre dans ce cas, puis insistons sur l'idée que cette définition ne peut pas s'appliquer à un énoncé du type : *she's always complaining,* que certaines personnes vont même jusqu'à qualifier d'incorrect, alors qu'il est parfaitement idiomatique ! L'abandon de cette étiquette a donc le mérite d'éviter toute représentation limitée. En revanche, il ne suffit pas de lui substituer le terme que nous avons nous-mêmes utilisé, qui est beaucoup plus anodin dans la mesure où il consiste en une description neutre de la composition de la forme ; il faut aussi proposer suffisamment d'exemples variés aux élèves de sorte qu'ils puissent se faire une idée de la valeur fondamentale de cette association du présent de l'auxiliaire *be* et du suffixe -ING. Il ne faut pas non plus, en croyant bien faire, proposer des explications erronées. Dans l'exemple que nous venons de citer, *she's always complaining,* l'utilisation du présent *be* + ING indique que l'énonciateur se positionne par rapport à ce qu'il dit. Il se met en quelque sorte dans l'énoncé et nous dit : « c'est ainsi que ***moi***, l'énonciateur, je vois ou je me représente la personne dont je parle ». On peut parler de valeur aspectuelle, qui consiste en fait pour l'énonciateur à dire comment il se représente les choses. Parler de la valeur d'exaspération du -ING, comme certains le font pour expliquer un exemple comme celui-ci est abusif. Tout au plus s'agira-t-il d'un effet de sens possible parmi d'autres. Pourquoi pas l'admiration ? Après tout, cela dépendra du ton employé par la personne qui parle. En tout état de cause, ces valeurs supposées ne représentent aucune réalité grammaticale. Par contre, l'explication qui précède, à savoir la présence de l'énonciateur dans son énoncé, présence que l'on retrouve dans tous les cas de figures, a bien une valeur fondamentale. C'est ce qui nous intéresse et ce qu'il faut amener les élèves à trouver car, à partir d'une définition de ce type, il sera toujours temps de découvrir les multiples effets de sens qui en découlent. « Présent de BE + ING », contrairement à « présent progressif » présente ainsi l'avantage de décrire la forme sans anticiper sur ce qu'elle veut dire. On cesse ainsi de raccrocher cette forme à une valeur qui semble être majoritaire.

Prenons un autre exemple. On peut se demander s'il convient de substituer le terme « génitif » au plus traditionnel (apparemment) « cas possessif ». Nous remarquerons d'abord que si l'on constate l'apparition du terme « génitif » dans les grammaires récentes, il n'a rien de moderne puisqu'il nous vient du latin. D'ailleurs, c'est le terme utilisé par toutes les grammaires anglaises du XIXe siècle ! Pourquoi ne pas le réutiliser, dans la mesure où « cas possessif » semble impropre ? Ce qui importe, en réalité, c'est la manière dont on va le présenter afin de permettre aux élèves de s'en faire une idée correcte, au-delà de toute tentative d'étiquetage. En effet, si on adopte la représentation paradigmatique suivante :

John's	
a	
the	*bicycle*
whose	
his	

les élèves pourront se rendre compte que les éléments de la colonne de gauche sont commutatifs. Par conséquent, étant donné sa position, *John's* a un rôle de détermination, au même titre que les autres. Ils pourront par la même occasion remarquer la régularité d'apparition des lettres signalées en caractère gras. Ce qui compte vraiment ici, ce n'est pas le choix du terme métalinguistique, mais la réalité langagière à laquelle les élèves sont confrontés.

Ce que nous cherchons à mettre en évidence, c'est d'une part qu'il ne faut pas enfermer les élèves dans des représentations erronées et d'autre part, qu'il ne faut pas non plus les submerger de termes métalinguistiques qui risqueraient de les effrayer et n'auraient aucune chance de leur parler. C'est en fait une question de bon sens. Chacun doit voir jusqu'où il peut aller en fonction de ses élèves. On n'adoptera pas la même attitude, par exemple, devant une classe de Seconde, que devant une classe de Terminale qui a choisi l'anglais comme enseignement de spécialité.

Que penser, par exemple, du cas de *HAVE* + -EN qui semble poser un problème à bon nombre d'enseignants ? Nous pensons que les élèves qui ont déjà utilisé cette dénomination au collège et qui savent exactement à quoi elle correspond peuvent continuer à l'utiliser sans inconvénient. On leur demandera d'expliquer à leurs camarades de quoi il s'agit. Par contre, on n'exigera pas de ces derniers qu'ils abandonnent le terme *present perfect* auquel ils sont habitués, dans la mesure où c'est celui qu'utilisent les anglophones eux-mêmes. De plus, certains collègues ont signalé que la désignation -EN pour indiquer le participe passé, induit chez quelques élèves des surgénéralisations abusives du genre **he has sleepen for two hours.* L'erreur peut très bien être due à une interférence avec le système allemand, si les élèves sont également germanistes, mais on peut supposer qu'elle est induite par l'étiquette choisie.

Un mot sur les appellations « modernes » « cognitivement parlantes » auxquelles Jean-Rémi Lapaire fait allusion. Encore une fois chacun doit être capable de voir jusqu'où il peut aller avec ses élèves en fonction des critères dont nous avons déjà parlé. Il faut tenir compte, entre autres, des connaissances que les élèves ont pu acquérir lors de l'étude d'autres langues lorsque des recoupements sont possibles. Les quelques rares élèves qui étudient le grec pourront comprendre en quoi consiste la valeur aoristique[1] du prétérit, mais il va de soi qu'il ne saurait être question d'évoquer ce terme devant les autres élèves.

Un terme comme « opérateur de parcours » peut être utile pour faire sentir la différence entre *There aren't any books* et *There are no books.* Dans le premier cas, l'énonciateur, en choisissant l'opérateur de parcours *any* passe en revue toutes les quantités possibles tout en les niant par l'emploi de la négation *not*, alors que dans le deuxième cas, il choisit d'entrée de poser la quantité comme nulle, ce qui donne un caractère bien plus irrémédiable au second énoncé. De même, il semble difficile de faire sentir la différence entre *I don't want any tea* et *I don't want just any book*, *any* dans le second exemple étant accentué, sans parler des valeurs quantitative et qualitative de cet opérateur.

Les élèves sont parfaitement à l'aise avec la notion de visée. Ils proposent parfois ce terme eux-mêmes lorsqu'on leur demande d'expliquer la valeur de *to* dans un énoncé comme : *I want you* ***to*** *listen carefully*. Une collègue nous a même rapporté qu'un enfant de sixième lui avait dit à propos de l'heure *(it's ten* ***to*** *twelve)*, que *to* était comme une petite flèche qui se dirigeait vers sa cible !

Pour conclure, disons donc qu'il convient de rester modeste et prudent, mais qu'il ne faut pas non plus se priver d'utiliser des termes permettant des explications plus éclairantes. Souvenons-nous que certains aspects de la langue anglaise qui pouvaient nous paraître confus, sont devenus parfaitement clairs après avoir assisté à des cours de linguistique lors de nos études universitaires. N'oublions pas non plus que la linguistique nous a beaucoup aidés à effectuer des choix pertinents dans nos thèmes de concours. Alors pourquoi ne pas en faire profiter nos élèves au lycée ? Pourquoi devraient-ils attendre d'aller à l'université pour pouvoir enfin comprendre ?

1. Aoriste : temps de la conjugaison grecque à valeur de passé, mais n'indiquant pas une datation précise.

5 DE LA PRATIQUE RAISONNÉE DE LA LANGUE À LA CONCEPTUALISATION

La pratique raisonnée de la langue permet une démarche constructiviste.

> Il s'agit de l'application pratique d'une théorie de l'apprentissage de la psychologie cognitive, dont nous rappelons le postulat : tout être humain, et a fortiori tout apprenant, *reconstruit* le réel avant de se l'approprier. Autrement dit, nous n'apprenons pas par simple imitation ou répétition. Au contraire, nous *travaillons* sur les données que nous recevons, pour les réorganiser en un système mental propre.
>
> Kathleen Julié, *Enseigner l'anglais*, Hachette, 1995.

Un individu placé dans un milieu où on ne parle pas sa langue fonctionne à peu près selon le mode décrit ci-dessus. Immergé dans un bain linguistique permanent, il reçoit une très grande quantité de données, qu'il peut traiter et expérimenter à loisir. Ainsi, si une théorie élaborée dans ces conditions ne fonctionne pas, l'apprenant a la possibilité de lui en substituer une autre qu'il pourra tester quasi immédiatement. C'est par des tâtonnements successifs de ce genre – dont il n'est pas toujours clairement conscient d'ailleurs – qu'il va progresser dans un premier temps dans le décodage de la langue qu'il entend, ce qui lui permettra de s'approprier les données ainsi engrangées afin de se donner ensuite la possibilité de créer lui-même du langage en fonction de ses besoins. Au début, ses possibilités de communication sont limitées à la stricte nécessité, mais progressivement le champ des possibles va s'élargir pour devenir de plus en plus riche et précis.

C'est ce que nous souhaitons tous pour nos élèves. Malheureusement, l'environnement scolaire est loin de constituer un milieu naturel quels que puissent être nos efforts pour créer des situations de communication les plus authentiques possibles. Personne n'est dupe, bien sûr, même si la plupart des élèves se prêtent bien volontiers au jeu quand leur désir d'apprendre est suffisamment fort. De plus, il est certain que ce n'est pas avec deux ou trois heures par semaine consacrées à l'anglais, que nous pouvons créer l'illusion d'un bain linguistique.

C'est là que la pratique raisonnée de la langue trouve toute sa dimension. Pour gagner du temps et mettre les élèves en mesure de s'approprier les données linguistiques proposées, le plus efficacement possible, on va les amener à s'exprimer à voix haute – contrairement à ce qui se passe en milieu naturel – sur la manière dont ils se les représentent. Par un guidage approprié, on les amène sur la bonne voie afin que leurs schémas mentaux puissent s'organiser en toute cohérence. Les apprenants ont ainsi tout loisir de les conceptualiser puis de les organiser en réseaux de manière à les systématiser et se les approprier. Il va de soi que l'appropriation se fera par étapes, tout au long de la scolarité secondaire, et qu'elle variera d'un individu à l'autre.

L'ordre même des mots – 1. pratique, 2. raisonnée, 3. de la langue – suggère que la pratique intervient avant la phase de raisonnement. Deux cas de figures peuvent se présenter. Les faits de langue sont censés être déjà connus, ils sont donc rebrassés lors d'activités communicatives impliquant le groupe-classe. Pour être sûr que chacun se fait une bonne représentation du fonctionnement de ce qui vient d'être manipulé, on amène les élèves à s'exprimer sur les formes et leurs valeurs, le choix des opérateurs, la raison de ces choix, etc. Ainsi, les élèves pour lesquels ces faits étaient déjà acquis sont confortés dans leurs connaissances, tandis que les autres sont mis en mesure de progresser dans leur processus d'appropriation. Par contre il peut s'agir de nouveautés – précisons cependant pour être honnêtes, que ce n'est pas très fréquent au lycée. Dans ce cas, deux cas de figures se présentent encore. Soit la nouveauté apparaît dans un document écrit ou sonore, soit elle est nécessaire pour que les élèves puissent s'exprimer à propos d'un texte, par exemple. Dans le premier cas, au lycée,[2] le fait de langue est repéré dans son contexte, et les élèves proposent des hypothèses quant à la raison de sa présence et de son fonctionnement, précisément en s'appuyant sur les éléments qui lui sont périphériques. Il convient ensuite de leur donner des occasions de le manipuler dans des activités de reformulation, que ce soit de courts dialogues créés en binôme, voire même des exercices écrits. Dans le second cas, on essaie de créer une situation qui permet de l'introduire. Prenons le style indirect par exemple, puisqu'il constitue un des grands classiques du lycée, dans la mesure où il s'agit d'un outil fort utile pour l'analyse de textes. On se sert d'un énoncé proposé par un élève et que l'on prétend avoir mal entendu, ce qui nous donne l'occasion de demander à l'un de ses voisins, *What did he/she say ?* Si l'élève a bien entendu l'auxiliaire choisi, il répondra *He said that...* , sinon on aura *He says...*, voire même **He say...* . On pourra alors faire intervenir le groupe-classe pour améliorer la production, puis inscrire l'énoncé obtenu au tableau. Après l'analyse-constat de son fonctionnement, on procède à un travail d'application – on fait rapporter les paroles des personnages d'un texte – qui permettra de mettre l'accent sur les diverses transforma-

2. Au collège il aurait vraisemblablement été présenté avant, pour éviter qu'il ne fasse obstacle à la compréhension.

tions qu'il convient d'opérer (sur les pronoms, les déictiques, les marqueurs spatio-temporels, sans oublier les verbes, cela va de soi). Ce sont les élèves eux-mêmes qui réfléchissent et proposent des solutions quant au fonctionnement. Il est bon ensuite de les amener à récapituler tout ce qu'ils ont pu mettre en lumière afin qu'ils puissent en prendre note. Cette façon de fonctionner, même si elle peut sembler chronophage, présente l'intérêt de placer les élèves au centre de leur apprentissage. Il faudra bien sûr y revenir de nombreuses fois pour que la conceptualisation puisse vraiment se faire et que les apprenants s'approprient progressivement et durablement le procédé.

Pour résumer, on peut dire que l'idée essentielle consiste à amener les élèves à dégager un principe de fonctionnement, une « règle de grammaire » pourrait-on dire pour rester sur les sentiers battus, guidés par leur professeur. Il n'est plus question pour le professeur, d'énoncer, d'expliquer et de dicter cette « règle ». C'est le fruit de la réflexion des élèves qui constituera la trace écrite qui sera portée sur le cahier. Il s'agit là d'une démarche hypothético-déductive. Le rôle du professeur consiste à mettre ses élèves dans les meilleures conditions pour leur permettre de raisonner correctement, sans se faire des idées fausses ou partielles. C'est une grande responsabilité. Si les exemples sont mal choisis, on peut les amener à se faire des représentations mentales erronées que l'on aura parfois toutes les peines du monde à rectifier. C'est dans ce cadre que l'on saisit mieux l'importance d'une bonne formation linguistique pour les enseignants.

Précisons que toute cette phase de raisonnement autour de la langue s'effectue en français, car elle implique une métalangue que les élèves n'ont pas vraiment de raison de connaître en anglais, mis à part les élèves des sections littéraires qui auront besoin de certains termes linguistiques pour expliquer certains effets de sens induits par les choix énonciatifs dans le texte qu'ils auront à étudier le jour de Baccalauréat. Les élèves des autres séries, quant à eux, n'auront pas à le faire, donc n'introduisons pas de degré de difficulté supplémentaire quand nous les faisons s'exprimer sur le fonctionnement de la langue.

■ APPLICATIONS

Un des premiers intérêts de cette approche est d'amener les élèves à se rendre compte que les anglophones ont une perception du monde différente de la leur, dans la mesure où les systèmes linguistiques du français et de l'anglais ne se superposent pas. Cette perception du monde peut d'ailleurs varier d'un pays anglophone à l'autre. Ceci est vrai pour toute langue, quelle qu'elle soit. En effet, l'environnement même peut influencer l'étendue plus ou moins large de certains champs lexicaux, par exemple.

> Et pendant qu'on dînait, Angoutretok apprit à Ferrer quelques-uns des cent cinquante mots qui concernent la neige en idiome iglulik, de la neige croûteuse à la neige crissante en passant par la neige fraîche et molle, la neige durcie et ondulée, la neige fine et poudreuse, la neige humide et compacte et la neige soulevée par le vent.
>
> Jean Echenoz, *Je m'en vais*, Les Éditions de Minuit, 1999.

La neige est une composante tellement présente dans la vie quotidienne des Inuits (la scène se passe dans le nord du Canada) qu'ils disposent d'une multitude de mots pour la désigner. Après cet exemple un peu extrême, nous en conviendrons, revenons à l'anglais qui, s'il ne dispose pas d'un registre vraiment plus important que le français pour parler de la neige[3], a cependant bien souvent une autre manière de découper la réalité, ou du moins de la concevoir. On s'en rend compte notamment lorsque l'on travaille sur les divers procédés de traduction. Pour ne citer ici[4] qu'un exemple, notons que *word processing* se dit « traitement de texte » en français. Il s'agit donc dans ce cas d'effectuer une modulation en traduisant, prenant ici la partie pour le tout, puisque les deux langues n'ont pas le même point de vue. Il existe quantité d'autres exemples de ce type, que l'on peut d'ailleurs amener les élèves à trouver. Le découpage du temps est également différent en anglais.

> L'organisation de la temporalité (linguistique) est complexe car elle ne reflète pas la chronologie (extralinguistique). C'est une construction faite, différemment dans chaque système linguistique, par le sujet énonciateur à partir de son « maintenant », c'est-à-dire du moment où il parle qui bien sûr change sans cesse. C'est donc encore un point de vue lié au sujet énonciateur et au moment où il parle ou écrit.
>
> Pour plus de clarté on parle souvent [en anglais] de *time* (temps notionnel) et de *tenses* (temps grammaticaux)[5] pour distinguer l'extralinguistique du linguistique. Le *time* s'organise en triade :
>
> – avant que je ne parle : le **révolu**
> – le moment où je parle : l'**actuel**
> – après le moment où je parle : l'**avenir**.
>
> Les *tenses* s'organisent de façons différentes suivant les langues. L'anglais n'a que deux marques, le présent et le passé.
>
> Anne Trévise, *Le prétérit, ce passé pas si simple*, Erasme, 1990.

---

3. En plus du mot *snow*, l'anglais dispose cependant des termes *sleet* = neige fondue mêlée à la pluie, et *slush* = neige fondue par terre.

4. Nous parlons des diverses techniques de traduction dans le chapitre 12.

5. Sans oublier bien sûr *weather*, le temps tel que nous le définissent les météorologues.

Le système aspecto-temporel anglais est une source de perplexité pour bon nombre d'élèves qui aimeraient à tout prix le faire correspondre au système français, alors qu'il n'existe pas de relations biunivoques entre les deux langues, du moins dans ce domaine. En effet, on peut souvent lire sur les fiches que l'on fait remplir aux élèves en début d'année, sous la rubrique « dis ce que tu penses de l'anglais », « l'anglais j'aime bien, mais je ne comprends rien aux temps » (!). On se rend compte ainsi, du travail qu'il reste à effectuer pour que ces élèves cessent de considérer cet aspect de la langue comme leur bête noire. On obtient, d'ailleurs, toujours un grand succès quand on leur annonce, après les avoir laissés calculer vainement, qu'il n'y a que deux temps en anglais, à savoir le présent et le prétérit. On les laisse rétorquer qu'il y a le futur avec *will,* pour leur faire dire que cet auxiliaire modal est un présent dont ils connaissent d'ailleurs le prétérit qui est *would.* Ainsi toutes les formes verbales composées sont-elles constituées d'un auxiliaire qui porte soit la marque du présent, soit celle du prétérit. Les diverses associations induisent différents effets de sens. Cette manière de considérer le système verbal séduit rapidement nos élèves, qui acceptent ensuite beaucoup plus volontiers de réfléchir à la valeur des diverses combinaisons, en abandonnant l'idée de trouver nécessairement des équivalences entre les deux langues.

Prenons un exemple concret concernant l'aspect, notion que les élèves ont beaucoup de mal à saisir dans la mesure où, bien qu'il soit également présent à un degré moindre en français, nos collègues de français n'y font que très rarement allusion. En effet, lorsque l'on répond à quelqu'un qui vous propose à manger, « merci, je n'ai plus faim, j'**ai** déjà **mangé**», on n'est pas loin de la valeur résultative du *have* +-EN *(present perfect)* anglais. En effet, le passé composé français n'est pas non plus un temps du passé dans cet exemple. Ici l'énonciateur s'intéresse au résultat dans l'actuel d'un procès antérieur. Là où les choses se compliquent en anglais, c'est lorsqu'on associe -ING à *HAVE* + -EN. Pour faire sentir la différence, on peut proposer les exemples suivants au tableau :

1. *I have painted the kitchen. >The kitchen looks nice now.*
2. *I have been painting the kitchen. > My hands and my clothes are dirty.*

Quelques élèves remarqueront que dans le deuxième cas, c'est toujours le résultat présent qui compte, mais cette fois, c'est le sujet-énonciateur qui est concerné. En effet, ces exemples, tirés d'un document intitulé *Pratique raisonnée de la langue,* édité par le CRDP de Nancy-Metz, dont l'auteur est J. Lallemand, permettent grâce à l'énoncé clair des valeurs résultatives, d'éviter d'entendre ce que trop d'élèves continuent à dire, à savoir : « on a -ING parce que c'est une action qui a beaucoup duré » (!).

On peut ensuite proposer aux élèves de trouver une interprétation pour chacun des énoncés suivants :

You've been drinking.
You've been eating fish.
You've been playing tennis.
You've been playing rugby.
You've been sleeping.
You've been crying.
Somebody's been eating my porridge. (Goldilocks)
Somebody's been sleeping in my bed. (Goldilocks)
Somebody's been sitting on my chair. (Goldilocks)

Prenons un autre exemple : le passif, dont le fonctionnement n'est pas éloigné, cette fois, de celui du français, mais qui est souvent mal présenté si on le réduit à l'image en miroir d'un énoncé au mode actif. Comme pour n'importe quel autre fait de langue, il importe de trouver un contexte bien signifiant pour le présenter, ou du moins pour amener les élèves à raisonner sur ce choix énonciatif. On peut partir du principe que ce n'est évidemment pas la première fois que les élèves entendent parler de ce mode. Nous avons tous pu constater que, quel que soit le niveau auquel on se réfère, de nombreux élèves éprouvent des difficultés d'ordre mécanique à produire des formes correctes, surtout quand il s'agit de formes auxiliées. Certains élèves utilisent autre chose qu'un participe passé après l'auxiliaire. Nous pouvons supposer que ceux-ci ne sont pas conscients de produire une forme passive. C'est surtout à eux que l'activité suivante s'adresse, dans la mesure où elle est destinée à faire prendre conscience de la valeur du passif.

Dans le film, *Philadelphia,* Andrew Beckett, le héros, atteint du SIDA, s'est fait licencier par ses partenaires lorsqu'ils ont appris qu'il était malade. Il veut leur faire un procès et cherche un avocat. Il se trouve dans le cabinet de Joe Miller, qui est le dixième avocat auquel il vient raconter les circonstances de son licenciement. Voici quelques extraits :

*"**I was fired** from Wyant, Wheeler."*

*"**I was diagnosed** with AIDS about eight months ago."*

*"They say I lost a very important complaint, […]. And then it **was** mysteriously **found** at the last minute. And the next thing I know, the following morning **I'm being escorted** by a security guard to pick up my belongings."*

*"**I was sabotaged**"*

On fait relever toutes ces formes passives aux élèves qui disposent de l'extrait entier et on leur demande, dans un premier temps, de faire des remarques sur la forme. Puis, après les avoir amenés à constater que toutes ces formes passives, à l'exception de *was found,* concernaient Andrew lui-même, on leur demande d'émettre des hypothèses sur les raisons de leur présence. On souhaite obtenir d'eux qu'ils disent que le personnage principal est victime de ses associés et de sa maladie, ce qui est d'ailleurs le thème du film entier. Comme c'est lui l'énonciateur, il choisit lui-même de se présenter comme victime, d'autant qu'il perçoit ce qui lui arrive, à juste titre, comme une injustice insupportable. On leur demande finalement si la phrase *a security guard is escorting me to pick up my belongings* pourrait se substituer à l'énoncé original, afin qu'ils précisent qu'Andrew est plus important que le vigile, le dernier n'étant qu'un personnage tout à fait secondaire, et que c'est donc normal qu'il se cite en premier dans la phrase. Dans un tel contexte, l'énoncé transformé est inacceptable.

On peut également amener les élèves à réfléchir sur d'autres circonstances qui pourraient donner l'occasion d'utiliser de nombreux passifs. Généralement, ils proposent des situations de catastrophes, naturelles ou non, ou les crimes dont ils ont pu entendre parler au journal télévisé, ce qui montre qu'ils ont bien compris que cette construction permet à l'énonciateur de centrer l'attention sur le sujet grammatical de son énoncé.

La détermination nominale, qui est source de difficultés pour nos élèves puisqu'une fois de plus le système anglais ne coïncide pas avec le nôtre, se prête bien à la PRL.[6] En effet, il est important d'amener les apprenants à s'en représenter le fonctionnement, plutôt que de les laisser continuer à faire des erreurs dues au calque systématique du français, voire même parfois à la confiance qu'ils font au hasard. L'unité consacrée au sport dans le manuel *Your Way, Seconde,* Nathan, peut constituer un bon point de départ pour une réflexion sur le système de détermination de l'anglais. Ce manuel consacre, d'ailleurs, dans cette même unité, une page entière appelée *Grammar in context* à des activités de réflexion très guidées sur ce qu'il appelle « les articles ». Ces activités sont loin d'être inintéressantes et peuvent constituer un point de départ non négligeable pour ceux de nos collègues qui ne se sentiraient pas vraiment à l'aise pour conduire de véritables séances de pratique raisonnée de la langue. Ce que l'on peut cependant reprocher à ce type de démarche, c'est de ne pas laisser suffisamment de liberté aux élèves. Prenons par exemple, l'exercice suivant :

6. PRL : pratique raisonnée de la langue, bien sûr.

> **Comparez:**
>
> (a) *The athletes who train here never use drugs.*
>
> (b) *The hundreds of millions viewing the Summer Olympics in Spain next month will see more than all the spectators there.*
>
> Comment expliquez-vous l'emploi de the pour les mots soulignés? Choisissez parmi les réponses suivantes celle qui correspond à chaque mot souligné :
>
> 1) le mot est défini par ce qui suit.
>
> 2) la (les) personne(s) est (sont) connue(s) de tous.

Certes, la démarche est bonne, mais en fournissant les éléments de réponse aux élèves, on empêche la mise en place naturelle des processus cognitifs de représentation mentale. En imposant des solutions toutes faites, le concepteur de l'exercice donne aux élèves ses propres représentations mentales avec ses propres mots. Il empiète sur leur domaine de liberté et par conséquent empêche leur conceptualisation de s'opérer normalement. Il convient en fait de proposer des exemples permettant l'élaboration de représentations mentales correctes, mais ensuite, il ne faut pas trop en faire. N'oublions pas que la plus grande partie du processus d'apprentissage se fait sans nous, et contentons-nous de le faciliter sans chercher systématiquement à interférer pour jouer le rôle plus rassurant de celui qui enseigne en transmettant et en expliquant son propre savoir.

On peut par contre soumettre à la réflexion des élèves le schéma suivant, élaboré par des linguistes, dans la mesure où il est cognitivement parlant et peut permettre l'élaboration de schémas mentaux :

Notion Ø	**il y a** (prédication d'existence) *there is* *there are* (1ère opération de détermination avant l'extraction)	**Extraction 1** 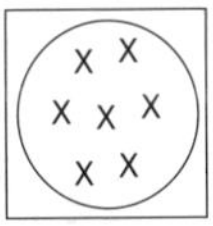 *a, some, five, a lot of, few, too few, etc.*	**Fléchage** *the, this, that* et les possessifs	**Extraction 2** *some of the*

FIN

Ce schéma se lit bien entendu de gauche à droite. Il conviendra bien sûr de le présenter probablement de manière simplifiée. L'idée de renvoi à la notion, notamment, doit être explicitée dans la mesure où nous n'avons pas l'équivalent en français.[7] Il est utile d'ailleurs de signaler à ce propos que l'anglais est une langue qui emploie les déterminants « à bon escient », comme le dit J. Boulle, Maître de Conférences à l'Université Paris-7, contrairement au français qui emploie « l'article défini » de façon beaucoup plus générale. C'est pour cette raison que les élèves se laissent aller à produire de manière erronée **the life is nice,* pour «**la** vie est belle. » Alors que nous discutions avec un groupe d'élèves de Seconde de cette particularité du français quant à la surdétermination, un élève a proposé une hypothèse qui, même si elle n'est pas corroborée par les spécialistes, nous a paru empreinte d'un certain bon sens. Selon lui, puisqu'en français il n'existe que deux genres, masculin et féminin, l'absence d'article entretiendrait un doute quant au genre de la plupart des mots, qui ne concernent pas les animés. Comme en anglais ceux-ci sont neutres, ils ne nécessitent donc pas la présence d'un déterminant pour en indiquer le genre. Pourquoi pas ?

On pourrait multiplier les exemples à loisir, cependant, notre intention n'était ici que de donner à nos lecteurs l'occasion de se représenter et donc de conceptualiser à quoi la pratique de la langue pouvait bien correspondre. Des ouvrages entièrement consacrés à cette problématique traitent de l'ensemble des faits de langue que l'on peut aborder en classe.

Ce que l'on peut dire finalement, c'est que la pratique raisonnée de la langue se prête difficilement à la description et plus difficilement encore à une quelconque préparation de la part du professeur qui compte l'intégrer dans sa pratique de cours. Par définition, et comme son nom l'indique, elle se pratique. Nous voulons dire par là qu'elle est à la charge des élèves, même si c'est le professeur qui en est l'instigateur et qui est responsable du choix des faits de langue présentés. Il est donc difficile de prévoir comment le débat va se passer et jusqu'où les élèves vont aller dans leurs commentaires. Il convient de leur laisser une grande part de liberté, c'est à ce prix qu'ils seront réellement mis en mesure de réfléchir, de faire part de leur manière de se représenter les choses et donc de conceptualiser le fonctionnement de la langue. Ainsi nous jouons vraiment le rôle de facilitateur d'apprentissage, sans rien imposer de préétabli.

7. Signalons qu'au Moyen-Âge, l'article défini s'employait beaucoup plus discrètement que maintenant. « … Jeanne, la bonne Lorraine, qu'Anglais brûlèrent à Rouen » (F. Villon, *La Ballade des dames du temps jadis).*

6 L'ANALYSE D'ERREUR

Malgré toutes les démarches destinées à amener nos élèves à se faire une représentation correcte du fonctionnement de la langue étudiée, on obtient bien souvent des productions erronées. Cependant,

> « Faire de l'anglais », c'est faire fonctionner le système. Faire une erreur, ce n'est pas « immoral », c'est juste « enrayer le système ».
>
> J. Bouscaren, M. Moulin, H. Odin, *Pratique raisonnée de la langue*, Ophrys, 1996.

C'est précisément dans le domaine de la grammaire que les élèves sont le plus susceptibles de s'écarter d'une certaine « norme » dans leurs productions aussi bien écrites qu'orales ; voilà pourquoi il nous a paru opportun d'aborder la notion d'erreur dans ce chapitre consacré à la langue. Nous avons eu l'occasion de signaler que la pratique raisonnée de la langue offrait aux élèves une excellente occasion de se représenter le fonctionnement de la langue à des fins d'appropriation. Il convient cependant de rester réaliste et modeste : il ne s'agit pas là de la solution miracle qui fera définitivement disparaître toute trace d'erreur. Comme le dit Anne-Claude Berthoud, « c'est en se trompant qu'on apprend ». L'erreur constitue une trace visible du stade d'appropriation de l'apprenant. En cela, elle est aussi précieuse pour le professeur.

> L'erreur est un miroir analytique, à la fois didactique et psycholinguistique:
> – didactique, elle fournit à l'enseignant un **retour d'apprentissage** indispensable pour évaluer les compétences intermédiaires, l'interlangue de ses élèves et l'écart les séparant encore du système-cible.
> – psycholinguistique, elle constitue pour l'élève un **outil d'apprentissage** essentiel.
> Pour un linguiste, l'erreur est une **trace extérieure des hypothèses** successives que l'élève effectue sur le système-cible. Cependant, l'enseignant ne peut se contenter d'être le simple observateur des erreurs des élèves; le but de son enseignement, c'est **d'agir sur elles avec l'élève** afin de lui permettre de les comprendre.
> Il est juste de dire que souvent, l'erreur (terme utilisé de préférence à faute qui revêt un sens moral) est vue comme un **écart par rapport à une norme**. Néanmoins, une telle conception dénote une focalisation quasi exclusive sur la langue aux dépens de l'apprenant. Autrement dit, considérer l'erreur simplement comme un écart par rapport à une norme linguistique implique que l'on va s'efforcer de réduire cet écart, de l'éradiquer pour rétablir la langue dans sa perfection normative.
> La démarche est de type idéaliste et rejoint l'hypothèse selon laquelle il ne peut y avoir d'erreur que s'il y a prétention à la vérité. En conséquence, l'erreur n'est pas aimée. Au mieux, on s'efforcera de la corriger, au pire elle sera ignorée, voire non perçue.

> Or le rôle de l'enseignant ne se borne pas à constater la présence des erreurs: il consiste avant tout à **mettre en œuvre des moyens d'agir sur elles** afin de **les rendre constructives**. C'est en **analysant** véritablement la **nature** des erreurs commises, des hypothèses émises et passées au filtre de l'expérience linguistique que l'apprenant va pouvoir mettre en place des modes différenciés de construction et relativiser la gestion de son savoir.
> L'erreur fait passer l'apprenant d'un statut passif de réceptacle à un **statut actif d'expérimentateur** : par le biais de la réflexion sur l'erreur, l'apprenant va **multiplier ses hypothèses** sur le système linguistique.
>
> M. Quivy, C. Tardieu, *Glossaire de didactique de l'anglais*, Ellipses, 1997.

Si nous nous sommes permis de citer ce large extrait, c'est parce qu'il nous paraît synthétiser de manière claire et précise ce que nous aurions pu dire nous-mêmes de manière certainement moins adroite dans la mesure où nous ne sommes pas des spécialistes de psycholinguistique.

Ce qui nous paraît fondamentalement important dans cette approche, c'est le changement qu'elle induit dans la relation professeur-élève. Dès lors que l'on cesse de considérer comme répréhensible ce qu'auparavant on avait tendance à assimiler à la notion de faute et qu'on admet au contraire qu'il s'agit d'un phénomène logique et normal dans le processus d'apprentissage de tout un chacun, les rapports vont pouvoir se détendre. En effet, combien d'élèves, jusqu'à maintenant, hésitaient à prendre la parole de peur de se tromper ? Ils savaient qu'ils risquaient d'être rabroués et que certains de leurs camarades allaient se moquer d'eux. Or, lorsque l'on précise qu'il est absolument naturel de faire des erreurs et que celles-ci ont même un statut reconnu dans l'apprentissage de la langue, beaucoup de blocages tombent et l'ambiance de la classe s'en trouve très nettement améliorée.

Dans notre IUFM, nous avons choisi d'orienter le choix de sujets des mémoires professionnels de nos stagiaires sur l'analyse d'erreur, à l'instigation de M. H. Clavères, Maître de Conférences à l'Université Paul Valéry de Montpellier, dans l'espoir, d'une part de leur fournir un bagage théorique qui enrichira leur pratique et, d'autre part, de leur permettre de réfléchir à la notion même d'apprentissage. Nous souhaitons qu'ils n'entrent pas pour de longues années dans l'Éducation Nationale en pensant que les « fautes » de leurs élèves sont dues à un manque d'attention, la mauvaise volonté évidente de certains, les leçons non apprises, un manque de travail de manière générale, le mauvais niveau des classes, etc. Nous ne nierons évidemment pas que les élèves ne peuvent pas être attentifs en permanence, mais nous oserons dire que c'est à nous de faire en sorte d'obtenir un maximum d'attention en proposant des activités variées et motivantes qui fassent appel à leur intelligence. Un élève auquel on s'intéresse en tant qu'être pensant se sent toujours valorisé.

Comment donc traiter les erreurs ? Chaque fois qu'elles semblent être significatives[8], il convient de les isoler, d'essayer d'en comprendre la raison, de voir si elles permettent de se faire une idée du stade intermédiaire d'appropriation auquel l'élève est parvenu. Il est tout à fait opportun de demander à l'élève qui en est à l'origine de s'exprimer sur ce qu'il a cherché à énoncer. On peut lui demander d'expliquer comment il se représente le fait de langue qui a été mal réalisé. En lui proposant alors une série d'autres exemples cohérents, on peut l'amener à modifier ses représentations mentales pour l'aider à progresser. Il semble difficile bien sûr de procéder de la sorte avec une classe de 35 élèves. Par contre, les groupes de module constituent un lieu idéal pour ce type d'activité. De plus, on peut impliquer plusieurs élèves dans ces activités de réflexion, en regroupant ceux qui produisent des erreurs du même type. On peut également, lors d'un devoir portant essentiellement sur des faits de langue, demander aux élèves de rédiger quelques lignes, en français, pour expliquer les raisons de leurs choix lorsqu'il s'agit pour eux de sélectionner une forme verbale, par exemple. On est souvent surpris par le décalage entre l'exercice lui-même, qui peut avoir été effectué correctement et les représentations mentales indiquées erronées ou fantaisistes (à l'inverse, on peut voir des explications métalinguistiques correctes accompagner un exercice comportant de très nombreuses formes erronées). Il conviendra alors naturellement d'organiser une séance de remédiation permettant la manipulation en contexte du ou des fait(s) de langue malmené(s). Cette séance débouchera sur une nouvelle séance de pratique raisonnée de la langue afin d'améliorer les représentations mentales de chacun. Il faut cependant savoir que les élèves ne sont pas toujours capables d'expliquer comment ils fonctionnent. Certains bons élèves disent d'ailleurs ne fonctionner qu'à « l'oreille » ou à l'intuition. Il s'agit là, selon nous d'élèves qui sont déjà très avancés dans leur interlangue et qui réagissent presque comme des locuteurs natifs. En effet, lorsque nous nous exprimons dans notre langue maternelle, nous n'avons pas besoin de réfléchir à la manière dont nous fabriquons nos énoncés, nous sommes centrés sur ce que nous cherchons à dire, sur les pensées que nous voulons communiquer. Quelques élèves parviennent à ce stade déjà très avancé de l'acquisition, à la grande joie de leurs professeurs, même si ces derniers n'y sont bien souvent pour rien.

8. En effet, nous avons parfois affaire à des erreurs dites aléatoires, qui ne présentent aucun caractère systématique dans les productions concernées, et qui dans ce cas peuvent être mises sur le compte d'une baisse de la vigilance. Cela peut arriver à n'importe qui.

Nous proposons des pistes de remédiation dans le dernier chapitre consacré à l'évaluation. En effet, une partie de ce chapitre traite de la correction ; c'est dans ce contexte que nous serons le mieux placés pour voir comment s'opère le traitement de l'erreur d'un point de vue pratique.

7 ÉLARGISSEMENT DES CHAMPS D'APPLICATION DE LA PRL

Tout au long de ce chapitre, nous avons tenté de démontrer que la langue constituait un système complexe organisé en réseaux et que la pratique de la langue permettait aux apprenants, dans un premier temps, de démêler cet écheveau pour en comprendre l'organisation afin de s'en approprier les divers constituants, pour pouvoir ensuite être en mesure de recréer du langage en en respectant les règles de fonctionnement. Nous nous sommes essentiellement focalisés sur ce qu'il est coutume d'appeler – au sens large du terme – la « grammaire ». Cependant, il ne faudrait pas imaginer qu'elle est la seule à être concernée par ce type de démarche. Il en va en fait de même pour tous les constituants de la langue, comme nous avons déjà eu l'occasion de le signaler. Le lexique, par exemple, est également organisé en systèmes et ne prend toute sa valeur que s'il est repéré en contexte. Nous avons également pu voir que la formation des mots obéit à un certain nombre de règles parfaitement identifiées et codifiées, ne devant rien au hasard, même si l'on ne peut pas nier le caractère généralement arbitraire du signifiant par rapport au signifié.[9] Profitons de l'occasion pour signaler à ce titre la très grande richesse de la langue anglaise qui, de par sa double origine dispose bien souvent de deux signifiants[10] pour un même signifié. Une même idée peut ainsi être exprimée de deux manières, soit avec une expression anglo-saxonne, soit avec le doublet d'origine latine : *to come/to arrive - look/appearance - foreseen/predicted - clever/intelligent - skilled/qualified*, etc., ce qui permet la production d'un langage plus « sophistiqué », à savoir plus savant ou plus littéraire qui se distingue d'un langage plus populaire. Précisons que les deux tiers des mots du vocabulaire anglais actuel sont d'origine

9. « Signifiant » est le terme utilisé pour désigner le mot, l'étiquette en quelque sorte, qui renvoie au signifié, c'est-à-dire au contenu.

10. Considérons cependant que par définition, deux synonymes, mêmes très proches, ne sont jamais strictement superposables, sinon un des deux aurait irrémédiablement disparu. La différence peut cependant ne concerner que le niveau de langue.

latine, la plupart ayant transité par le français, mais que les mots d'origine germanique sont les plus usités. Les mots d'origine latine, ceux que nous désignons comme étant transparents, constituent une aide pour les élèves qui peuvent prendre appui sur eux pour accéder au sens ; par contre, ils doivent apprendre, mémoriser et être capables de mobiliser les autres, dans la mesure où ils relèvent de la langue usuelle, celle qui constitue la base de la communication. Paradoxalement, les textes littéraires les plus « sophistiqués » seront donc plus facilement compréhensibles pour des élèves francophones, que ceux qui auront été écrits dans une langue plus familière qui leur pose beaucoup plus de problèmes. Le chapitre consacré au lexique est destiné à démontrer la manière dont le lexique s'organise et doit être organisé dans un but d'apprentissage. La pratique raisonnée de la langue doit aussi intervenir à ce niveau pour permettre aux élèves de prendre conscience des constantes dans la formation et la création des mots, qu'il s'agisse de dérivation ou de composition. Leur compréhension et leur mémorisation en seront grandement facilitées.

Un autre domaine qu'il convient de considérer, et nous l'avons déjà évoqué, c'est celui de la langue orale. N'oublions pas que dans l'apprentissage du langage, elle intervient bien avant l'écrit. En effet, tous les enfants du monde savent parler depuis longtemps lorsqu'ils vont à l'école pour la première fois, vers l'âge de six ans, pour y apprendre à lire et à écrire. En outre, un tiers au moins de l'humanité ne sait malheureusement pas écrire. Dans les conditions d'apprentissage d'une langue en milieu institutionnel, on a souvent systématiquement tendance, surtout au lycée, à accorder une place beaucoup trop importante à la langue écrite, pour de nombreuses raisons sur lesquelles nous ne reviendrons pas ici. Et pourtant, la langue parlée est le moyen le plus utilisé pour la communication entre les individus. Dans des circonstances normales, les gens se parlent plus qu'ils ne s'écrivent. C'est pour cette raison, qu'une fois encore, il convient de sensibiliser les élèves à la notion de système qui concerne l'oral autant que l'écrit. À tous les paramètres que nous avons déjà pu évoquer, qui concernent les phénomènes langagiers du point de vue de leur organisation lexicale et morphosyntaxique, s'ajoutent des phénomènes d'ordre sonore, qu'il faut faire découvrir aux élèves. Ils constituent ce que les linguistes ont pris l'habitude d'appeler la grammaire de l'oral. Comme celle-ci a été traitée dans le chapitre consacré au décodage de l'oral, contentons-nous de rappeler qu'elle concerne les phonèmes qui fonctionnent dans des réseaux d'opposition aussi bien pour les voyelles *(ship/sheep)*, que pour les consonnes *(ship/chip)*, les accents de mots, les accents de phrase et leurs corollaires, à savoir les formes faibles, l'intonation, et tous les éléments extralinguistiques qui peuvent contribuer à rendre la communication possible (gestuelle, mimiques, etc.). Une fois de plus les élèves gagneront à conceptualiser ces phénomènes par une approche raisonnée. En effet, leur méconnaissance peut être un frein important à la compréhension et à la communication en milieu naturel. Leur respect permet en outre de bien meilleures prestations dans les épreuves orales. La phonologie ne doit pas rester le parent pauvre de notre enseignement.

Pour finir, indiquons également que la culture au sens large gagne également à être abordée d'une manière raisonnée. Les élèves doivent être mis en mesure d'organiser leurs découvertes afin de se créer des réseaux de connaissances (ce que l'on appelle actuellement les repères culturels coordonnés). Ce faisant, on évite les représentations parcellaires amenant à la construction de stéréotypes et de préjugés. Nous traiterons cet aspect dans le chapitre suivant.

BIBLIOGRAPHIE

H. Adamczewski, J. P. Gabilan, *Déchiffrer la grammaire anglaise,* Didier, 1996.

H. Adamczewski, *Grammaire linguistique de l'anglais,* Armand Colin, 1982.

J. Bouscaren, M. Moulin, H. Odin, *Pratique raisonnée de la langue,* Ophrys, 1996.

J. Bouscaren, *Linguistique de l'anglais, initiation à une grammaire de l'énonciation,* Ophrys, 1991.

H. Chuquet, M. Paillard, *Approche linguistique des problèmes de traduction,* Ophrys, 1987.

R. Flintham, J. Bouscaren, *Introduction to a Linguistic Grammar of English,* Ophrys, 1992.

M. L. Groussier, C. Rivière, *Les mots de la linguistique,* Ophrys, 1996.

H. Le Prieult, *Grammaire progressive de l'anglais,* Belin, 1996.

S. Leguil, *Tenses in no Time,* CRDP de Lorraine, 1995.

A. Trévise, *Le prétérit, ce passé pas si simple,* Erasme, 1990.

Théories linguistiques et pratiques grammaticales, Les langues modernes, APLV, 1989.

10

La culture

1 PRÉAMBULE

Il est fondamental de considérer avant toute chose que la civilisation et la littérature, qui font toutes deux partie du domaine de la culture au sens large, doivent être considérées au lycée seulement en tant que supports pour l'étude de la langue. Contrairement à l'Université où ces deux matières sont enseignées par des spécialistes, il ne saurait être question, au lycée, d'en faire un objet d'étude à part entière. Cependant, loin de constituer des entités secondaires que l'on n'aborderait que ponctuellement par acquis de conscience pour ne pas se déconnecter entièrement de la réalité des pays dont on étudie la langue, elles se doivent d'occuper une place importante dans nos séquences dans la mesure où elles permettent de susciter la curiosité et l'intérêt de nos élèves, nous permettant par là même de les aider à s'approprier l'anglais dans de bonnes conditions. En effet, s'il est intéressé par un sujet particulier, l'apprenant acceptera d'autant plus facilement de faire l'effort de comprendre les détails du document qui lui est proposé et acceptera volontiers d'en discuter avec ses camarades ou avec son professeur. Dans ce sens, la culture constitue un moyen très efficace de faire « faire de l'anglais » aux élèves qui *a priori* ne se montraient ni particulièrement attirés ni motivés par la matière. Il n'est pas rare d'accueillir en Seconde des élèves plus ou moins en situation d'échec, qui ont progressivement perdu pied tout au long des quatre années de collège, et qui se considèrent comme irrémédiablement perdus pour ce qui est de l'acquisition de l'anglais. Si nous parvenons à capter leur attention par le biais de documents authentiques et dont les sujets sont susceptibles de les intéresser, nous parviendrons progressivement à les impliquer à nouveau. Par le biais d'une approche méthodologique appropriée, nous réussirons à leur redonner confiance.

En effet, l'authenticité des documents-supports constitue une des clés de l'enseignement de l'anglais au lycée. Il semble donc inévitable d'introduire la culture dans nos classes, car même si nos choix ne se portent pas nécessairement sur des textes littéraires, tout document authentique, aussi anodin soit-il, est forcément une fenêtre ouverte sur un aspect de la civilisation du pays dont il est originaire, constituant ainsi un enrichissement pour nos élèves.

Il n'est pas facile de mener à bien cette tâche d'enrichissement culturel, et ce en raison d'une double contrainte. La première est d'ordre linguistique. C'est par le recours exclusif à la langue anglaise que ce travail doit être accompli. Outre que l'apprentissage de la langue demeure l'objectif premier, quelle que soit la

> classe et quelle que soit l'activité, cet enrichissement culturel ne peut prendre son sens que si l'élève est mis en position de se forger une culture individuelle, directe, non octroyée.
> La maîtrise de la langue et la conscience de la richesse des cultures, dont elle est le signe, sont partie intégrante de la culture générale de l'homme moderne.
>
> *Instructions Officielles*, 1995.

On remarque dans cet extrait l'insistance sur l'aspect linguistique de notre enseignement qui figure en tête des contraintes ; et pourtant il ne faut pas perdre de vue que la langue est le plus court chemin d'accès à la réalité et à la culture d'un pays. D'autre part, on note une fois de plus l'idée que l'élève doit être mis en mesure de s'approprier les éléments culturels du monde anglophone, sans que le professeur ne les lui impose par le biais de cours magistraux. En effet, quel que soit l'aspect de l'enseignement de la langue que nous sommes amenés à évoquer, nous retrouvons une même constante. L'enseignant est là pour effectuer des choix, parfois même suite à une demande des élèves, il doit ensuite bâtir sa séquence de manière à les guider dans leurs découvertes, tout en les aidant à construire le sens et à organiser en réseaux cohérents et opérationnels les éléments prélevés, qu'ils soient langagiers ou culturels.

Il convient à ce stade de définir ce qu'englobe la notion de culture. Voici la définition du dictionnaire pour ce qui est de l'acception qui nous intéresse :

> Ensemble des aspects intellectuels propres à une civilisation, une nation.
>
> *Le nouveau petit Robert,* 1994.

Bien que concise, cette définition nous ouvre un nombre quasi illimité de champs d'investigation. Nous retiendrons également l'idée que la culture ainsi définie, se rattache à une nation par comparaison aux autres, ce qui nous renvoie à un autre extrait des *Instructions Officielles* :

> Approfondir, c'est aussi comparer, exercice trop peu souvent pratiqué. Comparer les modes de vie et de pensée de deux pays de langue anglaise, mais comparer également avec la réalité de notre propre pays. Ces comparaisons contribueront à donner à nos élèves l'indispensable sens du relatif et de la tolérance.
>
> *Instructions Officielles*, 1995.

Il n'en reste pas moins qu'il convient de cerner un peu plus précisément les domaines d'investigation que nous comptons soumettre aux élèves. Dans un sens très large, nous pensons que le terme « culture » englobe la civilisation ainsi que la littérature qui en est un sous-ensemble. La peinture et la musique ainsi que toutes les formes que peut prendre l'Art ne sauraient cependant être exclues, cela va de soi, dans la mesure où elles constituent une part non négligeable de la culture au même titre que la littérature.

2 LA CIVILISATION

> *Civilisation* : **3.** ensemble de phénomènes sociaux (religieux, moraux, esthétiques, scientifiques, techniques) communs à une grande société ou à une groupe de sociétés.
>
> *Le nouveau petit Robert*, 1994.

Comme nous avons déjà eu l'occasion de le signaler, ce terme recouvre un domaine extrêmement vaste. Nous parlerons des phénomènes esthétiques plus loin dans ce chapitre pour plus de commodité.

A. LES REPÈRES CULTURELS COORDONNÉS

Revenons dans un premier temps sur les recommandations officielles :

> Il ne s'agit pas d'établir dans l'abstrait et à l'avance une immuable grille de concordance imposée à l'élève de l'extérieur. Ce savoir inerte s'ajouterait stérilement à d'autres savoirs inertes. [...]
>
> La pratique de la langue, moderne, usuelle, authentique, à finalité de communication, fondée sur une compréhension aussi large et sûre que possible restant l'objet primordial, il s'agit de permettre à l'élève de s'orienter et d'organiser utilement ses connaissances. [...]
>
> Il faut appliquer à ces données culturelles les mêmes principes d'intégration, de mémorisation, de réactivation que l'on applique aux autres activités d'apprentissage de la langue.
>
> Il faut en particulier, aider l'élève à établir entre tous ces repères des relations pertinentes. Ces relations sont multiples et diverses: simultanéité, succession, cause, conséquence, similitude, etc. [...]
>
> Au kaléidoscope culturel fragmentaire peut se substituer un système cohérent de référence.
>
> *Instructions Officielles*, 1995.

L'idée essentielle qui ressort de la lecture de ces extraits est qu'il en va de même pour les données culturelles que pour les éléments langagiers et tout autre domaine concernant la langue d'ailleurs : il ne saurait être question de phénomènes épars que l'on se contenterait de repérer et de juxtaposer dans l'espoir de fournir aux élèves un savoir assimilable. Si on ne met pas en valeur la cohérence interne d'un système, son fonctionnement ne peut pas être perçu, ce qui en rend l'assimilation pour le moins problématique. N'oublions pas que pour que des données puissent être intégrées efficacement par l'esprit humain, il faut qu'il puisse établir des relations entre elles et qu'il puisse également les relier à d'autres données préalablement mémorisées. Sinon, il ne pourrait s'agir que de faits isolés, ponctuels, qui n'auraient pour l'apprenant qu'une valeur purement anecdotique et que celui-ci s'empresserait, malgré toute sa bonne volonté, d'oublier. Le rôle du professeur est primordial car c'est la pertinence de ses choix qui rendra ce processus d'assimilation possible. Comme le disent fort justement F. Vigneron et C. Briane[1], il convient d'avoir :

> [...] le souci de faire percevoir aux apprenants la cohérence de la culture étrangère derrière des phénomènes qui peuvent paraître de prime abord épars.

C'est à ce prix que pourra être évitée l'apparition de stéréotypes dans l'esprit de l'apprenant. Les stéréotypes sont toujours dangereux car ils sont à l'origine des préjugés xénophobes. C'est pour éviter cet écueil qu'il faudra apprendre aux élèves à analyser correctement les faits qui leur sont proposés par l'intermédiaire d'un support en prenant suffisamment de distance vis-à-vis de celui-ci, en s'entraînant à mettre à jour les non-dits, à mettre en question l'illusion d'authenticité en restant toujours bien conscient qu'il ne faut jamais rien prendre pour argent comptant. En effet, derrière tout discours il y a un énonciateur qui, même si l'objectivité est son souci premier, fait plus ou moins office de filtre entre la réalité et la représentation qu'il en donne. Ce type de constat contribue grandement au développement de l'esprit critique des élèves et leur permet d'évoluer vers une maturité qui fera d'eux des citoyens responsables.

B. L'ABSENCE DE PROGRAMME

> Dans la présentation du programme de Seconde, il est conseillé de baliser un domaine culturel vaste, ouvert et varié, par des repères coordonnés historiques, géographiques, politiques, scientifiques, sociaux, techniques et, proprement, **culturels**. Dans les classes de Première et de Terminale, on s'efforcera d'élargir le champ culturel et d'approfondir certaines questions.
>
> *Instructions Officielles*, 1995.

À l'intérieur des grands axes cités ci-dessus, les champs d'investigation sont très larges. Nous pouvons supposer que dans cet extrait, ce qui est qualifié de « culturel » concerne ce qui n'est en fait qu'un aspect particulier de la culture d'un pays, à savoir ses productions artistiques. En effet, selon nous la culture couvre un champ bien plus large que le

1. Cités par D. Bailly dans *Didactique de l'anglais (2)*, Nathan, 1998, ces deux auteurs font partie de l'équipe de recherches en langues vivantes de l'INRP (responsable : A. Cain).

seul domaine des arts, comme nous avons eu l'occasion de le voir dans la tentative de définition proposée plus haut. Après avoir posé cette petite restriction, voyons ce que l'on entend par productions artistiques. Il s'agit de la littérature, bien sûr, à laquelle on peut relier le théâtre et la poésie, et dont nous parlerons dans une partie qui leur sera réservée dans ce chapitre. Il s'agit également du cinéma qui tient une place prépondérante dans la culture des pays anglophones : il séduit aisément nos élèves et trouve tout naturellement sa place dans nos séquences didactiques.[2] Mais il ne faut pas oublier la peinture, la sculpture, l'architecture et la musique, souvent complètement négligées, alors qu'il semble inconcevable que les élèves quittent le lycée sans la moindre notion concernant ces domaines.

Ces divers aspects de la culture prise au sens le plus large du terme, doivent être intégrés dans des projets pédagogiques de manière à servir de prétexte à des activités langagières et non pas être abordés de but en blanc de façon magistrale. Pour ce qui est des repères scientifiques, nous avons eu l'occasion de montrer comment organiser une séquence intégrant cet aspect dans notre chapitre consacré à l'approche thématique. Même s'il n'est pas toujours facile de trouver des sujets de ce type relevant spécifiquement du monde anglo-saxon, il est toujours intéressant, particulièrement pour nos élèves qui se destinent à une carrière scientifique, de voir comment un même thème peut être abordé dans les pays dont ils étudient la langue et dans leur propre pays. On pourra également comparer l'approche d'un même sujet par les Britanniques et par les Américains. Prenons le système de santé par exemple. En Grande-Bretagne, tout semble conditionné par l'emprise du *National Health Service*, une des principales émanations du *welfare state,* dont les usagers sont inégalement satisfaits, alors qu'aux États-Unis c'est l'argent qui est le moteur essentiel du système de santé. Autant que nos élèves sachent que s'ils partent travailler à l'étranger pendant l'été, au Royaume-Uni une visite chez le médecin suivie d'un passage à la pharmacie ne leur coûtera rien, tandis que pour ce qui est des États-Unis, ou dans tout autre pays hors Union Européenne, ils ont intérêt à souscrire une bonne assurance avant leur départ. De même, il vaut mieux qu'ils ne s'imaginent pas que la série *E. R.*[3] constitue une vitrine représentative de la médecine outre-Atlantique !

2. Nous traitons cet aspect de la culture de manière détaillée quant à l'utilisation que l'on peut en faire en classe, dans la partie du chapitre 11 consacrée à la vidéo.

3. *E. R.* : Emergency Room. En France cette série est intitulée *Urgence*.

C. UNE GRANDE LIBERTÉ

Étant donné l'absence de programme bien balisé, nous sommes donc libres d'amener nos élèves à explorer les domaines les plus variés, tout en respectant cependant certaines limites que nous allons nous attacher à cerner.

Rester avant tout des professeurs de langue

Nous avons déjà abordé très largement cet aspect. Rappelons toutefois qu'il convient de ne pas se laisser emporter par l'enthousiasme que pourrait susciter chez nous l'étude d'un thème que nous connaissons particulièrement bien pour l'avoir abordé lors de nos études universitaires ou même plus tard par goût personnel. Il serait très préjudiciable au bon fonctionnement de nos séances si nous décidions, par exemple, comme il nous a été rapporté que le font certains collègues, de ne traiter tout au long de l'année que le problème de l'Irlande du Nord, même s'il est évident qu'il s'agit d'un sujet qu'on peut difficilement passer sous silence lorsque l'on s'intéresse au Royaume-Uni. S'il n'est donc pas question d'écarter un thème comme celui-ci, veillons cependant à ne pas dépasser un temps limite raisonnable quant à son exploitation. Le thème trouvera naturellement sa place dans une séquence didactique qui lui sera consacrée, mais il ne serait pas opportun d'y revenir plusieurs autres fois au cours d'une même année scolaire, sauf si l'actualité nous donne une occasion de réactiver en contexte les connaissances préacquises de nos élèves. Nous avons bien sûr l'impression de survoler le sujet, mais nous ne saurions en aucun cas prétendre à l'exhaustivité dans nos classes. De toute manière, l'accumulation finit par entraîner lassitude et ennui. Demandons-nous plutôt quel fait de langue pourrait être introduit ou rebrassé dans un tel contexte. On peut envisager la manipulation de structures exprimant l'opposition ou le paradoxe, mais aussi un travail phonologique portant sur les particularités de l'accent irlandais, dans le cadre de l'étude d'un extrait de vidéo[4] faisant référence à la question.

Nous devons cependant nous garder de tomber dans l'excès inverse. En effet, sous prétexte de ne pas s'éterniser sur un même thème, certains professeurs ont tendance à étudier des documents divers et variés, uniquement pour l'apport langagier qu'ils permettent, sans se soucier d'établir la moindre cohérence culturelle dans leur démarche. Cette atomisation des savoirs ne permet pas l'établissement de repères culturels

4. On peut citer à ce propos le très beau film de Jim Sheridan, *In the Name of the Father.*

coordonnés et laisse les apprenants dans une situation particulièrement inconfortable. Ils ne savent pas où leur professeur veut les conduire, ne parvenant à saisir le fil conducteur de sa démarche ; par conséquent, ils n'arrivent pas à construire leurs savoirs efficacement et bien souvent, ils décrochent complètement.

À cet égard, certains spécialistes estiment que chaque enseignant devrait organiser sa progression sur l'année scolaire entière en prévoyant les thèmes qu'il compte présenter à ses élèves afin d'en assurer l'enchaînement logique. Il n'est pas nécessaire de prévoir, dès le début de l'année, l'ensemble des documents-supports que l'on compte exploiter. Au contraire, cette démarche ne contribuerait qu'à enfermer son concepteur dans un carcan qui ne lui laisserait plus aucune marge de liberté. Par contre, une orientation générale préétablie permet d'intégrer de nombreux documents intéressants découverts au fil des diverses lectures de la presse ou autre. Ainsi, si une certaine logique est respectée, les élèves seront mieux à même de pouvoir organiser leurs connaissances en réseaux signifiants.

Explorer le monde anglophone dans toute sa diversité

> Élargir, c'est ne pas se limiter à la Grande-Bretagne et aux États-Unis. Il serait souhaitable qu'un élève de Première ou de Terminale ait la possibilité d'exercer sa réflexion, par exemple, sur le poids économique, sur le rôle politique et, il va sans dire, sur la littérature de pays tels que le Canada, l'Australie, la Nouvelle Zélande et l'Afrique du Sud. Il serait bon également qu'il ait été exposé aux variétés d'anglais parlées dans ces régions.
>
> *Instructions Officielles*, 1995.

Sans prétendre à l'exhaustivité, il est bon, en effet, de montrer aux élèves que les deux pays auxquels nous avons tous tendance à nous référer le plus souvent ne sont pas les seuls et qu'il y a dans le monde un nombre important de régions dans lesquelles l'anglais est la langue majoritairement parlée. Au-delà des pays cités par les *Instructions Officielles*, il nous semble important de ne pas laisser de côté les parties d'Asie et d'Afrique comme par exemple l'Inde et le Pakistan, ou encore le Nigeria, où une grande partie de la population continue à parler anglais bien longtemps après la décolonisation. De plus, de nombreux ressortissants de ces pays vivent actuellement en Grande-Bretagne et il est intéressant d'étudier les particularités, ne serait-ce que phonologiques, de leur anglais qui constitue un modèle authentique parmi d'autres. Les variétés ethniques et culturelles constituent toujours une richesse pour un pays et il convient d'y rendre les élèves sensibles, d'autant qu'il en va de même pour leur propre pays. Le cinéma britannique s'intéresse depuis longtemps déjà à cet aspect et on peut étudier avec profit des extraits de films tels que *My Beautiful Launderette, My Son the Fanatic,* ou le récent *East is East*[5] de Damien O'Donnell. On donne ainsi aux élèves l'occasion d'entendre des accents auxquels ils ne sont pas habitués. On peut également montrer des reportages sur le festival de Notting Hill où les *West Indians* montrent la vigueur de leur culture et particulièrement de leur musique, lors de défilés hauts en couleur. Les séries de documents vidéo proposés par le CRDP de Bourgogne ont à cœur de présenter l'anglais dans toute sa variété, et on y trouve régulièrement des sujets sur la Nouvelle Zélande, l'Australie ou même la Barbade, qui permettent de faire entendre des accents différents et de montrer des régions du globe que les élèves ne se représentaient probablement pas. Pour ce qui est de l'Australie, le cinéma permet également d'en aborder l'étude, et les jeux Olympiques de Sydney nous auront donné l'occasion de trouver de nombreux documentaires ou pages d'information sur les chaînes anglophones.

Dans ce domaine, la presse ne doit évidemment pas être négligée. Signalons à cet égard la possibilité d'accéder à la presse du monde entier que nous offre le réseau Internet. Il peut être très productif de comparer un même fait d'actualité vu par les journaux des divers pays anglophones, ne serait-ce que pour constater que les points de vue ne sont pas nécessairement les mêmes.

Les domaines d'intérêt

Le centrage de la pédagogie sur l'apprenant et sur son apprentissage de la langue ne doit pas masquer l'importance du contenu, c'est-à-dire dans le cas qui nous intéresse l'objet-civilisation. En effet, c'est par son entremise, nous avons déjà eu l'occasion de le remarquer, que nous parvenons à susciter l'intérêt des élèves les plus réticents. La motivation étant un facteur essentiel pour l'acquisition d'une langue étrangère – comme pour n'importe quel savoir du reste – il est essentiel dans le cadre institutionnel d'éveiller l'intérêt des élèves qui ne perçoivent pas la nécessité de la maîtrise d'une langue pour leur avenir professionnel, soit parce qu'ils ne l'envisagent pas du tout, soit parce qu'ils n'ont pas suffisamment confiance en eux pour l'envisager de manière positive. Or savoir parler une langue étrangère, et particulièrement l'anglais, constitue actuellement un plus pour chacun, y compris pour nos élèves qui n'ont pas l'intention de poursuivre des études supérieures longues, ne serait-ce que dans les domaines de l'informatique ou du tourisme.

5. Commercialisé en France sous le nom de *Fish and Chips.*

Pour ces élèves, le choix des thèmes que nous nous proposons d'aborder est primordial. Si nous souhaitons leur faire acquérir ou rebrasser un fait de langue, ou encore les entraîner à une méthodologie d'apprentissage, nous nous devons de trouver un support qui suscite la curiosité de tous. Dans ce contexte, la langue qui véhicule le message ne peut plus être négligée car si l'on désire accéder au sens il devient nécessaire de se plier aux diverses démarches permettant son accès. Prenons un exemple. Nous avons eu l'occasion de soumettre à nos élèves un document issu d'un numéro de *Time* daté du 25 mars 1996 et intitulé *The most intimate bond*. Cet article relatait le cas de deux jumelles siamoises, Abigail et Brittany Hensel, dans la section consacrée à la médecine. En dépit de son caractère spectaculaire, ce document abordait le sujet sous un angle purement scientifique tout en soulevant des questions très intéressantes sur la notion d'individualité. Le niveau ciblé était une classe de Première S. L'objectif était d'entraîner les élèves aux diverses techniques transférables de décodage permettant l'accès au sens afin de les conduire sur la voie de l'autonomie.[6] Le lexique scientifique et médical, notamment les termes désignant les diverses parties du corps ainsi que les organes, était également au centre du projet. Au-delà du pur aspect scientifique, les élèves avaient également la possibilité de se faire une idée de la vie d'une famille américaine – certes particulière mais cherchant à vivre comme tout le monde – du *Midwest*. Précisons que dans la classe concernée, un certain nombre d'élèves en grande difficulté dans les matières scientifiques, malgré leur choix d'orientation, manquaient de motivation pour ce qui est de l'étude de l'anglais, cette matière leur semblant d'autant plus accessoire qu'il ne leur restait plus guère d'énergie à y consacrer. Lorsqu'ils eurent le document entre les mains, après avoir pris connaissance des illustrations, leur réaction a été immédiate et positive. Ils voulaient tout de suite connaître le contenu de l'article et les questions fusaient. Après avoir calmé leur ardeur première, il a été très facile de les convaincre de s'atteler aux diverses activités de compréhension prévues, qu'ils ont réalisées avec d'autant plus d'enthousiasme et de réussite qu'ils voulaient absolument accéder au sens.

Le choix de ce document n'a rien de démagogique dans la mesure où il est issu d'un magazine sérieux qui ne recherche pas le sensationnalisme. C'est avant tout son caractère scientifique qui a orienté notre choix. Il permettait également de sensibiliser les élèves au respect de la différence.

Précisons pour l'anecdote que cet article a également été présenté à un groupe d'étudiants de deuxième année de médecine dans le cadre de TD d'anglais et qu'il a obtenu autant de succès qu'auprès de nos jeunes élèves.

---

6. Nous avons eu l'occasion de présenter ces techniques dans le chapitre 3.

Quoi qu'il en soit, la culture anglo-saxonne est extrêmement vaste dans la mesure où elle couvre de nombreux pays tous constitués de groupes sociaux nombreux et diversifiés. De plus elle fait partie de l'univers de nos élèves aussi bien en ce qui concerne la mode (essentiellement américaine), que le monde de la télévision, du cinéma, de la musique, ou celui du sport (cf. la fascination exercée par le basket-ball américain) ; sans parler de la nourriture venue d'outre-Atlantique, ni des fêtes comme *Hallowe'en.* Certes, nul n'est tenu de montrer un enthousiasme débordant pour cette « culture » imposée par les circuits commerciaux de la grande distribution à l'échelle planétaire, mais notre rôle peut précisément consister à apprendre aux élèves à prendre du recul vis-à-vis de celle-ci, pour éventuellement la remettre en question et n'en retenir que les aspects les plus positifs. Il faut bien admettre que le choix qui nous est offert est bien plus vaste que celui qui s'offre à nos collègues qui enseignent d'autres langues que l'anglais. Nous ne chercherons pas d'ailleurs à établir un catalogue des sujets susceptibles d'intéresser les élèves car ce serait beaucoup trop long et fastidieux. Chacun se doit de choisir des supports en adéquation avec le type d'élèves auquel il s'adresse, en rapport avec la série à laquelle ils appartiennent, mais également en fonction de sa propre sensibilité.

La chasse aux stéréotypes

Le problème qui se pose inévitablement lorsque nous abordons certains aspects de la civilisation des pays anglophones, c'est précisément celui du choix. Il est impossible d'être exhaustif pendant les trois années du second cycle pour les raisons que nous venons d'évoquer. Personne, d'ailleurs ne pourrait prétendre avoir une connaissance générique parfaite de la culture de l'ensemble de ces pays. Une vie entière n'y suffirait pas. On est donc contraint d'opérer des choix qui devront obéir à une certaine logique pour permettre, d'une part à nos élèves de se constituer des repères culturels coordonnés, et d'autre part d'éviter autant que possible la formation de stéréotypes. Dans ce domaine, l'équilibre est extrêmement difficile à trouver.

Prenons par exemple le problème si délicat des Amérindiens. Même dans leur propre pays, la vision qu'on a d'eux est déformée par les préjugés. Il suffit de voir la représentation qu'en fait le cinéma américain dans les nombreux westerns où ils apparaissent comme des sauvages sanguinaires et cruels qu'il convient d'éliminer sans pitié ou, plus récemment comme des victimes comme c'est le cas dans *Little Big Man* d'Arthur Penn ou plus récemment encore, dans *Dances with Wolves* de Kevin Costner. Ces films, même s'ils présentent un point de vue plus politiquement correct n'en demeurent pas moins des films centrés sur des héros d'origine européenne. Notons aussi que la représentation que l'on fait des Amérindiens est de manière quasi générale proposée par des personnes extérieures à leur communauté et à leur culture. Prenons par exemple, l'ouvrage de J. F. Cooper, *The Last of the Mohicans,* qui d'ailleurs a été adapté pour le cinéma ; les faits historiques qui y sont décrits ne sont pas invraisemblables, mais il n'en demeure pas moins que la vision que l'auteur propose des Indiens est simpliste et romancée.

Pour que les élèves puissent se faire une idée juste de ce qu'est la réalité des *Native Americans* dans l'Amérique d'aujourd'hui, après avoir fait émerger dans un premier temps les représentations forcément stéréotypées qu'ils peuvent avoir à l'esprit, il convient de les déstabiliser pour déconstruire ces clichés, en mettant à leur disposition un nombre suffisant de documents présentant des points de vue différents, de manière à les aider à user de leur esprit critique pour se forger une opinion. On les met ainsi en mesure d'effectuer les réajustements nécessaires qui leur permettent d'organiser ces nouveaux repères culturels à bon escient. Cependant, même si on assiste actuellement à l'émergence d'une littérature amérindienne, elle n'est pas encore vraiment répandue et il n'est pas aisé de proposer aux élèves une vision de l'intérieur. Aussi, l'auteur de l'extrait suivant est-il new yorkais d'origine italienne. Ce texte propose néanmoins une image forte et pessimiste de la réalité de bon nombre d'Indiens qui vivent encore actuellement dans des réserves. L'auteur est, avec Tom Wolfe et Hunter Thomson, à l'origine du *new journalism,* un mouvement qui tente de rendre compte du réel dans une écriture littéraire. Un tel document présente donc une occasion idéale de jeter un pont entre littérature et civilisation.

The Bridge

Montour was a very handsome young man of twenty-six. He had blue eyes, sharp, very un-Indian facial features, almost blond hair. He was married to an extraordinary Indian beauty and had a two-year-old son, and each weekend Danny Montour drove up to the reservation to visit them. He had named his young son after his father, Mark, an ironworker who had crippled himself severely in an automobile accident and had died not long afterward. Danny's paternal grandfather had fallen with the Quebec Bridge in 1907, dying as a result of injuries. His maternal grandfather, also an ironworker, was drunk on the day of the Quebec disaster and, therefore, in no condition to climb the bridge. He later died in an automobile accident. Despite all this, Danny Montour, as a boy growing up, never doubted that he would become an ironworker. What else would bring such money and position on the reservation? To not become an ironworker was to become a farmer – and to be awakened at 2 A.M. by the automobile horns of returning ironworkers.

> So, of the two thousand men on the reservation, few became farmers or clerks or gas pumpers, and fewer became doctors or lawyers, but 1,700 became ironworkers. They could not escape it. It got them when they were babies awakened in their cribs by the horns. The lights would go on, and their mothers would pick them up and bring them downstairs to their fathers, all smiling and full of money and smelling of whiskey or beer, and so happy to be home. They were incapable of enforcing discipline, only capable of handing dollar bills around for the children to play with, and all Indian children grew up with money in their hands. They liked the feel of it, later wanted more of it, *fast* – for fast cars, fast living, fast trips back and forth between long weekends and endless bridges.
>
> "It's a good life," Danny Montour was trying to explain, driving his car up the Henry Hudson Parkway in New York, past the George Washington Bridge. "You can see the job, can see it shape up from a hole in the ground to a tall building or a big bridge."
>
> He paused for a moment, then, looking through the side window at the New York skyline, he said, "You know, I have a name for this town. I don't know if anybody said it before, but I call this town the City of Man-made Mountains. And we're all part of it, and it gives you a good feeling – you're a kind of mountain builder…"
>
> "That's right, Danny-boy, old kid," said Del Stacey, the Indian ironworker who was a little drunk, and sat in the front seat next to Montour with a half-case of beer and bag of ice under his feet. Stacey was a short, plump, copper-skinned young man wearing a straw hat with a red feather in it…
>
> "Sometimes though," Montour continued, "I'd like to stay home more, and see more of my wife and kid…"
>
> "But we can't, Danny-boy," Stacey cut in, cheerfully. "We gotta build them mountains, Danny-boy, and let them women stay home alone, so they'll miss us and won't get a big head, right?" Stacey finished his bottle of beer, then opened a second one with his teeth. The third Indian, in the back seat, was quietly sleeping, having passed out.
>
> Gay Talese, 1964.

Ce texte convient à une classe de Terminale, car les élèves doivent avoir suffisamment de maturité pour pouvoir tirer parti de sa richesse culturelle. Dans le cadre d'une activité d'entraînement au commentaire, par exemple, on peut envisager le repérage et l'analyse des oppositions entre Montour et les autres personnages (apparence, aspirations, philosophie, etc.), entre la ville et la réserve, entre les paysans et les constructeurs de ponts, entre l'abondance d'argent et l'absence de perspectives, entre le passé et le présent, l'ouvert et le clos, le paysage naturel et le paysage urbain, le rythme cosmique et la vitesse, entre *it's a good life* et ces zombies comateux, entre ce qui symbolise le pont et ce qu'il représente pour ses constructeurs. Tout cet écheveau d'isotopies peut donner lieu à un travail linguistique permettant de mobiliser l'expression du contraste, de la comparaison, de l'opposition, du paradoxe. Une manière possible de procéder peut consister à demander aux élèves de créer un négatif de ce texte en évoquant le passé mythique des Indiens et en le comparant/l'opposant à l'image donnée dans ce texte, ce qui permettrait un rebrassage naturel de *used to* et *would.*

On peut également donner l'occasion aux élèves de s'exprimer sur le personnage de Montour : ses aspirations, sa façon de ré-enchanter le monde dans une vision syncrétique (cf. *the City of Man-made Mountains*), son appropriation de l'idée de « création ». On n'évitera pas non plus la question de l'alcoolisme et les réflexions sur la présence singulière de la mort dans ce texte. La construction de l'effet de réel, la tentative de décrire la réalité dans une écriture littéraire, ainsi que les jeux récit/dialogue et les plages de focalisation devraient également faire l'objet d'activités de commentaire.[7]

Par le biais d'une approche de ce type, nous espérons aider nos élèves à se débarrasser de clichés qui ne peuvent être que préjudiciables à la vision humaniste et éclairée du monde que se doit d'avoir toute personne cultivée.

D. LES SUPPORTS DE LA CIVILISATION

La presse écrite et les journaux télévisés

La presse écrite est en quelque sorte le miroir de l'actualité et représente une source inépuisable de documents. Il faut cependant se méfier de son caractère fugace. L'actualité, par essence, se démode vite et certains faits qui faisaient la une de tous les journaux à un moment donné, peuvent parfaitement avoir été complètement oubliés quelques années plus tard, surtout s'il s'agissait de catastrophes ou de faits divers. Il en va de même pour les informations diffusées dans le cadre des journaux télévisés. Nous connaissons tous la tendance qu'ont la plupart des journalistes à vouloir frapper l'esprit du grand public. Nous pouvons facilement imaginer que la tempête qui s'est abattue sur la France en décembre 1999 et qui occupait à cette période, sur les chaînes françaises, la quasi totalité du temps d'antenne aux dépens de toute l'actualité internationale, ne sera d'ici quelques années qu'un vague souvenir pour la plupart des gens qui n'en auront pas supporté directement les conséquences. De plus, il ne faut pas perdre de vue que les grands adolescents qui arrivent au lycée en Seconde étaient en Sixième quatre ans plus tôt. Or, chacun sait que les jeunes enfants s'intéressent peu à l'actualité.

---

7. Nous remercions Alain Nowak pour les pistes d'exploitation qu'il a proposé pour le commentaire de ce texte, dans le rapport de jury du CAPES Interne d'Anglais 1997.

Ces restrictions ne doivent pas conduire à penser que la presse écrite et les sujets télévisés doivent être mis de côté. Bien au contraire. Mais il convient de sélectionner des articles ou des sujets dont le contenu ou la teneur sont suffisamment générale ou universelle, pour ne pas se démoder rapidement. En tout état de cause, même s'il peut être intéressant de travailler sur l'actualité immédiate ne serait-ce que dans un but linguistique, celle-ci ne semble pas particulièrement propice à la construction de repères culturels solides et durables. Par contre, on pourra profiter d'élections en Grande-Bretagne ou aux États-Unis, quelle qu'en soit l'issue politique, pour faire faire des recherches sur les systèmes électoraux de ces pays et sur leurs institutions. Il paraît impensable qu'un élève quitte le lycée sans avoir entendu parler de la Chambre des Communes ou du Congrès américain. Il nous paraît également important d'aider les élèves à déconstruire les stéréotypes qu'ils peuvent avoir en tête sur la monarchie britannique. Quelques documents écrits et télévisés bien choisis devraient leur permettre de se faire une opinion. À ce sujet, on pourra d'ailleurs solliciter avec profit la collaboration du professeur d'histoire. Un extrait de *The Queen and I*[8] de Sue Townsend, la célèbre créatrice du personnage d'Adrian Mole, ajoutera une touche humoristique à un sujet qui peut paraître à certains, si ce n'est décalé, du moins un peu austère.

La publicité

Elle est généralement très représentative de la société dont elle émane. Pour ne citer qu'un exemple, le spot publicitaire présenté par *Greenpeace* dans le cadre de sa campagne pour la protection des animaux à fourrure, a été censuré en France parce que considéré comme trop violent et pouvant heurter la sensibilité des jeunes téléspectateurs. En effet, le but de son concepteur étant de frapper les esprits, il n'a pas hésité à présenter une scène très *gore* dans la plus pure tradition du gothique britannique. D'ailleurs les personnages mis en scène ressemblent à des vampires. Ces références culturelles ayant échappé aux censeurs français, ils ont préféré tout bonnement interdire le spot. Une émission comme *Culture-pub* permet de se faire une idée des différences très marquées que l'on peut constater d'un pays à l'autre. On peut comparer les spots destinés aux campagnes anti-

8. Mandarin paperback, 1992. Pour ceux de nos lecteurs qui ne connaîtraient pas ce roman, voilà la présentation qu'en a fait Valerie Grove pour *The Times* : *A Times leader calls for the dismantling of the monarchy, and a week later it comes to pass. A Republican government wins the election in 1992, and overnight the royal family is stripped of its regal underpinnings and dispatched by the new Prime Minister [...] to live on a hellhole council estate in the Midlands...*

tabac, par exemple. Les Anglais n'hésitent pas à choquer, mais en Australie, par exemple, c'est encore bien pire. Quant aux Américains, on connaît leur hypocrisie en la matière.

Les dessins humoristiques

On les trouve aisément dans la presse anglophone – le magazine britannique *Punch*[9] s'en est fait une spécialité – et ils permettent d'étudier des faits de civilisation présentés de manière satirique ou caricaturale. Ce sont d'excellents déclencheurs de parole ; ils sont très utiles dans les phases d'anticipation de début de séquence pour mobiliser et introduire le lexique nécessaire. Voici un exemple de dessin dont l'étude pourrait très bien trouver sa place dans une séquence consacrée aux Amérindiens.

Nous avons fait allusion à ce thème plus haut, à propos de la chasse aux stéréotypes. Ce *cartoon* a le mérite de montrer que certains Américains n'hésitent plus à parler des « bavures » du passé. La date de publication, 1991, est importante car elle montre que ce dessin a été réalisé un an avant les cérémonies commémoratives de la découverte du continent américain par Christophe Colomb, cinq cents ans plus tôt.

Internet

Cet outil constitue une banque de données considérables, d'autant que la majeure partie des documents que l'on peut y trouver sont en anglais.

9. Le magazine *Punch* dispose d'un site web sur lequel on peut trouver des quantités de *cartoons* que l'on peut aisément télécharger.

On peut notamment accéder à tout moment, comme nous l'avons déjà signalé, à la presse du monde entier. La plupart des grands quotidiens et hebdomadaires ont des sites qui sont constamment remis à jour. Certains proposent même des activités pédagogiques.

Le cinéma

Nous devons lui consacrer une large place dans nos séquences. Il convient cependant d'amener nos élèves à prendre conscience qu'il propose un certain regard qui ne doit pas être pris pour argent comptant. Prenons un exemple pour illustrer ce propos. Nous avons eu l'occasion plus haut d'évoquer le film de Kevin Costner : *Dances with Wolves.* On y sent un grand désir de vraisemblance et de réalisme. Nous avons eu l'occasion d'en parler avec Helga Lomosits, ethnologue qui s'occupe des minorités ethniques et qui représente la minorité Lakota aux Nations-Unis. Elle a pu nous confirmer la valeur de ce film qui évite les stéréotypes et qui fait effectivement preuve d'une très grande honnêteté dans l'approche du thème traité, à un « petit » détail près. En effet, les Indiens Lakota à qui on a projeté le film en avant-première ont été pris de fou rire. Il se trouve que dans leur langue, les hommes et les femmes ont des modes d'expression différents. Or, suite à une méconnaissance de cette particularité, le scénariste a fait parler les hommes avec la langue des femmes...

Les chansons et la musique

Elles sont également bien souvent représentatives de la culture dont elles sont issues. Les *negro spirituals,* par exemple, comme le jazz d'ailleurs, sont une émanation de la culture noire américaine. On pourra intégrer, avec profit, l'étude d'une chanson dans une séquence pédagogique, pour l'impact émotionnel qu'elle peut avoir. Si on étudie l'Irlande du Nord, par exemple, on pourra proposer la chanson *Sunday Bloody Sunday,* interprétée par le groupe U2, qui fait référence à un dimanche noir de 1972 qui a vu treize civils se faire tuer par l'armée à Derry. Cette chanson, bien qu'un peu datée, touche toujours autant les élèves.

Autres supports

- Les **documentaires** enregistrés à la télévision (cf. la sélection du CRDP de Bourgogne).
- La **langue** elle-même, qui est le véhicule de la culture d'un pays mais qui en est également une représentation. Nous y faisons allusion dans le chapitre consacré à la langue.

E. QUELQUES EXEMPLES

Rappelons pour commencer la nécessité d'exposer les élèves à une quantité importante de documents. Cette abondance, dans le cadre de la civilisation, obéit à une double motivation. La première, nous en avons déjà parlé, est d'ordre linguistique. C'est par un contact très large avec une grande quantité de langue que l'élève peut être mis en mesure d'élaborer des stratégies cognitives lui permettant de s'approprier la langue-cible.

N'oublions jamais qu'il est quasiment impossible d'apprendre l'anglais en n'étudiant qu'une vingtaine de pages par an. La deuxième, plus spécifique au sujet que nous traitons ici, concerne la mise en relation des repères culturels coordonnés. Plus grande et variée sera la quantité de documents que l'on proposera, mieux les élèves seront à même de se créer des réseaux culturels signifiants. N'oublions pas que tous les documents ne doivent pas obligatoirement être soumis au même traitement.

Ceux que l'on étudie en classe donnent généralement lieu à une exploitation détaillée. D'autres peuvent très bien être étudiés en autonomie ; les élèves en prennent connaissance chez eux et, au début de la séance suivante, dans une phase d'expression orale en continu, ils en présentent l'intérêt culturel.

On peut d'ailleurs ne pas confier le même document à tous les élèves. On divise alors la classe en trois ou quatre groupes : le compte rendu devient plus intéressant dans la mesure où il y a déficit d'information. On peut en outre en profiter pour travailler la méthodologie de la prise de notes.

L'histoire est un des domaines que les *Instructions Officielles* suggèrent de ne pas laisser de côté. Il est évidemment impensable d'asséner des données historiques de manière magistrale aux élèves. Ce serait contraire à la démarche que nous avons tenté de mettre en avant jusqu'à présent. On peut par contre envisager de distribuer une fiche comportant des jalons historiques importants lorsqu'un nouveau thème est abordé. Nous avons déjà évoqué cette possibilité à propos de l'Inde dans notre chapitre consacré à l'approche thématique. Ces fiches permettent des activités ludiques telles que des jeux de questions-réponses entre élèves sans l'intervention du professeur, des concours de lecture rapide à la recherche de certains détails ou des quiz.

Les allusions historiques dans des contextes variés permettent également des mises au point bien souvent nécessaires. Voici un extrait du scénario du film *Smoke*, écrit par Paul Auster et mis en scène par Wayne Wang :

AUGGIE
Hey, man. Good to see you. What'll it be today?
PAUL
Two tins of Schimmelpennincks. And throw in a lighter while you're at it.
AUGGIE
(*Reaching for cigars and lighter*) The boys and I were just having a philosophical discussion about women and cigars. Some interesting connections there, don't you think?
PAUL
(Laughs) Definitely. *(Pause)* I suppose it all goes back to Queen Elizabeth.
AUGGIE
The Queen of England?
PAUL
Not Elizabeth the Second, Elizabeth the First. *(Pause)* Did you ever hear of Sir Walter Raleigh?
TOMMY
Sure. He's the guy who threw his cloak down over the puddle.
JERRY
I used to smoke Raleigh cigarettes. They came with a free gift coupon in every pack.
PAUL
That's the man. Well, Raleigh was the person who introduced tobacco in England, and since he was a favorite of the Queen's – Queen Bess, he used to call her – smoking caught on as a fashion at court. I'm sure Old Bess must have shared a stogie or two with Sir Walter. Once, he made a bet with her that he could measure the weight of smoke.
DENNIS
You mean, weigh smoke?
PAUL
Exactly. Weigh smoke.
TOMMY
You can't do that. It's like weighing air.
PAUL
I admit it's strange. Almost like weighing someone's soul. But Sir Walter was a clever guy. First, he took an unsmoked cigar and put it on a balance and weighed it. Then he lit up and smoked the cigar, carefully tapping the ashes into the balance pan. When he was finished, he put the butt into the pan along with the ashes and weighed what was there. Then he subtracted that number from the original weight of the unsmoked cigar. The difference was the weight of the smoke.
TOMMY
Not bad. That's the kind of guy we need to take over the Mets.
PAUL
Oh, he was smart all right. But not so smart that he didn't wind up having his head chopped off twenty years later. *(Pause)* But that's another story.

Paul Auster, *Smoke*, 1995

Ce document est destiné à une classe de Terminale. Les élèves ne disposent pas du script puisque l'objectif principal est l'entraînement à la compréhension orale, avec notamment un travail sur les mots accentués, porteurs de sens qui permettent la reconstitution du discours et une PRL sur les formes faibles. On commence à visionner le film depuis le début (une ou deux minutes avant cette scène) pour que les élèves puissent repérer le contexte new yorkais. En effet, lors des toutes premières images on voit les gratte-ciel de Manhattan se découper à l'arrière-plan, tandis que le métro traverse un pont en direction de Brooklyn. On procède ensuite aux repérages classiques (lieux, époque de l'année, personnages…), puis au travail de compréhension à proprement parler. Une des activités consiste à faire relever les noms des personnages historiques cités, afin justement de profiter de cette séquence pour développer les connaissances culturelles des élèves. Une fois la reine Élisabeth I et Sir Walter Raleigh identifiés, on demande aux élèves ce qu'ils savent à leur propos. En général, ils ne savent pas grand chose, n'étant guère plus cultivés que les personnages présents dans la scène, ce qui d'ailleurs permet de relativiser les choses. Précisons, pour ceux qui n'auraient pas vu le film, que Paul est un écrivain qui traverse une crise suite au décès accidentel de sa femme et qu'Auggie est le gérant du bureau de tabac dans lequel se passe la scène. Les trois autres personnages, Tommy, Jerry et Dennis sont des clients qui ont pour habitude de traîner dans le magasin pour passer le temps. On incite ensuite les élèves à chercher des renseignements sur ces personnages historiques dans l'*Encyclopedia Britannica.*[10] Ils appartiennent en effet à un moment très riche et prospère de l'histoire de l'Angleterre correspondant à une période d'expansion et de découvertes, d'où l'importance d'un personnage comme l'explorateur Sir Walter Raleigh qui, malgré tout, comme le signale fort justement Paul, est mort décapité après avoir été accusé de trahison à l'époque de Jacques I. Ils apprendront par la même occasion que la reine Élisabeth I était la fille du tristement célèbre Henry VIII et, si leur curiosité les guide un peu plus loin, ils sauront que c'est lui qui fut à l'origine du schisme religieux qui fit de lui et de ses successeurs les chefs de la nouvelle Église anglicane. Ainsi grâce à l'histoire anecdotique et « légère » du poids de la fumée, les élèves ont pu s'approprier quelques connaissances historiques qu'il aurait été dommage qu'ils ignorent. Signalons au passage, d'un point de vue linguistique, *the weight of smoke* qui devient par fléchage

10. Celui-ci existe en CD-Rom disponible en version Mac ou PC, qui présente l'avantage d'être plus commode et beaucoup moins onéreux que la version papier. On peut également le consulter sur Internet.

the weight of **the** *smoke* à la fin de l'histoire. Ceci n'a évidemment rien à voir avec le sujet qui nous concerne ici, mais l'occasion était trop belle pour être passée sous silence. Elle peut d'ailleurs être soumise à la réflexion des élèves.

Nous allons maintenant exposer un exemple qui concerne la civilisation américaine. Le document choisi est un extrait de *The Great Gatsby*, de F. Scott Fitzgerald. Il peut être exploité aussi bien pour sa richesse civilisationnelle que littéraire. Il nous permettra d'établir un lien avec la partie suivante qui sera consacrée à la littérature.

I was still with Jordan Baker. We were sitting at a table with a man of about my age and a rowdy little girl, who gave way upon the slightest provocation to uncontrollable laughter. I was enjoying myself now. I had taken two finger-bowls of champagne, and the scene had changed before my eyes into something significant, elemental, and profound.

At a lull in the entertainment the man looked at me and smiled.

'Your face is familiar,' he said politely. 'Weren't you in the First Division during the war?'

'Why, yes. I was in the Twenty-eighth Infantry.'

'I was in the Sixteenth until June nineteen-eighteen. I knew I'd seen you somewhere before.'

We talked for a moment about some wet, grey little villages in France. Evidently he lived in this vicinity, for he told me that he had just bought a hydroplane, and was going to try it out in the morning.

'Want to go with me, old sport? Just near the shore along the Sound.'

'What time?'

'Any time that suits you best.'

It was on the tip of my tongue to ask his name when Jordan looked around and smiled.

'Having a gay time now?' she inquired.

'Much better.' I turned again to my new acquaintance. 'This is an unusual party for me. I haven't even seen the host. I live over there – 'I waved my hand at the invisible hedge in the distance, 'and this man Gatsby sent over his chauffeur with an invitation.'

For a moment he looked at me as if he failed to understand.

'I'm Gatsby,' he said suddenly.

'What!' I exclaimed. 'Oh, I beg your pardon.'

'I thought you knew, old sport. I'm afraid I'm not a very good host.'

He smiled understandingly – much more than understandingly. It was one of those rare smiles with a quality of eternal reassurance in it, that you may come across four or five times in life. It faced – or seemed to face – the whole eternal world for an instant, and then concentrated on you with an irresistible prejudice in your favour. It understood you just so far as you wanted to be understood, believed in you as you would like to believe in yourself, and assured you that it had precisely the impression of you that, at your best, you hoped to convey. Precisely at that point it vanished - and I was looking at an elegant young rough-

neck, a year or two over thirty, whose elaborate formality of speech just missed being absurd. Some time before he introduced himself I'd got a strong impression that he was picking his words with care.
Almost at the moment when Mr Gatsby identified himself a butler hurried toward him with the information that Chicago was calling him on the wire. He excused himself with a small bow that included each of us in turn.
'If you want anything just ask for it, old sport,' he urged me. 'Excuse me. I will rejoin you later.'
When he was gone I turned immediately to Jordan – constrained to assure her of my surprise. I had expected that Mr Gatsby would be a florid and corpulent person in his middle years.
'Who is he?' I demanded. 'Do you know?'
'He's just a man named Gatsby.'
'Where is he from, I mean? And what does he do?'
'Now *you*'re started on the subject,' she answered with a wan smile. 'Well, he told me once he was an Oxford man.
A dim background started to take shape behind him, but at her next remark it faded away.
'However, I don't believe it.'
'Why not?'
'I don't know,' she insisted, 'I just don't think he went there.'
Something in her tone reminded me of the other girl's 'I think he killed a man,' and had the effect of stimulating my curiosity.

F. Scott Fitzgerald, *The Great Gatsby*, 1926

Ce texte est fortement marqué par la période à laquelle il appartient, à savoir celle des années 20. Du point de vue de la civilisation, les aspects qu'il convient de faire ressortir sont les suivants :

• Les années folles *(The Jazz Age, The Roaring Twenties, The Golden Age,* selon les points de vue).
• La Grande Guerre n'est pas loin : les personnages s'y sont impliqués.
• La Prohibition (1919-1933) et son effet pervers sont évoqués : le champagne coule à flot *(« I had taken two finger-bowls of champagne »)* malgré l'interdiction et les gens n'ont jamais autant bu, y compris les femmes, ce qui est nouveau *(« a rowdy little girl »* probablement sous l'influence de l'alcool).
• L'origine des fortunes comme celle de Gatsby est souvent douteuse (cf. la référence à Chicago et ce que cela sous-entend, Al Capone, les trafiquants, la Mafia …).
• La technologie devient omniprésente dans la société américaine (cf. *« I'd just bought a hydroplane » ; « Chicago was calling him on the wire » ; « his chauffeur »* qui évoque l'automobile).

• L'Ancien Continent n'en demeure pas moins une valeur sûre (Gatsby prétend avoir étudié à Oxford).
• Le cinéma commence à envahir les consciences et à influencer les procédés d'écriture *(« a dim background started to take shape behind him, but at her next remark it faded away »).*
• Le mal-être existentiel des personnages qui noient leurs angoisses d'après-guerre dans l'alcool et la frénésie de la fête, tout en cherchant à trouver un sens à la vie (*« I had taken two finger-bowls of champagne, and the scene had changed into something significant, elemental, and profound »*).

Si on choisit de privilégier l'aspect civilisationnel de ce texte, on choisira de le proposer plutôt à une classe de Terminale ES ou S. Dans une phase d'anticipation, on amène les élèves à créer un associogramme à propos des années 20 selon le principe de la libre association. On l'organisera par la suite en réseau cohérent. Les élèves de Terminale connaissent cette période pour l'avoir étudiée en cours d'histoire et les idées ne manquent pas. On profite de l'occasion pour introduire le lexique utile, notamment les termes spécifiquement marqués par la période tels que *bootlegger, speakeasy* (= bar clandestin), *flapper* (= terme qui désigne les jeunes filles émancipées de l'époque). On incite ensuite les élèves à surfer sur Internet à la recherche de renseignements sur cette période. Les sites très bien documentés ne manquent pas. Les élèves qui ont pu y avoir accès sont chargés de sélectionner les pages qui leur semblent les plus intéressantes. Celles-ci sont ensuite photocopiées et distribuées à tous, avec pour consigne d'en prendre connaissance en autonomie et d'en préparer un compte rendu oral, le principe étant une fois de plus d'amener les élèves à lire un maximum d'anglais, ce qui ne devrait pas poser de problème particulier dans la mesure où les difficultés lexicales ont été levées au préalable.

On passe ensuite à l'étude du texte en opérant les repérages d'usage dans la phase de compréhension générale. Nous ne rentrerons pas dans les détails de cette exploitation. Contentons-nous d'indiquer qu'on peut demander aux élèves de relever tous les éléments du texte en rapport avec les années 20, en justifiant leurs choix et en expliquant en quoi ils se rattachent à cette période et ce qu'ils évoquent exactement. Ainsi, les met-on en mesure d'établir des liens entre des connaissances préalables et une production littéraire inscrite dans cette même période.

Jack Clayton a tourné, en 1974, une très belle adaptation cinématographique de ce roman dont le scénario a été écrit par Francis Ford Coppola. On y retrouve la scène quasi intégralement bien que présentée selon un point de vue tout à fait différent pour des raisons techniques qu'il convient de faire trouver aux élèves. On les amène à comparer le texte et l'extrait vidéo en notant les différences et en les expliquant. D'un point de vue langagier, cette activité permet une fois de plus l'utilisation de structures complexes favorisant l'expression de la comparaison, du contraste, de l'opposition et également du but et de l'intention.

Pour éviter que les apprenants idéalisent cette époque outre mesure, il est bon de proposer un texte montrant l'envers de la médaille. De nombreuses grèves ont agité les États-Unis à cette époque car les conditions de vie de la classe ouvrière étaient loin de ressembler à celles des plus nantis. On trouvera un approche littéraire du problème dans le roman *Big Money* de John Dos Passos (qui fait partie d'une trilogie intitulée *USA*). Il y présente une vaste et éclectique fresque de la société américaine des années 20. L'affaire Sacco et Vanzetti y est notamment traitée avec beaucoup d'émotion. En proposant la lecture de certains extraits aux élèves, on leur permet ainsi une prise de distance qui les met en mesure de se constituer des repères culturels corrects.

Si par contre, on choisit de privilégier l'aspect littéraire de ce texte et de le proposer à une classe de Terminale L, ce sont les éléments suivants qu'il conviendra de mettre en valeur :

- « La génération perdue », nom que l'on a donné dans les années 20 et 30 à des écrivains américains en rébellion contre les valeurs d'avant-guerre, et dont beaucoup menaient une vie facile à Paris. C'est Gertrude Stein qui eut un jour ce mot : « Vous autres, jeunes gens qui avez fait la guerre, vous êtes tous une génération perdue ». Fitzgerald et sa femme Zelda, Dos Passos, Hemingway, Ezra Pound, entre autres, en faisaient partie.
- Les spécificités de l'écriture : narration à la première personne, point de vue, mode de production des effets de sens, équilibre entre parties narratives et dialogues.
- L'attitude des personnages, très proche de celle de leur créateur, en évitant bien sûr tout assimilation hâtive et déplacée. La caractérisation.
- Le thème de la rencontre entre le narrateur, Nick Carraway, dont le nom n'est pas cité dans cet extrait, et le personnage principal, Jay Gatsby, qui semble pour le moins énigmatique.
- Le jeu des apparences, le mystère, la fête, etc.

Nous ne rentrerons pas dans le détail de l'exploitation afin d'éviter des longueurs inutiles. Ces pistes devraient permettre à chacun de construire une séquence axée sur la technique d'écriture, après une phase de compréhension indispensable. L'extrait du film peut également servir de support pour un travail de comparaison entre les deux modes d'écriture. On verra notamment comment le scénariste transpose les parties narratives et la focalisation. Cette étude peut également être prolongée par un exercice de production écrite d'imitation. On commence par faire émettre des hypothèses quant à la suite et on demande à une moitié de la classe de la rédiger en imitant la technique d'écriture de l'auteur et à l'autre moitié, de rédiger un scénario accompagné d'indications scéniques. Le point de départ pourrait être la phrase rapportée par le narrateur à la fin du texte : « *I think he killed a man* ».

Ce type d'approche motive parfois quelques élèves pour la lecture de l'œuvre entière et on ne peut que se féliciter d'avoir ainsi éveillé leur curiosité. L'aspect purement civilisationnel n'en demeure pas moins présent en arrière-plan, permettant une imprégnation que les élèves seront amenés à gérer personnellement. En effet, dans un texte comme celui que nous venons de présenter, littérature et civilisation sont si intimement liés qu'il ne serait pas opportun de les dissocier complètement.

3 LA LITTÉRATURE

Comme nous l'avons déjà suggéré en amont, la littérature est un sous-ensemble de la culture au sens large. La tendance étant actuellement à intégrer un contenu à l'enseignement des langues, ce qui nous paraît être la moindre des choses, il ne fait aucun doute que la littérature, au même titre que la civilisation que nous venons de traiter, fournit aux enseignants des supports de choix qu'il convient de privilégier.

A. LECTURE ET/OU LITTÉRATURE ?

Le premier élément à considérer est d'ordre linguistique. En effet, l'obstacle majeur que rencontre le lecteur, c'est la langue étrangère. Or, pour pouvoir saisir toutes les nuances d'un texte littéraire, il faut avant tout le comprendre et donc franchir la barrière de la langue. Ceci rend la tâche des professeurs d'anglais beaucoup plus délicate que celle de leurs collègues de lettres, alors que leurs objectifs littéraires à proprement parler sont du même ordre. L'accès à la forme et à l'esthétique littéraire ne peut s'envisager sans un travail préalable de décodage du support. C'est ce qui amène certains théoriciens à affirmer qu'en classe de langue, nous sommes passés de l'enseignement de la littérature à celui de la lecture. Nous pensons que l'un n'est pas exclusif de l'autre et que la question se pose plutôt en terme d'équilibre. La démarche et les exigences ne seront pas les mêmes en Seconde que dans la série L en Première et en Terminale.

Dans le premier cas, il conviendra de rester modeste et réaliste, sans pour autant exclure les supports littéraires. Ceux-ci serviront de prétexte à l'étude de la langue et de la méthodologie de la compréhension, sans toutefois écarter complètement une initiation aux diverses techniques de l'écriture littéraire. L'idée principale n'en demeure pas moins qu'il s'agit de conduire les élèves sur la voie de l'autonomie en mettant à leur disposition des outils et des techniques transférables. Si, à cette occasion, nous parvenons à leur donner envie de lire et à leur faire partager le plaisir de la lecture, notre objectif sera doublement atteint.

Dans le cadre de cet ouvrage, nous avons fait le choix de traiter les spécificités du décodage permettant l'accès au sens d'un document écrit dans le chapitre 3. C'est ce que nous pourrions appeler l'initiation à la lecture. Nous avons d'ailleurs envisagé dans cette partie le cas de la lecture suivie. La lecture couvre selon nous un champ plus vaste que celui de la seule littérature, dans la mesure où elle concerne toute forme de support écrit. D'ailleurs, toujours dans ce chapitre, nous avons montré comment on pouvait exploiter un texte littéraire avec un extrait de *Lord of the Flies* de William Golding, tout en axant les activités sur la découverte du sens. Nous pensons que cette approche convient bien aux élèves de Seconde. Cela ne nous empêche pas de commencer à les entraîner à repérer le narrateur et la focalisation dans un texte littéraire et donc à aborder, quoique modestement, la narratologie.

Toutes les activités propres à la lecture, et donc au décodage, ne doivent cependant pas être considérées comme des tâches secondaires devant être abandonnées progressivement au profit d'activités plus nobles concernant la littérature. En effet, la compréhension étant testée au Baccalauréat toutes séries confondues, il convient de ne jamais cesser d'y entraîner nos élèves.

Quoi qu'il en soit, au delà de la simple lecture, c'est la littérature à proprement parler qui est l'objet de ce chapitre. Nous allons donc nous centrer essentiellement sur la série L qui est bien sûr tout particulièrement concernée.

Dans le domaine de l'enseignement des langues, la didactique de la littérature est très peu développée. Nous allons donc tenter de cerner ce qui en fait la spécificité, au-delà du simple problème de la langue que nous avons déjà évoqué. Comme dans les autres domaines, il ne saurait être question d'imposer une certaine vision aux élèves. Lire un texte littéraire, c'est certes le comprendre, mais cela consiste également à se l'approprier en en faisant sa propre lecture afin de mettre en valeur les réseaux de sens mis en place par le système d'écriture choisi. Or, pour parvenir à ce stade d'appropriation, l'élève a besoin d'outils techniques propres à la narratologie ainsi que d'outils conceptuels. Dans la mesure où ces outils propres à la littérature sont plus ou moins communs à toutes les langues, on peut envisager une démarche allant de pair avec celle du professeur de lettres de la classe. Il est important de solliciter souvent les élèves pour les amener à s'exprimer quant à leur stade d'appropriation en matière d'analyse littéraire. On se fait ainsi une idée des acquis sur lesquels on va pouvoir s'appuyer. La tâche du professeur d'anglais est alors d'introduire le lexique spécifique de l'analyse et d'amener ses élèves à percevoir l'universalité des procédés littéraires dans la mesure où ils semblent communs à toutes les langues. En effet, l'humour ou l'ironie sont le propre de l'homme quelle que soit son origine.

Une fois de plus, il s'agit de donner des outils transférables aux élèves pour les conduire vers l'autonomie tout en les mettant en situation d'organiser leurs savoirs nouveaux en réseaux signifiants pour qu'ils puissent se les approprier de manière durable et opérationnelle. Françoise Grellet, qui a beaucoup contribué à faire avancer la pratique de la lecture et de la littérature en classe d'anglais, s'est penchée sur les fiches de lecture accompagnant les textes littéraires appartenant à des genres les plus divers que l'on peut trouver actuellement dans les manuels de second cycle les plus utilisés. Il en ressort que :

> Ces fiches sont très bien faites, mettant l'accent sur la structure du texte, allant des idées principales aux points de détail, attirant l'attention des élèves sur les idées essentielles du passage. [...] Ce qui semble plus gênant, c'est leur emploi **systématique**. Le but d'une fiche de lecture, c'est de rendre les élèves autonomes, non seulement de les aider à lire un texte donné, mais surtout de les aider à lire d'autres textes, sans fiche de lecture cette fois. Les fiches existantes semblent bien donner aux élèves les éléments qui les aideront à devenir de bons lecteurs, puisqu'on y trouve la sensibilisation au repérage de mots et idées essentiels, des articulations logiques du texte, des aspects littéraires les plus importants du texte. Mais on semble rester à ce stade de la sensibilisation. On donne aux élèves les **techniques** de l'autonomie, mais on ne les met pas en situation d'autonomie. La conséquence, c'est que la grande majorité des élèves ne lisent pas pour le plaisir en anglais, et qu'ils ont même souvent beaucoup de mal à lire un texte d'une ou deux pages de façon autonome.

F. Grellet, *Quelques activités de sensibilisation à la littérature*, article paru dans *Les langues modernes*, n° 2, 2000.

Si les élèves ne lisent pas assez, ils ne peuvent pas devenir performants. Ils ne peuvent acquérir une véritable sensibilité littéraire qui pourtant leur permettrait de commenter de manière satisfaisante un texte inconnu, ce qu'on leur demande de faire d'ailleurs le jour du Baccalauréat.

Nous terminerons donc cette partie en affirmant que c'est la pratique intensive de la lecture qui permet l'accès à la littérature.

B. UNE FENÊTRE OUVERTE SUR LES CULTURES ANGLOPHONES

Ce que nous avons pu dire pour la civilisation reste valable dans le domaine de la littérature puisqu'elle fait partie intégrante de la culture.

Il convient en effet de ne pas se cantonner aux seules productions littéraires du Royaume-Uni ou des États-Unis. Toutes les formes d'expression sont à privilégier d'autant que les textes littéraires sont bien souvent le reflet de la culture d'un pays à un moment donné de son histoire, comme nous avons eu l'occasion de le mettre en évidence avec l'extrait de *The Great Gatsby*. L'étude de textes littéraires peut donc permettre l'enrichissement culturel et la construction de repères culturels coordonnés, au même titre que n'importe quel autre support textuel. Certes, un auteur anglophone peut être amené à s'exprimer à propos d'une civilisation autre que la sienne, mais dans ce cas nous ne choisirons probablement pas d'étudier sa production dans nos classes, sauf si éventuellement sa vision des choses est si fortement marquée par sa propre culture qu'elle en devient intéressante pour nos élèves. Citons à titre anecdotique le livre de Peter Mayle, *A Year in Provence,* qui a connu un succès considérable en Grande-Bretagne.

D'un point de vue institutionnel, les enseignants sont très libres, dans la mesure où les *Instructions Officielles* restent encore plus vagues quant aux œuvres littéraires que pour ce qui est des orientations concernant la civilisation.

> Les manuels sont des recueils de morceaux choisis, voire de fragments épars, et il peut difficilement en être autrement. En donnant à l'élève, par l'entraînement et l'encouragement à la lecture individuelle, les moyens d'accéder à la réalité des œuvres complètes, on devrait lui permettre de structurer et de mettre en perspective ce qui lui est proposé de façon fragmentaire dans son manuel. [...] L'œuvre choisie pourra être empruntée aux auteurs suivants, dont la liste proposée à titre indicatif n'est ni exhaustive ni limitative. Il est évident que d'autres listes tout aussi valables auraient pu être composées. Celle-ci a simplement le mérite de regrouper des auteurs relativement récents, dont la qualité est généralement reconnue, et qui ne présentent pas de difficultés d'écriture insurmontables pour des élèves de Première.
>
> *Instructions Officielles*, 1995.

Suit une liste, que nous ne reproduirons pas ici, d'auteurs exclusivement britanniques ou américains, malgré la volonté exprimée pour que les enseignants ne se limitent pas de la sorte. La littérature des autres pays ne manque pas et on y trouve comme partout des auteurs dont la qualité est reconnue par l'ensemble de la communauté littéraire internationale, comme par exemple le Nigérian Wole Soyinka, la Sud-Africaine Nadine Gordimer ou Derek Walcott, de Sainte Lucie, pour ne citer que ceux qui ont été récemment récompensés par le Prix Nobel de Littérature respectivement en 1986, 1991 et 1992. On note d'ailleurs une tendance très nette ces dix dernières années à attribuer des prix littéraires comme le Booker Prize britannique à des auteurs anglophones originaires de divers pays membres du Commonwealth ; l'Indienne Arundhati Roy, par exemple, l'a récemment obtenu pour son premier roman, *The God of Small Things*, 1997. Ne privons donc pas nos élèves de cette ouverture sur le monde et essayons de varier l'origine de nos supports. Ainsi, non seulement leur permettrons-nous d'apprendre à connaître des auteurs dont ils n'auraient sinon probablement jamais entendu parler, mais encore à travers des extraits bien choisis de leurs œuvres, leur donnerons-nous accès à des cultures qu'ils connaissaient peu ou mal.

C. LES DIVERS CHAMPS D'ÉTUDE

Avant tout, restons modestes. Il n'est pas question, au lycée, d'aborder la littérature de manière aussi spécialisée et érudite que peuvent le faire nos collègues à l'Université qui eux, peuvent partir du principe que la langue n'est plus un obstacle pour leurs étudiants, du moins en théorie. Ce que nous allons développer dans cette partie pourra sembler ambitieux à certains, mais il conviendra de relativiser et de bien se rendre compte qu'il ne s'agit en fait que d'une première approche qui relève de l'initiation ou de la sensibilisation. Ne cherchons pas cependant à simplifier la tâche de nos élèves outre mesure en réduisant certains textes. Les professeurs décident parfois d'effectuer des coupures si certains passages leur semblent trop difficiles. Nous pensons au contraire qu'il convient de respecter l'intégrité d'un texte, même s'il s'agit d'un extrait. Si on en supprime une partie intermédiaire, les enchaînements y perdent de leur cohérence, la pensée de l'auteur peut s'en trouver pervertie, et l'accès au sens peut être compromis.[11] Faisons confiance à nos élèves : ils parviennent souvent à effectuer aisément des tâches qui nous paraissaient pourtant difficiles, montrant ainsi des capacités conceptuelles que nous ne soupçonnions pas.

Voici une grille de lecture qui a été élaborée par J.-M. Ganteau, Maître de conférences à l'Université Paul Valéry de Montpellier. Même si elle peut sembler complexe – elle était initialement destinée à entraîner à l'explication d'une nouvelle les étudiants qui passaient le CAPES selon l'ancienne formule –, nous pensons cependant qu'elle peut servir de

11. Respectons également la présentation typographique, qui a généralement son importance, et dont la modification pourrait contribuer à compromettre l'accès au sens du texte

point de départ à la réflexion de tout un chacun. Elle avait d'ailleurs été proposée, dans le cadre d'un stage sur la littérature en classe de langue, à un groupe de professeurs enseignant l'anglais de spécialité afin qu'ils puissent s'en inspirer pour améliorer leur pratique. Les techniques proposées ici peuvent être adaptées à n'importe quelle forme littéraire, qu'il s'agisse d'extraits ou d'œuvres entières.

Grille de lecture

1. Les marqueurs textuels : i.e. espaces typographiques, répartition et taille des paragraphes (découpage du texte et mouvements de pensée), « aspérités » typographiques (cf. majuscules et acrostiches, *Signs and Symbols* de V. Nabokov, et le O majuscule iconique de la réalité). Tout ceci a pour effet de souligner la matérialité du texte (texte en tant qu'*artefact*) et de briser l'illusion de référentialité (dimension métafictionnelle parfois).

2. Le titre : de quel type de titre s'agit-il ? Nom *(Ismini)* ? Lieu *(Across the Bridge)* ? Fonction *(The Vigilante)* ? Se présente-t-il comme une métaphore évidente *(Long Story Short, The Light of the World)* ?

Lien particulier entre le titre et le texte: le titre déborde sur le texte, et il convient de repérer les allusions directes et indirectes dans le corps du texte. Relation entre le paratexte et le texte : convergence ou divergence ? Parallélisme ou ironie ? Annonce ou leurre ?

3. Le cadre spatio-temporel : les lieux sont-ils circonscrits, précodés, ont-ils une valeur symbolique ou emblématique ? Formulent-ils un commentaire par rapport à l'action ou aux personnages ? Est-ce un commentaire littéral ou ironique ? Repérer les indices temporels. Reconstituer le temps fictif (= temps de l'action). Quels rapports entretient-il avec le temps narratif ? i.e. Comment les éléments temporels sont-ils présentés : chronologie stricte ou anachronies? *In medias res*? L'analyse du système temporel permet-elle de procéder à une classification générique du texte ?

4. Les personnages : bien établir les relations (parenté, etc.) qui les unissent. Ne surtout pas tomber dans le piège de la réaction psychologisante et moralisatrice au premier degré.

S'interroger plutôt sur leur « épaisseur » : s'il s'agit de types, les déterminer, et tenter de voir quelles conséquences cela entraîne du point de vue de la classification générique, par exemple.

Tenter de percevoir leur signification en tant qu'éléments d'un schéma narratif : quel est le protagoniste, l'antagoniste, l'adjuvant ? Y a-t-il une quête : quels en sont le sujet et l'objet ? Si l'on parvient à mettre au jour la présence d'un schéma actantiel, en tirer des conclusions par rapport à la forme (conte ?) et au sens du texte. Il convient d'attacher une attention particulière à l'**onomastique**. Parfois les personnages sont désignés par leur âge *(The Old Man)*, par leur fonction *(The Vigilante)*, par un surnom *(Bad Baby* dans *Baby Love* de Julie Burchill). Dans ces cas, l'appellation est toujours directement motivée et permet de guider la quête herméneutique du lecteur. Parfois le décryptage est plus complexe : la nomination peut amener des indices précieux (cf. J. D. Salinger, *A Perfect Day for Bananafish*, *Seymour Glass* [= see more] et *Sibyl* [= la Sibylle]).

5. La narration : le **narrateur** est-il absent de la diégèse ? Est-il un personnage principal ou secondaire ? Raconte-t-il son histoire ?
La **voix :** s'agit-il d'un récit à la première personne ? À la troisième personne ? Qu'en conclure de la fiabilité *(reliability)* du narrateur ?
Point de vue : est-il unique et stable ? Y a-t-il plusieurs points de vue (relais établi par personnages focalisateurs) ? Convergent-ils ou divergent-ils ? Y a-t-il focalisation? La connaissance du lecteur en est-elle affectée ? Y a-t-il des effets d'ironie ou d'ironie dramatique ?
6. La structure : examiner les rapports qu'entretiennent le **début** et la **fin** du texte. Plus particulièrement les premiers et derniers paragraphes/phrases/mots : structure circulaire ou évolution ? Annonce ? Leurre ?
La **fin :** est-elle ouverte (suspensive: *The Crop*, de Flannery O'Connor), ou fermée (cf. *topos* de la mort du personnage, comme dans *Hand in Glove* d'Elizabeth Bowen) ? Est-on dans le mode de la résolution ou de la projection ? Quel effet cela a-t-il sur le lecteur ?
Que dire de l'**intrigue**? S'agit-il d'un récit de type **statique** (tranche de vie, moment intérieur) ? De type **dynamique** ? Sur quoi le dynamisme est-il fondé ? Changement ? Progressif ou soudain? Simple ou complexe ? Le changement est-il subordonné à l'acquisition ou à la perte d'un objet (concret ou abstrait) ? = structure de **quête**. L'intrigue est-elle une variation sur le modèle canonique de 1. Équilibre 2. Déséquilibre 3. Équilibre (modèle qui peut être tronqué en négatif, i.e. 1. Déséquilibre 2. Perturbation 3. Destruction, ou encore en positif avec 1. Déséquilibre 2. Rétablissement de l'équilibre, i.e. *topos* du *happy ending/ happily ever after).*
7. Ton : quel est le ton du texte ? Quels sont les éléments (mots, procédés) qui permettent l'émergence de ce ton ? La nouvelle est-elle monotonale ou polytonale ? Quels sont les effets de l'éventuelle polytonalité ?
8. Intertextualité : y a-t-il des citations dans le texte ? Certains échos ou allusions évoquent-ils un intertexte connu ? Quelle signification cet intertexte donne-t-il au texte? Relation divergente (parodie, travestissement, charge) ou convergente (forgerie[12] ou pastiche) ?
Percevez-vous des échos structurels (dans la construction, dans la concentration de certaines caractéristiques) qui font de la nouvelle un avatar de textes ou de genres connus ? En quoi est-ce que cela modifie la perception du texte ?
9. Ordre spatial : il s'agit ici de s'intéresser à la texture **poétique** de la nouvelle. Quelles sont les **images** et les **figures de style** employées et, surtout, récurrentes : comparaison, métaphore, métonymie, antithèse, oxymore, zeugme ? Est-ce qu'elles induisent une interprétation placée sous le signe de l'ironie ? Quelles sont les **figures de son** (allitérations, assonances et consonances, rythme, métrique) ? Par leur récurrence, se transforment-elles en **figures de pensée** (eg. texte bâti sur l'ironie, l'antithèse, etc.) ? Quelles relations entre ces figures et les personnages, les thèmes, la structure ? Procéder au repérage des images et des symboles, et en analyser l'organisation en réseaux cohérents.

12. « La forgerie est, dans le jargon des experts graphologues une imitation d'écriture. » C'est la définition qu'en donne Roland Barthes.

Il est également important d'attirer l'attention des élèves sur les diverses formes discursives. Nous ne reviendrons pas sur ce point dans la mesure où nous l'avons déjà traité dans la partie de cet ouvrage consacrée à la production écrite. Précisons cependant que lorsque les élèves ont été mis en mesure d'étudier ces formes en identifiant leurs spécificités, on peut ensuite, dans le cadre d'activités de réécriture permettant la fixation des acquis, leur demander de les imiter. Prenons le texte suivant :

Cinderella

Suddenly there was a flash of light, and in front of Cinderella stood a man dressed in loose-fitting, all-cotton clothes and wearing a wide-brimmed hat. At first Cinderella thought he was a Southern lawyer or a bandleader, but he soon put her straight.

"Hello, Cinderella, I am your fairy godperson. So, you want to go to the ball, eh? And turn yourself into the male concept of beauty? Squeeze into some tight-fitting dress that will cut off your circulation? Jam your feet into high-heeled shoes that will ruin your bone structure? Paint your face with chemicals and make-up that have been tested on nonhuman animals?"

"Oh yes, definitely", she said in an instant. Her fairy godperson sighed and decided to put off her political education till another day. With his magic, he enveloped her in a beautiful, bright light and whisked her away to the palace. Many, many carriages were lined up outside the palace that night; apparently, no one had ever thought of carpooling. Soon, in a heavy, gilded carriage painfully pulled by a team of horse-slaves, Cinderella arrived. She was wearing a dress made of silk stolen from unsuspecting silk-worms. Her hair was festooned with pearls plundered from hard-working, defenceless oysters. And on her feet, dangerous though it may seem, she wore slippers made of finely cut crystal. Every head in the ballroom turned as Cinderella entered. The men stared at this wommon who captured perfectly their Barbie-doll ideas of feminine desirability. The womyn, trained at an early age to despise their bodies, looked at Cinderella with envy and spite. Cinderella's own step-mother and step-sisters, consumed with jealousy, failed to recognize her.

James Finn Garner, *Politically Correct Bedtime Stories*,1994, Souvenir Press.

Vocabulary

to squeeze	*(se) serrer*
to jam	*écraser*
bone structure	*ossature*
to sigh	*soupirer*
carpooling	*le covoiturage*
silk-worms	*vers à soie*
festooned	*décorés*
plundered	*pillées*
spite	*mépris*
step-mother	*belle-mère*

Il s'agit d'un extrait de Cendrillon « revu et corrigé » par J. F. Garner qui a réécrit toute une série de contes en version politiquement correcte avec un double objectif : d'une part pervertir ces contes tout en en conservant les caractéristiques formelles, et d'autre part se moquer des excès du mouvement *politically correct* issu des campus américains. Avant de soumettre cet extrait aux élèves, tout un travail a été effectué en amont sur le fonctionnement des contes et sur les spécificités du lexique *PC*, ainsi que, cela va de soi, sur les noms et adjectifs composés. Un autre des contes de la série a également été étudié ; il s'agissait de *Little Red Riding Hood.* Après lecture de l'extrait proposé, le travail d'écriture consiste à terminer l'histoire en respectant les contraintes liées au genre ainsi qu'à la forme du conte, à savoir, entre autres, utilisation du prétérit qui est le temps de la fiction, respect du *happy ending*, utilisation de termes politiquement corrects, etc. Ce travail convient à une classe de Première littéraire.

Une autre activité d'écriture permettant de mettre l'accent sur les contraintes formelles consiste à passer d'un genre à un autre. Par exemple, réécrire une scène de pièce de théâtre sous forme de roman ou l'inverse. On pourrait également faire réécrire l'extrait de *The Great Gatsby* proposé plus haut en remplaçant le narrateur à la première personne par un narrateur omniscient.

En guise de conclusion pour cette partie, nous aimerions insister sur la nécessité d'abandonner la pratique néfaste, encore trop fréquemment observée dans les classes, qui consiste à lancer les élèves dans de grands délires d'interprétation psychologisante à propos de l'implicite des textes qu'ils étudient, notamment en ce qui concerne les « intentions » ou les « pensées » des personnages. Or il convient de ne jamais oublier que ceux-ci ne sont que de pures créations littéraires et que, comme le pense Roland Barthes, ils ne sont pas faits de chair et de sang mais d'encre et de papier. Comme il le dit dans *S/Z* (Coll. Points, Le Seuil, 1970) : « d'un point de vue critique, il est donc aussi faux de supprimer le personnage que de le faire sortir du papier pour en faire un personnage psychologique ». Il en va d'ailleurs de même pour le narrateur qu'il faut absolument éviter d'assimiler à l'auteur. Là encore citons Barthes : « narrateur et personnages sont essentiellement des 'êtres de papier'; l'auteur (matériel) d'un récit ne peut se confondre en rien avec le narrateur de ce récit ; les signes du narrateur sont immanents au récit » *(Introduction à l'analyse structurale des récits*, article publié dans *Communications, 8,* Coll. Points, Le Seuil, 1981). Ce qu'il convient de faire, c'est de s'attacher à analyser les modes de production des effets de sens, à savoir, comment une série de signes imprimés sur une page blanche se combinent pour devenir une création littéraire. Ce mode de fonctionnement est en parfaite adéquation avec l'intérêt que nous devons porter à la langue, l'objet central de notre enseignement et de l'apprentissage des élèves.

D. L'ŒUVRE COMPLÈTE EN TERMINALE L

Présentation

Depuis 1995, les élèves qui ont choisi l'anglais renforcé en LV1, subissent une épreuve orale, affectée d'un coefficient 4, au Baccalauréat. Ils doivent présenter une liste de textes représentant une vingtaine de pages auxquelles peuvent s'ajouter des documents iconographiques. Ils peuvent également être interrogés sur une œuvre littéraire complète dont ils sont censés avoir étudié 80 à 100 pages en détail.[13] Nous parlerons de la préparation des textes dans le chapitre 12 dont une partie est consacrée au Baccalauréat. Par contre, nous allons nous attarder sur l'œuvre complète dans le cadre de ce chapitre.

Rappelons ce que prescrivent les Instructions Officielles :

> Lorsque le candidat est interrogé sur une œuvre [...], il s'agit pour lui d'en présenter d'abord le contenu: action, personnages, lieu, époque, thèmes principaux, etc., puis de porter un jugement personnel sur cette œuvre. En aucun cas le candidat ne doit réciter une présentation, un résumé ou une analyse appris par cœur. L'examinateur veille à obtenir des justifications, des précisions ou des développements sur un personnage, sur une situation, sur l'évolution de l'intrigue ou sur les thèmes principaux, mais il s'interdit de demander le commentaire d'un extrait ou de poser des questions sur la vie de l'auteur ou sur l'histoire littéraire.
>
> *Instructions Officielles*, 1995.

Précisons que sur la liste que le candidat présente à l'examinateur, le professeur aura indiqué brièvement la manière dont l'œuvre choisie aura été abordée au cours de l'année ainsi que les thèmes transversaux qui auront été traités, qui doivent être au nombre de trois, au moins.

Le choix de l'œuvre

Voici, à titre indicatif la liste des œuvres au programme :

---

13. À partir de la session 2002, l'œuvre complète n'était plus obligatoire, d'après le B.O. n° 23 du 7 juin 2001. Cependant, une note – non datée – du ministère réinterprète de façon curieuse les termes « peuvent être » et « extraite ou non » en précisant que, dans la mesure où le programme de lecture prévu pour les sessions 2001 et 2002 reste en vigueur, « la première partie de l'épreuve comprend donc le compte rendu d'un des passages les plus significatifs de l'œuvre complète étudiée et un échange portant sur l'ensemble de cette œuvre. » Nous n'avons donc plus le choix et il faut obligatoirement travailler une œuvre entière choisie dans le programme en L. Par contre, en ES nous avons le choix.

Œuvres encore valables pour les sessions 2001 et 2002

Pride and Prejudice, J. Austen
A Farewell to Arms, E. Hemingway
Prelude and The Garden Party, K. Mansfield
The Catcher in the Rye, J. D. Salinger
The Loneliness of the Long-Distance Runner, A. Sillitoe
The Age of Innocence, E. Wharton

Œuvres pour les sessions 2001 à 2004

The Glass Menagerie, Tennessee Williams
Alexander's Bridge, Willa Cather
Jane Eyre, Charlotte Brontë
The Great Gatsby, F. Scott Fitzgerald
The High Window, Raymond Chandler
The Remains of the Day, Kazuo Ishiguro.

Tous les deux ans, une série de nouvelles œuvres est proposée pour remplacer les plus anciennes qui sont alors supprimées. On peut donc travailler pendant quatre années consécutives sur le même roman si on le désire. En effet, la préparation de l'approche pédagogique prend beaucoup de temps. Signalons que de petits opuscules destinés à aider les élèves dans leur étude de l'œuvre choisie sont publiés chez Ellipses, mais ce n'est pas le cas pour tous les titres.

Nous pensons qu'il serait peu réaliste de laisser les élèves choisir l'œuvre sur laquelle ils vont travailler. En effet, ne connaissant pas les livres, ils peuvent difficilement avoir une opinion et il est évidemment impensable de leur donner toute la série à lire. C'est donc le professeur qui doit s'atteler à cette tâche. Lorsque la liste des œuvres nouvelles est publiée officiellement, il convient de les lire toutes, en réfléchissant à l'exploitation qui pourrait en être faite en classe, afin de voir celle qui nous paraîtrait la plus facilement utilisable. Il est également important de l'apprécier personnellement pour pouvoir y trouver du plaisir et faire partager aux élèves ce plaisir de lecture. Si on connaît le groupe auquel on va s'adresser, ce qui est parfois le cas car certains professeurs demandent à suivre la classe ayant choisi l'anglais renforcé pendant l'ensemble du cycle terminal, on peut également choisir en fonction de son profil.

Nous disposons de deux heures par semaine pour l'enseignement de spécialité. Bien souvent les élèves littéraires sont regroupés pour l'option avec d'autres élèves, issus de la série ES. Il est évident que le travail de lecture ne peut s'effectuer qu'à la maison si l'on choisit de travailler une œuvre entière, étant donné le peu d'heures dont nous disposons en classe.

L'approche

Nous allons exposer dans les grandes lignes la manière dont nous procédons pour l'étude du roman d'Edith Wharton, *The Age of Innocence*[14] pour lequel il n'existe pas d'opuscule d'aide à la préparation.

Malgré sa longueur, ce roman nous a séduit par sa richesse et le ton employé pour dépeindre sur un mode très ironique et distancié la société new yorkaise de la deuxième moitié du XIXe siècle. De plus, l'auteur, dont le style est très élaboré, utilise de nombreux mots d'origine latine qui sont donc transparents pour les élèves et constituent une aide à la compréhension. En outre, il existe une version cinématographique de ce roman qui a été porté à l'écran en 1993 par Martin Scorsese. L'adaptation, qui est somptueuse, fait preuve d'un grand respect de la trame narrative du texte, ce qui fait également du film un auxiliaire précieux pour ce qui est de l'aide à la compréhension. Nous devons admettre que son existence a grandement contribué à orienter notre choix en faveur de ce roman.

Nous avons choisi pour nos élèves la série Penguin Popular Classics, qui présente l'avantage d'être particulièrement bon marché mais qui, malheureusement, ne propose pas de notes, contrairement à la version plus onéreuse également éditée chez Penguin Books. C'est donc le professeur qui sera tenu d'informer les élèves quant au contenu des notes les plus intéressantes, surtout si elles semblent essentielles à la bonne compréhension du texte.

Le problème principal qui s'est posé avec ce roman, est sa longueur, 300 pages environ, alors qu'on ne demande aux élèves de n'étudier qu'une centaine de pages de façon détaillée (voire même, dès 2002, plus qu'une vingtaine de pages). Conscients de l'inquiétude que risquait de susciter cette longueur chez nos élèves, nous avons choisi de n'étudier que les six premiers chapitres et de passer ensuite aux deux derniers, ce qui nous permettait de respecter le nombre de pages imposé. Du point de vue narratif, ce choix reste cohérent. Pour ce qui est de la partie intermédiaire, les élèves les plus courageux l'ont lue en complète autonomie, et les autres se sont contentés du film qui leur a permis de rédiger un compte rendu très détaillé correspondant aux chapitres non étudiés.

Nous avons commencé par un travail de recherche sur l'auteur à partir de documents trouvés sur Internet. Cela a permis à chacun l'élaboration d'une biographie à partir des éléments qui leur paraissaient les plus importants. Un autre site proposant un quiz sur l'auteur, les élèves volontaires ont pu s'y essayer en autonomie, pendant leur temps libre, au CDI.

14. Précisons que ce roman, publié en 1920, a été récompensé la même année par le Prix Pulitzer.

L'étape suivante a consisté à anticiper un contenu possible à partir du titre et des images des couvertures des deux éditions. Après avoir étudié l'œuvre, un retour au titre s'est montré très fructueux dans la mesure où de multiples interprétations deviennent possibles : il peut, entre autre, être perçu comme ironique. Comme l'a dit Paul Auster à l'occasion d'une interview : « A title defines the project somehow and if you keep finding the ramifications of the title in the work it becomes better, I'm convinced of it. »

Nous avons procédé alors à l'étude de chacun des six premiers chapitres selon les modalités suivantes : les élèves étaient chargés de le lire et de le résumer chez eux en transférant les techniques d'élucidation lexicale mises au point lors de l'étude de textes plus courts. Ils étaient également encouragés à consulter leurs dictionnaires et à se faire des fiches lexicales. Ils faisaient ensuite, en classe, un compte rendu oral de leur lecture et demandaient éventuellement des précisions sur des passages qui ne leur avaient pas semblé clairs. Ensuite, nous passions au visionnage de la partie du film correspondant au chapitre étudié, en les comparant.

Nous avons proposé aux élèves, dès le début de l'étude de l'œuvre, deux des trois thèmes transversaux, les laissant libres d'en trouver un troisième après avoir suffisamment avancé dans leur découverte de texte. Ces deux thèmes concernaient l'ironie et l'opposition entre les deux personnages féminins, May Welland et sa cousine Ellen Olenska. Plus tard les élèves ont proposé d'étudier l'évolution du personnage masculin principal, Newland Archer, le fiancé et futur mari de May qui tombe amoureux d'Ellen. Une des tâches des élèves, divisés en trois groupes, consistait donc à prélever dans le texte toutes les parties qui pouvaient concerner chacun de ces trois thèmes, puis d'échanger les éléments recueillis. Ils étaient également chargés de rédiger des fiches sur les personnages secondaires en précisant leurs liens avec les personnages principaux, ainsi que sur les lieux et la période concernée.

Après avoir procédé de la sorte pour les six premiers chapitres, nous avons donc visionné et résumé la longue partie intermédiaire, pour reprendre ensuite l'étude des deux derniers chapitres selon les mêmes modalités.

Une fois cette étude réalisée, les élèves ont repris les éléments prélevés à propos des trois thèmes transversaux pour retenir les plus signifiants et pour ensuite les réunir sous la forme d'une synthèse organisée.

En cours d'année, et bien que cela ne fasse pas partie des objectifs du Baccalauréat, nous avons demandé aux élèves de rédiger des commentaires composés sur des passages clés, afin de les amener à proposer leur propre lecture de ces moments importants tout en démêlant les réseaux de sens construits par l'auteur.

Nous avons également eu l'occasion de leur montrer une émission consacrée à Edith Wharton dans le cadre de la série *Un siècle d'écrivain.*

Ce travail très intense, réparti sur une année scolaire entière, n'a pas rebuté les élèves, au contraire. Ils se sont progressivement pris au jeu et se sont montrés de plus en plus performants pour repérer les éléments signifiants, ayant parfaitement compris que c'est par le biais de l'écriture que les personnages prennent corps et qu'il convient d'être très attentif aux indices que tout lecteur averti doit se montrer capable d'identifier pour ne pas en rester au stade de la compréhension de surface. Ils ont notamment été amenés à faire des remarques très pertinentes à propos de l'onomastique et des nombreux oxymores utilisés à propos des personnages.

Finalement, remarquons que les élèves qui suivent cette option s'épanouissent de façon spectaculaire tout au long de cette année précédant le Baccalauréat. Leur anglais s'améliore très nettement aussi bien sur le plan de la compréhension que sur celui de l'expression. L'exposition à un nombre important de pages n'y est certainement pas étranger et cela nous pousse à insister avec force pour que la pratique de la lecture suivie au lycée se généralise.

E. LE THÉÂTRE : ET POURQUOI PAS SHAKESPEARE ?

Le théâtre ne doit pas rester le parent pauvre de notre enseignement. Nous avons déjà eu l'occasion de parler de la possibilité d'intégrer des extraits de la pièce *The Crucible* d'Arthur Miller dans une séquence portant sur les *Pilgrim Fathers*. Au-delà de l'étude littéraire et/ou civilisationnelle d'extraits de ce type, on peut également envisager de faire jouer des scènes, voire des actes, aux élèves afin de travailler la phonologie et les inciter à mémoriser un texte. En effet, il nous semble que nous ne sollicitons pas assez la mémoire de nos élèves. Or, lorsqu'ils apprennent un rôle, ils fixent une quantité importante de langage qu'ils pourront éventuellement remobiliser dans des circonstances différentes. Nous avons eu l'occasion, dans le cadre d'un projet interdisciplinaire portant sur le mythe d'Electre, de créer avec une classe de Première S une pièce de théâtre constituée d'un montage des différentes versions grecques[15], traduites en français bien sûr, des pièces de Sartre et de Giraudoux portant sur le même thème et, en ce qui nous concerne, d'un acte de *Morning Becomes*

15. Précisons cependant qu'une élève helléniste a cependant déclamé une des tirades de son rôle en grec. Les extraits retenus provenaient des pièces d'Eschyle, de Sophocle et d'Euripide.

Electra, du dramaturge américain Eugene O'Neil qui a transposé l'histoire antique, en en conservant les protagonistes, dans le contexte de l'après-guerre de Sécession. Dans un premier temps, nous avons effectué avec la classe entière un travail classique portant sur la compréhension globale puis détaillée de l'acte, et sur la caractérisation des personnages à partir de leurs répliques. Nous avons également recherché comment le texte mettait en évidence les tensions existant entre les personnages, tensions particulièrement fortes étant donné le sujet. Ensuite, nous avons également amené les élèves à rechercher les échos intertextuels, ce qu'ils étaient parfaitement capables de réaliser dans la mesure où ils travaillaient les autres pièces avec leur professeur de lettres. Puis les huit élèves qui s'étaient portés volontaires pour jouer en anglais ont appris leur rôle et nous avons passé un temps assez considérable à travailler leur jeu, surtout leur intonation et leur prononciation qui, dans ce cadre, prenaient toute leur importance car elles devenaient indispensables à la bonne réception du message par les spectateurs. Précisons que ce travail se déroulait en dehors des horaires scolaires obligatoires. La mise en scène a été assurée par une spécialiste. Les élèves dont les rôles étaient les plus importants ont fait de gros progrès, visibles jusque dans leurs productions écrites. En effet, ils se sont appropriés durablement des structures langagières qu'ils avaient rencontrées ; ils étaient désormais capables de les réutiliser dans des contextes différents. Au-delà du plaisir et de la fierté bien légitime qu'a pu leur procurer leur passage sur scène, l'expérience s'est donc avérée très profitable.

Nous aimerions maintenant plaider la cause de William Shakespeare. Beaucoup de nos collègues estiment que la langue qu'il utilise est trop difficile et trop ancienne pour qu'ils puissent l'aborder avec leurs élèves. Nous pensons au contraire, qu'il est tout à fait possible de sensibiliser nos élèves à la beauté de ses écrits avec une approche appropriée. Ce serait dommage de ne pas leur permettre d'entendre la sonorité bien particulière de cette langue. En effet, mis à part les élèves qui se destinent à des études d'anglais, les autres n'auront vraisemblablement plus jamais l'occasion de l'entendre en version originale.

Romeo and Juliet est selon nous la pièce la mieux à même de séduire les élèves. En effet, l'argument en est universellement connu et ils en ont tous entendu parler. Précisons que ce projet s'adresse *a priori* à une classe de Terminale L, mais qu'il est tout à fait envisageable pour une Première ou pour d'autres séries.

Il convient dans un premier temps de fournir quelques repères sur le *Bard*, sa vie, sa production, Stratford upon Avon, sa ville natale, le Globe (le théâtre qui a été brûlé mais qui a été récemment reconstruit à l'identique à Londres sur les berges de la Tamise), etc. Il est possible d'introduire ces éléments culturels à l'occasion d'un voyage scolaire ou, si la situation ne se présente pas, de faire visiter quelques uns des nombreux sites internet consacrés au dramaturge. On peut citer par exemple daphne.palomar.edu/shakespeare/ qui présente sa vie et son œuvre et qui propose en outre un annuaire des innombrables sites qui lui sont consacrés. Le théâtre du Globe possède son site Web dont l'adresse est www.rdg.ac.uk./globe/. Il offre une grande richesse de textes et d'illustrations.

On passe ensuite à *Romeo and Juliet* dont on étudiera deux extraits après avoir, au préalable, demandé aux élèves ce qu'ils savent de l'intrigue. On peut alors leur distribuer le résumé suivant pour qu'ils puissent se faire une idée plus précise du contenu de la pièce :

Romeo and Juliet

by William Shakespeare (probably written in 1599)
The Montagues and Capulets, the two chief families of Verona, are bitter enemies; Escalus, the prince, threatens anyone who disturbs the peace with death. Romeo, son of old Lord Montague, is in love with Lord Capulet's niece Rosaline. But at a feast given by Capulet, which Romeo attends disguised by a mask, he sees and falls in love with Juliet, Capulet's daughter, and she with him. After the feast he overhears, under her window, Juliet's confession of her love for him, and wins her consent to a secret marriage. With the help of Friar Laurence, they are wedded next day. Mercutio, a friend of Romeo, meets Tybalt, of the Capulet family, who is infuriated by his discovery of Romeo's presence at the feast, and they quarrel. Romeo comes on the scene, and attempts to reason with Tybalt, but Tybalt and Mercutio fight, and Mercutio falls. Then Romeo draws and Tybalt is killed. The prince, Montague, and Capulet come up, and Romeo is sentenced to banishment. Early next day, after spending the night with Juliet, he leaves Verona for Mantua, counselled by the friar, who intends to reveal Romeo's marriage at an opportune moment. Capulet proposes to marry Juliet to Count Paris, and when she seeks excuses to avoid this, peremptorily insists. Juliet consults the friar, who bids her consent to the match, but on the night before the wedding drink a potion which will render her apparently lifeless for 42 hours. He will warn Romeo, who will rescue her from the vault on her awakening and will carry her to Mantua. The friar's message to Romeo miscarries, and Romeo hears that Juliet is dead. Buying poison, he comes to the vault to have a last sight of Juliet. He chances upon Count Paris outside the vault; they fight and Paris is killed. Then Romeo, after a last kiss on Juliet's lips, drinks the poison and dies. Juliet awakes and finds Romeo dead by her side, and the cup still in his hand. Guessing what has happened, she stabs herself and dies. The story is unfolded by the friar and Count Paris's page, and Montague and Capulet, faced by the tragic result of their enmity, are reconciled.

The Concise Oxford Companion to English Literature

On peut alors passer à l'étude d'un extrait. Le meilleur moyen pour l'introduire consiste à faire visionner la scène, sans avoir montré le texte, pour imprégner les élèves de la musique de la langue, tout en sachant qu'ils ne vont vraisemblablement pas comprendre grand chose. Nous disposons de deux versions filmiques très différentes dont la comparaison constitue une activité très productive. Il s'agit d'abord du film de Franco Zeffirelli. Réalisé en 1968, il respecte l'époque et les lieux ; le réalisateur a choisi pour les rôles titres deux jeunes acteurs ayant l'âge des personnages. L'autre version, celle de Baz Luhrman, beaucoup plus récente puisqu'elle date de 1997, bien qu'à peu près fidèle au texte, situe l'action dans un décor urbain futuriste à l'esthétique à la fois baroque et *trash*. Voici l'extrait. Il s'agit de la première rencontre entre Roméo et Juliette au bal chez les Capulets, c'est-à-dire chez elle :

ROMEO *[To JULIET]* If I profane with my unworthiest hand
This holy shrine, the gentle fine is this:
My lips, two blushing pilgrims, ready stand
To smooth that rough touch with a tender kiss.
JULIET Good pilgrim, you do wrong your hand too much,
Which mannerly devotion shows in this;
For saints have hands that pilgrims' hands do touch,
And palm to palm is holy palmers' kiss.
ROMEO Have not saints lips, and holy palmers too?
JULIET Ay, pilgrim, lips that they must use in prayer.
ROMEO O, then, dear saint, let lips do what hands do;
They pray, grant thou, lest faith turn to despair.
JULIET Saints do not move, though grant for prayers' sake.
ROMEO Then move not, while my prayer's effect I take.
Thus from my lips, by yours, my sin is purged.
JULIET Then have my lips the sin that they have took.
ROMEO Sin from thy lips? O trespass sweetly urged!
Give me my sin again.
JULIET You kiss by the book.
NURSE Madam, your mother craves a word with you.
ROMEO What is her mother?
NURSE Marry, bachelor,
Her mother is the lady of the house,
And a good lady, and a wise and virtuous
I nursed her daughter, that you talk'd withal;
I tell you, he that can lay hold of her
Shall have the chinks.
ROMEO Is she a Capulet?
O dear account! my life is my foe's debt.

William Shakespeare, *Romeo and Juliet*, Act I. Sc. 5

Il vaut mieux commencer par montrer la version la plus ancienne, puis faire s'exprimer les élèves sur la situation, les personnages, l'action, le lieu, l'époque. On leur soumet ensuite le texte qui leur paraît à l'évidence bien obscur.

Ce qui en fait la difficulté, c'est la métaphore religieuse que Shakespeare a choisi de filer dans cette scène pour donner à cette amour naissant une dimension sacrée. Il joue sur le sens étymologique du prénom Roméo, à savoir « le pèlerin qui va à Rome » pour faire de Juliette la sainte bien vivante qui va faire l'objet de son adoration. Pour aider les élèves à le percevoir, il est bon de leur faire relever les items lexicaux appartenant au champ sémantique de la religion et de leur expliquer que *fine = sin* = péché, dans ce contexte.

Il faudra également expliquer *faith,* et les mouvements des comédiens à l'écran – le baiser – contribueront à la compréhension du reste. On demande alors aux élèves de s'intéresser à la fin de chaque vers pour les amener à remarquer la rime. En effet, le coup de génie de l'auteur a été de faire réaliser à ses personnages un sonnet à deux voix composé sur le mode canonique shakespearien, à savoir trois quatrains et un distique *(couplet).*

D'ailleurs les deux jeunes gens semblent ensuite commencer un deuxième sonnet dont ils ont le temps de faire le premier quatrain avant d'être interrompus par la voix discordante de la nourrice. Les élèves, en général très touchés par cette découverte, n'éprouvent aucune difficulté à interpréter ce choix formel et poétique comme étant un moyen de faire ressortir le coup de foudre entre les protagonistes *(love at first sight).* On peut également d'un point de vue linguistique, attirer l'attention sur les traces de l'ancien tutoiement, parfois encore présent chez Shakespeare bien que de manière instable, surtout dans les pièces du début de son œuvre.

Pour finir, on montre la version récente. On la fait comparer avec l'autre, notamment pour ce qui est des partis pris esthétiques. Les élèves qui, à ce stade, se sont déjà habitués à l'accent des deux premiers acteurs, sont généralement choqués par l'accent américain de Leonardo DiCaprio et de Claire Danes. Ils ressentent cet accent comme étant en complet décalage avec le texte de Shakespeare.

Il ne serait pas raisonnable d'aller au-delà de cette approche modeste certes, mais qui permet d'en appeler à la sensibilité et à l'émotion des élèves et qui recueille leur adhésion au projet.

Le deuxième extrait est plus accessible et pourra donc donner lieu à un travail plus approfondi sur le texte. Il s'agit d'un passage de la scène du balcon :

JULIET	O Romeo, Romeo! wherefore art thou Romeo? Deny thy father and refuse thy name; Or, if thou wilt not, be but sworn my love, And I'll no longer be a Capulet.
ROMEO	[Aside] Shall I hear more, or shall I speak at this?
JULIET	'Tis but thy name that is my enemy; Thou art thyself, though not a Montague. What's Montague? It is nor hand, nor foot, Nor arm, nor face, nor any other part Belonging to a man. O, be some other name! What's in a name? That which we call a rose By any other name would smell as sweet; So Romeo would, were he not Romeo call'd, Retain that dear perfection which he owes Without that title. Romeo, doff thy name, And for that name which is no part of thee Take all myself.
ROMEO	I take thee at thy word: Call me but love, and I'll be new baptized; Henceforth I never will be Romeo.
JULIET	What man art thou that thus bescreen'd in night So stumblest on my counsel?
ROMEO	By a name I know not how to tell thee who I am: My name, dear saint, is hateful to myself, Because it is an enemy to thee; Had I it written, I would tear the word.
JULIET	My ears have not yet drunk a hundred words Of that tongue's utterance, yet I know the sound: Art thou not Romeo and a Montague?
ROMEO	Neither, fair saint, if either thee dislike.
JULIET	How camest thou hither, tell me, and wherefore? The orchard walls are high and hard to climb, And the place death, considering who thou art, If any of my kinsmen find thee here.
ROMEO	With love's light wings did I o'er-perch these walls; For stony limits cannot hold love out, And what love can do that dares love attempt; Therefore thy kinsmen are no let to me.
JULIET	If they do see thee, they will murder thee.

William Shakespeare, *Romeo and Juliet*, Act II, Sc. 2.

Cette scène peut faire l'objet d'une étude en collaboration avec le professeur de philosophie puisque Juliette avec «*What's in a name ?*» soulève une question fondamentale en s'interrogeant sur la valeur épistémologique du nominalisme.

Par ailleurs, la démarche intégrant les deux vidéos sera la même que pour la scène précédente. Dans la version la plus récente, le metteur en scène a choisi de faire descendre Juliette, inversant par la même la symbolique du balcon. Lorsque Roméo prend la parole, Juliette sursaute violemment et tombe dans la piscine, entraînant le jeune homme avec elle dans sa chute !

Nous ne rentrerons pas dans les détails de l'exploitation de cette scène. Signalons que le manuel *Partners, Terminales,* Nathan, en propose une qui met parfaitement en valeur le potentiel et les spécificités du texte. De plus, les concepteurs ont eu la bonne idée de proposer en parallèle une étude de la scène correspondante[16] de *West Side Story* qui est, comme chacun sait, un des nombreux avatars de la pièce de Shakespeare.

F. LA POÉSIE

Il n'y a aucune raison de passer sous silence ce genre littéraire si riche, d'autant qu'il existe dans les pays anglo-saxons, surtout aux États-Unis d'ailleurs, un véritable engouement pour cet art. Pour introduire le sujet, on peut se servir de la scène de *Dead Poets Society* au cours de laquelle, Mr Keating, le nouveau professeur de littérature, après avoir fait lire l'approche très mécanique de la poésie que propose le concepteur du manuel utilisé dans l'établissement, demande ensuite à ses élèves de déchirer toutes les pages d'introduction, pour ensuite proposer sa propre vision des choses, à savoir :

> We don't read and write poetry because it's cute. We read and write poetry because we are members of the human race, and the human race is filled with passion. And medicine, law, business, engineering, these are noble pursuits and necessary to sustain life … but poetry, beauty, romance, love … these are what we stay alive for.

Ces remarques peuvent en effet servir de point de départ à la réflexion des élèves, avant l'étude d'un poème. Il conviendra cependant de leur fournir des indications à propos de ce qui fait la spécificité de la poésie en langue anglaise :

> English poetry is based on **rhythm** rather than the number of syllables in a line (as often in French verse) or on quantity (that is to say the alternance of long and short syllables, as in ancient Greek and Roman poetry.)
> Rhythm consists in the succession of stressed and unstressed syllables.
> Each line can be divided into a number of **feet** or **beats**, each foot being made up of a number of syllables (usually 2 or 3) which contain at least one stressed syllable.
>
> F. Grellet, M. H. Valentin, *An Introduction to English Literature*, Hachette Supérieur, 1993.

16. Il s'agit du très célèbre *Tonight,* que Maria chante en duo avec Tony.

Quelques termes techniques permettant l'analyse d'un poème devront également être fournis, puisqu'il n'est pas rare lors de l'épreuve orale de spécialité du Baccalauréat, dans la partie concernant un document inconnu, que l'examinateur propose une œuvre poétique au candidat. Sans aller trop loin, on peut cependant raisonnablement attendre d'un élève qu'il soit capable de parler de la rime, si elle existe, de la forme, et qu'il puisse repérer allitérations, consonances et assonances tout en étant capable d'expliquer l'effet induit, sinon le seul repérage ne présenterait aucun intérêt.

Tous les manuels proposent un petit choix de poèmes. Signalons tout de même que les élèves acceptent d'autant mieux l'étude d'un poème que celui-ci apparaît dans un contexte signifiant pour eux. Citons le très beau poème de W.H. Auden qui est dit d'une manière bouleversante, dans le film *Four Weddings and a Funeral* de Mike Newell, par l'ami d'un des personnages qui vient de mourir, au cours de la cérémonie funèbre :

Funeral Blues

Stop all the clocks, cut off the telephone,
Prevent the dog from barking with a juicy bone,
Silence the pianos and with muffled drum
Bring out the coffin, let the mourners come.

Let aeroplanes circle moaning overhead
Scribbling on the sky the message He Is Dead,
Put crêpe bows round the white necks of the public doves,
Let the traffic policemen wear black cotton gloves.

He was my North, my South, my East and West,
My working week and my Sunday rest,
My noon, my midnight, my talk, my song;
I thought that love would last for ever: I was wrong.

The stars are not wanted now; put out every one;
Pack up the moon and dismantle the sun;
Pour away the ocean and sweep up the wood;
For nothing now can ever come to any good.

Wystan Hugh Auden (1907-1973)

Les élèves sont très sensibles à l'émotion qui se dégage de la scène et à la manière très sobre et pudique dont le poème est dit. On en profitera pour faire remarquer l'accent écossais de l'acteur. Après avoir étudié tous les éléments qui font la force de ce poème, on demandera finalement aux élèves de l'apprendre car, comme nous l'avons déjà signalé à propos du théâtre, nous n'avons pas beaucoup d'occasions de demander un effort de mémorisation, alors qu'il s'agit pourtant d'un outil essentiel pour l'acquisition de la langue. De plus, pour que la diction soit convaincante, un effort phonologique s'impose.

4 L'IMAGE

Au nombre des représentations symboliques produites par l'homme pour l'homme, quel que soit le stade de son évolution psychologique, historique ou sociale, figure l'image. Rarissimes sont les sociétés humaines qui n'ont pas eu recours à des modes de représentations picturales de leur réalité – réelle ou fantasmée – par des moyens graphiques adaptés aux moyens techniques disponibles à chaque époque. Peintures pariétales, fresques, dessins, eaux-fortes, tableaux, lithographies, photographies et images de synthèse – pour ne citer que quelques supports – constituent la mémoire, à jamais figée, des images que l'homme s'est donné de lui-même.

Bien culturel par excellence, l'image trouve une place naturelle dans l'enseignement/apprentissage d'une langue, elle-même produit d'une culture millénaire, au même titre exactement que la littérature, la musique et l'ensemble des arts de la représentation.

De même que nous avons cherché à décrire des procédures permettant un abord raisonné de la littérature, nous nous proposons ici d'explorer une manière d'aborder le commentaire structuré d'un document iconographique, tel qu'il peut être exigé des élèves lors de l'évaluation terminale.

C'est dire que nous n'envisagerons pas ici l'image en tant que moyen didactique censé faciliter l'accès au sens d'un document sonore ou textuel, ni même supposé étayer la production orale[17] mais bien pour ce qu'elle est en vérité : une construction formelle, un ensemble de signes concourant à l'émergence d'un (de) sens possible(s).

A. EXPLICITE ET IMPLICITE DE L'IMAGE

Sans volonté marquée d'entrer profondément dans la sémiologie de l'image, les textes de cadrage proposent d'intégrer l'étude de l'image dans le cours de langue vivante au lycée, selon deux axes complémentaires :

1. Dénoter ou viser à dire l'explicite

C'est-à-dire :
– être capable de recenser ce qui est figuré ;
– nommer les objets et les êtres représentés ;
– identifier les situations dépeintes ;
– identifier le cadre situationnel d'une scène.

Il s'agit en somme de faire l'inventaire du signifiant.

17. Au sujet de ce dernier point, on se référera au chapitre 5.

2. Connoter ou viser à dire l'implicite (ou les implicites)

C'est-à-dire :
– repérer la signification de sujets (êtres ou choses) et de situations culturellement codés ;
– émettre des suppositions ;
– être capable d'exprimer des projections personnelles éveillées par le ressenti de l'image.

Il s'agit en somme de mettre en lumière le (un) signifié.

Dès lors, un projet pédagogique centré sur un document iconographique pourrait s'attacher à construire les moyens langagiers et méthodologiques permettant à l'apprenant de satisfaire à ces deux exigences.

Cependant, comme dans le cas de l'analyse littéraire, soulignons qu'au fil de cette double démarche d'analyse du document iconographique, il s'agit bien de faire ressortir les effets de sens induits par des effets de forme et de fonder la dimension interprétative sur le recensement de ce qui nous est donné à voir, mais aussi sur la façon dont cela nous est donné à voir. Nous voudrions ainsi sensibiliser les élèves à une sorte de « narratologie » de l'image, s'inspirant de celle qui est sollicitée lors des analyses textuelles.

Forts de ces remarques, et parce que l'image est essentiellement construction, nous souhaiterions proposer un troisième axe d'analyse :

3. Analyser ou viser à dire les processus formels

C'est-à-dire :
– identifier les points de vue ;
– élucider les techniques à l'œuvre ;
– repérer les moyens de la manipulation du regard.

À cet égard, nous avons toujours trouvé – et nos élèves avec nous – une grande qualité d'écoute et une volonté enthousiaste lorsque nous avons sollicité la collaboration de nos collègues d'art plastique, spécialistes ès qualités. À l'heure où les langues vivantes peinent à trouver leur juste place au sein de travaux interdisciplinaires, l'étude de quelques œuvres d'un peintre, d'un graphiste ou d'un photographe de culture anglo-saxonne, en partenariat avec d'autres collègues, constitue, pour le professeur d'anglais, une excellente occasion de panacher les compétences, de varier les angles de vue et, au final, d'accroître la motivation des élèves pour les apprentissages linguistiques.

Jamais nos élèves des sections artistiques, pour ne citer qu'eux, ne se sont plaints de ce type d'initiative. Bien au contraire !

Dénoter

Pour ce qui touche à la mise en œuvre des phases de découverte du document iconographique, en amont de la phase d'analyse, on se rapportera aux pistes suggérées au chapitre 5.

Soulignons ici un aspect purement pratique. Il nous semble primordial que le travail d'analyse de l'image puisse être conduit à partir de documents en couleur, aussi parfaitement reproduits que possible. Tout au long de la séquence, l'élève doit pouvoir disposer d'un matériel de référence, en couleur, le plus fidèle possible à l'original, parfaitement lisible, qui sera systématiquement doublé par la rétro-projection de l'original lors des phases de travaux collectifs.

Une fois effectuée la phase de prise de contact avec le document, la première étape du commentaire de l'image peut s'effectuer selon un cadre assez rigide, aisément transférable, tant au plan de la marche à suivre que des moyens lexicaux et grammaticaux nécessaires pour rendre compte le plus précisément possible du signifiant.

Parcourons les stades les plus caractéristiques de la présentation d'un document iconographique, en insistant sur le lexique et les expressions nécessaires à son commentaire :

Identification du document iconographique

LEXIQUE	GRAMMAIRE
Nature Now, what we have here is... The picture we have here consists of... The picture we have to look at/examine/comment on is... – a photograph, a photo, a snap-shot... – a painting, an oil painting on canvas... – an etching, a sketch, a caricature... – an ad, an advertisement... – a cartoon... **Origin** ... taken from... ... reproduced in... ... drawn/painted by ... ... first published in ... which can be seen in... ... exhibited/on exhibition in...	• temps présent • temps prétérit • passif

Repérage et circulation dans le plan

Lors de la phase de dénotation, les portions de langue indispensables à la localisation de l'inventaire ordonné, restent relativement stables et peuvent être proposées aux élèves sous la forme d'un tableau récapitulatif comparable à celui-ci :

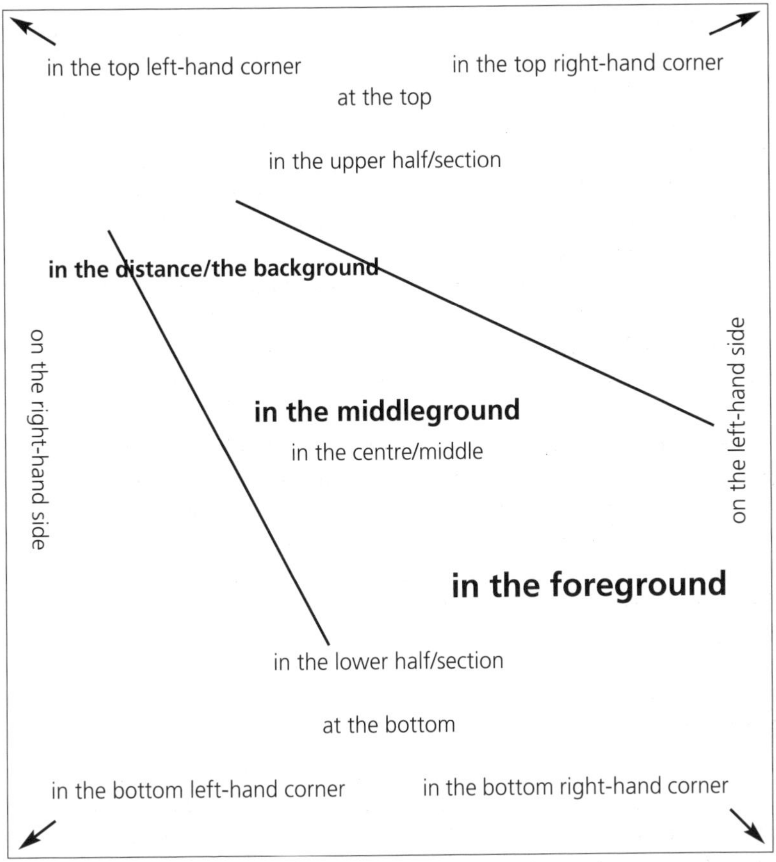

Inventaire du signifiant

L'enjeu de cette phase consiste en la description la plus neutre et la plus objective, mais aussi la plus minutieuse, du document proposée.

Il est toujours très profitable d'organiser cette tâche en groupe. La confrontation des idées s'en trouve enrichie, de même que la quantité de lexique mobilisée. Dans ce cas de figure, le professeur circule d'un groupe à l'autre pour fournir le lexique à la demande. En effet, selon les documents proposés, la charge lexicale à mobiliser sera vraisemblablement le premier écueil sur lequel les élèves risquent de buter.

Par ailleurs, plutôt que de traiter cette étape de manière frontale, il est toujours gratifiant, tant au plan de la langue que de la situation de communication, de lui réserver un abord interactif, voire ludique.

On pense bien entendu à la situation, désormais classique, où une partie de la classe ne voyant pas le document interroge l'autre partie de la classe qui, elle, est en possession du document. L'enjeu de cette interrogation peut être une prise de notes, débouchant sur une reformulation orale ou bien, tour plus ludique, le crayonnage du document décrit (éventuellement sur transparent) suivi d'une confrontation, dans la langue, de groupe à groupe visant à rapprocher l'original des différentes versions dessinées au cours de l'échange.

Dans certains cas, il est tout à fait motivant de proposer deux documents issus de l'œuvre du même artiste, au thème et au traitement presque identiques, à deux groupes de la classe, en exigeant de chacun des groupes qu'il conduise une enquête sur le document inconnu qui est aux mains de l'autre groupe.

Pour peu qu'on prenne le temps de la recherche, on trouvera sans peine ce type de paire dans l'œuvre d'un même artiste. On pense en particulier à des portraits de Holbein, à certaines vanités de la Renaissance, à des toiles de Turner, de Rossetti, à des acryliques de Hockney ou de Bacon, de Warhol ou de Lichtenstein, en passant par les toiles abstraites de Rothko, les scènes de Rockwell ou les graffitis de Keith Haring, et bien d'autres encore.

Connoter

Lors de cette phase, il est question de donner aux élèves les moyens d'appréhender le contexte culturel ou, plus précisément civilisationnel qui sous-tend le document étudié, mais aussi les moyens d'exprimer leur ressenti et la façon dont le filtre de leur sensibilité infléchit l'interprétation du document soumis à leur regard.

Empressons-nous de dire qu'il est indispensable d'avoir campé en amont l'arrière-plan culturel nécessaire à l'appréhension la plus juste du document iconographique. C'est de la construction de ces repères culturels pertinents que dépendra la juste appréciation d'une œuvre, dont on peut s'accorder à dire qu'elle représente un reflet, certes partial, de son temps.

Ainsi, par exemple, des toiles de Joseph Mallord William Turner comme *Rain, Steam and Speed – The Great Western Railway* (1844) ou *Snowstorm – Steamboat Off a Harbour Mouth* (1842) gagneront-elles à être éclairées par d'autres documents relatifs à la Révolution Industrielle en Grande-Bretagne. De même, il aura pu être précieux de sensibiliser les élèves à certains aspects de la société de consommation aux États-Unis dans les années soixante pour apprécier la valeur ironique et le dérisoire de certaines œuvres de Warhol, comme les accumulations de boîtes de soupes Campbell's ou encore *210 Coca-Cola Bottles* (1962).

En terme d'apprentissage culturel, l'abord d'un document iconographique peut ainsi constituer un point d'orgue, un point de convergence où se fédèrent les éléments civilisationnels installés en amont du projet et, à ce titre, son exploitation trouve une place cohérente en conclusion du projet pédagogique.

En ce qui concerne la part du commentaire réservée à l'interprétation plus personnelle du document, elle peut nécessiter l'activation d'un lexique, de fonctions et de structures langagières, tels que :

Fonctions /Lexique	Grammaire
• **assurer le lien dénotation/ connotation** Judging from... Considering... From what has been pointed out before, ... Given the elements we've just listed, ... All things considered, ...	
• **émettre des hypothèses** It is quite probable/likely that... The artist may have wanted to... The photographer may have aimed at (+ V+ -ING) Here, the painter must have been trying to... It's intended/meant to... – show/represent... – evoke/conjure up... – poke fun at/satirize/mock... – expose/denounce/debunk...	• aspect • modalité épistémique • visée (TO) mean to/expect the viewer to
• **établir un lien de cause à effet** Owing/Due to... Because of... By (+ V + -ING)	• V + -ING = nom the artist's using/resorting to...

… is caused by/due to… … is the result of… … is brought about by… … stems from the fact that… • **annoncer son point de vue, son opinion** This makes me think/reminds me of… What I find most striking/outstanding here is… An interesting feature about this picture is that… I have the impression that… I can't help thinking that… I find this photo (+ adj.). To me there is something (+ adj.) about this painting. When I first saw … , I thought … , but on second thoughts…	

B. UN EXEMPLE : *NIGHTHAWKS* (HOPPER)

Il ne s'agit pas ici de détailler un projet « clé en main », mais plutôt d'illustrer sommairement notre propos par l'exposé des grandes lignes d'une séquence consacrée à l'exploitation d'un tableau de Hopper.

Nighthawks (1942) by Edward Hopper (1882-1967).

Quelque peu en marge du courant majoritaire de son temps, alors très orienté vers l'abstraction, cet artiste a pourtant grandement influencé le Réalisme Américain d'après-guerre. Sa recherche de la simplification à l'extrême, sa manière presque schématique, font de lui un précurseur du Pop Art américain des années soixante. Les œuvres de la maturité sont baignées d'un climat de solitude et d'isolement. Elles s'attachent très souvent à dépeindre la grande ville, immense mais désertée.

Il était donc presque naturel que cet artiste soit évoqué, en classe de Première L, dans le cadre de Travaux Personnels Encadrés, fédérés par le thème de la ville.

En collaboration avec un collègue de lettres modernes, nous nous sommes attachés à multiplier les abords du thème retenu par l'étude de textes littéraires et journalistiques, d'extraits de films, de photographies, de chansons, mais également d'œuvres picturales, au nombre desquelles *Nighthawks*.

Dénotation

Exactly what are we shown ?

Quelle que soit la procédure choisie, à ce stade, on veillera absolument à privilégier l'interaction et l'échange entre les élèves lors de la phase de prise de contact avec le document.

Matériel nécessaire

- une copie couleur du tableau sur transparent.
- un rétroprojecteur.
- une photocopie couleur du tableau par élève.

Cas 1

On opte pour la procédure évoquée plus haut qui repose sur une répartition de la classe en deux groupes, chaque groupe étant en possession d'une œuvre de Hopper à la thématique et au traitement similaires (en l'occurrence : Groupe A, *Nighthawks* ; Groupe B, *Sunlight in a Cafeteria* [également de Hopper]).

Les échanges peuvent être guidés par un tableau de recueil de l'information identique pour chaque groupe.

Au fur et à mesure des échanges, deux élèves consignent l'essentiel au tableau sous forme de notes. Ce travail peut aboutir à la synthèse suivante (incomplète ici) :

	Picture A	Picture B
Places	indoors/at night inside an all-night diner round the corner of a deserted street	indoors / in the daytime inside a restaurant / café / cafeteria a somewhat deserted place
People	a barman/bartender two male customers felt hats/dark suits a woman a red sleeveless dress	a lonely woman a plain summer dress a man on his own a dark suit
Actions	sitting on high stools leaning against the bar	sitting at their tables withdrawn
Atmosphere	eerie, strange, disquieting scene brightly lit by neon light in the glare of neon lights light pouring out	eerie, strange, disquieting scene brighly lit by sunlight light flooding in

On pourra aussi s'attacher à faire reformuler le signifiant par les élèves en insistant sur les différences entre les deux images.

Cas 2

On choisit de fractionner le document *Nighthawks* en trois parties, chacune est distribuée à trois groupes. Groupe 1 : la rue ; Groupe 2 : l'homme solitaire ; Groupe 3 : les trois autres personnages. Pour chaque groupe, la tâche consiste d'abord à mettre au point une description de l'image. Dans un deuxième temps, les données dénotatives sont échangées d'un groupe à l'autre, sur le mode d'une enquête interactive guidée par les mêmes entrées que ci-dessus *(People/Places/Actions/Atmosphere)*. Comme précédemment, une synthèse est faite au tableau.

De ces synthèses partielles découle ensuite une reformulation des éléments mobilisés lors de la phase dénotative. À ce stade, on aura distribué une copie couleur du document à chaque élève, distribution qui sera doublée de la rétro-projection du document intégral pendant toute la phase de reformulation.

On travaillera alors à mettre en place la langue nécessaire à la définition de la nature du document, enfin intégralement révélé aux élèves *(an oil painting on canvas – an influencial American painter – American Realism – pave the way for artistic movements such as Pop Art, etc.)*.

Composition

How are we made to see what we see ?

Il est ici question d'aider à mettre en lumière un passage de la forme au sens.

Étape 1 : pair work

Pick out the different contrasting elements in the painting.

N.B. Les données ci-dessous apparaissent sous forme de notes. Celles-ci serviront de base à une reformulation (écrite ou orale) plus étoffée que l'on exigera des élèves.

– outside	– inside
– a deserted/desolate street corner	– a coffee bar with late-night customers
– empty shops in the background	– coffee cups, salt and pepper pots, and sugar dispensers on the counter
– a dark street	– some bright, warm colours (yellow, red)
– some cold colours (greens, black)	– a group of three (a couple + the bartender)
– the city night illuminated only by the glare from the bar	– a couple chatting
– a man on his own	
– a lonely man leaning/brooding over a drink	
– uncommunicative, motionless	

À l'issue de cette phase de mobilisation, le professeur peut amorcer une reformulation orale, première étape de l'analyse, en demandant : *using the elements you have noted, how do you explain the unease created in the painting ?*

On peut alors escompter des énoncés comme :

The scene is full of/fraught with tension and a sense of uneasiness.
The sense of unease is made apparent by a number of contrasting elements.
That's right, there's something extremely sad about the customer on his own. His isolation and loneliness are brought into focus by the couple.
The group of three people who are brightly lit by the neon light contrasts sharply with the solitary man who looks rather depressed/downhearted and uncommunicative.
etc.

Étape 2 - classe entière

From whose point of view do we see the scene ? ou *Who is viewing the scene ?*

Productions possibles :

We are given an external point of view.

It is as if the scene was viewed by a passer-by walking down the street. The passer-by could very well be the viewer him/herself. In that case he/she would be a fifth person involved in the scene.

Cette dernière remarque est d'autant plus intéressante qu'elle ouvre la voie à une autre façon fructueuse de voir le tableau comme une succession de tableaux dans le tableau *(a frame within the frame)* s'offrant au regard du spectateur. La toile elle-même (76,2 × 144 cm) en constitue le premier, vient ensuite la vitrine du café, quadrangulaire, et enfin, le cadre, plus sombre, dessiné par le retour de la vitrine qui prolonge l'alignement des boutiques de la rue, de droite à gauche.

Mais, c'est précisément sur la circulation du regard de droite à gauche que nous voulons maintenant attirer l'attention de nos élèves de manière à tenter de mettre en évidence une des manipulations du regard à l'œuvre ici.

Étape 3 - classe entière

Sur l'image rétro-projetée, on superpose un deuxième transparent où figurent les lignes diagonales qui parcourent le tableau. Y figurent également les lignes verticales et horizontales fortement suggérées par les éléments d'architecture représentés. Apparaît alors un quadrillage régulier qui structure la composition.

What do you think of the composition ?

Productions possibles :

It's quite simple.
The grid makes it quite obvious.
It seems to be based on geometrical shapes such as squares and rectangles.
Hopper has used architectural elements to compose his painting.
Our eyes are led/guided horizontally from the desolate street into the café as we scan the picture from left to right.
What's striking here is that the point where the diagonals intersect corresponds to the main focus of the painting : the lonely man.
You can't miss him.
Yes, we're literally made to see him, which highlights the main theme of Hopper's painting here, that is to say loneliness and isolation.
It is as if all the characters in this painting were sealed off from the rest of the city/boxed in/trapped.

Interprétation

Do you see what the picture means ?

À nouveau, il nous semble que la qualité et la justesse de l'interprétation que les élèves pourront proposer, au plan culturel, dépend grandement des notions abordées en amont et de la lumière qu'elles projettent sur le document iconographique étudié.

Pour ce qui est du travail de la langue, cette phase du commentaire privilégiera naturellement le recours à la modalité épistémique puisqu'il s'agit de commenter la vision purement subjective de ce qui nous est donné à voir comme une réalité, devenue objective.

Point de vue personnel

Did you like what you saw ?

Il peut être intéressant de clore le commentaire par l'expression d'un point de vue personnel sur le document étudié. Les élèves l'ont-ils aimé ? En l'occurrence pour *Nighthawks* les points de vue sont, comme souvent, très vivement tranchés. Au-delà des passions, cela constitue une occasion d'explorer des champs lexicaux et fonctionnels nouveaux lors d'un mini-débat où chacun défend son point de vue.

Against

I must say I didn't like the painting.

It conveys such a gloomy/pessimistic /distressing vision of society.

I hate the idea of people being unable to communicate.

I really hated the colours!

It's the sort of thing that makes me feel gloomy/down/depressed for the rest of the day.

Look at those dull shades of green! Have you ever seen such a thing as a green pavement?

For

It's a very weird picture. What I liked about it is that it's strong enough to get your imagination working and to me this is what art is all about.

Who cares if it's distressing or not? What matters is how it makes you feel – good or bad.

It's the type of picture that works as a perfect screen for you to project your fantasies on.

Pistes de prolongement

Encodage de l'écrit

Avec des classes à vocation littéraire, il peut être intéressant (et amusant) de prolonger l'abord de *Nighthawks* par un travail de *creative writing* mené en binômes. Pour ce faire, on considérera chacun des personnages du tableau isolément et l'on demandera aux élèves d'écrire un de ces monologues intérieurs, si typiques de ce que William James a baptisé *Stream of Consciousness*. Des amorces peuvent être proposées aux élèves. Par exemple :

• *The lonely man :*
It was three in the morning.
They had kept me waiting too long...

• *The lady-killer :*
I had been standing next to her for a while now and I had just stubbed out my last cigarette. She looked far too pretty to be interested in me but...

• *The woman :*
He had been standing too close to me for a while now. He didn't stand a chance ! No way ! ...

• *The barman :*
They'd asked me to work late for the third time that week. It was three in the morning and there I was, washing dishes...

Décodage de l'oral

L'exploitation d'une chanson de Susan Vega, *Tom's Diner*, peut offrir un prolongement fort à propos à l'étude de *Nighthawks*. Sous la forme d'un monologue intérieur, l'artiste y chante l'attente dans un café, un jour de désœuvrement.

BIBLIOGRAPHIE

M. H. Abrams, *A Glossary of Literary Terms,* HBJ College Publishers, 1993.

S. Bassnett, P. Grundy, *Language through Literature,* Longman, 1993.

R. La Borderie, *L'éducation à l'image et aux médias*, Nathan, 1996.

J. Collie, S. Slater, *Literature in the Language Classroom,* Cambridge, 1987.

F. Costa, C. O. Carbonell, S. Halimi, J.-C. Redonnet, *La civilisation britannique,* PUF, 1980.

J. A. Cuddon, *A Dictionary of Literary Terms,* Penguin Reference, 1982.

R. Fowler, *Linguistics and the Novel,* Routledge, 1989.

F. Grellet, *A Handbook of Literary Terms,* Hachette Supérieur, 1996.

F. Grellet, M. H. Valentin, *An Introduction to English Literature,* Hachette Supérieur, 1993.

F. Grellet, *An Introduction to American Literature,* Hachette Supérieur, 1993.

A. Kaspi, C. J. Bertrand, J. Heffer, *La civilisation américaine,* PUF, 1979.

M. Pearson, R. Gower, *Reading Literature,* Longman, 1986.

C. J. Singley, *Edith Wharton, Matters of Mind and Spirit,* 1998.

The Concise Oxford Companion to English Literature, Oxford University Press, 1993.

Dossier : la littérature, nouvelles approches, Les langues modernes, 2e trimestre 2000.

Enseigner l'anglais dans la voie L, CRDP de Franche-Comté, 1995.

11

Les TIC

1 CONSIDÉRATIONS GÉNÉRALES

A. LES TIC : UN NOUVEL OBJECTIF D'ÉDUCATION

> Donner aux futurs citoyens la maîtrise des nouveaux outils de communication qui leur seront indispensables est l'un des objectifs du système éducatif.

C'est en ces termes que se pose la question de l'intégration des Technologies d'Information et de Communication dans l'Enseignement (TICE) dans les pages du *Bulletin Officiel* de l'Éducation Nationale (N° 25 du 24 Juin 1999).

On le constate d'entrée, les enjeux sous tendus par l'introduction des Technologies d'Information et de Communication (TIC) dans l'enseignement dépassent très largement ceux de la simple didactique des disciplines enseignées, pour toucher plus largement à la formation du citoyen de demain. Avant tout, le propos est éminemment politique puisqu'il s'agit de préparer les jeunes générations à l'appropriation des nouveaux moyens d'accéder à la connaissance, à la pleine maîtrise des nouveaux outils de sa circulation et de sa transposition, dans des formes nouvelles.

Ce faisant, on veut anticiper le risque de voir se développer demain une insupportable disparité dans la liberté dont jouit chacun de pouvoir accéder au savoir, sans entrave.

Dans ce processus d'apprentissage des façons nouvelles d'entrer en contact et de diffuser le savoir, le professeur est un acteur central tout au long de la scolarité, de l'école au lycée :

> [...] dans l'ensemble du cursus du lycée, les technologies de l'information et de la communication sont systématiquement présentes dans l'enseignement des disciplines, et une attention particulière est apportée à ce que les programmes de toutes les disciplines prennent effectivement en compte cette dimension."
>
> *Bulletin Officiel* N° 25 du 24 Juin 1999.

Sans que l'on assiste pour autant à un effacement de l'enseignement-apprentissage de la discipline et à l'émergence de « disciplines-prétextes », comme ont pu le redouter certains, on constate simplement la nécessité impérieuse de travailler à l'intégration des outils de traitement numérique de l'information dans des procédures didactiques déployées au service d'objectifs centrés sur la notion d'apprentissage.

À bien y regarder, cette intégration, que les enseignants se représentent – à juste titre – comme une véritable révolution professionnelle, ne s'apparenterait-elle pas aux bouleversements induits par l'irruption du son et de l'image dans la classe de langue, il y a déjà quelques décennies de cela ? Les politiques publiques d'éducation ont toujours cherché à réduire l'écart de temps qui sépare l'apparition de nouvelles technologies et leur adaptation au milieu scolaire.

Comme alors pour l'audiovisuel, l'onde de choc qui suit l'apparition des TIC dans l'enseignement bouleverse certaines habitudes et soulève de nouvelles questions, tant sur le plan de l'identité professionnelle des enseignants que sur celui des répercussions cognitives et, partant, didactiques.

B. LES TIC : UN AGENT DU RENOUVEAU

Une nouvelle identité professionnelle pour les enseignants ?

Face au foisonnement croissant des nouveaux produits à visée éducative mis sur le marché, mais aussi face à la multiplication de listes de diffusion, de sites Internet éducatifs destinés aux professionnels de l'enseignement comme aux élèves, il n'est pas illégitime de s'interroger sur le rôle et la place de l'enseignant au sein d'un environnement multimédia.

De façon plus pratique, en classe, méthodologies et gestes professionnels traditionnels trouvent rapidement la limite de leur efficacité lorsqu'un groupe d'élèves est au travail sur un logiciel de type tutoriel[1] tandis qu'un autre navigue sur la Toile. Quelle peut être alors la place du professeur dans une séance de ce genre, où tous les élèves travaillent en parfaite autonomie, où les axes habituels de la communication sont très sensiblement déplacés et où le travail en équipe, en groupes coopératifs, est grandement privilégié ?

L'intégration des TIC dans un projet pédagogique nécessite aussi le recours à de nouvelles activités d'apprentissage, définies en fonction des spécificités des nouveaux supports numériques. De telles activités restent à inventer. Mais ne doutons pas que toutes bouleverseront l'ensemble des gestes et des savoir-faire professionnels habituels, si contemporains soient-ils.

Plus globalement, la question cruciale que posent les TIC aux enseignants touche à leur identité professionnelle, comme à la manière dont ils se la représentent. Les réponses à cette interrogation ne seront fructueuses que si elles proposent une profonde redéfinition du rôle et de la

1. Un logiciel de type tutoriel prend intégralement en charge l'acte d'enseignement, du stade de la consigne à celui de l'évaluation des productions.

personne du professeur ne l'instituant plus comme le seul détenteur des savoirs ou comme le seul axe autour duquel s'organise la classe.

À l'image d'un enseignant omniprésent et central, les TIC nous invitent à substituer celle d'un enseignant « passeur », soucieux de l'interface des ressources humaines.

> [...] on peut se demander si le rôle de passeur de l'enseignant de langues ne va pas moins s'opérer sur des frontières linguistiques et culturelles, comme c'était le cas jusqu'ici, que sur des frontières qui déterminent l'accès aux ressources.[4]
>
> M.-J. Barbot, « Présentation : évolutions didactiques et diversification des ressources », dans *Études de linguistique appliquée 112*, Didier érudition, 1998, cité par François Mangenot, « L'intégration des TIC dans une perspective systémique », dans *Les Langues Modernes*, APLV, n°3, 2000.

Qui serait à même de conforter une telle vision de l'enseignant mieux que les professeurs de langue, rompus à la pratique d'un enseignement-apprentissage communicationnel ? Les démarches didactiques auxquelles ils sont habitués, privilégiant l'interaction et l'apprentissage de l'autonomie, les prédisposent en effet à jouer le rôle de médiateur auquel appellent les TIC.

Les TIC peuvent aussi permettre aux enseignants d'étoffer leur savoir-faire ainsi que d'innover et de tenter des approches différentes ; ces deux axes, l'un traditionnel, l'autre plus novateur, étant parfaitement complémentaires sur le plan de la didactique.

On imagine aisément un professeur qui, soucieux de développer toujours plus la capacité à prendre en charge tous les aspects de la langue de façon autonome, proposerait des projets pédagogiques mutimédia, élaborés par ses soins, au terme desquels les apprenants devraient :

– effectuer des tâches correspondant à des consignes précises (visée : compréhension du projet d'apprentissage et de ses finalités cognitives) ;
– utiliser la ressource multimédia pour accéder aux données pertinentes par rapport à la tâche assignée (visée 1 : manipulation autonome des outils multimédia ; visée 2 : exercice du sens critique) ;
– effectuer un tri judicieux parmi une masse considérable d'informations archivées sur des supports variés et différents (visée : *skimming/scanning*, que ce soit dans le domaine du décodage de l'écrit ou de l'oral) ;
– mettre en forme et traiter les données grâce aux supports numériques (visée 1 : manipulation autonome des outils multimédia : traitement de texte, création de pages web, initiation au langage HTML, enregistrement audiovisuel numérique, insertion d'images ; visée 2 : encodage de l'écrit et de l'oral avec possibilité d'auto-correction).

On le constate, loin de mettre en péril les quatre compétences traditionnelles, un projet pédagogique étayé par des supports multimédia les fédère tout en assurant une solide cohérence entre chacune d'elles. De plus, chaque tâche assignée au cours du projet offre l'occasion de consolider le travail et l'exercice de l'autonomie.

Dès lors, on comprend mieux la place assignée à l'enseignant dans la perspective d'un enseignement/apprentissage aidé par les nouvelles technologies. Placé aux côtés des apprenants, fondant sa démarche didactique sur leur capacité à évoluer en parfaite autonomie, le professeur doit se résoudre à occuper une position marginale, presque incidente.

C'est à ce prix que l'élève réintégrera sa juste place, au centre d'un réseau d'information dont la gestion incombe à lui seul ou à ses partenaires de travail.

Un nouvel environnement d'apprentissage

Avec les TIC, l'environnement de l'élève se trouve profondément modifié. Schématiquement, il peut ressembler à ceci :[2]

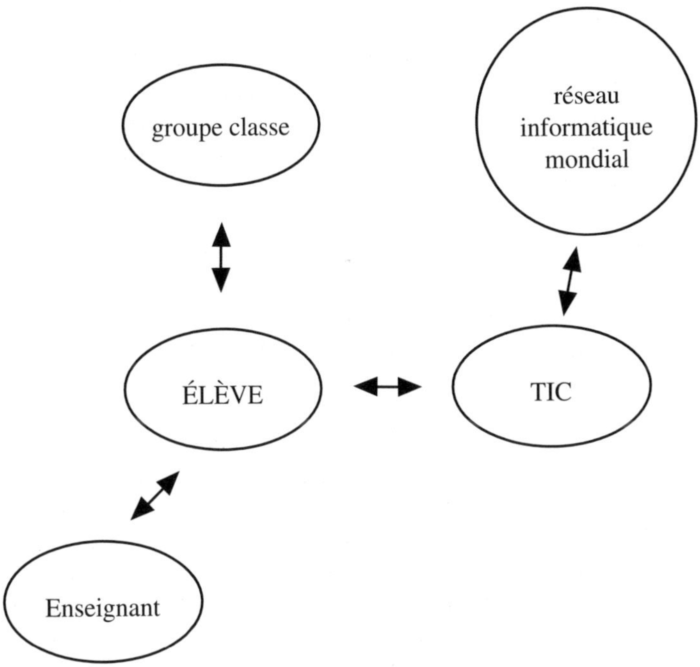

2. Inspiré de Louise Bélair et al., *L'Éducation en 2005*, Centre franco-ontarien des ressources pédagogiques, Faculté d'éducation de l'université d'Ottawa, 1999.

Dans une telle configuration, l'élève se trouve au centre d'un environnement propice à la construction des savoirs et des connaissances, dans le cadre précis du projet pédagogique défini par le professeur. Le mode interactif est ici largement privilégié puisque l'élève dépend de son environnement pour mener à bien la construction de nouveaux savoirs, par la mise en œuvre de savoir-faire nouveaux, adaptés à de nouveaux supports.

Par ailleurs, une fois le projet achevé, l'élève pourra mettre en ligne les fruits de son travail que ce soit dans la zone d'influence de l'établissement (intranet) ou, pourquoi pas, pour le profit de tous via le réseau mondial (Internet).

En outre, et ce n'est pas là le moindre bénéfice d'une telle démarche, l'élève est placé dans l'obligation d'interagir étroitement avec son environnement, qu'il soit humain (le groupe classe, le professeur) ou strictement technologique (les outils mutimédia).

En tout état de cause, c'est l'élève qui demeure le seul concepteur et le seul maître d'œuvre de ses propres stratégies d'accès aux sources d'information puis de décodage de celles-ci.

En effet, les documents consultables présentent l'avantage de ne pas être linéaires. Le sens de leur lecture, son étendue même, ne sont plus imposés par le professeur mais, au contraire, choisis et définis par l'élève. Sans compter que celui-ci a tout le loisir d'agir sur le document consulté et d'en modifier le contenu affiché à l'écran de manière à en devenir le co-auteur.

Par ailleurs, la multimodalité des documents accessibles contraint le lecteur à l'exercice de son sens critique. Il peut mesurer la pertinence des choix en fonction de l'objectif qu'il s'est lui-même assigné. En effet, images fixes ou non, sons et textes s'offrent à profusion sur la Toile comme sur les cédéroms et autres didacticiels.

L'enseignant, quant à lui, assume le rôle nouveau de médiateur ou de tuteur, en interaction avec chaque élève, pris individuellement, pour le guider et l'orienter dans sa propre démarche.

Même s'il est complexe de déterminer les paramètres qui font – ou défont – la motivation des classes, l'environnement multimédia présente incontestablement l'avantage de remotiver les élèves les plus récalcitrants. L'aspect ludique – et ce, quel que soit le niveau de classe visé – joue vraisemblablement un rôle déterminant en ce domaine. Cet avantage se double plus souvent d'une dédramatisation de l'évaluation dans le cas de travaux effectués sur des céderoms ou sur des didacticiels de langue, ceux-ci offrant souvent la possibilité de s'autocorriger après avoir signalé la présence d'une erreur.

Dans ce cas, le temps de référence devient celui de l'utilisateur unique, seul, au travail devant son poste informatique et non plus le temps identique pour tous, imposé par l'effectif de la classe entière au travail sur une tâche commune. Sans doute faut-il voir dans l'individualisation du temps imparti aux tâches d'apprentissage, un ressort supplémentaire de la motivation offerte par les TIC.

En outre, si une séance « classique » ne parvient toujours pas à impliquer le plus grand nombre d'élèves, l'exploration d'un site Internet ou d'un cédérom place les apprenants dans un mode actif : les images et les sons stimulent leurs réactions émotives et frappent leur imagination tout en exigeant une réponse active de la part de l'explorateur. Sans doute s'agit-il là d'un autre facteur de motivation, suivant en cela les conclusions de certains travaux de psychologie démontrant qu'en général on retient :
- 10 % de ce qu'on lit ;
- 20 % de ce qu'on entend ;
- 30 % de ce qu'on voit ;
- 50 % de ce qu'on voit et qu'on entend ;
- 80 % de ce qu'on dit ;
- 90 % de ce qu'on fait.

Ainsi, si les TIC – lieu de mise en pratique de nombreux savoir-faire – n'ont certainement pas pour ambition de faire appréhender toutes les notions propres à une langue, elles augmentent le degré de motivation des élèves et, par la création d'un intérêt nouveau, elles favorisent l'implication de l'élève dans le processus d'apprentissage.

C'est à partir des données retenues par l'élève après de nombreuses manipulations en situation que s'établissent des liens entre les notions connues et de nouvelles notions. Il s'agit là d'un principe général. Les TIC en autorisent une déclinaison particulière.

Les bénéfices de l'intégration des TIC

Pour conclure, posons qu'une intégration efficace et réussie des TIC dans l'enseignement/apprentissage doit pouvoir s'évaluer en fonction des bénéfices qu'elle apporte dans des domaines où les procédures plus classiques atteignent leurs limites. En guise de bilan temporaire, François Mangenot suggère les domaines d'avancée suivants :

- gain en termes de **temps d'apprentissage** supplémentaire. « L'utilisation pédagogique de jeux mutimédia pour l'enseignement et l'apprentissage des langues », expérimentation menée dans le secondaire en France, répond à ce critère, par exemple, puisque les lycéens utilisaient ces jeux en dehors des heures de classe d'anglais, dans le cadre d'un club.

• gain en termes de **réduction de la taille des groupes**, quand la moitié de l'effectif travaille avec des logiciels tutoriels, l'autre moitié faisant de la conversation avec l'enseignant.
• gain en termes d'**activité plus grande de chaque apprenant**, notamment [quand] on a du mal à sortir du paradigme de l'enseignant seul maître de la parole.
• gain en termes d'**appropriation meilleure**. On observe maintenant une sorte de consensus chez les psycholinguistes pour dire que le meilleur moyen d'apprendre une langue, c'est de travailler simultanément le discursif et le linguistique, ce qui est peut-être un des principaux atouts du multimédia (...)
• gain en termes de **motivation** [...]

François Mangenot, « L'intégration des TIC dans une perspective systémique » dans *Les Langues Modernes*, n° 3, 2000.

2 INTERNET

A. INTERNET PRATIQUE

Comment ça marche ?

Très grossièrement, disons qu'Internet est un réseau de réseaux reliés entre eux par le biais des lignes téléphoniques ou par le câble (vecteur de transmission bien plus rapide). D'innombrables données y circulent sous la forme d'impulsions électroniques qui constituent en somme la « chaussée » des autoroutes de l'information. On estime qu'à l'heure actuelle, ce maillage « autoroutier » pourrait être constitué de quelques cent mille réseaux[3] formant un incommensurable système de transmission de données.

Pour être relié à ce gigantesque système, il faut pouvoir disposer d'un ordinateur, d'une ligne téléphonique ou d'une ligne câblée, d'un modem et d'un fournisseur d'accès.

Du choix de l'ordinateur dépendront le confort et l'efficacité de la navigation. Même si la plupart des ordinateurs disponibles dans le commerce permettent désormais de se connecter à Internet, il conviendra de rester vigilant quant à la vitesse des microprocesseurs qui les équipent. Plus l'ordinateur est rapide, plus rapides seront les temps de navigation, d'envoi et de téléchargement des données. En outre, à l'heure où l'ordinateur per-

3. Cette évaluation s'appuie sur les données disponibles au moment où nous mettons sous presse. Gageons qu'elles seront rapidement obsolètes parce que démultipliées dans les années à venir.

sonnel se transforme de plus en plus souvent en terminal multimédia (audio, DVD, vidéo, jeux) le choix d'une unité centrale très puissante s'impose.

Le modem est un appareil qui convertit les signaux émis par l'ordinateur en langage digital en signaux analogiques utilisés par le téléphone, permettant ainsi l'envoi et la réception des données. La plupart des ordinateurs sont maintenant livrés avec un modem intégré.

Pour pouvoir enfin commencer à naviguer, l'internaute doit s'inscrire auprès d'un fournisseur d'accès (un serveur) comme Yahoo !, Wanadoo, AOL ou Liberty Surf pour ne citer que les plus populaires. Le fournisseur d'accès (ISP : *Internet Service Provider)* connectera alors l'ordinateur personnel de son client à l'ensemble du réseau Internet. Dès lors, chaque requête émise par l'ordinateur du client, sous la forme d'un appel téléphonique, transitera par l'ordinateur central du fournisseur d'accès, de même que les données livrées en retour, selon le même canal. Soulignons que le fournisseur d'accès se borne à établir la connexion avec le réseau mondial, sans prétendre contrôler le contenu des données qui circulent sur la Toile.

Il est indispensable d'équiper son ordinateur d'un navigateur (browser pour les « franglophones » ou butineur pour les autres). Très généralement, le fournisseur d'accès livre gratuitement la version la plus récente de l'un des navigateurs les plus répandus, comme Microsoft Internet Explorer (Explorer) ou Netscape Communicator (Netscape). Une fois installé, il peut s'avérer utile de télécharger régulièrement les mises à jour successives du navigateur que l'on aura retenu. Cette opération s'effectue gratuitement en se rendant à l'adresse du navigateur :

- home.netscape.com/fr/index1.html pour Netscape Communicator ;
- http ://www.microsoft.com/france/default.htm pour Internet Explorer.

Comment naviguer ?

Une fois le navigateur installé sur l'ordinateur, la navigation peut commencer. Pour ce faire, il suffit d'entrer l'adresse (ou URL pour *Uniform Resource Locator*) du site requis dans la zone adresse qui figure dans la partie supérieure de la fenêtre du browser. Chaque page du Web possède un URL unique qui lui est propre et qui permet d'identifier son emplacement.

L'adresse URL

Un URL se subdivise en trois sections qui permettent à l'ordinateur de reconnaître, entre autres paramètres, la méthode de transfert à utiliser pour capturer la page recherchée. Ainsi l'URL http ://www.sunday-times.co.uk se décompose-t-il en :

http	type de protocole de transfert hypertexte
://	symbole de séparation du type de protocole du nom de domaine situé à droite
www	World Wide Web
.sunday-times.co	nom de domaine (.co désigne ici une entreprise commerciale)
.uk	indication du pays d'hébergement du site

Souvent les adresses de sites sont longues et complexes. C'est pourquoi il convient impérativement de faire preuve de la plus grande attention lors de la saisie de l'URL. En effet, il suffit d'une seule erreur de frappe pour que la recherche se solde par un échec. Aussi est-il parfois pratique d'utiliser un raccourci et de ne saisir que le nom de domaine, le navigateur complétant alors automatiquement les données manquantes.

Les liens hypertexte

L'écriture hypertexte permet de se déplacer d'une page à l'autre à partir d'un lien. Un clic sur un de ces liens hypertexte permet à l'internaute non seulement de « feuilleter » un site mais aussi de passer d'un site à l'autre en cours de navigation.

Un lien revêt souvent la forme d'un simple mot ou d'une phrase – parfois d'une image – qui sont reliés à un autre endroit de l'arborescence du site. À l'écran, on reconnaît un lien hypertexte à :
– sa couleur. Les liens apparaissent clairement à l'écran dans le corps de la page. Ils y figurent d'une couleur différente de celle du reste du texte. Ils sont parfois soulignés ;
– la modification de l'aspect du curseur. Au passage sur un lien, le curseur de la souris (souvent une flèche) change de forme et se transforme en une petite main à l'index pointé. Il suffit alors de cliquer sur le lien pour changer de page. Il est alors toujours possible de vérifier l'adresse de la nouvelle page affichée ou du nouveau site visité, celle-ci apparaissant dans la barre de statut, au bas de la fenêtre de navigation (sur Explorer).

Comment effectuer une recherche ?

Rapporté à des considérations plus purement professionnelles, les anglicistes trouveront, par le truchement du net, le précieux moyen de démultiplier leur accès à une documentation authentique, qu'elle concerne les archives du passé ou les dossiers de l'actualité du moment. Aujourd'hui, le monde – et le monde anglophone en particulier – est à la portée d'un simple clic de souris.

Il est littéralement vertigineux d'imaginer qu'absolument tous les types de support qui peuvent séduire un enseignant de langue lors de l'élaboration d'un projet pédagogique peuvent être capturés sur la Toile. Son et textes, images fixes et vidéo sont à la disposition de quiconque dispose d'un équipement suffisamment performant reléguant les tracasseries techniques dans un lointain arrière plan. La bibliothèque traditionnelle elle aussi s'est mise au World Wide Web.

Non seulement il est possible de consulter les catalogues sans fin pour en extraire les données recherchées mais chaque internaute est libre de se muer en contributeur en créant son propre site. Publier les résultats d'une recherche, les travaux d'une thèse et bien d'autres choses encore – au nombre desquelles la mutualisation des projets pédagogiques – sont autant d'occasions de partager un savoir avec le monde entier. Le lecteur en quête de sites susceptibles d'intéresser le professeur d'anglais consultera avec profit *Guide Internet : les 500 sites anglais,* Éditions Belin.

Comment se repérer parmi les innombrables rayonnages d'une bibliothèque aux dimensions planétaires ? Un beau défi à la CDU ![4]

Il existe des centaines d'outils de recherche sur le Net, qu'ils soient généralistes ou très spécialisés. Avant de lancer une recherche, il est capital que le professeur internaute ait un projet clair et une idée précise du type de document recherché. Critique de film ? Extrait d'un bulletin d'information diffusé par CNN ? Bande-annonce d'un film ? Avatars de l'histoire du Globe Theatre ? etc. Il en va de la sélection du meilleur moteur de recherche.

Utiliser un moteur de recherche externe

Un moteur de recherche se charge d'identifier la requête formulée par l'internaute avant de passer en revue des millions de sites web pour rapatrier l'information commandée. Chaque moteur de recherche possède son propre index de références mais aussi ses propres stratégies de recherche comme ses domaines de prédilection. En conséquence la nature, la quantité et la pertinence des réponses à une requête peuvent grandement différer d'un moteur à l'autre.

Voici la liste de quelques uns des plus populaires, ou du moins de ceux qui sont le plus susceptibles de rendre de précieux services aux professeurs d'anglais dans leur quête de documentation authentique :

Yahoo http ://fr.yahoo.com/
Alta Vista http ://www.altavista.digital.com

4. Classification Décimale Universelle en vigueur dans les bibliothèques.

Lycos http ://www.lycos.com
Infoseek http ://www.infoseek.com
Excite http ://www.excite.com

Le lecteur trouvera les coordonnées de quantités d'autres moteurs de recherche sur http ://www.searchenginewatch.com

Il peut être très précieux d'affiner une requête si l'on ne souhaite pas crouler sous le nombre de réponses. Ainsi la seule entrée *John Lennon* risque-t-elle de générer plusieurs centaines de réponses que l'utilisateur sera bien en peine de traiter en peu de temps.

Les symboles + *(AND)* et - *(NOT)* permettent de programmer plus finement la recherche à partir de diverses combinaisons de mots-clés.

L'utilisation des guillemets constitue un autre moyen d'affiner une recherche. Leur fonction revient à forcer le moteur de recherche à repérer l'expression exacte que l'internaute aura choisie en guise de requête. Ainsi la requête *"biography of Shakespeare"* fournira un accès à toutes les pages web dans lesquelles les concepteurs auront utilisé cette expression.

Utiliser un méta-moteur de recherche

Un méta-moteur fournit un accès simultané à plusieurs moteurs de recherche tels ceux que nous venons d'évoquer. Il est dès lors facile de dénicher des masses considérables de données à partir d'une seule page après n'avoir entré qu'une seule requête.

La plupart de ces méta-moteurs sont téléchargeables gratuitement. Voici les adresses de ceux que nous utilisons le plus souvent :

Copernic http ://www.copernic.com/fr/
MetaCrawler http ://www.metacrawler.com
MetaSearch http ://www.metasearch.com
Google http ://www.google.com
Dogpile http ://www.dogpile.com

Comment utiliser la messagerie électronique ?

De tous les services qu'offre Internet, la messagerie électronique est sans doute celui qui est le plus utilisé. Comme nous le verrons plus bas, les élèves n'échappent pas à son pouvoir d'attraction et son usage peut servir de moyen de motivation pour les travaux d'encodage de l'écrit, qui plus est dans le cadre d'échanges parfaitement authentiques avec des *epals*.

Pour avoir accès à l'e-mail, à l'email, au mail ou mèl –comme on voudra– il faut disposer d'une application particulière qui est généralement offerte par le fournisseur d'accès. Ce dernier fournit une adresse à tout nouvel abonné. Celle-ci ressemble à peu près à « bmartin6@idahoo.fr »[5] qui se décompose de la façon suivante :

bmartin6	Nom de l'abonné ou identifiant fourni par le fournisseur d'accès.
@	ce symbole sépare le nom de l'utilisateur de celui du domaine. On le prononce: «arobase» ou at.
idahoo	Nom du service qui a fourni l'adresse: soit le fournisseur d'accès soit un hébergeur indépendant.
.fr	La dernière partie de l'adresse indique le pays ou la spécificité de l'hébergeur.

L'application gestionnaire du courrier électronique permet de créer des dossiers où pourront être archivés les courriers que l'on souhaitera conserver.

Nous espérons que ce tour d'horizon, pour rapide et lacunaire qu'il ait été, aura donné au lecteur l'envie d'aller explorer par lui-même les considérables possibilités offertes par le net au professeur de langue.

B. INTERNET ET LA SALLE DE CLASSE

Tentons d'entrevoir un monde où les professeurs disposeraient véritablement des larges moyens nécessaires à la mise en œuvre d'une didactique revue à l'aune des progrès technologiques, conforme aux pressantes recommandations institutionnelles.

De la volonté d'investir lourdement dans l'équipement des établissements scolaires, comme dans la formation continue des maîtres, dépend assurément le succès de l'intégration des TIC dans les habitudes des enseignants.

En effet, non seulement celles-ci induisent des démarches didactiques rénovées, mais elle rend indispensable l'utilisation d'un équipement technologique qui bouleverse radicalement les représentations traditionnelles de la salle de classe.

Quelle organisation de l'espace ?

Si l'on souhaite qu'une séance d'apprentissage, centrée sur l'exploitation des supports offerts par les TIC, reste fidèle aux objectifs de communication assignés à l'enseignement des langues vivantes, le cadre traditionnel de la salle de classe (même disposée en U) s'avère inadapté.

5. Cette adresse e-mail est parfaitement fantaisiste.

Nous observons dans les établissements que nous visitons, des dispositions de classes qui témoignent de la difficulté de se départir d'anciennes habitudes (postes de travail disposés « en bus » ou alignés le long des murs) ou, plus vraisemblablement, de la difficulté matérielle d'accorder à la salle multimédia tout l'espace nécessaire, car elle doit être spacieuse.

Le professeur doit pouvoir aller d'un groupe d'élèves à l'autre aisément et sans entraves. Les élèves, quant à eux, doivent pouvoir disposer, à leur poste de travail, de suffisamment de place afin de prendre des notes, de consulter leur manuel, ou tout autre ouvrage de référence, sans se sentir à l'étroit.

La disposition de la salle de classe multimédia en groupes de deux ou trois élèves par poste informatisé permet un travail d'équipe. Si l'on répartit les postes de travail informatisés en îlots de quatre postes se faisant face deux à deux, tout en ménageant un accès visuel au tableau, on autorise ainsi chaque élève à interagir avec ses camarades tout en lui permettant de centrer son attention sur les données éventuellement affichées au tableau.

Dans l'idéal, outre les îlots de postes de travail informatisés, la salle multimédia devrait offrir un espace, éloigné des postes de travail informatisés, réservé aux travaux collectifs de mise en commun.

De même, il paraît important de prévoir des équipements qui permettent d'améliorer le confort des usagers de la classe comme, par exemple, un système de climatisation ou de ventilation efficace ou encore des bureaux qui permettent d'inclure l'ordinateur dans le plan de travail de manière à ne pas entraver la circulation de la parole et des regards.

Quel équipement pour la salle Internet ?

À nouveau, il est manifeste que les enjeux de l'application des TIC à l'enseignement/apprentisage dépendent entièrement de la qualité et de la quantité des biens d'équipement que l'on sera disposé à fournir aux enseignants. À n'en pas douter, ces derniers auront fort à faire dans les années à venir pour faire pression auprès des bailleurs de fonds, à l'échelle locale, afin de pouvoir disposer d'outils de travail optimaux, en nombre suffisant.

Pour qui aurait le projet de se lancer dans l'âpre bataille, outre l'achat d'ordinateurs assez puissants pour pouvoir exploiter efficacement les données multimédia, voici quelques pistes complémentaires qui nous paraissent constituer le minimum requis.

Une imprimante

Il est toujours précieux de pouvoir imprimer le matériel nécessaire à une recherche ou à un travail de mise en forme, individuel ou collectif, hors connexion en classe ou à la maison.

Un lecteur de cédérom

Qu'il serve à la consultation de documents de référence (Encarta, Encyclopedia Britannica, etc.), de didacticiels ou de plate-forme d'installation de nouveaux logiciels il est absolument indispensable.

Des enceintes acoustiques

Reliées à la sortie son de l'ordinateur, elles autorisent des travaux d'écoute avec beaucoup plus de finesse et de précision que ne le permettent les haut-parleurs généralement intégrés à l'ordinateur.

Des casques audio

Le principe même d'un travail sur Internet étant de pouvoir individualiser la progression de chaque élève indépendamment des autres, il convient que chaque élève puisse disposer de son propre casque. En effet, lors d'un travail de recherche, tous les élèves ne vont pas avancer à la même vitesse et, qui plus est, tous ne consulteront pas les mêmes fichiers sonores au même moment.

Un scanner

Il s'agit d'un outil indispensable pour les projets exigeant des élèves qu'ils incorporent des illustrations, des graphiques ou tout autre document visuel, à leurs travaux (correspondance électronique, création de site, Travaux Personnels Encadrés).

C. CONSTRUIRE UN PROJET PÉDAGOGIQUE AVEC INTERNET : QUELQUES PISTES

E-mail project

Si c'est là le tout premier type d'activité auquel on songe, à dire vrai, il ne s'agit pas d'un type de travail qui exploite au mieux les multiples possibilités offertes par le net puisqu'il repose sur le principe de la traditionnelle correspondance scolaire.

Cependant, s'il est correctement circonscrit dans le temps et suffisamment préparé par le professeur, ce travail s'avère être un excellent moyen d'entraîner les élèves à la production écrite, comme au décodage de l'écrit, dans une situation parfaitement authentique de communication différée avec des locuteurs natifs.

De plus, il permet d'initier les élèves :
– au maniement d'une application gestionnaire de courrier ;

– à la frappe dactylographique ;
– à l'inclusion de fichiers joints à un *mail* ;
– à la technique de scannage d'une image.

Où trouver des keypals *?*

Que le projet concerne un échange d'établissement à établissement, de classe à classe ou d'élève à élève, on consultera avec grand profit http ://www.wfi.fr/volterre/ rubrique « chercher dans Volterre-Fr » pour accéder à de nombreuses adresses de sites pourvoyeurs d'e-correspondants.

Marche à suivre

• Classes concernées

On pourra opter pour des classes qui offrent la possibilité de séances de travail modulaire. En effet, nous préférons mettre en œuvre cette activité avec des demi-groupes. Des classes de Seconde ou de Première S semblent très appropriées.

• Durée du projet

Il nous semble judicieux de limiter le nombre de séances consacrées à cette correspondance. En aucune façon, il ne s'agit de la prolonger pendant toute l'année scolaire, du moins en tant qu'activité de classe, au service d'objectifs didactiques définis par le professeur. Libre aux élèves d'entretenir la correspondance avec leurs e-correspondants en dehors du cours d'anglais, chez eux ou pendant le temps de libre accès aux ordinateurs connectés, tel qu'il est défini par l'établissement. Ils y trouveront l'occasion d'une utilisation parfaitement autonome de la langue comme de l'outil informatique.

Ainsi le projet décrit pourra-t-il se déployer sur quatre séances modulaires, soit un mois.

• Organisation

La bonne marche du projet repose sur la possibilité pour les élèves de pouvoir accéder à Internet en dehors des séances pilotées par le professeur. Il est par conséquent primordial que ce dernier se soit entendu au préalable avec les collègues responsables du parc informatique de façon à en autoriser la libre utilisation par ses élèves.

La viabilité de cet échange épistolaire requiert une programmation stricte des thèmes à aborder au fil des échanges si l'on ne veut pas courir le risque de la voir tourner court. De la même façon, l'élève doit être informé des modalités d'évaluation de ce travail. Ainsi chaque élève recevra le document d'accompagnement suivant :

Email project
Work schedule

Weekly topics
Below, you will see topics that I would like you to cover each week. Feel free to discuss any other topics you fancy.
Week 1
Introduce yourself, discuss your hobbies. (Attach any appropriate document.)
Week 2
Talk about your country and some of its traditions. (Attach any appropriate document.)
Week 3
Discuss teenage life in your country: dating, partying, music, etc. (Attach any appropriate document.)
Week 4
Discuss how you see your future. (Attach any appropriate document.)
Requirements
Please check your e-mail every day to see if you have an e-mail message. Always respond soon after you receive a message. Please send 2 messages per week (that includes 1 message and responding to the messages you receive).
I want to check all your correspondence with your keypal at the end of the project. Create a personal file and save all your e-mail messages. Print out the messages you receive on the class printer.
Assessment
Your final project will involve writing a paper (200 words) about your experiences with your e-pal. In this paper you can explore a topic of your choice in detail or you may just write about the whole experience in the form of an essay. You will also hand in a print-out or a disk containing all your correspondence.
Don't forget!
Make the most out of your keypal experience!
This is an opportunity for you to communicate even more in English and it will help you improve your command of the language.
You might even make a friend for life!

Les séances en classe permettent au professeur d'assurer le suivi de la correspondance :
– en faisant procéder à la rédaction d'une réponse par séance, avec apport lexical et fonctionnel à la demande et/ou consultation de dictionnaires ;
– en contrôlant et en supervisant le scannage des documents iconographiques joints ;
– en offrant aux élèves la possibilité de synthétiser les données concernant le correspondant tout en les confrontant aux leurs grâce à la grille suivante :

	Me	My keypal
• Introduction		
• Hobbies		
• Country		
• Traditions		
• Teenage life		
• The future		

De retour en classe entière, on exploitera ce document de façon à introduire ou à rebrasser, à titre d'exemple, les champs fonctionnels du contraste, de l'opposition ou de la similitude.

On le constate, un tel type de travail permet à l'élève de brasser une importante quantité de langue d'autant plus pertinente pour lui qu'elle est relative à un sujet qui lui est cher : lui-même.

De plus, et ce n'est pas là un moindre avantage, durant tout le projet, le professeur n'aura occupé qu'une place incidente – comme souvent dans la classe multimédia – de manière à favoriser la manipulation et la production de la langue dans la plus grande autonomie.

Entraînement à la lecture sur le Net

Un des avantages didactiques de l'exploration de pages Internet concerne le décodage de l'écrit.

Concevoir un projet pédagogique qui intègre une recherche d'information sur la Toile revient à mettre les élèves en position de lecteurs et à les confronter à la capacité de décoder de l'écrit. Il est dès lors légitime de s'interroger sur la pertinence du choix d'un support numérique pour mettre en œuvre ce qui s'apparente fort à une démarche d'entraînement à la lecture autonome. En effet, en quoi des pages Internet seraient-elles plus avantageuses sur le plan de la didactique que le traditionnel support papier ? Il nous apparaît que bien des réponses à cette question sont liées au caractère profus et surabondant de l'écrit que l'on trouve sur le net, pour ne rien dire des aspects de motivation que nous avons développés plus haut.

Aussi nous semble-t-il qu'amener l'élève/lecteur à prendre en charge de manière autonome le repérage rapide de l'essentiel sur une page web, parmi une profusion considérable de signes et de distracteurs de tous ordres (bandeaux publicitaires, outils de navigation, images, liens hypertextes) peut constituer un objectif didactique parfaitement satisfaisant. Dans ce cas, l'étude de supports écrits numériques vient en prolongement des travaux de lecture conduits en classe sur des supports plus traditionnels.

En bref, Internet peut contribuer à offrir plus de champ à la mise en œuvre des stratégies de lecture autonome :

• *skimming,* lors des phases suivantes :

– identification des sites pertinents sur la page des résultats, après avoir lancé une requête sur un métamoteur de recherche ;

– vérification de la pertinence du choix d'une page particulière par balayage visuel de son contenu.

• *scanning*, lors des phases suivantes :

– identification des zones du texte susceptibles de contenir l'information recherchée ;

– repérage des articulations de la mise en page ;

– recherche de mots-clés ;

– association image/son/texte.

• décodage détaillé (compréhension fine) :

– travail du lexique en autonomie ;

– travail de compréhension par inférence.

L'esquisse suivante dessine les grandes lignes d'un projet d'entraînement à la lecture sur le Net visant un public de Seconde ou de Première.

Exemple de projet d'entraînement à la lecture: Child abuse

Étape 1: travail en classe entière

Le travail en classe prend appui sur la chanson de Suzanne Vega : *Luka.*

• Phase 1

Décodage de l'oral.

Émission d'hypothèses à partir des paroles : *Just don't ask me what it was.*

• Phase 2

Introduction de la notion de *Children's Rights.*

Associogramme lexical/argumentatif autour du thème *Children's Rights.*

Rédaction collective de *The Unofficial Declaration of Children's Rights* après un travail sur les modaux *shall/should.*

• Phase 3

– Activité de groupe autour de la question : *Who do you think should enforce such a text ?*

– Introduction de la notion de *Non-Governmental Organization* (NGO).

– Étoffement lexical centré sur la notion de responsabilité : *It is up the Government to + V ; Governments should be held responsible for + V + -ING ; It is the Government's responsibility to + V,* etc.

• Phase 4

– Travail de décodage de l'écrit en binômes.

– Objectif : réduction de texte. Les élèves sont invités à produire une version condensée de l'article de presse ci-dessous, téléchargé par les soins du professeur sur http ://www.thetimes.co.uk.

Child abuse study results unveiled

Children are twice as likely to be abused by their siblings than by their fathers or stepfathers, a report said today.

More than 40 per cent of children abused by a family member, or by someone five years or more older, said a brother or stepbrother was the perpetrator, the NSPCC study showed.

Only 14 per cent named their father as the abuser, challenging the belief that fathers are the most common perpetrators of sexual abuse within families.

The NSPCC survey is the largest ever UK study into child maltreatment.

Published tomorrow as part of the charity's Full Stop campaign against child abuse, it involved interviewing nearly 3,000 young adults, aged 18-24, on their childhood experiences.

The investigation found that 1 per cent of young people interviewed said they were abused by a parent or step-parent.

Around 4 per cent of those interviewed said they had suffered sexual abuse by family members.

While fathers were responsible for 14 per cent of the abuse reported by interviewees, stepfathers were named by 19 per cent who had been abused within the family or by someone five years or more older.

But youngsters were three times more likely to be abused by another family member, including brothers and step-brothers. The survey also showed girls were three times more likely than boys to experience sexual abuse by a relative other than parents.

The study also challenged the idea that sexual abuse is the most common form of abuse suffered by children at home.

According to the survey, children are seven times more likely to be badly beaten by a parent than sexually abused by them.

The Child Maltreatment In The United Kingdom study, published to coincide with UN Children' Rights Day, found a strong link between serious physical abuse or neglect and the socio-economic status of the family.

It indicated that children in families facing poverty or social exclusion were particularly vulnerable.

Nearly three-quarters of youngsters who have been sexually abused or coerced into sexual activity do not tell anyone at the time, according to the NSPCC survey. A third never speak of their experiences.

The Times, Sunday, November 19th, 2000.

Étape 2 : Travail en binômes sur Internet

Le travail sur Internet repose sur l'exploration du site de la NSPCC (National Society for the Prevention of Cruelty to Children) consultable à http ://www.nspcc.org.uk. Ce site se configure de façon classique : la page d'accueil *(homepage)* s'ouvre après avoir entré l'adresse du site. Son intérêt, en ce qui concerne le travail de recherche et de lecture autonomes que nous entreprenons ici, réside dans l'arborescence des pages, signalée par l'affichage à l'écran de douze boutons *(buttons)*.

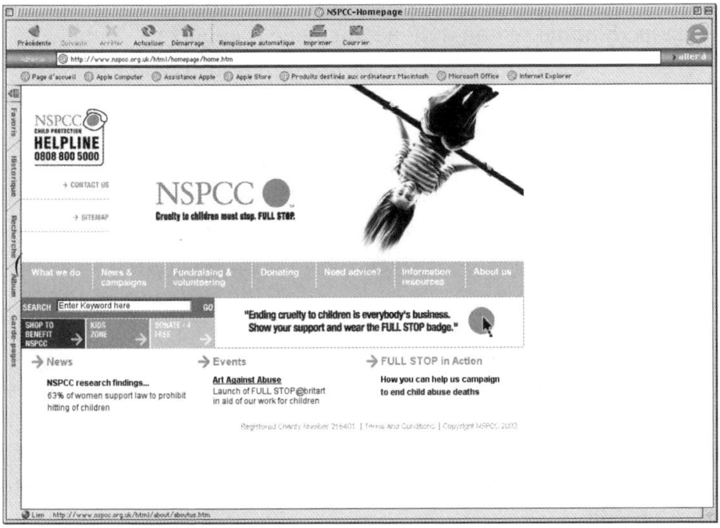

Chacun de ces boutons donne à son tour accès à une autre arborescence de pages, ainsi que l'illustre l'image suivante :

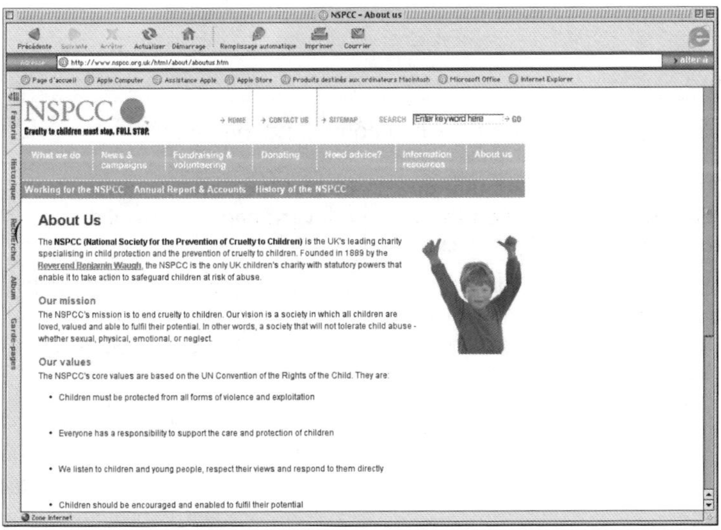

Autant dire que l'élève-lecteur se trouve placé face à une profusion considérable de signes à décoder, pour ne rien dire des gestes techniques qu'il doit accomplir pour naviguer d'une page à l'autre.

Dès lors, notre travail va consister à assigner des tâches de recueil de l'information tout en vérifiant la cohérence des opérations de navigation.

• Phase 1

Chaque binôme se voit assigné une zone d'enquête :

1. *Search for information about the different types of help individuals can offer.*

2. *Search for information about the various aims of the NSPCC.*

3. *Search for information about the costs faced by the NSPCC.*

4. *Search for information about the President's name.*

5. *Search for information about the many services the NSPCC can offer.*

6. *Search for information about the number of children the NSPCC cares for.*

7. *Search for information about the different ways in which the NSPCC can take action.*

8. *Search for information about the amount of money needed this year.*

Etc.

• Phase 2

Chaque binôme reçoit le tableau de navigation et de recueil de l'information suivant :

URL of the pages you have browsed	**clues that put you on the right track**	**URL of the relevant pages**	**search results**

Exemple de réponse pour le binôme 2 (incomplet ici) :

URL of the pages you have browsed	**clues that put you on the right track**	**URL of the relevant pages**	**search results**
http://www.nspcc.org.uk/homepage/ (search button – word entered: missions	–"about the NSPCC" button – transform the lives of vulnerable children in the new millennium	http://www.nspcc.org.uk/about us/ http://www.nspcc.org.uk/information bank/	– protect children who are at risk – help children who have suffered cruelty to overcome its effects – work to protect children

• Phase 3

Mise en commun interactive des données recueillies avec prise de notes au tableau sous la responsabilité d'un ou plusieurs secrétaires de séance.

Les TPE, le multimédia et la recherche documentaire

L'année scolaire 2000-2001 aura été marquée par la généralisation des Travaux Personnels Encadrés (TPE), adaptation au cycle secondaire des TIPE des classes préparatoires. C'est au cours de l'année scolaire suivante que les TPE auront été étendus aux classes de Terminale, sur la base du volontariat.

Il est malaisé de commenter à chaud une initiative encore nouvelle au moment où nous mettons sous presse. La distance manque et faute de recul, il s'avère périlleux de tenter de dresser un quelconque bilan. Aussi nous cantonnerons-nous à une attitude de prudence, en nous bornant à rappeler « la philosophie » de cette nouvelle forme d'accès à des apprentissages nouveaux.

Problématique pédagogique des TPE

Historiquement, les TPE procèdent de la réflexion institutionnelle sur les moyens à définir afin de favoriser l'autonomie des élèves. Pour nouvelle qu'elle soit, la dénomination TPE ne fait qu'officialiser et étendre les procédures traditionnelles d'accès aux apprentissages qui visent les savoirs comme les compétences.

Cependant, ici, le souci premier est de quitter le cadre habituel de la classe, du module ou du TD, pour proposer des situations pédagogiques qui s'articulent selon trois axes :

- recherche autonome ;
- élaboration d'une production ;
- communication de cette production.

Une fois passée l'étape de la définition du champ de recherche, avec l'aide des professeurs-tuteurs, l'élève entame un parcours d'investigation et d'expérimentation dont la nature est éminemment pluridisciplinaire. Mais dans le concert des disciplines dites dominantes,[6] nulle discipline ne saurait prendre le pas sur les autres. C'est dire le rôle particulier que revêtent les langues vivantes dans une telle perspective : elles deviennent support de l'information, vecteur de données et sont envisagées sous leur dimension purement véhiculaire.

---

6. Les langues vivantes sont considérées comme « discipline dominante » dans les séries L et ES et sont à ce titre impliquées dans les TPE.

Dès lors, la problématique pédagogique des TPE appliqués aux langues vivantes se pose essentiellement en termes d'autonomie dans la capacité à traiter l'information, telle qu'elle pourra être délivrée aux élèves, par les innombrables sources mises à leur disposition : encyclopédies, monographies, cartes, statistiques, pages web, cédéroms, enregistrements audio/vidéo, etc.

Méthodologie de la recherche et du traitement de l'information

Certes, les recherches entreprises par les élèves dans le cadre des Travaux Personnels Encadrés visent avant tout à recueillir les éléments d'information et de critique relatifs à la problématique définie. Cependant, au-delà, elles permettent un profond travail d'apprentissage par le déploiement de démarches et de méthodes de recherche et de traitement de l'information. En cela, elles constituent une réelle propédeutique aux travaux de recherche qui seront exigés lors des cycles universitaires auxquels le Baccalauréat donne accès. Aussi aura-t-on intérêt à diversifier les voies de la recherche documentaire en recourant aux moyens traditionnels aussi bien qu'aux moyens plus contemporains offerts par la technologie multimédia.

De même que ses collègues des autres disciplines associées aux TPE, le professeur de langue vivante se voit investi d'un rôle d'encadrement qui dépasse largement les limites de sa discipline. Mais cependant, dans le cadre de cette tâche nouvelle, il lui sera peut-être plus aisé de poursuivre son travail d'incitation à la réflexion critique sur les informations recueillies, au travers du prisme de repères culturels spécifiques à la langue abordés en classe.

En effet, être capable d'identifier, de recouper et de vérifier des sources données en langue étrangère suppose une connaissance fine des contextes historiques et socioculturels dont elles émanent. Qui mieux que le professeur de langue peut entraîner à l'autonomie dans de tels domaines ?

Par ailleurs, percevoir l'explicite et l'implicite des discours, les intentions des auteurs ou des producteurs d'images sont autant de capacités que le professeur de langue développe au fil des projets pédagogiques qui jalonnent l'année.

On le voit, résolument centrés sur la notion d'autonomie, les TPE offrent un terrain d'expression plus vaste aux capacités de prise en charge autonome de la langue.

Loin d'être exclusifs de ceux des disciplines voisines, les savoirs et les savoir-faire de l'élève linguiste se combinent harmonieusement au sein des TPE, pour un gain d'autonomie toujours plus grand.

3 TÉLÉVISION NUMÉRIQUE PAR TRANSMISSION SATELLITAIRE

A. PRÉAMBULE

N'importe quel établissement peut, où qu'il soit implanté, « jouer à saute-frontière ».[7]

La télévision, déjà fortement implantée dans les classes de langue comme moyen de lecture de documents vidéo, se transforme, dans cette perspective trans-frontalière, en une lucarne ouverte sur le monde anglophone grâce à laquelle les données sonores et visuelles déferlent dans la salle de classe dans des conditions de réception – de décodage, pour les élèves – les plus authentiques et proches de la réalité possibles.

Ce passeport est au prix d'un équipement désormais courant, au coût modique dans le budget pluriannuel d'un établissement, qui se compose :
- d'un parc de téléviseurs modernes multistandards ;
- d'une antenne parabolique ;
- d'un démodulateur ;
- d'un abonnement à un ou plusieurs bouquets de chaînes numériques satellitaires.

En Europe, les anglicistes gagneront à orienter leurs paraboles sur les deux principaux satellites pourvoyeurs de stations anglophones, publiques ou privées, gratuites ou payantes :
- Astra 2A 28,2° Est
- Eutelsat W2 16° Est

Le lecteur qui souhaiterait de plus amples détails sur les nombreuses chaînes diffusées par ces deux satellites se rendra avec profit sur http ://www.com/pro/satellite/astra2a.html.

B. LA RÉCEPTION SATELLITAIRE : QUELQUES ASPECTS DIDACTIQUES

Le visionnage en temps réel

L'utilisation de la télévision en classe, en direct, en temps réel, se démarque sensiblement de celle que l'on peut en faire lors de l'exploitation de

7. L'expression est de Pierre Noaro, Inspecteur général de l'Éducation nationale (*Langues Vivantes et Technologies Nouvelles, Langues et télévisions par satellite*, ministère de l'Éducation nationale). Nous nous inspirons largement de cette brochure pour la rédaction des pages qui suivent.

supports vidéo. Pour précieux et authentiques qu'ils soient, ceux-ci n'en demeurent pas moins des moments arrêtés dans le temps, parce que figés sur la bande magnétique vidéo, sur laquelle le spectateur – le professeur ou l'élève – peut à loisir effectuer retours en arrière, sauts en avant et pauses.

Rien de tel dans le cas d'un document télévisé reçu « à chaud », sans aucune possibilité de retours en arrière ni de visionnements répétés. En effet, ici, le sens se saisit dans l'immédiateté de la diffusion du document. Cette situation sollicite la capacité d'attention de l'élève. Par ailleurs elle l'entraîne à la rapidité et à l'adaptation nécessaires pour capter tout ou partie d'un message éphémère, dont on sait qu'il ne sera pas redondant.

En conséquence, l'élève-téléspectateur placé en situation de réception unique, en temps réel de diffusion, est amené à développer des stratégies personnelles de compréhension qui le conduisent à départager l'essentiel de l'accessoire tout en établissant les liens signifiants entre la parole, l'image et le son.

On peut distinguer deux types de diffusion en temps réel :

Le direct prévisible

Il suppose le repérage et l'identification préalables du type d'émission, par le professeur, d'une part, mais aussi par les élèves-téléspectateurs. Cette phase constitue une étape indispensable sur la voie de la prise de sens. En effet, chaque type d'émission répond à un schéma formel bien particulier. Un journal télévisé ne se présente pas sous la même forme qu'un documentaire et encore moins qu'un spot publicitaire. Ainsi, reconnaître la forme d'un message télévisuel revient à pouvoir anticiper son contenu ainsi que ses aspects formels. (Notons que l'on recourt ici à des techniques d'identification des éléments supra-linguistiques comparables à celles que nous avons décrites lors des activités de décodage de l'écrit ou de l'oral.)

Le direct aléatoire

Il place tous les acteurs de la classe sur un pied d'égalité puisque ni l'enseignant ni les élèves ne connaissent le contenu du document qui va être visionné.

C'est à ce type de visionnement que l'on recourra dans le but d'évaluer l'autonomie dans la prise en charge de la reconstruction du sens d'un document parfaitement inconnu et diffusé une seule fois.

Compétences, capacités et savoir-être sollicités

Ils ne diffèrent guère de ceux qui sont décrits dans les pages consacrées au décodage de l'oral et à l'exploitation de supports vidéo. On se reportera à ces pages pour plus de détails quant aux activités possibles. Cependant, leur mise en œuvre en classe se trouve étroitement conditionnée par l'aspect essentiellement imprévisible et fuyant des contenus.

Le lecteur trouvera ci-après une liste, purement indicative, de quelques compétences à entraîner afin d'affiner la compréhension globale d'un document télévisé diffusé en temps réel.

Décodage du son et de l'image (compréhension globale)

– **Repérer et identifier des éléments d'information** en systématisant le recours à l'identification de certaines composantes non verbales du message sonore (bruits, ton, intonation) et en prenant appui sur les éléments verbaux connus et repérés qui serviront à formuler des hypothèses personnelles que le téléspectateur confrontera à l'image.
– **Compenser l'inconnu, le mal perçu,** en établissant des liens logiques entre les éléments visuels et les éléments sonores de l'émission, tout en prenant garde au caractère essentiellement polysémique de toute image.
– **Prendre des notes et classer** dans le but de reconstituer *a posteriori* la trame des événements, des données informatives et factuelles afin de les restituer ou de les réutiliser plus tard lors d'un compte rendu oral ou écrit.

Encoder pour rendre compte (production orale ou écrite)

– **Reformuler le message visionné** à partir des seuls éléments visuels repérés et pris en notes.
– **Reformuler le message visionné** à partir des seuls éléments sonores repérés et pris en notes. (Notons les potentialités d'interaction qu'offre la mise en commun de cette étape de reformulation, ainsi organisée, à partir de deux types de repérages distincts.)
– **Élaborer un commentaire nuancé** en faisant apparaître la part d'interprétation personnelle (utilisation de la modalisation, de l'aspect et des fonctions langagières d'appréciation intellectuelle.)

Savoir-être

– **Accepter de ne pas comprendre l'intégralité du message sonore** sans se décourager et tabler sur les éléments supra-linguistiques.
– **Négocier le sens en interaction** avec les autres membres du groupe, à l'issue d'un unique visionnage, dans une démarche où la compréhension parcellaire de chacun favorise la compréhension globale de tous.

Visionnage en temps réel : quelques exemples d'activités pour la classe

Exemple 1 : Classe de Seconde, journal télévisé (Skynews)

• Objectifs

Compréhension globale : créer des habitudes de repérage.

Production orale : entraîner à la reformulation.

Savoir-être : accepter les difficultés posées par le caractère fugace du message sonore ; interagir dans le but de reconstituer le sens.

• Pistes de mise en œuvre

1. La classe est répartie en trois groupes avec une tâche de repérage pour chacun (groupe 1 : relevez ce que vous voyez à l'écran ; groupe 2 : relevez les mots ou les bribes de phrases que vous entendez ; groupe 3 : relevez les bruits que vous entendez ainsi que ce que vous lisez sur l'écran).

2. Visionner en temps réel deux minutes de l'émission.

3. Réserver deux minutes de travail individuel pour la prise de notes.

4. Former des trinômes composés d'un membre de chaque groupe. Le travail consiste alors à reconstituer l'essentiel du message en confrontant les notes de chacun (cinq minutes).

5. Mise en commun en classe entière (dix minutes). Apport lexical et fonctionnel à la demande. Un élève joue le rôle de secrétaire de séance et consigne l'essentiel au tableau sous forme de notes.

6. Possibilité d'une reformulation orale individuelle étayée par les notes laissées au tableau.

Exemple 2 : Classe de Seconde, zapping *d'une chaîne à l'autre*

• Objectifs

Compréhension rapide.

Développement de la capacité à inférer un contenu.

Production orale.

• Pistes de mise en œuvre

On pourra réserver cette activité à une séance modulaire (Seconde) ou en demi-groupe (Première S).

1. La demi-classe est répartie en groupes de trois élèves avec une tâche de repérage pour chacun des membres du trinôme (élève 1 : relève ce que tu vois à l'écran ; élève 2 : relève les mots ou les bribes de phrases que tu entends ; élève 3 : relève les bruits que tu entends ainsi que ce que tu lis sur l'écran).

2. Un élève à la charge de la télécommande et du chronométrage de l'activité. La consigne consiste à « zapper » d'une chaîne à l'autre dans la limite de sept chaînes et sans s'attarder plus de quinze secondes sur chaque chaîne *(skimming)*.

3. L'objectif est de sélectionner une chaîne parmi les sept parcourues. Pour ce faire, chaque trinôme devra s'accorder sur la chaîne à retenir et en préparer une présentation convaincante au reste de la classe.

4. Les arguments de chaque trinôme seront consignés au tableau et l'on amorcera un débat, à l'issue duquel on arrêtera le choix de la chaîne que l'on regardera plus longuement la fois suivante *(scanning)*.

Exemple 3 : Classes de Seconde, Première et Terminale, Prime Minister's Question Time *(BBC Parliament)*

- Objectifs

  Civilisationnel.

  Étoffement lexical et fonctionnel.

- Pistes de mise en œuvre

  1. La classe regarde cinq minutes pour identifier le type d'émission.

  2. Description (discrimination lexicale) du bâtiment *(circular, semi-circular, rectangular...)*, des attitudes *(yawn, nod, shake head...)*, des sentiments *(amused, angry, fuming, bored...)* et des actions *(MPs stand up to ask for the right to speak, they shout 'ayes ' and 'noes' to show approval or disapproval...)*.

  3. Émission d'hypothèses sur ce qui se déroule à l'écran. Utilisation de la modalité épistémique *it looks as if... , he's likely to...* , etc.

  4. Sensibilisation au bipartisme à la Chambre des Communes tel qu'il est reflété par sa disposition.

  5. Comparaison et contraste avec le système parlementaire français avec l'appui du document d'aide suivant :

  Match elements of the first and second columns and link them with *whereas, unlike, as, while, yet* so as to make meaningful sentences.

Britain	**France**
The Chamber is rectangular. The parties face each other. There are two main parties. The Prime Minister is... The Speaker presides over the sessions.	The Premier is... There are several influencial parties. The House is semi-circular. The President of the Assembly presides over the debates. The parties are side by side.

4 LA VIDÉO

A. PRÉLIMINAIRES

L'utilisation du magnétoscope devient de plus en plus monnaie courante dans les classes de langue. Il procure aux enseignants une excellente opportunité de varier les supports et de susciter l'intérêt des élèves. D'ailleurs, dans les *Instructions Officielles* concernant la classe de Seconde, on peut lire :

> Le *magnétoscope* permet une présentation encore plus motivante de matériaux audiovisuels appropriés, télévisuels et cinématographiques. Les vidéocassettes à caractère didactique ne sont pas à exclure. Mais on suscitera plus aisément l'intérêt d'une classe en recourant à des documents authentiques, comme des films en version originale, toute les fois que l'on peut y avoir accès.
> Il paraît légitime, dans la plupart des lycées, de consacrer quelques séances au moins à l'étude d'un film en version originale que tous les élèves auront la possibilité de voir pendant l'année et dont les séquences pourront faire l'objet d'un travail précis en classe.
>
> *Instructions Officielles*, 1995.

Plus loin, dans la partie consacrée aux classes de Première et de Terminale, on peut lire également :

> [...] l'intégration pédagogique progressive du film comme instrument linguistique, iconographique et culturel s'impose avec plus d'impérieuse nécessité encore qu'en Seconde.
> Les classes de Première et Terminale ne peuvent s'isoler d'un environnement électronique où les élèves se meuvent à l'aise. Dans ces nouveaux espaces où la facilité des voyages et la télématique abolissent les distances, les occasions de contact avec les diverses variétés d'anglais sont multiples.
>
> *Instructions Officielles*, 1995.

Les enseignants sont donc incités à utiliser des supports vidéo dans leurs classes. Malheureusement, l'usage en est strictement réglementé.

B. LE CADRE LÉGAL

L'utilisation des chaînes de télévision en langue anglaise diffusées par le câble et le satellite sont autorisées, dans la mesure où elles sont montrées en direct. Elles peuvent aussi l'être en différé, à condition que l'extrait enregistré n'excède pas 1 min. 30 et soit utilisé dans les huit jours qui suivent sa diffusion. Nous reviendrons sur l'utilisation pédagogique que nous pouvons en faire.

L'utilisation des cassettes vidéo à caractère didactique[8] auxquelles les *Instructions Officielles* font allusion, ne pose pas de problème, cela va de soi, car elles sont prévues pour la diffusion en classe. Citons d'ailleurs à cet égard l'excellente production du CRDP de Bourgogne, *Télé-langues, lycées.* Chaque année, trois cassettes sont publiées, accompagnées d'un livret d'exploitation des divers supports qui y sont présentés. Il s'agit essentiellement de spots publicitaires et d'extraits de journaux télévisés sélectionnés pour l'intérêt qu'ils peuvent présenter pour des classes de lycée.[9] Il va de soi que les droits ayant déjà été négociés, l'utilisation de ces cassettes est parfaitement légale.

Il n'en va pas de même pour les films que l'on peut enregistrer ou acheter dans le commerce. Ces derniers indiquent sur la jaquette et au tout début de la bande, que l'usage doit en être strictement personnel ou familial, ce qui exclut de fait une utilisation publique :

> The copyright proprietor has licensed the film (including its soundtrack) comprised in this videocassette for home use only. All other rights are reserved. The definition of home use excludes the use of this videocassette at locations such as clubs, coaches, hospitals, hotels, oil rigs, prisons and schools. Any unauthorised copying, editing, exhibition, renting, exchanging, hiring, lending, public performance, diffusion and/or broadcast of this videocassette or any part thereof is strictly prohibited and any such action establishes liability for a civil action and may give rise to criminal prosecution.
>
> CIC Video

On ne peut pas être plus clair ! Cependant, il est toujours possible d'écrire aux producteurs pour demander l'autorisation d'en faire usage dans le cadre d'une activité pédagogique en classe. On peut trouver les adresses *e-mail* sur Internet. Généralement, on n'obtient pas de réponse, mais il n'est pas certain que le dicton : « qui ne dit mot consent », soit bien valable sur le plan juridique. Par contre on peut toujours s'appuyer sur le droit à la citation. Selon l'article L-122-5 de la loi, si l'œuvre a déjà été divulguée, l'utilisation de « courtes citations justifiées par le caractère critique, polémique, **pédagogique**, scientifique ou d'information » est possible sous réserve que les noms de l'auteur et de la source soient clairement indiqués. Ces citations doivent en outre être intégrées dans un ouvrage. Il est bien évident qu'il est plus problématique d'intégrer un fragment de vidéo dans une œuvre. Heureusement, il est toujours possible de jouer sur les mots et d'avancer qu'une séance de cours est

8. On peut cependant regretter le prix généralement élevé de ce type de production, nettement supérieur à celui des cassettes destinées à la consommation de masse.
9. Signalons qu'il existe également une série destinée aux classes de collège.

une « œuvre » pédagogique ! Ceci nous oblige cependant à n'utiliser que des fragments très courts (3 à 4 minutes au grand maximum).

Il vaut mieux, dans le cadre du droit à la citation, utiliser des cassettes achetées dans le commerce plutôt que des copies, dans la mesure où celles-ci, toujours selon le même article de loi, sont « strictement réservées à l'usage privé du copiste et non destinées à une utilisation collective ».

C. L'ASPECT TECHNIQUE

Il existe trois standards de diffusion télévisuelle dans le monde. En France, le système qui a été retenu pour la grande qualité des couleurs qu'il permet, est le standard SECAM. Dans les autres pays d'Europe, c'est le standard PAL qui domine. La plupart des téléviseurs et magnétoscopes récents sont équipés du double système, ce qui fait que les cassettes achetées en Grande-Bretagne par exemple, peuvent être lues en France sans aucun problème technique. Cependant, si le matériel date un peu et n'est pas multistandard, on pourra visionner les cassettes britanniques, mais on perdra la couleur. Pour ne pas rencontrer ce problème, il convient donc de s'assurer que le matériel dont dispose l'établissement scolaire, est bien PAL-SECAM. Cela concerne, bien sûr, le téléviseur ***et*** le magnétoscope ! Aux États-Unis et au Canada, c'est le standard NTSC qui est utilisé. Ce système est complètement incompatible avec le nôtre ; il est donc inutile d'acheter des cassettes vidéo en Amérique du Nord, on ne peut pas les lire. Ceci dit, il existe maintenant du matériel triple standard, un peu plus onéreux certes, et qui malheureusement n'a pas encore vraiment franchi la porte des salles de classe.

Il est du devoir des professeurs de langue d'insister auprès de leur chef d'établissement pour que leur lycée soit correctement équipé. L'idéal, c'est que chaque classe de langue dispose de son propre matériel, ce qui permet de fixer le téléviseur directement sur le mur, suffisamment haut pour que tous les élèves puissent voir dans de bonnes conditions. Si tel n'est pas le cas, il existe des chariots équipés de roulettes sur lesquels le matériel peut être installé et être déplacé d'une salle à une autre. Un équipement pour deux classes paraît encore raisonnable, mais au delà, l'utilisation devient problématique. C'est tout à fait dommage d'entendre des collègues avouer ne jamais se servir de la vidéo dans leurs classes parce que l'accès au matériel est trop compliqué.

Il est vrai que l'utilisation de ce type d'auxiliaire devrait pouvoir se faire sans aucune contrainte, de manière à rester conviviale. Rien n'est plus pénible en effet que de devoir prévoir à quel moment on en aura besoin afin de récupérer au préalable le matériel dans la classe voisine, sans que ce soit préjudiciable à notre bon fonctionnement ainsi qu'à celui de notre collègue. En effet, parfois le visionnage n'interviendra que quelques minutes au cours de la séance, pour illustrer un point précis, par exemple. Il est hors de question dans ce cas d'avoir à déployer, pour de simples questions matérielles, une énergie bien inutile.

Profitons de cette partie dévolue à l'aspect technique pour évoquer un nouvel auxiliaire de plus en plus répandu. Il s'agit du lecteur de DVD qui est d'un maniement plus aisé que le magnétoscope. En effet les films sont gravés sur des CD, ils ne prennent donc pas de place, et on ne rencontre plus le problème des bandes qui se cassent ou qui s'abîment, perdant notamment en qualité après avoir été utilisées de trop nombreuses fois. De plus, d'un point de vue pédagogique, ils offrent plus de possibilités car ils proposent un choix de langues et de sous-titres. On peut donc commencer par travailler le décodage du message oral. On peut ensuite ajouter les sous-titres anglais, qui reprennent intégralement le message oral, et qui signalent également les divers effets sonores, car ils sont destinés aux malentendants. Le fait de pouvoir lire permet de compenser le mal perçu et permet une compréhension plus fine. Il ne faudra pourtant pas abuser de cette possibilité car les élèves risqueraient de ne plus faire l'effort de comprendre par la seule audition. Enfin, si l'on souhaite utiliser un support filmique pour travailler la traduction, on peut sélectionner la version originale en anglais, sous-titrée en français, pour étudier la version, ou le contraire, pour le thème, ce que nous pratiquons beaucoup moins souvent, il est vrai. Au moment de l'achat, il convient de vérifier sur la boîte que les langues et les sous-titres qui nous intéressent sont bien présents (ce n'est pas toujours le cas). Attention, comme le monde est divisé en zones (par exemple, l'Amérique constitue la zone 1 ; l'Europe la zone 2), il convient de se procurer un lecteur dézonable[10] pour éviter les mauvaises surprises.

En dehors des circuits commerciaux traditionnels, on peut se procurer très facilement cassettes vidéo et DVD sur Internet, par exemple sur www.amazon.com, www.reel.com ou www.blackstar.co.uk, pour ne citer que les sites les plus connus.

D. INTÉRÊT DE L'UTILISATION DES SUPPORTS VIDÉO

Après quelques années d'enthousiasme, l'intérêt pour l'étude de l'anglais s'émousse considérablement. Les méthodes traditionnelles basées sur l'uti-

10. C'est le vendeur qui s'occupe de l'opération qui consiste à le rendre multizone.

lisation d'un manuel en association avec des enregistrements sur cassettes audio, ne suffisent plus à varier suffisamment les activités. Au collège, dès la 4e ou la 3e, les élèves se démobilisent et l'enseignement perd en efficacité. Il convient donc de relancer l'intérêt des élèves à leur arrivée au lycée. La vidéo constitue dans ce sens un outil pédagogique précieux. Actuellement, nos élèves sont nourris d'images télévisuelles et de jeux vidéo. Cette forme de culture quasiment exclusivement centrée sur l'image qui est la leur, peut certes être critiquée pour diverses raisons que nous ne développerons pas ici, mais elle ne saurait être niée ou ignorée. En effet, elle est induite par le monde dans lequel nous vivons. Alors, plutôt que de se plaindre que les élèves ne lisent pas assez et que les « vrais » valeurs se perdent, vivons avec notre temps et essayons de tirer partie de cette formidable banque de données que nous fournit le monde de l'audiovisuel. N'oublions pas que le cinéma, à savoir le septième art, constitue une valeur culturelle à part entière, et qu'il peut en outre, par le biais de l'adaptation à l'image d'œuvres littéraires, constituer un excellent moyen de susciter l'intérêt de nos élèves pour celles-ci, et donc raviver le plaisir de la lecture.

La vidéo permet de faire entrer le monde réel – du moins une certaine vision de ce monde – dans les classes, favorisant un accès plus direct à la culture des pays dont on étudie la langue. La production anglo-saxonne est d'ailleurs considérable et très largement dominante sur nos écrans. Les élèves y sont très sensibles, elle fait partie de leur monde, et même si on peut évidemment critiquer l'impérialisme américain au nom de notre exception culturelle, on ne peut pas en nier la présence. En outre la vidéo est plus vivante et plus stimulante que les supports traditionnels, dont l'approche est moins immédiate. Nous avons tous l'expérience de classes un peu bruyantes qui deviennent parfaitement attentives et calmes dès lors que nous mettons le téléviseur en marche, quel que soit le support proposé d'ailleurs.

Ce que nous montrons à nos élèves est donc généralement bien perçu, même si nous le présentons comme une activité d'apprentissage à part entière. En effet, il est indispensable d'expliquer à nos classes, dès le début de l'année scolaire que l'utilisation de la vidéo n'est pas une activité récréative et qu'elle constitue un outil pédagogique au même titre que les autres supports employés. On se doit d'insister sur le fait que les extraits utilisés seront courts et qu'ils feront l'objet d'une exploitation destinée à la mise en place de savoirs et de savoir-faire au service de la langue. Les élèves ne doivent pas se faire d'illusions et s'imaginer que l'on va leur permettre de visionner des films entiers, juste pour faire passer le temps. De toute manière, on l'a vu, ce serait illégal, et ils doivent en être informés.

E. LES DIFFÉRENTS TYPES DE SUPPORTS

Chaque enseignant devrait se constituer une vidéothèque personnelle et établir une liste récapitulative de son contenu afin de la distribuer aux autres membres de la section d'anglais de son établissement. En procédant de la sorte, on multiplie les possibilités d'échanges et donc la variété des supports que l'on peut proposer aux élèves. Il est évident que chacun doit faire preuve de bonne volonté et que les « échanges » ne doivent pas être unilatéraux.

Les sujets trop liés à l'actualité immédiate perdent rapidement de leur intérêt. En effet, leur fugacité fait qu'ils se démodent rapidement et qu'ils n'évoquent plus rien à personne après un laps de temps généralement assez court. Si l'on désire retenir des sujets présentés dans le cadre d'un journal télévisé, ils doivent faire référence à des faits suffisamment généraux et intemporels pour ne pas perdre de leur intérêt trop vite. Les sujets retenus et proposés par le CRDP de Bourgogne que nous avons déjà évoqués, présentent cette garantie. En effet, comme l'utilisation de documents vidéo personnels demande un gros travail de préparation, il vaut mieux, pour des raisons pratiques pouvoir le réinvestir au moins pendant quelques années.

Dans les limites de cette restriction, on peut utiliser :

– des documentaires ;
– des reportages ;
– des courts métrages ;
– des longs métrages ;
– des spots publicitaires, qui sont le plus souvent d'une grande qualité technique, étant réalisés par des metteurs en scènes généralement célèbres, et disposant de moyens financiers considérables. Ils sont également très riches sur le plan symbolique et permettent donc un travail d'analyse sémiologique intéressant ;
– des vidéo-clips ;[11] il convient de se tenir au courant de l'actualité musicale et de savoir quels sont les titres favoris de nos élèves, si on ne veut pas paraître « ringard » ou décalé. La recherche au niveau des images proposées en relation avec les paroles de la chanson est parfois tout à fait digne d'intérêt et permet une exploitation très productive ;
– des dessins animés. Ceux de Tex Avery, par exemple, continuent à obtenir un franc succès dans les classes ;
– des bulletins météorologiques ;
– des émissions culinaires, etc.

11. On peut enregistrer des vidéo-clips sur MTV, chaîne musicale bien connue de nos élèves, qui est diffusée sur le câble et par satellite.

F. COMMENT LES UTILISER ?

Il ne faut jamais perdre de vue la finalité d'un travail effectué sur un document quel qu'il soit. Il doit toujours être au service de la langue et des grands objectifs que l'on s'assigne pour en permettre l'étude. Il en va bien sûr de même pour les supports vidéo. Ceux-ci présentent cependant des caractéristiques spécifiques que l'on prendra en considération lors de l'élaboration des projets pédagogiques les concernant. En effet, d'une part il s'agit d'images mobiles, par opposition au caractère fixe que présente un document iconographique par exemple, et d'autre part ces images sont associées à une bande-son. Cette association a des conséquences intéressantes sur le plan de la pratique didactique. En effet, l'image apporte une aide considérable à la compréhension du message oralisé, de par son contenu explicite, mais également par le message implicite véhiculé par les divers signes et symboles qui peuvent apparaître sur l'écran. On est d'ailleurs parfois étonné de voir à quel point certains élèves y sont sensibles et jusqu'à quel degré ils sont capables de les décoder pour accéder au sens. À cet égard, il importe de sélectionner les extraits que l'on se propose d'étudier en focalisant notre attention sur les rapports qu'entretiennent l'image et le son. Il serait en effet dommage de se priver de cette aide éventuelle à la compréhension. Parfois l'image n'éclaire en rien le discours dans certaines séquences de film, et dans ce cas, il vaut mieux ne pas les sélectionner.

Les documents vidéo sont également d'excellents déclencheurs de parole. En effet, l'analyse des éléments visuels entraîne généralement des débats oraux productifs et animés, et la reformulation des énoncés du script donnent également de bonnes occasions de prises de parole permettant aux élèves de reprendre à leur compte les éléments langagiers repérés. C'est cette double dimension qui rend les supports vidéo supérieurs aux supports audio et qui en fait la richesse. Il est d'ailleurs fréquent de constater que des élèves généralement effacés prennent beaucoup plus volontiers la parole quand il s'agit de commenter un extrait de film.

Dans cette optique, il convient de ne pas perdre de vue les besoins langagiers des élèves. On analysera le support vidéo retenu au même titre qu'un document papier pour en recenser les possibilités linguistiques et culturelles, et on se demandera quelles structures langagières il conviendra de rebrasser ou d'introduire pour faciliter le commentaire des élèves. On cherchera en outre à en intégrer l'étude dans une séquence dont elle ne constituera qu'une étape et pas nécessairement une fin en soi. N'oublions pas que nous sommes avant tout des professeurs de langue, comme nous avons déjà eu maintes fois l'occasion de le signaler, et non des spécialistes de cinéma, même si bien sûr un certain niveau de culture dans ce domaine est souhaitable. Toutes nos démarches doivent être orientées par cette « philosophie », quel que soit le type de support. La langue doit toujours rester au centre des projets et non servir de prétexte. À l'inverse, ce sont les supports utilisés qui servent de prétexte à l'étude de la langue.

G. EXEMPLES D'ACTIVITÉS À PARTIR DE DOCUMENTS VIDÉO

Initiation au lexique spécialisé

Avant d'aborder l'étude d'extraits de films et autres supports, il convient d'initier les élèves au lexique spécifique de la vidéo. En effet, ils peuvent en avoir besoin pour décrire telle scène ou telle action. Les différents plans et autres mouvements de caméra relèvent généralement d'un choix délibéré de la part du réalisateur. Ils sont donc signifiants et participent de la construction du sens. Certes, il n'est pas question de faire de nos élèves des spécialistes, ni de les surcharger inutilement avec des termes trop techniques, mais la connaissance d'un vocabulaire de base paraît raisonnable dans la mesure où elle élargira les possibilités d'analyse et d'expression. Le glossaire qui suit intègre donc les termes techniques les plus courants auxquels s'ajoutent des termes renvoyant aux divers supports, ainsi qu'à la télévision et aux personnes travaillant dans le monde de l'audiovisuel :

Français	**Anglais**
accéléré	*accelerated motion*
angle de prise de vue	*camera angle*
animateur	*host* (n.)
animateur de jeux	*compere*
animé par	*hosted by*
antenne	*aerial* (n.)
antenne parabolique	*satellite dish*
arrêt sur image	*freeze frame*
avance rapide	*fast forward*
bande-son	*soundtrack*
bande-annonce	*trailer*
bruit de fond	*background noise*
bruitage	*sound effect*
cadrage	*framing*
cadre	*frame*
chaîne	*channel*
champ	*shot*

changer de chaîne	*to change channel*
clip	*video-clip*
contre-plongée	*low-angle shot*
contrechamp	*reverse angle, reverse shot*
correspondant	*correspondent*
court métrage	*short film, one-reeler (US)*
cut	*cut*
dans le champ	*in shot*
débat télévisé	*talk show*
décor	*set, setting*
décors	*set design*
différé	*taped*
diffuser	*broadcast (v.)*
documentaire	*documentary*
doublage	*dubbing*
éclairage	*lighting*
écran	*screen*
effets spéciaux	*special effects*
émission	*programme*
émission de jeux	*game show*
en direct de	*live from*
envoyé spécial	*correspondent*
feuilleton	*series*
fondu	*fade*
fondu au noir	*fade-out*
fondu enchaîné	*dissolve*
générique	*credits*
gros plan	*close-up*
heure de grande écoute	*prime time*
hors champ	*off-screen*
indicatif musical	*jingle*
informations	*news*
long métrage	*feature film*
magnétoscope	*VCR, VTR*
metteur en scène	*director*
micro(phone)	*microphone, mike*
montage	*editing*
panoramique	*pan-shot*
panoramique horizontal droit	*pan to the right*
panoramique horizontal gauche	*pan to the left*
panoramique vertical vers le bas	*tilt down*
panoramique vertical vers le haut	*tilt up*
par satellite	*via satellite*
parasites	*noise-bars*
perche	*boom*
personnage	*character*
plan	*shot*

plan américain	*medium close shot*
plan fixe	*static shot, stop action*
plan général	*long shot*
plan moyen	*medium shot*
plan rapproché	*close shot*
plateau	*set*
plongée	*high-angle shot*
présentateur (informations)	*newsreader*
prise de vue en travelling	*dolly shot*
prise de vue sur grue	*crane shot*
profondeur de champ	*deep focus*
spot publicitaire	*commercial*
raccord	*continuity shot*
ralenti	*slow motion*
recadrage	*reframing*
reportage	*report*
rideau vertical, horizontal	*wipe, push-off*
scénario	*screenplay*
séquence	*sequence*
sortir du champ	*go out of shot*
sous-titré	*subtitled*
taux d'écoute	*audience rating(s)*
télécommande	*remote control*
téléspectateur	*viewer*
tournage	*filming, shooting*
transmission	*broadcasting*
travelling	*tracking*
travelling arrière	*tracking out*
travelling avant	*tracking in*
très gros plan	*extreme close-up*
visionner	*view*
voix off	*voice-over*
zapper	*zap*
zoom arrière	*zoom backward*
zoom avant	*zoom forward*

Chacun puisera dans ce corpus les items dont il aura besoin pour sa séquence ou pour répondre à la demande des élèves. Pour les différents plans, il est bon de les illustrer à l'aide d'images extraites de films et légendées, ou faute de mieux, de dessins, que l'on réunit sur une fiche à distribuer aux élèves.

Les propositions d'activités qui suivent ne pourront être présentées que sous forme de pistes d'exploitation, dans la mesure où il nous est impossible de joindre à cet ouvrage les extraits vidéo dont nous parlons ; il nous paraît difficile et artificiel d'expliquer une démarche à propos de documents qui n'ont pas pu être visionnés par nos lecteurs. Que ceux-ci veuillent bien nous excuser pour l'inconvénient que cela présente. Nous avons cependant effectué une sélection d'extraits que nous espérons connus de tous et dont nous allons essayé de décrire le contenu.

Étude d'extraits de films

En classe de Seconde

• Premier exemple

L'extrait dont nous proposons de parler est issu du film de Peter Weir, *Dead Poets Society*. Il s'agit d'un film réalisé en 1989 dans lequel Robin Williams incarne le très charismatique Professor Keating. Il s'agit d'un film culte, bien connu des élèves et qu'ils peuvent facilement trouver dans tous les vidéoclubs s'ils désirent le revoir dans son intégralité.[12] Bien sûr, ils auront du mal à le trouver en version originale, mais même en français, cela donnera à ceux qui le connaissent déjà l'occasion de se remémorer la trame narrative, et aux autres d'en prendre connaissance. Voici le script correspondant à la partie étudiée.

"Father!"
"Neil"
"Before you say anything..."
(Simultaneously) "Don't you dare talk back to me! It's bad enough that you've wasted your time with this...this ab...absurd acting business. But you deliberately deceived me! How...how...how did you expect to get away with this? Answer me! Who put you up to this? Was it this new man, this Mr Keating?"
"No, nobody..., I thought I'd surprise you. I've gotten all A's and..."
(Simultaneously) "Did you really think I wouldn't find out? 'My niece is in a play with your son' says Mrs Marks. 'No, no, no,' I say, 'you must be mistaken. My son isn't in a play.' You made a liar out of me, Neil. Now tomorrow you go to them and you tell them you are quitting."
"No, I can't, I have the main part. The performance is tomorrow night."
"I don't care if the world comes to an end tomorrow night, you are through with that play! Is that clear? IS THAT CLEAR?"
"Yes, sir."
"I've made great sacrifices to get you here, Neil, and you will not let me down."
"No, sir."

12. Nous rappelons que le visionnage intégral dans le cadre de nos établissements scolaires est exclu.

Devant l'énorme succès obtenu par ce film, N. H. Kleinbaum, a écrit un roman basé sur le scénario, en y ajoutant bien évidemment des parties narratives. Les dialogues diffèrent parfois légèrement. Il est très facile de se le procurer dans les librairies anglaises, et on pourra y trouver aisément l'extrait correspondant à la scène à laquelle nous faisons allusion.

Le script reproduit ici a été retranscrit grâce au travail collectif des élèves d'une classe de Seconde qui, malgré l'accent américain très marqué des deux protagonistes, ont réussi après une démarche visant à la compréhension globale puis détaillée de la bande-son, à repérer sans aucune difficulté les quelques différences qu'elle présente par rapport à l'extrait du roman qui leur avait été fourni en fin de parcours.

L'étude de cet extrait peut se faire dans le cadre d'une séquence consacrée aux systèmes scolaires britanniques et américains. Après avoir introduit suffisamment de repères culturels concernant la scolarité dans ces deux pays, par le biais de l'étude de quelques documents écrits et iconographiques, et en demandant à l'assistant(e) de témoigner sur ce qu'il/elle a vécu pendant sa propre scolarité, ce film peut constituer une illustration supplémentaire d'un cas bien particulier du système américain. En effet, l'école présentée dans le film est un pensionnat privé réservé à l'élite, que l'on peut, avec quelques précautions dans la mesure où il s'agit de deux pays différents dont les systèmes scolaires ne se superposent pas, mettre en parallèle avec les *public schools* britanniques. Il convient de préciser que l'action n'est pas contemporaine, puisqu'elle est située en 1958.

On peut avantageusement procéder à une phase d'anticipation en montrant le tout début du film qui présente la cérémonie de la rentrée scolaire. Ce faisant, on permet aux élèves le repérage des lieux, du décor, de l'époque, et d'une partie des personnages principaux.

L'exploitation de l'extrait cité ci-dessus peut alors commencer. Le jeune Neil, qui est un des brillants éléments de *Welton Academy*, a obtenu le rôle de Puck dans la pièce de Shakespeare montée par un groupe d'élèves, *A Midsummer Night's Dream.* Après une répétition, il retourne joyeusement dans sa chambre de pensionnaire, et se trouve nez à nez avec son père qui l'attend assis à son bureau. Celui-ci est furieux parce qu'il n'était pas au courant de la participation de son fils dans la pièce, et parce qu'il craint des répercussions sur ses résultats scolaires. On visionne la fin de la répétition et le retour de Neil vers l'école puis on arrête juste avant qu'il n'ouvre la porte de sa chambre. On demande aux élèves de décrire son attitude et son état d'esprit en fournissant aux plus faibles d'entre eux une liste d'adjectifs dans laquelle ils sélectionneront ceux qui conviennent le mieux à la situation. On fait également repérer les lieux et la situation, à savoir que le personnage principal participe à une pièce de théâtre. Puis on leur demande d'émettre des hypothèses sur ce qui va suivre, à l'aide des modaux épistémiques habituels, et en rebrassant les divers autres moyens langagiers permettant l'expression de la probabilité.

On visionne ensuite la scène correspondant au script ci-dessus sans le son. Les élèves infirment ou confirment alors leurs hypothèses tout en s'attachant à décrire les personnages, toujours par le biais d'adjectifs permettant de décrire les sentiments des deux protagonistes. À ce stade, ils sont également invités à émettre d'autres hypothèses quant à la présence de Mr Perry, le père de Neil, et à avancer des explications quant à sa fureur. On peut également profiter du contraste entre l'attitude de Neil avant et après son entrée dans la chambre pour rebrasser les structures d'opposition et de contraste. On obtiendra par exemple : ***although** Neil was buoyant after the rehearsal, now he is dismayed to find his father in his room.* Ou encore : *on his way back Neil was lighthearted **whereas** now he feels anxious,* etc. En effet, nous ne devons pas oublier que l'étude d'un document vidéo, doit permettre la manipulation de structures langagières.

Après ce traitement de l'image seule, on peut passer à un travail de compréhension de la bande-son. Dans un premier temps, les élèves écoutent et essaient de vérifier si leurs hypothèses se confirment et s'ils ont bien deviné les raisons de la colère de Mr Perry. Ils reformulent ce qu'ils ont entendu. Puis, afin d'affiner la compréhension de la scène, on distribue une liste de mots constituant les éléments saillants du discours, dans le désordre, auxquels on adjoint quelques distracteurs dont la prononciation est voisine de celle des mots présents dans le texte. Il s'agit donc d'un exercice de discrimination auditive, constituant une aide à la compréhension.[13] Après avoir sélectionné les mots effectivement présents dans le dialogue et les avoir d'une part remis dans l'ordre et d'autre part respectivement attribués au personnage qui les profère, les élèves sont chargés, en binôme, de reconstituer la trame du dialogue, puis de dramatiser leurs productions devant le reste de la classe. Cela permet discussions et mises au point qui amènent les élèves à se rapprocher de manière assez performante du contenu original.

On peut maintenant passer à l'analyse du rapport de force existant entre les deux personnages. On visionne la scène à nouveau après avoir divisé la classe en deux groupes chargés d'effectuer des repérages différents à savoir pour le premier d'entre eux repérer les arguments que Neil tente

13. Nous avons déjà explicité en détail ce type d'activité dans le chapitre 4.

d'opposer à son père, ainsi que les éléments montrant sa soumission à son égard, et pour le second, les arguments que Mr Perry utilise pour interdire à son fils de continuer à jouer dans la pièce, ainsi que la manière dont la colère s'exprime au niveau de son discours (il bafouille, répète certains mots et expressions, parle cependant avec un débit extrêmement rapide, coupe la parole à son fils et hausse le ton). On procède à une mise en commun des éléments repérés en leur faisant réécouter la bande-son.[14] Cela permet la reconstitution précise du script, tel qu'il est reproduit ci-dessus.

Les élèves peuvent alors y noter précisément le schéma intonatif des personnages. Cet extrait se prête bien à un travail phonologique du fait de l'intonation particulièrement significative des personnages. Les élèves, toujours en binôme, s'entraînent à imiter les acteurs, pour enfin les doubler, après qu'on a coupé le son. Il s'agit là d'un exercice particulièrement périlleux, mais qui plaît énormément aux élèves. Le résultat n'est pas toujours irréprochable, mais il leur permet en tout cas de se rendre compte que le doublage est vraiment un métier.

Sur le plan de la langue, on peut également profiter de cet extrait pour travailler les structures complexes causatives en faisant produire des énoncés du type : *Mr Perry wants his son to quit the play ; he intends to make him quit the play.* Les possibilités de manipulations sont nombreuses. On peut ensuite amener les élèves, dans une phase de pratique raisonnée de la langue, à réfléchir à la valeur de *to*, marqueur de visée, ainsi qu'aux raisons de sa présence ou de son absence.

Pour prolonger cette activité, on peut visionner la scène qui suit, dans laquelle Neil va se confier et demander conseil au Professeur Keating. En effet, elle permet le transfert des énoncés qui viennent d'être vus. On obtient par exemple : *Mr Keating wants Neil to obey his father ; he advises him to quit the play ; he makes him smile, etc.*

• Deuxième exemple

Une autre façon de procéder, dont nous souhaitons parler rapidement, consiste à partir cette fois-ci non pas de la vidéo mais du texte littéraire qui a été adapté pour le cinéma. Pour cela nous renvoyons nos lecteurs à l'extrait de *Lord of the Flies,* intitulé *The chief*, qui est reproduit dans le chapitre 3. Nous y avions d'ailleurs déjà fait allusion aux deux versions filmiques de ce roman, l'une, britannique, datant de 1963, et l'autre, américaine, datant de 1994.

---

14. À cet égard, lorsque l'on compte effectuer un travail précis de discrimination auditive, il est recommandé d'enregistrer la bande son sur une cassette audio afin de ne pas endommager la cassette vidéo par une trop grande série de manipulations.

Après avoir bâti le sens en effectuant un travail de compréhension détaillé du texte, il est intéressant de visionner la première version, qui reste très fidèle au texte, notamment en ce qui concerne les dialogues. Cela permet de montrer aux élèves comment le metteur en scène a pu tirer parti des adverbes présents dans le texte. En effet, la phrase, « *Then Piggy, too, raised his hand grudgingly into the air* » est parfaitement illustrée par le jeune acteur et permet ainsi aux élèves de visualiser la réalisation de l'adverbe *grudgingly*.

On passe ensuite la version américaine, dans laquelle le scénariste a déconstruit le texte pour le réorganiser complètement différemment, tout en restant cependant fidèle aux idées de l'auteur. La tâche des élèves consiste à retrouver à quelles parties du texte correspondent les différents éléments visuels et les bribes de dialogues de l'extrait du film. Cette activité, ludique en apparence, est très intéressante du point de vue de la reconstruction du sens. Elle permet aux élèves de se rendre compte que le travail d'écriture d'un scénario ne laisse rien au hasard.

On peut ensuite faire comparer les deux versions en faisant remplir un tableau de ce type :

	1963 version	**1990 version**
Place, description	a desert island with wide beaches and palm trees	more vegetation, cliffs
Characters, names	Jack Merridew, Ralph, Piggy, the school choir (all their names are given), Sam and Eric (the twins)	the children seem older Jack, Ralph, Piggy, the twins; there is an adult: Captain Benson
Clothes	school uniforms choir togas	military school uniforms
Origin	British (cf. the accent)	American (accent; a boy mentions Colorado)
Period	undetermined, but during the credits, pictures of WWII are shown	undetermined
Action	the election the assembly	building a camp
Dialogue	very similar to the text	different from the text
Film	black and white, no sound effects	sound effects (the sea, the jungle), colours

Après la mise en commun, on peut une fois de plus faire manipuler des structures du type : ***contrary to** the British film **in which** the children elect a chief, in the American one, they organize an assembly and then decide to build a camp.* On se donne ainsi, une fois de plus l'occasion de faire exprimer le contraste, en faisant en outre insérer des propositions relatives. Il faut avoir à l'esprit que, dans le second cycle, nous devons inciter les élèves à complexifier leur énonciation.

Il est également possible de faire comparer les deux films en manipulant l'expression de la préférence et/ou les divers comparatifs et superlatifs.

On le voit, les activités proposées ici ne sont que des pistes destinées à donner à nos lecteurs une idée de ce qu'ils peuvent mettre en place dans leurs propres classes avec des supports du même genre. Il va de soi que de nombreuses autres activités sont possibles, mais il convient de faire des choix en adéquation avec les potentialités et les spécificités de l'extrait utilisé, afin d'en tirer le meilleur parti, sans lasser les élèves.

En Terminale

Dans le cadre d'une séquence sur les *Pilgrim Fathers*, comportant l'étude de données historiques, d'un extrait de la pièce d'Arthur Miller *The Crucible* (texte et version filmique), et la constitution d'un dossier à partir de documents trouvés sur Internet concernant les *Amish*, dans la mesure où ceux-ci continuent à vivre à peu près comme leurs ancêtres, il est intéressant de proposer aux élèves l'étude d'un extrait de *Witness*, également de Peter Weir (que nos lecteurs ne s'imaginent pas que nous sommes des inconditionnels de ce metteur en scène, il ne s'agit en fait que d'une coïncidence). Ce film, réalisé en 1985, se passe en grande partie dans une communauté *Amish*, et permet donc aux élèves de visualiser et de se faire une idée, même si elle n'est que partielle, de la manière dont les premiers immigrants pouvaient vivre dans les colonies de la côte Est. Il faut évidemment leur préciser que les conditions ne sont cependant plus exactement les mêmes, afin d'éviter des généralisations abusives. Voici le script correspondant à l'extrait dont nous souhaitons parler :

The scene of the gun

John Book, a police officer investigating the murder of one of his colleagues, has been wounded. He is hiding in an Amish community. Rachel, a young widow, is sheltering him and tending to his injuries. Her son, Samuel, has been an innocent witness of the murder.

John Book: Don't move. What are you doing? Come here, come here Samuel. Sit down. This is a loaded gun. This is very, very dangerous. Never, ever touch a loaded gun. Now I take the loads out, now it's safe. OK?

Samuel:	OK, Mr Book.
John Book:	Call me John. I just don't want you to get hurt. I don't mean to yell at you. I just don't want you to get hurt. Look, if you want to look at it now it's unloaded, it's safe. If you want to handle it, you can handle it while I'm here. But there, that's not right.
Rachel:	Samuel, wait for me downstairs. John Book, while you're in this house I insist you respect our ways.
John Book:	Right, here, take it. Put it somewhere where it's safe, where they won't find it.
Grandfather:	This gun of the hand is for the taking of human life. We believe it is wrong to take life. That is only for God. Many times of wars have come and people have said to us: 'you must fight, you must kill. It is the only way to preserve the good'. But Samuel, there is never only one way, remember that. Would *you* kill another man?
Samuel:	I would only kill a bad man.
Grandfather:	Only the bad men, I see. And you know these bad men by sight? You are able to look into their hearts and see this badness?
Samuel:	I can see what they do. I *have* seen it.
Grandfather:	And having seen, you become one of them. Don't you understand? What you take into your hands, you take into your heart. 'Wherefore come out from among them and be ye separate sayeth the Lord and touch not the unclean thing.' Go and finish your chores now.
Samuel:	Yes, Großvater.

Witness by Peter Weir, 1985.

À notre connaissance, le scénario de ce film n'a pas été édité. Nous avons dû transcrire cette scène tout en l'écoutant. Il n'est donc pas exclu qu'elle comporte quelques erreurs.

Avant d'entamer l'étude de l'extrait vidéo à proprement parler, en guise d'anticipation, il peut s'avérer utile de distribuer aux élèves la photocopie de la jaquette de la cassette vidéo. En effet, la présentation, les images et le résumé – dont il conviendra de lever les difficultés lexicales – permettent aux élèves de se mettre dans l'ambiance et d'avoir une idée du contenu du film, d'autant que nous ne le leur passerons pas en entier. De plus, le metteur en scène et les acteurs sont mentionnés, et bien qu'il ne soit plus tout jeune… , la cote de popularité de Harrison Ford demeure intacte, même parmi nos élèves !

On visionne ensuite la scène sans interruption, avec le son, et on demande aux élèves, une fois n'est pas coutume, de se concentrer pour trouver des réponses aux traditionnelles questions en WH-; ils ont également pour tâche de trouver un titre qui puisse convenir à cette séquence. Le titre que nous avons nous même choisi, est généralement celui qui est proposé par les élèves. En effet, dans cette scène qui, à notre sens, constitue un moment clé du film car elle oppose de façon fondamentale John

Book, l'officier de police pour lequel le port d'arme est évident, et Rachel, la jeune femme Amish, qui considère cet objet comme parfaitement indécent et inacceptable dans la mesure où symboliquement il représente le moyen potentiel de donner la mort, le revolver est l'élément central. Or, une des règles de vie essentielles de la communauté Amish est la non-violence. Cette scène cristallise donc en quelque sorte l'opposition entre deux mondes fondamentalement différents. Le débat concernant le port d'arme demeure d'ailleurs toujours d'actualité aux États-Unis.

Les réponses aux questions en WH- ne posent pas de problèmes. Néanmoins, pour nos lecteurs qui n'auraient pas vu le film, nous nous devons de préciser que la scène commence par un très gros plan sur les mains de Samuel, le petit garçon, ouvrant le tiroir d'une commode dans laquelle le pistolet a été déposé. Puis la caméra se tourne vers John Book, vêtu d'un simple pantalon de pyjama, le torse bandé, qui se précipite vers l'enfant. Ensuite tous deux s'assoient sur le lit – la scène se passe dans la chambre où l'officier de police est hébergé le temps de sa convalescence – et John explique à Samuel pourquoi il ne doit jamais toucher un revolver chargé. À ce moment, Rachel, la mère de l'enfant, entre dans la pièce, souriante et enjouée, pour apporter le petit déjeuner au blessé. Quand elle voit l'arme entre les mains de son fils, son expression change du tout au tout, et elle fait descendre l'enfant. Puis elle fait la morale à John. Dans la séquence suivante, le lieu a changé. Le petit garçon est à la cuisine, sur les genoux de son grand-père qui lui explique pourquoi c'est mal de toucher à une arme à feu.

Après la mise en commun des éléments repérés, on visionne une deuxième fois. La consigne est maintenant de découper la scène en séquences et de leur attribuer un titre. Les élèves doivent également se concentrer sur les mouvements de caméra afin de pouvoir les décrire et tenter d'expliquer les effets de sens qu'ils produisent. Il va de soi qu'au niveau de la Terminale, les élèves qui sont habitués à travailler sur des supports vidéo, connaissent le lexique qui leur est spécifique. Ceci n'exclut pas réactivation et rebrassage aussi souvent que cela s'avère utile.

La phase suivante consiste à prendre en note les éléments saillants du discours, qui sont en fait les mots porteurs de sens, et à reconstituer l'essentiel du script. Il est bon pour cela de mettre les élèves par groupes de quatre, puisqu'il y a quatre personnages dans l'extrait afin que chacun d'entre eux se concentre particulièrement sur l'un des protagonistes. Puis ils rassemblent leurs notes pour essayer de proposer une transcription sommaire du script. On demande à quelques groupes de dramatiser leurs productions devant le reste de la classe, ce qui permet de les affiner collectivement. On peut alors procéder à une phase de PRL pour amener les élèves à réfléchir au fonctionnement phonologique de l'anglais, dont la « grammaire » de l'oral consiste en une opposition de formes fortes, correspondant à une certaine catégorie de mots qui portent le sens, et de formes faibles qui sont indispensables à la construction de la chaîne syntagmatique. On peut également les amener à s'exprimer sur les variétés d'accents des personnages. En effet, la différence est très nette entre l'accent très américain de John Book, et celui du grand-père qui parle anglais avec un accent à consonance très germanique. En effet, les élèves ont pu lire dans les documents trouvés sur Internet que :

> Most Amish are trilingual. They speak a dialect of German called Pennsylvania Dutch at home; they use High German at their worship services; and they learn English at school. They speak English when they deal with anyone who is not Amish.
>
> www.800padutch.com/amish.html

On remarque d'ailleurs à la fin du script, le terme germanique : *Großvater* pour *grandfather.*

Finalement, on distribue le script et on laisse les élèves réécouter la scène une dernière fois pour qu'ils puissent entendre et comprendre ce qu'ils avaient mal perçu. Cette étape n'est pas obligatoire. On peut très bien avoir compris l'essentiel d'un message, même s'il n'a pas été intégralement décrypté ; il faut que les élèves s'en rendent bien compte. En effet, c'est cette prise de conscience qui constitue la clé de leur autonomie. Comme ce document est également pertinent d'un point de vue culturel et linguistique, il est intéressant de pouvoir faire surligner les éléments que l'on demandera aux élèves d'expliquer. Nous ne citerons pas tout ce qui est digne d'intérêt dans ce fragment de script ; contentons-nous d'attirer l'attention sur quelques énoncés implicitement riches sur le plan culturel : « *John Book, while you're in this house, I insist you respect* ***our ways*** » ou « *Come out from among them and be ye separate, sayeth the Lord.* » En effet, ils donnent aux élèves l'occasion de réinvestir leurs connaissances sur les Amish dans un contexte vivant. D'un point de vue linguistique, on peut par exemple profiter de cet extrait pour amener les élèves à réfléchir sur les formes d'insistance, signalées par des italiques dans le script, ou encore sur la valeur de la forme *HAVE* + -EN très signifiante dans la bouche du petit garçon qui a été témoin d'un meurtre : « *I can see what they do. I* ***have seen*** *it.* »

Pour terminer, il peut être intéressant d'inviter les élèves à préciser en quoi consistent les divers mouvements scéniques des personnages en leur demandant d'inscrire les didascalies *(stage directions)* dans la marge. À partir de là, on peut éventuellement leur demander de réécrire la scène sous forme narrative, comme on la trouverait dans un roman. N'oublions pas que toutes les occasions sont bonnes pour travailler la production écrite l'année du Baccalauréat. De plus, dans la mesure où il est courant aux États-Unis de tirer un roman d'un film à succès, on voit qu'une telle activité n'a rien d'artificiel.

Étude de spots publicitaires

Permettons-nous de proposer une fiche destinée à l'analyse d'un spot publicitaire basée sur la fiche élaborée par notre collègue Lindsay Trentinella pour le CRDP de Montpellier.

Analysing an advertisement

1. People

. . . .

. . . .

2. Places

. . . .

3. Objects

. . . .

4. What is said?

. . . .

5. What is done?

. . . .

6. What is written?

. . . .

7. Does anyone talk about the product/cause/service?
The people in the advertisement? ❑
A voice over? ❑
8. What is being advertised?
a product ❑ a service ❑ a cause ❑ something else ❑
9. Are we shown the product? ❑
How many times? ❑
With or without its wrapping? ❑
In what circumstances? ❑
10. If we are not shown the product
Why not?

. . . .

How is it evoked?

. . . .

11. Is the advertisement in the form of:
a (pseudo)scientific exposé? ❑ a commentary ❑
a story/anecdote/sketch? ❑ something else? ❑

12. What do you think the advertiser is appealing to? (More than one answer is possible.)

1. our sense of humour ❑
2. our sense of justice ❑
3. our pity ❑
4. our social instincts ❑
5. our practical side ❑
6. our paternal/maternal instinct ❑
7. our love for youth/fashion ❑
8. our love for our family ❑
9. our desire to be in good health ❑
10. our need for security ❑
11. our need for money ❑
12. our wish to be beautiful/ desirable ❑
13. our need to be loved ❑
14. our dreams of comfort/luxury ❑
15. our sense of aesthetics ❑
16. our taste ❑
17. our desire for perfection ❑
18. our desire for efficiency ❑
19. our sense of economy ❑
20. our love of nature ❑
21. our love of animals ❑
22. our sporty side ❑
23. The handyman in us ❑
24. our need for leisure activities ❑
25. our taste for competition ❑
26. our selfishness ❑
27. our desire for evasion/ exoticism ❑
28. our sensuality ❑
29. something else ❑

Why?

. . . .

. . . .

13. Do you know what this product/service/cause is? If not, can you guess what it is from the advertisement? How?

. . . .

. . . .

14. What (according to the advertisers) are the main qualities/advantages of the product/service?

. . . .

. . . .

15. Can you define the type of consumer(s) this advertisement is aimed at? You may add words like fashion-conscious, sports-conscious, etc.

man ❑ . . . .
woman ❑ . . . .
teenage boy ❑ . . . .
teenage girl ❑ . . . .
girl ❑ . . . .
boy ❑ . . . .

16. What sort of profession/activity do you think they are likely to have?

. . . .

17. Is any use made of comparisons? Yes ❑ No ❑
If so, give examples.

. . . .

18. Is any use made of the following?

	Yes	No
stereotypes	❑	❑
sexism	❑	❑
prejudice	❑	❑
patriotism/nationalism	❑	❑
snobbism	❑	❑
idealism	❑	❑

19. Is any use made of music or sound effects? Yes ❑ No ❑

20. New vocabulary?

. . . .

. . . .

21. Say briefly what this product/service/cause is, how it is presented, what the advertiser is appealing to and what they aim at making us do.

. . . .

. . . .

. . . .

À partir de cette base de travail que chacun est libre d'adapter à sa convenance, la plupart des spots publicitaires peuvent être analysés. Nous ne chercherons à proposer d'exemple, parce qu'il nous paraît peu probable qu'une publicité soit connue de tous.

5 CONCLUSION

A. LES TIC

Il nous apparaît que le premier bénéfice qu'apportent les TIC peut se définir en termes de gain d'autonomie. Aussi avons-nous souhaité faire de cette notion l'axe directeur de cette présentation. L'autonomie se décline de manière différente selon qu'il s'agit de l'enseignant ou de l'élève.

Grâce aux TIC, le professeur voit ses possibilités de choix de matériaux authentiques considérablement accrues et, partant, il gagne encore plus de liberté dans la constitution et l'étoffement de ses projets pédagogiques, tout en y trouvant l'occasion de solliciter plus de styles cognitifs encore.

Grâce aux TIC, l'élève, quant à lui, se voit offrir un vaste champ d'application des méthodes et des savoir-faire mis en place lors des phases traditionnelles du cours. Aux uns comme aux autres, les TIC imposent de nouveaux gestes, contrepartie d'une motivation nouvelle.

B. LA VIDÉO

Les documents vidéo constituent un support de choix pour l'étude de la langue. Contrairement à certains auteurs qui ne leur accordent qu'un statut instrumental, donc secondaire, par rapport aux documents plus classiques dits verbaux (supports papier ou audio), nous insistons pour l'entrée massive de la vidéo dans les salles de classe. L'aspect technique ne doit pas constituer un obstacle car la manipulation des appareils est très simple. Nous sommes persuadés que chacun aura à cœur de proposer dans ses cours cette ouverture fantastique sur le monde que constitue la vidéo, pour le plus grand plaisir de tous.

BIBLIOGRAPHIE

Les TIC

Georges-Louis Baron, Éric Bruillard, *L'informatique et ses usagers dans l'éducation*, coll. L'Éducateur, PUF, 1999.

Arnold Cindy et al., *J'enseigne avec Internet*, CRDP de Bretagne, 1998.

Jacques Crinon, Christian Gautelier (dir.), *Apprendre avec le multimédia. Où en est-on ?*, coll. Éducation active et Société, Retz, 1999.

Monique Linard, *Des machines et des hommes. Apprendre avec les nouvelles technologies*, coll. Savoir et Formation, L'Harmattan, 2000.

André Tricot, Jean-François Rouet (dir.), *Les Hypermédias. Approches cognitives et ergonomiques*, coll. Hypertextes et Hypermédias, Hermès, 2000.

Les nouveaux dispositifs d'apprentissage des langues vivantes, *Les Langues Modernes* n° 3, APLV, 2000.

La vidéo

J. Aumont, M. Marie, *L'analyse des films,* Nathan Université, 1988.

Richard Cooper, *Les langues par la vidéo,* Belin, 1995.

Carole Fournet, Nathalie Hatron, *In the name of the father,* Coll. films en cours, CRDP de Picardie, 1995.

Guide pour utiliser le magnétoscope en classe d'anglais, CRDP de l'Académie de Lyon, 1995.

La tribune vidéo des anglicistes, publication du G.R.A.V.E.L. aux Presses universitaires de Rennes. (Malheureusement, ce groupe a cessé ses publications, mais nous conseillons vivement la consultation des 5 numéros existants.)

Télé-langues, série de vidéocassettes proposées par le CRDP de Bourgogne.

The Oxford Guide to Film Studies, ed. John Hill & Pamela Church Gibson, Oxford University Press, 1998.

12

L'évaluation

1 PRÉAMBULE

La note ! La moyenne !

Pour bon nombre des membres de la communauté éducative, la tentation est grande de réduire l'évaluation à un seul de ses aspects de surface : une donnée chiffrée. Reconnaissons que dans l'état des pratiques et de leurs représentations collectives, la trajectoire d'une fraction de vingtième – transitant de la copie de l'élève aux dossiers d'orientation post-bac, via les bulletins trimestriels – se justifie plus par des considérations administratives (noter est une des obligations administratives faites à l'enseignant) que strictement didactiques.

C'est une chose entendue, qui en douterait ! La note reste la juste rémunération du travail de l'élève ! À telle enseigne que bien souvent un travail « non rémunéré », non noté, est perçu par les élèves eux-mêmes comme gratuit, sans fondement, dénué de toute valeur d'apprentissage, rendu mineur, donc superflu.

Mais comment pourrait-il en être autrement quand la pression sociale conjuguée aux habitudes institutionnelles concourt à ériger une série de valeurs arithmétiques en clé de voûte du système scolaire dans son entier ? À cet égard, il n'est que de tendre l'oreille pour vérifier combien sont éloquentes certaines des répliques données lors du Conseil de Classe :

– « Quelle est la moyenne d'Untel ? »
– « Neuf ! »
– « Ah ! Neuf … C'est tout de même un peu léger pour … [1]»

Et si, au contraire, neuf c'était déjà beaucoup pour Untel ? Beaucoup, non pas au regard d'une norme à atteindre par tous, mais plutôt à l'aune des progrès d'apprentissage réalisés par Untel, et par lui seul.

Dès lors, c'est toute l'ambiguïté de la démarche évaluative qui est ici révélée. Car, en somme, que s'agit-il d'évaluer ? Le chemin parcouru en fonction des capacités de chacun ou la capacité de chacun à atteindre une norme victorieusement ?

Sans prétendre trancher la question, les pages qui suivent contribueront peut-être à la documenter.

1. Que le lecteur se sente libre de compléter cette réplique à sa guise.

2 L'ÉVALUATION : DE QUOI PARLE-T-ON ? POUR QUI ?

A. LES ENJEUX DE L'ÉVALUATION

Qu'est-ce qu'évaluer?

On peut s'accorder avec Yvonne Cossu pour dire que le champ de la docimologie[2] concerne :

> [...] aussi bien les modes de notation que le comportement des correcteurs.
>
> Yvonne Cossu, *L'enseignement de l'anglais. Préparation au CAPES et au CAPLP2*, coll. Fac Éducation, Nathan Université, 1996.

Cet auteur propose de définir l'évaluation comme :

> [...] une collecte systématique d'informations, que l'on mesure en se référant soit à des critères, soit à une norme, en vue de prendre une décision.

Cette quête d'informations, régulièrement répartie dans le temps par l'enseignant, doit pouvoir porter sur l'ensemble des éléments qui fondent les apprentissages abordés au fil des projets pédagogiques, qu'il s'agisse de savoirs (utilisation correcte de l'aspect, réalisation pertinente des formes faibles, maîtrise correcte de la détermination nominale, utilisation logique des connecteurs, par exemple) ou de savoir-faire (capacité à communiquer intelligiblement un message oral, capacité à anticiper le contenu d'un article à partir d'indices iconographiques, par exemple).

Dans chacun des domaines des savoirs et des savoir-faire, la dichotomie qui s'établit concernant la mesure à adopter pour vérifier ou estimer

Évaluation criteriée	**Évaluation normative**
• Les critères sont **étroits** (attention portée à une ou des portions de l'apprentissage seulement). • Les critères sont définis en fonction d'objectifs spécifiques. **Visée :** estimation du parcours individuel d'un élève portant sur un ou des domaines langagiers précis.	• Les critères sont **larges** (attention portée à toutes les portions de l'apprentissage qui constituent l'expertise dans la langue). • Les critères sont ceux de la conformité la plus exacte à la norme de la langue. **Visée :** comparaison entre tous les élèves soumis au même test d'évaluation.
Évaluation-apprentissage	**Évaluation-certification**

2. Le dictionnaire *Nouveau Petit Robert* définit la docimologie comme une science « qui a pour objet l'appréciation des différents moyens de contrôle des connaissances ».

les performances langagières ou comportementales des apprenants revêt une importance extrême ainsi que l'illustre le tableau page précédente.

Ainsi il y a fort à parier que le texte suivant, extrait d'une production d'élève de Terminale STT consécutive à un travail spécifique sur les mots de liaison, ne sera pas justiciable de la même appréciation – pour ne rien dire de la notation – selon que l'on choisit de l'estimer en fonction du critère « utilisation pertinente des connecteurs » plutôt que d'après son adéquation à la norme de la langue, prise dans l'absolu.

Cas 1 : évaluation normative

> [...] The scene we **have watched** last time **take** place in **the** police station. As a matter of fact an inspector – his real name is **the** Captain Book – **ask at** a little boy whose name is Samuel to leaf through a book of photos. Indeed Samuel must **to** identify the killer that's why Book is pressing him with question.
>
> Later in the episode, the little boy walks **round** the police station and he is **offert** a cookie but he refuses despite the lady's kind**hood** [...]

Au total, cet extrait comporte dix erreurs portant sur :

- le verbe (aspect, conjugaison du temps présent) ;
- la détermination nominale) ;
- le lexique (prépositions, dérivation) ;

et représente un véritable casse-tête pour quiconque envisagerait d'en proposer une évaluation chiffrée.

Dans le cas d'une évaluation normative, il est question de dresser un bilan sur la maîtrise globale de la langue (écrite, ici). Il s'agit en somme de certifier une compétence.

Cas 2 : évaluation critériée

Supposons maintenant que le critère retenu pour apprécier cette production écrite ait pu être « utilisation pertinente des connecteurs » :

> [...] The scene we have watched last time take place in the police station. **As a matter of fact** an inspector – his real name is the Captain Book – ask at a little boy **whose** name is Samuel to leaf through a book of photos. **Indeed** Samuel must to identify the killer **that's why** Book is pressing him with question.
>
> **Later in the episode**, the little boy walks round the police station and he is offert a cookie **but** he refuses **despite** the lady's kindhood [...]

Au regard de ce seul critère, cet écrit se présente désormais sous un jour très différent. En effet, force est de constater que l'articulation du discours y est correctement assurée par l'emploi de certains des mots de liaison qui ont fait l'objet d'un apprentissage en amont. Dès lors, il serait injuste de ne pas en donner acte à l'auteur par une appréciation positive qui prendrait en compte l'état satisfaisant d'un apprentissage particulier.

Il est question dans ce cas de dresser un bilan sur la maîtrise d'un aspect très partiel de la langue écrite. Il s'agit en somme d'évaluer l'état d'un apprentissage spécifique.

Ces exemples donnent une illustration de l'ambivalence fondamentale de toute démarche évaluative. Aussi nous semble-t-il crucial que le professeur puisse être en mesure de se prononcer pour l'une ou l'autre de ces deux voies, afin d'éliminer toute ambiguïté concernant ses attentes, lorsque vient le moment d'évaluer.

Pour qui évalue-t-on ?

Que l'on soit journaliste, recteur d'académie, chef d'établissement, parent d'élève, professeur ou élève, il y a fort à parier que le mot « évaluation » et ses avatars, ne recouvrent pas tout à fait la même réalité.

Les uns, extérieurs au système scolaire, escomptent de l'évaluation qu'elle certifie, vérifie et sanctionne les résultats d'un apprentissage à l'aune de fonctionnements institutionnels, de programmes et de normes. Il s'agit alors d'orienter et de sélectionner des élèves.[3]

Les autres, membres et acteurs de la communauté éducative, devraient pouvoir trouver, au fil des évaluations, de multiples occasions de rassembler les nombreuses marques significatives laissées par l'exposition des élèves aux démarches d'apprentissage. Dans ce cas, évaluer revient à établir le bilan d'un enseignement et d'un apprentissage tout en recherchant à interpréter les signes produits par les élèves afin de pouvoir amorcer des procédures de remédiation.

Loin de constituer le terme, voire parfois la seule finalité du projet pédagogique, les démarches évaluatives font bel et bien partie du processus d'apprentissage. À cette fin, à tous moments de la séquence d'apprentissage, l'apprenant doit pouvoir être informé des finalités de la démarche qui lui est proposée par le professeur. Annoncer très clairement les objectifs de la séance, voire de la séquence, reste encore le meilleur moyen de s'assurer d'une coopération efficace d'élèves conscients du cheminement à effectuer (les objectifs d'apprentissage), de ses modalités (la mise en œuvre) comme de ses enjeux (les critères de l'évaluation).

3. Nous nous inspirons étroitement ici des propos de N. Galtier et al. : *Nil novi Sub Sole*, équipe de la MAFPEN de Créteil, 1994, cités par Danielle Bailly *(Didactique de l'anglais [2], la mise en œuvre pédagogique*, Nathan pédagogie, 1998.)

B. TYPES D'ÉVALUATION

Évaluation formatrice[4]

La visée essentielle de l'évaluation formatrice consiste à amener l'élève à prendre conscience de l'écart qui peut subsister entre ses représentations personnelles d'un phénomène linguistique donné et le fonctionnement réel du phénomène visé, en cours d'apprentissage.

Il s'agit en fait, par le biais d'exercices étroits et précis, d'aiguiser la réflexion aux moments du projet pédagogique où sont franchis des seuils de difficulté, de manière à accompagner le travail individuel de conceptualisation.

Dans le cadre de cet effort constant de représentation, il s'agit grâce à l'évaluation formatrice, de déceler au plus vite les éventuelles failles qui pourraient compromettre la compréhension du fonctionnement de la langue et ce, dans l'instant même où l'élève est pour la première fois exposé à un phénomène linguistique nouveau.

On le constate donc, par la sollicitation de la réflexion de l'élève sur ses propres démarches face à la nouveauté, l'évaluation formatrice se présente comme un outil d'aide et d'accompagnement du processus d'apprentissage. À ce titre, on doit pouvoir y recourir à n'importe quel stade du projet pédagogique.

Évaluation sommative

Michèle Winter souligne que l'évaluation sommative :

> [...] permet d'évaluer dans quelle mesure les objectifs fixés par le projet pédagogique ont été atteints; de ce fait <u>elle évalue autant l'apprentissage que l'enseignement</u>.
>
> Michèle Winter et al., *L'apprentissage de l'anglais dans le premier cycle*, CRDP de Strasbourg, 1987.

Par ailleurs, cette auteur précise que :

> Son but est de constater, mais non plus de remédier. C'est une forme d'évaluation fermée et statique.

On identifiera sans peine les formes traditionnelles que revêt l'évaluation sommative au lycée, selon les pratiques de chacun : devoirs sur table, compositions, oraux blancs, ou toute autre forme de bilan, placés

4. Nous faisons le choix de l'expression « évaluation formatrice » plutôt qu'« évaluation formative » dans le but de souligner l'inscription de la démarche d'évaluation dans le processus d'apprentissage.

au terme d'un parcours d'apprentissage. Au reste, notons que la notion de parcours d'apprentissage est, au regard de l'évaluation sommative, d'une extrême élasticité puisqu'elle peut se borner aux dimensions d'une séquence d'apprentissage ou, au contraire, s'étendre jusqu'à englober l'intégralité du cursus scolaire (c'est le cas du baccalauréat).

Quelques caractéristiques comparées des deux types d'évaluation

Évaluation formatrice	Évaluation sommative
• s'appuie sur des exercices de manipulation ciblés	• s'appuie sur des exercices d'encodage ou de décodage larges
• intervient en cours d'apprentissage au franchissement de seuils d'apprentissage	• intervient à l'issue de l'apprentissage
• constitue une pause réflexive individuelle guidée par l'enseignant et/ou les pairs	• constitue le champ d'application des savoirs et savoir-faire, en autonomie totale
• donne lieu à une correction individuelle	• donne lieu à une correction collective
• sollicite une pensée analytique	• sollicite une pensée synthétique
• ne fait pas l'objet de notation	• fait l'objet de notation (valeur institutionnelle)
• valeur d'encouragement	• valeur sanctionnelle
bilan individuel intermédiaire	**bilan collectif terminal**

3 L'ERREUR, UN BIEN NÉCESSAIRE

A. PRÉAMBULE

Soit les énoncés suivants, fidèles retranscriptions de productions écrites d'élèves de lycée :

> **1.** *[5] [...] therefore an atmosphere suspenseful and tense prevail in this scene. *(Terminale STT)*
> **2.** *The little boy who's name is Samuel seems to be amazed [...]. *(Première S)*
> **3.** *[...] he refuses despite the lady's kindhood [...]. *(Terminale STT)*
> **4.** *Should there be no religion whatsoever on the face of Earth, the mankind will be more free to think for themeselves. *(Terminale S)*
> **5.** *Eventually, Colleen goed to the concert without the permission of her parents. *(Seconde)*

À bien des égards, cet ensemble d'énoncés se démarque très sensiblement des réalisations que requerrait la norme de la langue. En effet, ils peuvent être légitimement considérés comme erronés et, partant, irrecevables.

Ainsi, dans le cadre de l'évaluation terminale – devoir sur table, épreuves du baccalauréat – aura-t-on tendance à mettre l'accent sur le nombre d'erreurs commises dans chaque énoncé, pour pénaliser le candidat avec plus ou moins de rigueur en fonction des critères d'évaluation définis par le professeur ou par la commission d'harmonisation des barèmes.

Il existe cependant une alternative à cette façon de concevoir et d'aborder les erreurs des apprenants.

Celle-ci reste fidèle au distinguo que nous avons établi plus haut entre évaluation sommative et évaluation formatrice. En effet, cette perspective différente, représente l'erreur non plus comme un simple raté, sanctionné et jugé à l'aune de la norme imposée par la langue, mais bien comme la trace signifiante d'un processus d'apprentissage, en cours d'élaboration.[6]

B. L'ERREUR : QUELLE ANALYSE, POUR QUELLE REMÉDIATION ?

Il a été question de certains aspects de l'analyse des erreurs dans le chapitre consacré à la langue, aussi limiterons-nous nos remarques aux possibles répercussions de celle-ci dans les pratiques de classe.

5. Par convention, l'astérisque signale un énoncé erroné.

6. Pour de plus amples développements concernant le statut de l'erreur dans le processus d'apprentissage, on se référera au chapitre 9.

Même si les spécialistes d'une approche psycholinguistique de l'analyse de l'erreur pourront objecter que leur recherche n'a pas premièrement pour finalité la remédiation et la correction des erreurs des apprenants, il peut être d'un grand intérêt pour le professeur de tenter de retracer et de comprendre la genèse des erreurs produites par ses élèves. De fait, cette analyse lui permettra de définir efficacement la nature des activités d'évaluation formatrice à proposer en aval, dans le but de « corriger le tir ». Pour ce faire, il est sans doute nécessaire de tenter de distinguer les erreurs qui sont imputables au relâchement de l'attention et au hasard, de celles qui, mises bout à bout, révèlent l'état d'un système individuel, propre à chaque élève, évolutif mais structuré : l'interlangue.[7]

Les erreurs aléatoires

Ce sont évidemment celles qui laissent désemparés professeurs et élèves. Mises sur le compte de failles dans la concentration ou de pressions dues au stress exercé par les conditions de passation de l'évaluation (temps limité, mauvaise interprétation des consignes, etc.), elles sont souvent spontanément et assez facilement corrigées par l'élève lorsqu'il les envisage après coup, au moment de la correction. Dans le cas d'une évaluation de la production écrite, par exemple, de telles erreurs se répartissent souvent de manière aberrante sur le support que constitue la copie, sans que l'on puisse parvenir à les regrouper en différents corpus susceptibles de révéler une représentation, certes erronée mais cependant cohérente de la langue.

Par défaut, nous pouvons toujours interpréter ce type d'erreurs comme la trace de l'absence de toute représentation de certains aspects de l'objet d'apprentissage (la langue) comme des stratégies à déployer pour mener à bien l'apprentissage.

En pareil cas, ces erreurs paraissent difficilement utilisables dans la perspective d'une réflexion systématique visant à la remédiation.

Elles sont plus souvent justiciables de corrections ponctuelles ou, au contraire, de la mise en place de projets pédagogiques visant à créer les conditions nécessaires pour que l'apprenant puisse se forger une image du phénomène linguistique visé.

7. Rappelons la définition qu'Yvonne Cossu donne de l'interlangue : « phase dans le développement de la compétence linguistique d'un apprenant. Par hypothèses successives, l'apprenant édifie et modifie son propre système (l'interlangue) qui se rapproche de plus en plus de la norme de la langue qu'il apprend. Les erreurs, ou hypothèses d'apprenants, sont la trace observable de cette interlangue ».

Les erreurs systématiques

Modalités de leur recensement

Il nous semble que l'appréciation du caractère systématique des erreurs d'un élève donné doit pouvoir se conduire sur le moyen terme. Ainsi, vouloir cerner ce qui constitue en somme une sorte d'idiosyncrasie spécifique à tel ou tel, relève d'un traitement statistique des erreurs apparaissant au fil des évaluations sommatives du mois ou du trimestre. C'est pourquoi nous défendons volontiers l'idée d'un suivi personnalisé de l'état des erreurs des élèves.

Suivi personnalisé des erreurs systématiques

Ce suivi – dans le cas de l'encodage/décodage de l'écrit, par exemple – peut prendre l'aspect d'une fiche individuelle remplie par le professeur au fil des évaluations sommatives du mois, du trimestre ou de l'année. Destinée à l'élève, la fiche de suivi personnalisé est archivée par lui et systématiquement jointe à tous les devoirs soumis à l'appréciation du professeur.

Pour l'élève comme pour le professeur, cette façon de procéder permet de conserver la trace de l'évolution des représentations successives de la langue. Un autre bénéfice considérable de cette méthode réside dans l'implication de l'élève dans l'appréciation et la réflexion de sa propre évolution.

Dans le même temps, cette démarche permet, sur l'axe chronologique, une meilleure estimation de l'efficacité des procédures de remédiation déployées par le professeur.

Voici un exemple de fiche de suivi personnalisé des erreurs, telle qu'elle a pu être proposée à des élèves de Seconde (les zones d'erreur sont données ici à titre indicatif) :

Encodage de l'écrit

Suivi personnalisé de
Nom .... Classe ....
du ... /... /... au ... /... /...

Zone d'erreur	**Exemple**		**Interprétation (élève)**		**Interprétation (professeur)**	
	devoir 1 date :	devoir 2 date :	devoir 1	devoir 2	devoir 1	devoir 2
détermination						
nominale						
groupe verbal						
lexique						

Un tel outil de suivi sert de support à un échange entre le professeur et l'élève lors des phases de correction des devoirs. Concernant celles-ci, nous préférons les mener en demi-groupe, lorsque l'emploi du temps des classes le permet, plutôt qu'en classe entière. En effet, dans la perspective qui est la nôtre, ce travail en effectif réduit rend beaucoup plus facile l'entretien individuel que nous estimons nécessaire entre l'élève et le professeur au sujet des erreurs.

Lors de ces mini-entretiens, il est question de commenter et d'interpréter l'observable, c'est-à-dire l'ensemble des signes produits par l'élève, en s'attachant bien sûr à ceux qui se démarquent singulièrement de la norme de la langue. On pourra juger cette façon de faire fastidieuse et longue. Ainsi il est vrai qu'en début d'année, au moment où l'on met en place ce système, on pourra facilement aller jusqu'à consacrer deux séances en demi-groupes pour « corriger » un devoir d'ampleur moyenne, là où une correction frontale et collective traiterait la question en une seule séance. Mais si nous persistons dans cette voie, c'est que nous avons pu éprouver les bienfaits que les élèves retirent, à long terme, de cette démarche d'accompagnement.

Habitués qu'ils sont à traiter toute erreur par le rappel à une règle, à un savoir purement déclaratif, la surprise des élèves est réelle lorsqu'on les invite à explorer des pistes d'interprétation de leurs erreurs tentant de mettre en lumière les processus sous-jacents de représentation de la langue.

Entreprise fastidieuse, peut-être. Enrichissante, sans aucun doute.

Prise de conscience des zones à risque

Cette prise de conscience, effectuée sur un mode quelque peu autoscopique, révèle presque toujours les mêmes zones à risque d'un élève à l'autre dans une communauté d'élèves dont la langue maternelle est le français. Identifier et connaître ces zones d'erreurs potentielles, accroître sa vigilance en les anticipant peuvent être des conduites salutaires auxquelles les élèves gagnent à être entraînés.

Loin de nous l'idée de prétendre que l'élaboration de l'interlangue s'accomplit de manière universelle et identique pour tous. Une telle option tiendrait du non-sens. Cependant un abord statistique des erreurs produites en langue anglaise par un public scolaire francophone permet de mettre à jour des lignes de fond constantes. C'est vraisemblablement sur ces constantes qu'il est le plus facile d'intervenir en première instance, dans le cadre de la démarche d'accompagnement décrite précédemment.

L'interférence

Dans le jeu de miroir permanent entre la langue 2 et la langue 1 (ou toute autre langue connue ou apprise), nous observons que la place de l'interférence est loin d'être négligeable. Les nombreuses erreurs imputables à l'interférence procèdent d'une représentation erronée du fonctionnement de la langue 2 par rapport à la langue 1 ou du recours au calque. Ainsi, à titre d'exemple, des apprenants francophones risqueront-ils d'achopper sur des domaines comme :

- la distinction temps/aspect ;
- le fonctionnement de la détermination nominale ;
- l'organisation des réseaux pronominaux ;
- l'antéposition des groupes adjectivaux et leur caractère invariable. Etc.

D'une forte occurrence statistique, les erreurs qui apparaissent dans ces zones peuvent faire l'objet de traitements spécifiques, validés par des évaluations formatrices au cours desquelles on pourra pointer très explicitement les fonctionnements différents des deux (ou plusieurs) langues en cause lors de moments de PRL ou d'analyse-constat.

Erreurs et représentations temporaires de la langue

Les erreurs de ce type sont propres à chaque apprenant et renseignent le professeur sur l'état de l'interlangue d'un élève en particulier. Contrairement aux erreurs imputables à l'interférence, cette partie des erreurs se fonde sur des représentations que nous qualifierons d'intra-linguistiques, où l'image erronée que l'apprenant édifie de la langue s'élabore en référence aux phénomènes propres à celle-ci.

On observe que les erreurs relevant de cette catégorie présentent souvent une solide logique, ou du moins une cohérence certaine, signes émergés de la construction en profondeur de systèmes de structuration de la langue (de « règles intermédiaires »).

Voyons quelques exemples :

1. **Eventually, Colleen go****ed*** *to the concert without the permission of her parents.* (Seconde)
2. **Men are not suited to become* ***beautificians.*** (Seconde)
3. **He refuses despite the lady's* ***kindhood****.* (Terminale STT)
4. **"Exactly where ?", he* ***silly*** *asked.* (Première S)
5. **She had never been* ***at*** *Bradford before.* (Seconde)

Toutes ces erreurs présentent une cohérence au regard de certains des fonctionnements normaux de la langue cible ;

- marquage du prétérit par -ED ;
- processus de lexicogénèse par suffixation *(-ician, -hood, -ly)* ;
- distribution des prépositions *to* et *at.*

Ces erreurs peuvent donc être interprétées par le professeur mais aussi par l'élève comme la trace des hypothèses émises en cours d'apprentissage.

C. LA CORRECTION

Nous pensons que les moments consacrés à la correction, quelle que soit la compétence concernée, doivent pouvoir fournir aux élèves l'occasion de prendre en charge, eux-mêmes, l'analyse de leurs erreurs.

Envisageons le cas de la correction d'une production écrite, par exemple. Elle est traditionnellement conduite par le professeur, de manière frontale, même si on a souvent le soin de prévoir un temps de correction individuelle. Cet abord collectif permet-il à chacun de prendre conscience des limites de ses propres représentations de la langue, des causes de ses propres insuffisances ? Rien n'est moins sûr.

Par ailleurs, se pose au professeur la question de déterminer la quantité et la qualité de ce qui doit être corrigé. Dès lors, si l'on souhaite faire de la correction un moment d'apprentissage, il semble important d'établir une hiérarchie des erreurs selon des critères clairement prédéfinis et tout aussi clairement communiqués à l'ensemble de la classe.

Envisageons, pour illustrer notre propos, deux cas sensiblement distincts.

Correction du travail d'encodage de l'écrit

Balisage en amont

Avant que les élèves ne se lancent dans le travail d'écriture, en temps limité, dans le cadre d'une évaluation sommative, le professeur annonce ses critères d'évaluation. Il peut les faire figurer sur le sujet distribué aux élèves ou choisir de les afficher au tableau.

Découlant des objectifs spécifiques qui ont jalonné l'ensemble du projet pédagogique, il est naturel que ces critères permettent au professeur, comme aux élèves, d'établir une distinction entre ce qui relèvera pour l'occasion de l'accessoire ou de l'essentiel.

Par ailleurs, ce travail d'élaboration des critères d'évaluation permet au professeur d'effectuer un retour en arrière et de définir avec précision des tâches d'évaluation en parfaite cohérence avec les apprentissages mis en place en amont pour, le cas échéant, se concentrer sur ces derniers en priorité. Ainsi, à titre d'exemple, sera-t-on peut-être plus vigilant à l'organisation de la pensée, rendue logique par un usage convenable des connecteurs, qu'à la maîtrise de l'aspect. De même, les marques de la détermination nominale et leur judicieuse répartition dans l'ensemble de l'écrit, pourront-elles être d'une plus grande importance que la présentation cohérente de l'essai en paragraphes, par exemple.

Remarquons incidemment que la définition de critères d'évaluation tend à réduire considérablement l'écart qui peut exister dans l'appréciation d'une copie par deux correcteurs différents, en limitant les effets d'une appréciation purement subjective au profit de l'observation rigoureuse de paramètres prédéterminés portant, par exemple, sur les champs suivants :

Forme de la langue	Fonction énonciative de la langue	Fond
• correction grammaticale • variété et précision lexicales • orthographe • aisance • cohésion du discours	• adéquation forme/situation pragmatique • conditions d'emploi	• respect de la tâche assignée • richesse et nuance de l'argumentation • prise de risque • stratégies d'évitement

D'après Danielle Bailly, *Didactique de l'anglais (2) – La mise en œuvre pédagogique*, p. 258, Nathan Pédagogie, 1998.

Ainsi, poser des critères de réussite, c'est-à-dire définir des zones de vigilance et d'exigence, revient à objectiver la démarche de production et de correction, tout en établissant un contrat temporaire avec l'élève. En connaître les termes, c'est se mettre en mesure de l'honorer et, le cas échéant, de comprendre en quoi on y a dérogé.

Signalisation des erreurs en vue du travail d'autocorrection

Chaque professeur possède sa propre façon d'attirer l'attention des élèves sur leurs erreurs, sa propre signalétique en somme. Disons à l'attention de nos jeunes collègues débutants, qu'il paraît important que ce système, fait d'abréviations, de sigles et autres signes, soit communiqué aux élèves sous la forme d'un corpus stable et cohérent, véritable code de la correction.

Sur la copie de l'élève, l'ensemble de ces signes s'apparente à un dialogue différé entre le professeur et l'apprenti-scripteur. Son enjeu n'est rien moins que la prise de conscience par l'élève de l'écart qui sépare une construction de la norme attendue, que celle-ci soit grammaticale, lexicale ou discursive. Ainsi une copie convenablement annotée doit-elle pouvoir aider l'élève à se lancer dans une démarche inductive plutôt que proposer la correction des erreurs. C'est bien cette démarche inductive qui est encouragée lors des travaux d'autocorrection suivis et personnalisés que nous évoquions plus haut.

Cacographie

Longtemps, on a craint « l'aura » de l'erreur. Exposer les élèves à des énoncés erronés, c'était courir le risque de la mémorisation définitive de l'erreur.

Bien au contraire, selon nos observations, l'analyse de quelques énoncés erronés – choisis par le professeur en fonction de ses critères d'évaluation ou de la forte récurrence d'un type d'erreur particulier – s'avère un excellent exercice de réflexion. Proposé à l'ensemble de la classe, il permet de :
– repérer et définir la nature de l'erreur ;
– verbaliser et confronter les divers mécanismes épi-linguistiques[8] à la source de l'erreur ;
– se remémorer les fonctionnements normaux de la langue de façon à produire les formes attendues ;
– justifier en contexte les formes correctes.

Pour résumer, disons que quelle que soit la démarche corrective retenue par le professeur, il nous semble que celle-ci doit s'efforcer de faire le plus grand crédit à la réflexion et au raisonnement de l'élève, *a posteriori*. Dans le même temps, elle doit ménager la possibilité de recourir à tous types de ressource documentaire – au rang desquelles figurent dictionnaires, précis grammaticaux, mais aussi de faire appel au professeur – de manière à permettre le recours raisonné à des formes correctes.

Il nous semble que c'est en cela que les phases de correction peuvent participer à la construction d'une véritable pratique raisonnée de la correction.

Correction du travail d'encodage de l'oral

La correction, une entrave à la communication ?

Si l'on peut aisément transférer ce qui précède au domaine de la production orale, il convient cependant d'envisager les problèmes soulevés par l'intrusion de la correction au cours d'une prise de parole.

Au chapitre 5, nous avons décrit certaines des causes de l'inhibition des élèves lorsque vient le moment de la prise de parole. Nous avons incriminé la crainte de la prise de parole en public, qui plus est sous le regard (l'oreille) du professeur.

8. cf. Danielle Bailly, *Les mots de la didactique des langues, le cas de l'anglais* (p. 87) : dans le cadre de l'apprentissage d'une langue seconde, « l'activité épilinguistique concerne l'observation inconsciente par l'apprenant des réalités structurelles de la L2, sa compréhension intuitive, implicite, du fonctionnement de cette langue. Elle englobe donc l'ensemble des hypothèses interlangagières, provisoires, que l'apprenant peut faire sur ce fonctionnement. »

Dans le cas d'erreurs portant sur la chaîne parlée, sur ce que nous avons appelé « grammaire de l'oral », l'usage le plus répandu est d'interrompre le locuteur et de lui faire entendre une formulation acceptable avant d'en exiger la répétition. Si cette façon de faire reste encore le meilleur moyen de parer au plus pressé, on peut s'interroger sur la réelle portée de ce type de correction en terme d'apprentissage et sur ses répercussions sur la motivation des élèves.

Ici encore, tout est une question de dosage entre des objectifs de *fluency*, d'une part, et d'*accuracy*[9], d'autre part.

Dans le premier cas, on s'attachera volontairement à limiter les interruptions à visée corrective – qu'elles proviennent du professeur ou des pairs – dans le but de favoriser la fluidité et la quantité de langue produite. Par ailleurs, si l'on tenait absolument à définir des seuils de tolérance, il serait alors facile de s'inspirer de ce que des anglophones eux-mêmes considéreraient comme irrecevable, non pas au regard de la norme de la langue parlée, mais plutôt au regard de l'efficacité de la langue produite en terme de communication.

Il en va bien autrement des phases de précision. Elles correspondent à des moments particuliers, presque ritualisés, de la séance. Comme dans le cas d'une production écrite, l'évaluation et la correction de ces moments ne doivent rien devoir à l'aléatoire. En effet, il s'agit d'évaluer et de corriger les apprentissages effectués en amont, qu'ils concernent des savoirs (lexique, grammaire, phonologie) ou des savoir-faire (organiser une prise de parole, s'exprimer intelligiblement). Qu'il s'agisse des aspects linguistiques ou comportementaux, il est primordial de définir et de communiquer les critères de l'évaluation de façon à faire de la correction un temps d'apprentissage.

À cet égard, et dans le cas particulier d'élèves se préparant à une épreuve orale, il peut être tout à fait profitable de prévoir, de loin en loin, des séances de simulation de l'épreuve terminale. On pourra enregistrer les exposés de chacun de façon à en permettre une analyse collective *a posteriori*. Cette discipline, d'abord perçue plutôt négativement par les grands élèves, remporte bientôt leur adhésion tant ils y voient le moyen de se préparer à satisfaire aux exigences des évaluateurs de l'épreuve orale.

À nouveau, soulignons que cet entraînement sera d'autant plus efficace qu'il aura été précédé d'une réflexion collective aboutissant à la définition de critères de réussite.

9. Voir chapitre 5 pour une définition de ces termes.

D. CONCLUSION

Traditionnellement, évaluer revient à noter, secondairement, à corriger ; deux gestes professionnels qui, parfois, ignorent la valeur d'apprentissage de l'évaluation et de la correction.

Dans chacun de ces domaines, nous avons souhaité souligner les effets bénéfiques d'une méthode cherchant à induire une prise de conscience et une réflexion de la part des élèves. C'est pourquoi nous avons tenté d'axer notre propos sur l'invitation par le professeur à une démarche introspective et individuelle, amenant les élèves à comprendre leurs stratégies, leurs tentatives successives et parfois infructueuses.

Loin d'être un objet d'anathème, l'erreur constitue un précieux outil d'apprentissage pour peu que l'apprenant soit étroitement associé à son traitement.

Du statut nouveau accordé à l'erreur dépendent de nouvelles manières d'envisager l'évaluation.

4 LE BACCALAURÉAT

A. PRÉAMBULE

Si nous avons choisi d'aborder ce sujet dans ce chapitre consacré à l'évaluation, c'est parce que cette épreuve, que subissent tous nos élèves à la fin de leur année de Terminale, constitue l'ultime évaluation sommative de leurs années de lycée. Contrairement aux diverses formes de contrôle auxquelles ils sont soumis au cours de leur scolarité et qu'ils prennent plus ou moins au sérieux selon leur personnalité, le Baccalauréat est très généralement considéré par tous avec inquiétude et respect, probablement à cause de son caractère officiel. De plus, il marque la fin des études secondaires et le passage obligé vers les études supérieures pour la plupart, ou l'entrée dans la vie active pour une petite minorité d'entre eux. En cela, on peut dire qu'il constitue une sorte de rite initiatique qui marque l'entrée dans le monde adulte et l'accès à la responsabilité. D'ailleurs les nouveaux bacheliers, bien que naturellement fiers de leur réussite, ce qui est tout à fait légitime, évoquent bien souvent avec nostalgie l'heureuse et pas si lointaine époque où ils étaient aidés et pris en charge par les professeurs du lycée. En effet, même si nous nous efforçons de les conduire sur la voie de l'autonomie afin de les aider à se prendre en charge, nos élèves ont toujours l'impression d'être totalement livrés à eux-mêmes lorsqu'ils arrivent à l'université. Beaucoup d'entre eux éprouvent des difficultés à gérer cette toute nouvelle liberté et se sentent complètement désemparés.

Nous allons tenter de présenter cette épreuve et d'exposer un aperçu[10] du type de préparation que nous pouvons proposer à nos élèves pour leur permettre d'aborder le grand jour avec sérénité et avec les meilleures chances de réussite. Il va de soi que l'épreuve d'anglais est censée évaluer les acquis accumulés tout au long de la scolarité secondaire et non un travail spécifique à l'année de Terminale, mais il n'en demeure pas moins que les activités que nous proposons à nos élèves cette année-là sont bien plus orientées par le format de cette épreuve que celles que nous pouvons mettre en place aux cours des années précédentes. Nous pouvons dire que comme pour une épreuve sportive, ce qui prime c'est l'entraînement. Il doit être régulier, bien dosé tout en étant progressif, mais il convient toutefois d'éviter d'angoisser les élèves inutilement et de faire en sorte qu'ils ne soient pas complètement épuisés lorsqu'ils abordent l'épreuve. Tout est une question d'équilibre.

Les épreuves du Baccalauréat sont définies par les textes officiels suivants : B.O. N° 23 du 7 juin 2001, dans lequel on peut trouver la définition des épreuves de langues vivantes applicables au baccalauréat général à compter de la session 2002. Pour ce qui est des séries STT et STI, on se reportera aux textes plus anciens, à savoir :

> Note de service n° 94-209 du 19 juillet 1994. Annexe III fixant la définition des épreuves.
>
> *B.O. spécial n° 10 du 28 juillet 1994*

> Rectificatif du 16 novembre 1994 à la note de service n° 94-209 du 19 juillet 1994.
>
> *B.O. n° 43 du 24 novembre 1994*

Il va de soi que dans ces deux derniers B.O., l'ensemble des indications concernant les épreuves des séries S et ES sont devenues caduques du fait de la nouvelle forme qui vient de leur être donnée. Ces modifications ont été rendues nécessaires suite à la diminution du volume horaire alloué à ces deux classes. En effet, l'épreuve de langue du baccalauréat telle qu'elle avait été définie en 1994 était plus lourde et il ne paraissait plus possible d'y préparer les élèves correctement. La modification la plus importante consiste en la suppression pure et simple de

10. Il va de soi que nous ne pourrons proposer que quelques pistes, dans le cadre de ce guide, car le sujet est vaste et ne saurait ici être développé de manière exhaustive. D'ailleurs, des ouvrages entiers sont consacrés à ce thème.

la partie « compétence linguistique ». Cette compétence est désormais testée de manière moins systématisée dans la partie « expression ».

Nous avons fait le choix de proposer à nos lecteurs de larges extraits des *Instructions Officielles* concernant la définition des épreuves du Baccalauréat, afin qu'ils puissent s'y référer commodément sans avoir à courir au CDI de leur établissement pour rechercher les textes officiels. En effet, il est nécessaire que les professeurs qui prennent en charge des classes de lycée et plus particulièrement de Terminale sachent exactement en quoi consistent ces épreuves afin de pouvoir organiser leur démarche pédagogique en conséquence. À l'heure où nous mettons sous presse, d'autres changements ne sont pas exclus : il s'agirait peut-être en effet d'introduire une épreuve supplémentaire de compréhension auditive, mais nous ne savons pas encore sous quelle forme. En tout état de cause, notre chapitre 4 devrait permettre à nos collègues d'y faire face en y puisant des idées d'activités qui les aideront à préparer leurs élèves à cette nouvelle épreuve.

B. LES ÉPREUVES ÉCRITES

Définition

• **Séries L, ES, S, LV1**

(Durée 3 heures, coefficients : 4, série L ; 3, séries ES et S.)

L'épreuve a pour objectif l'évaluation de l'aptitude à la compréhension de la langue écrite et l'évaluation de l'aptitude à l'expression écrite.

L'épreuve porte sur un ou plusieurs textes dont la longueur totale n'excède pas soixante lignes (ligne s'entend au sens de 70 signes y compris les blancs et la ponctuation). Ce ou ces textes peuvent être les mêmes [pour les trois séries].

Le ou les textes, supports de l'appareil de l'évaluation de l'écrit, sont extraits d'œuvres littéraires (nouvelle, roman, pièce de théâtre, poème, essai, etc.) ou de la presse écrite (éditorial, analyse d'événements ou de faits de société, etc.)

L'évaluation de la compréhension de la langue écrite porte aussi bien sur le sens explicite du texte que sur sa signification profonde ou implicite. Lorsque plusieurs textes sont proposés, les avantages d'une approche comparative sont exploités.

L'expression personnelle est liée ou non au(x) texte(s) de support de la compréhension de l'écrit. Il peut s'agir d'expression semi-guidée et/ou d'expression libre. Dans ce dernier cas, le candidat doit faire preuve qu'il est capable de défendre un point de vue, d'exprimer son jugement, de commenter un fait de civilisation, etc.

Dans l'expression personnelle, il est tenu compte de la correction et de la richesse de la langue pour évaluer les compétences linguistiques des élèves.

[Pour les séries ES et S], selon la langue, on peut recourir à la traduction en français d'un passage du ou des textes qui n'excède pas cinq lignes et qui permet au candidat de montrer qu'il est apte à traduire une langue simple. Répartition des points : compréhension (avec éventuellement traduction) : 10 points / expression : 10 points. (Durée 3 H, coefficient 3).

[La série L] comporte [obligatoirement] un exercice de traduction. Le passage retenu pour la traduction en français n'excède pas dix lignes. Cette partie de l'épreuve a pour but de permettre au candidat de montrer qu'il est apte à traduire en étant fidèle au sens et en respectant le niveau de langue. Répartition des points : compréhension écrite, expression : 14 / traduction : 6. (Durée : 3 H, coefficient 4).

• **Séries S et L : épreuve écrite de langue vivante 2**

Les modalités sont [globalement] les mêmes que pour l'épreuve des séries ES et S , LV1.

Le texte, [unique], comporte de trente à cinquante lignes et peut être le même pour les deux séries, mais l'appareil d'évaluation tient compte de la durée de l'épreuve [qui n'est pas la même]. (Durée : série S : 2 H, coefficient 2 ; série L : 3 H, coefficient 4.) Répartition des points : compréhension (avec éventuellement traduction) : 10 points / expression : 10 points.

• **Séries SMS, STL (toutes spécialités), STI (toutes spécialités) et STT (spécialité comptabilité et gestion : spécialité informatique et gestion)**

L'épreuve a pour but d'apprécier le degré de compréhension d'un texte écrit et l'aptitude à l'expression écrite. Elle portera sur un texte d'environ trente lignes pris dans un journal, un magazine, une revue, un roman, etc. Tout texte qui risquerait de heurter la conscience ou la sensibilité des candidats sera exclu.

La compréhension portera essentiellement sur le sens littéral du texte. Quant à l'expression, elle permettra au candidat de montrer sa capacité à répondre de façon personnelle à une ou deux questions simples portant sur le texte. (Épreuve écrite de langue vivante 1 : durée 2 heures, coefficient 2.) Répartition des points : compréhension : 12 points / expression : 8 points.

Préparation

La compréhension

À l'écrit, la compréhension écrite, on le voit, concerne indistinctement toutes les séries. Nous avons déjà largement développé la manière de la travailler dans la partie de cet ouvrage consacrée au décodage de l'écrit. Il s'agit en fait de la partie la plus évidente et la plus attrayante de cette année de préparation. En effet, il va de soi que nous présentons un nombre assez important de documents à nos élèves, ne serait-ce que pour constituer la liste qu'ils présenteront à l'examinateur s'ils doivent subir l'oral de rattrapage. Nous y reviendrons lorsque nous parlerons de l'oral de manière plus spécifique. Bornons-nous, pour l'instant, à préciser que la liste en question doit comporter une dizaine de textes représentant entre quinze et vingt pages, ce qui nous donne une idée du minimum qu'il convient de travailler en Terminale. Il est bien entendu extrêmement rare que les élèves de la série S choisissent de présenter l'anglais au second groupe d'épreuves étant donné l'importance bien supérieure des coefficients des matières scientifiques. Néanmoins, les candidats des autres séries peuvent très bien être amenés à le faire.

Cet aspect purement pratique mis à part, tous les textes que nous présentons en Terminale donnent l'occasion, lors de la phase de découverte et de décryptage – outre la dimension non négligeable du plaisir lié à cette découverte – d'entraîner les élèves à l'épreuve de compréhension de l'examen. Il est bon d'organiser l'approche de ces documents de deux manières.

En effet, il convient de renforcer les activités destinées à conduire nos élèves sur la voie de l'autonomie, afin de les mettre en mesure de comprendre de manière satisfaisante n'importe quel document qui leur sera proposé « le jour J ». Pour ce faire, nous introduirons de manière systématique une batterie d'activités qui se présenteront sous la forme d'une aide à la compréhension.

D'autre part, il s'agit d'entraîner nos élèves aux types d'exercice qui leur sont proposés au Baccalauréat et qui sont, bien entendu, non plus des activités destinées à les aider, mais bien cette fois à les évaluer. Or il existe une typologie bien définie de ces exercices et il faut donc y préparer les élèves de manière à éviter qu'ils ne soient pris au dépourvu. Les divers manuels de Terminale proposent de manière très systématique ce genre d'exercices pour l'étude des divers documents qui y sont présentés. Il n'est pas inutile non plus de parcourir les divers recueils d'annales pour se faire une idée du type d'exercices qui attendent nos élèves. On peut d'ailleurs leur conseiller de les parcourir par eux-mêmes.

Nous ne reviendrons pas sur les diverses approches destinées à rendre les élèves autonomes puisque nous les avons déjà largement développées dans d'autres parties de cet ouvrage. Bornons-nous à rappeler que toutes les aides concernant la découverte du lexique sont à systématiser. Il peut être utile, à cet égard, de faire découvrir des régularités de correspondances de lettre ou de signe entre l'anglais et le français, pour éviter que les élèves ne restent bloqués sur certains mots inconnus. On peut citer par exemple ces deux activités :

Exercise

A. Translate the following sentences, paying particular attention to the underlined letters in **bold type**:

1. Taking a **s**carf from the **w**ardrobe, she ha**s**tily left for the ho**s**pital.

2. In Augu**s**t, **W**illiam, the **s**tate governor, declared **w**ar on **W**ales.

3. Having **s**tudied **w**a**s**ps on their computer **s**creens, they went to look for some in the fore**s**t.

4. The ta**s**k of the prison **w**arden was to **s**py on the **s**trangers who lived on the cre**s**t of the hill.

B. Deduce from these translations three rules of correspondence:

1. In these sentences, «W» in English corresponds to the sound [...] in French.

2. «S» at the beginning of a word in English often corresponds to ... in French.

3. «S» in the middle of a word in English sometimes corresponds to ... in French.

N.B. These rules are far from being systematic. However, since they can be applied in a significant number of cases, they may help you to infer the meaning of unknown words.

For instance, can you guess the probable meaning of the following words?

English	French	French	English
spouse =	....	*quête* =	....
wages =	....	*éponge* =	....
warranty =	....	*étrangler* =	....
roast =	....	*guerrier* =	....
scum =	....	*étonnant* =	....
host =	....	*mât* =	....
isle =	....	*épine (dorsale)* =	....
disgusting =	....	*côte* =	....
beast =	....	*épeler* =	....
stall =	....	*épice* =	....

New Flying Colours, Terminale (*Workbook*)

Solution

A. 1. *écharpe, garde-robe, hâtivement, hôpital.*

2. *août, Guillaume, état, guerre, Pays de Galles.*

3. *étudié, guêpes, écrans, forêt.*

4. *tâche, gardien, épier, étrangers, crête.*

B. 1. *[g], 2. é, 3. ^.*

épouse, gages, garantie, rôti, écume, hôte, île, dégoûtant, bête, étal.

quest, sponge, strangle, warrior, stunning, mast, spine, coast, spell, spice.

Il peut être également utile de sensibiliser les élèves aux différences orthographiques existant entre l'orthographe britannique et l'orthographe américaine, car en l'absence de tout autre repère connu, elles peuvent leur permettre d'identifier l'origine d'un texte. Citons rapidement quelques exemples pour mémoire :

GB	**US**
colour	color
neighbour	neighbor
centre	center
theatre	theater
dialogue	dialog
programme	program
travelled	traveled

On incitera les élèves à consacrer une fiche à cet effet et à noter d'autres différences qui pourront être rencontrées au fil des découvertes. Ils feront de même avec les mots qui varient d'un continent à l'autre, tels que par exemple :

GB	**US**
lift	elevator
pavement	sidewalk
toilets	restroom
autumn	fall
lorry	truck
film	movie
cinema	movie theater

À cet égard, nous pensons d'ailleurs qu'il vaut mieux conseiller aux élèves – sauf cas particulier[11] – de choisir l'orthographe et le lexique britanniques dans leurs travaux de production, car ce sont ceux qu'ils ont majoritairement fréquentés au cours de leur scolarité. De plus, dans la mesure où ils ne connaissent pas bien toutes les spécificités de la langue américaine, ils risqueraient, poussés par un désir de sacrifier à une certaine mode introduite notamment par les chansons, d'y perdre en cohérence.

11. Il nous arrive parfois, rarement, d'avoir dans nos classes un élève qui a vécu un temps aux États-Unis et qui écrit dans un américain cohérent et donc tout à fait acceptable, bien sûr.

Passons maintenant à des conseils plus spécifiquement axés sur la nature de l'épreuve de compréhension.

Il convient tout d'abord d'apprendre aux élèves à lire et à comprendre les consignes correctement. Quoi de plus frustrant en effet que de ne pas pouvoir répondre à une question faute de l'avoir comprise ? Pour pallier cette difficulté, nous pouvons proposer à nos élèves un glossaire des termes les plus fréquemment rencontrés dans les énoncés des exercices de compréhension. On incitera les élèves à compléter le glossaire au fur et à mesure de découvertes nouvelles, lors d'activités d'entraînement :

Anglais	**Français**
answer	répondre
apply	s'appliquer à
appropriate	qui convient
at least	au moins
available	disponible
below	ci-dessous
blank	blanc
borrow	emprunter
box	case
chart	tableau
choose	choisir
clue	indice
component	composant
describe	décrire
device	procédé
direct speech	style direct
evidence	preuve
fill in	remplir
find	trouver
fit	placer, mettre
following	suivant
free reported speech	discours indirect libre
gap	vide, espace
hint	allusion
infer	inférer
instance	exemple
key expression	expression clé
key word	mot clé
link word	mot de liaison
linked with	relié par
linking device	connecteur
meaning	sens, signification
only once	une seule fois
pick out	relever
prompt	amorce

provide	fournir
quotation	citation
quote	citer
relationship	relation
relevant	approprié
reliable	fiable
remind	rappeler
rephrase	reformuler
reported speech	style indirect
show	montrer
statement	affirmation
striking	frappant
suitable	adéquat
sum up	résumer
summary	résumé
support	étayer, soutenir
tick	cocher
title	titre
topic	sujet, thème
translate	traduire
underline	souligner
unreliable	peu fiable
whether	si

Voici maintenant, à titre d'information, un aperçu des libellés de consignes que l'on retrouve le plus fréquemment dans l'épreuve de compréhension :

– *Choose the right answer and justify by quoting from the text.* (Il s'agit d'une activité de type QCM).
– *Who or what do these words refer to?* (Il s'agit ici d'un travail portant sur le réseau anaphorique du texte).
– *Find words or expressions in the text which mean…* (Exercice portant sur le lexique).
– *Find expressions and adverbs which show that a character is…* (Exercice portant sur la caractérisation d'un personnage).
– Dans le même ordre d'idée, on fournit une liste d'adjectifs qui peuvent s'appliquer à un personnage: *Put them in the correct chronological order, quoting in each case a key expression from the text to justify the use of each adjective.*
– *Say whether the following statements are right or wrong. Justify by quoting from the text.* (On peut trouver aussi: *true or false*).
– *Complete the following sentences.*
– *Do you think that…? Support your answer with evidence from the text.*
– *Show how the main words in the headline are rephrased, echoed or developed in the subtitles (or in the text).*

On peut constater, par ces quelques exemples, que les activités proposées n'ont rien d'exceptionnel ni de bien original. Quelques-unes de celles que nous avons proposées dans notre chapitre consacré au décodage de l'écrit sont du même ordre. Les élèves y sont normalement préparés et ne devraient pas rencontrer de difficultés particulières pour les effectuer, si toutefois ils ont compris le texte support de l'épreuve. Il est déjà important de leur donner quelques conseils de bon sens lorsqu'on les entraîne à la compréhension. En effet, il faut vraiment les inciter à ne pas lire le texte de but en blanc. Les repérages paratextuels peuvent être éclairants, ne serait-ce que pour identifier le genre auquel s'apparente le document qu'ils s'apprêtent à lire. S'il s'agit d'un extrait de presse, ce qui arrive parfois, les attentes ne seront pas les mêmes que pour un passage de roman, par exemple. De plus, il peut s'avérer utile de prendre connaissance des deux ou trois premières questions qui, généralement, portent sur la compréhension globale, à savoir la localisation spatio-temporelle et le repérage des personnages. Ainsi, la première lecture sera orientée par ces premières recherches, ce qui d'un point de vue psychologique est très bénéfique. En effet, au lieu de s'attarder sur le lexique inconnu, les yeux du lecteur se porteront avant tout sur des éléments aisément identifiables, lui permettant ainsi un début d'accès au sens qui s'avérera positif. Il va de soi que nous sensibilisons nos élèves à cette méthode de lecture depuis le début de la Seconde et que nos collègues du collège nous ont précédés sur ce terrain, mais il est toujours important de rappeler les évidences avant l'épreuve, ne serait-ce que pour sécuriser les futurs candidats. On peut d'ailleurs leur dire que si les premiers exercices ne concernent pas les habituelles questions en *WH-*, ce qui serait assez exceptionnel, il serait bon qu'ils cherchent néanmoins à répondre à celles-ci pour leur propre gouverne afin de mieux situer le cadre.

On remarque dans les quelques exemples d'activités cités ci-dessus, que les élèves sont bien souvent amenés à justifier leurs choix et/ou leurs réponses. Dans ce cas, il s'agit pour eux de citer le texte ou de justifier avec leurs propres mots, ce qui devient alors une activité de reformulation. Pour ce qui est des prélèvements à effectuer dans le texte, le professeur se doit d'effectuer des mises au point concernant la manière de procéder, sinon on obtient **since the line x until the line y*… Quant aux reformulations, les élèves y sont normalement entraînés tout au long de l'année, notamment lors des phases de prise de parole en continu permettant de synthétiser le contenu d'un texte. À ce propos, il est bon de mettre nos élèves en garde contre leurs éventuelles erreurs de formulation. En effet, la prise de risque est naturellement supérieure lorsqu'il s'agit pour eux de s'exprimer avec leurs propres mots. Nous nous élevons fortement contre la pratique de bon nombre de correcteurs qui n'appliquent pas les consignes de correction et qui pénalisent fortement ce qui leur paraît inacceptable du point de vue de la langue, dans les exercices censés évaluer la compréhension. Nous pensons en effet qu'il convient d'être exigeant dans la partie testant l'expression, mais plus souple pour ce qui est de la partie compréhension. Si les élèves montrent par leurs réponses qu'ils ont compris le texte, même maladroitement, on ne peut certainement pas leur attribuer un zéro à une question sous prétexte qu'il manque un « s » à un verbe à la troisième personne du singulier au présent simple. Nous savons malheureusement qu'il s'agit là d'une pratique assez courante. Nous n'irons certes pas jusqu'à dire qu'il faut ignorer les erreurs, mais il semble évident qu'il faut les relativiser. D'ailleurs, nos collègues germanistes ont résolu ce problème en demandant à leurs élèves de répondre en français à une bonne partie des questions de compréhension, afin d'éviter le mélange des genres. Néanmoins, puisque cette solution n'a pas été retenue pour l'épreuve de compréhension en anglais, il est important que les élèves se méfient des allergies grammaticales de certains de nos collègues correcteurs. Pour cela, on attirera leur attention, lors des divers travaux d'écriture qu'ils sont amenés à réaliser au cours de l'année, sur ces « fautes graves » qui selon certains constituent des péchés inacceptables et que nous pénaliserons plus fortement et en tout cas de manière plus visible, pour les amener progressivement à mieux se contrôler pour les éviter. Il est bon, par exemple, d'utiliser un symbole différent et bien remarquable pour les signaler dans la marge. Chacun constituera la liste de ces *howlers*[12] en fonction de sa propre sensibilité ! En ce qui nous concerne, nous avons du mal à établir un classement de la gravité supposée des erreurs auxquelles nous refusons en tout cas d'accorder la moindre connotation morale, dans la mesure où elles ne sont que des traces du stade d'appropriation de la langue-cible auquel les élèves sont parvenus. Certes, un élève qui passe le Baccalauréat devrait être déjà bien avancé pour ce qui est de son niveau d'acquisition, et certains élèves s'expriment d'ailleurs dans une langue bien plus riche et nettement plus normative que d'autres, mais il faut rester réaliste et ne pas s'attendre à ce qu'ils soient tous bilingues. D'ailleurs, lorsque l'on fréquente les jurys de concours, on se rend compte que, même avec un niveau bac + 4, certaines erreurs ont la vie dure…

12. Fautes qui font hurler les professeurs.

Exemple d'épreuve destinée aux séries ES et S, LV1

At eleven o'clock that night, sitting somberly side by side in the living room of their apartment overlooking Central Park, Willy and Alvirah watched the local CBS newscast.

The lead story was the bold kidnapping of eight-hour-old Marianne O'Brien from Empire Hospital.

Willy felt Alvirah tense as the anchorman said, "It is believed that the kidnapper was observed just prior to leaving the hospital by family friends, Willy and Alvirah Meehan, who had come to visit the proud and happy parents."

"Mrs Meehan's description of the infant leaves little doubt that she had seen the O'Brien baby. Unfortunately, neither she nor her husband could provide any significant details about the abductor, who apparently had disguised herself as a nurse. The O'Briens say she was about thirty years old, of medium height, with blond hair..."

"How come they don't talk about the yellow bunting[1]?" Willy asked. "You noticed that especially."

"Probably because the police always hold something back so that they can tell real calls from quack calls."

Alvirah squeezed Willy's hand as she listened to the anchorman say the heartbroken mother, Joan O'Brien, was under heavy sedation and that the hospital had announced a news conference, during which the father would broadcast a plea to the kidnapper.

Then the newsman interrupted himself in midsentence. "We're going live to Empire Hospital for a late-breaking bulletin," he said.

Alvirah leaned forward and squeezed Willy's hand again.

After a moment's pause, an on-the-scene reporter spoke from the lobby of the hospital. "Authorities here report that the uniform of a hospital attendant and a blond wig[2] have just been found stuffed in the disposal container of a lavatory on the floor from which Baby Marianne was abducted. The lavatory is a facility reserved for hospital personnel and can be entered only by punching in a special code." The reporter paused for effect and looked intently into the camera.

"Authorities now fear that this kidnapping may have been an inside job."

Or that the woman knew her way around the hospital, Alvirah thought. Maybe she had worked or was a patient there at some time. Or she could have just been visiting someone and gotten the lay of the land[3], watched what the nurses were doing. She was wearing a blond wig. That means we don't even know what color her hair really is. With that scarf so tight over her head, I didn't notice.

The news bite about the kidnapping ended with a doctor giving the baby's formula[4] and the police commissioner promising compassion and help to the abductor if the baby was returned safely. Anyone with any information was asked to call a number that was flashed on the screen.

Willy pushed the remote control button and switched off the television; then he put his arm around Alvirah, who sat next to him, shaking her head. "You can't blame yourself, honey. Remember, if that woman was so desperate for a baby, she'll take care of Marianne until the police find her."

"Oh, Willy, I can't not blame myself. You know how my antenna just naturally goes up when something's out of whack[5]. It's just that I was excited, so anxious to see the baby and to hug Joan and Gregg. I know there was something, something odd that registered in those seconds when I saw that woman." She shook her head again. "I just can't dig it up." Then she gasped, and her eyes brightened. "I've got it! I remember! Willy, it was the bunting, that yellow bunting. I've seen it somewhere before!"

Mary Higgins Clark, *The Lottery Winner*, 1994.

1. bunting: baby's coat.
2. a wig: false hair.
3. the lay of the land: the "geography" of the place.
4. baby's formula: powdered milk.
5. something's out of whack: out of order.

I. *Compréhension (6 points)*

1. In what country and what city does the action take place? Justify by quoting from the text.

2. The characters

a. Who do the following words refer to? (Give family names and first names when possible.)

- The proud and happy parents
- The infant
- She
- Her husband
- The woman

b. Find in the text one word synonymous with each of the following words.

- The anchorman
- The kidnapper

c. In the text, who are the "Authorities"?

3. The events

a. Quote the sentence which sums up the events.

b. Are the events related on television, on the radio, or in the newspaper? Justify from the text. (4 details)

4. The kidnapper

a. The character

Referring to the text, explain:

- What she looked like when the O'Briens saw her.
- What had changed in her appearance when Alvirah saw her.

b. The Authorities' idea.

"Authorities now fear that this kidnapping may have been an inside job." Quote the sentence expressing the fact that supports this hypothesis.

c. Alvirah's supposition.
True or False? Justify by quoting from the text only when it is true.
Alvirah supposes that the kidnapper:
- used to be a temporary employee at the hospital.
- was treated in the hospital in the past.
- is connected to the O'Briens.
- has taken advantage of a visit to the hospital to study the place.
- is going to ask for a ransom.

d. Give three details tending to prove that the woman had planned her act beforehand.

5. The witness

a. Pick out words or phrases showing that Alvirah is:
- concerned.
- remorseful.
- instinctively perceptive.

b. Find in the text two reasons why Alvirah could not give detailed description of the woman.

c. According to Alvirah a piece of information is missing from the report. Say which and why?

6. Translate into French

a. "Authorities here report that the uniform of a hospital attendant and a blond wig have just been found."

b. "The reporter paused for effect and looked intently into the camera."

Groupements II et III, juin 1996.

On le voit, les questions de compréhension correspondent à ce qui a été décrit plus haut. Afin de pouvoir évaluer l'ensemble avec précision, il est plus commode de noter sur 100 et non sur 10, ce qui donne davantage de latitude à l'intérieur de chaque question. Il suffit ensuite de diviser la note obtenue par 10. Nous ne donnons pas d'exemple d'épreuve destinée aux séries technologiques, mais précisons cependant que le texte qui leur est proposé est plus court et que les questions de compréhension, notées sur 12, sont globalement plus simples et concernent essentiellement le message explicite.

Quant à la série littéraire, le format est un peu différent dans la mesure où compréhension écrite, expression et compétence linguistique sont notées ensemble sur 14 puisque ces trois aspects apparaissent sous une forme plus intimement liée à l'intérieur des questions proposées qui, du coup, sont plus nombreuses (de l'ordre de dix ou même plus). Nous y reviendrons après avoir parlé de l'expression des séries ES et S.

Pour résumer, la meilleure façon de préparer nos élèves à la partie de l'épreuve concernant la compréhension, est de leur proposer assez systématiquement pendant toute l'année scolaire, des séries de questions du même type, chaque fois que nous abordons l'étude d'un document nouveau.

L'expression

Nous avons déjà très largement abordé cet aspect de l'épreuve dans notre chapitre consacré à la production écrite et nous ne reviendrons donc pas sur les divers aspects qu'il convient de travailler, notamment sur la nécessité de sensibiliser les élèves aux diverses formes discursives. Voici les choix proposés dans le cadre de l'épreuve déjà citée :

II. *Expression (10 points)*

Traitez l'un des deux sujets au choix. Entourez le numéro du sujet choisi. (300 mots).

1. In some TV programmes the spectators are invited to help the police find criminals. Do you agree with the use of the media and would you be willing to cooperate?

2. Is a coherent environmental policy still compatible with a consumer society?

Ces deux sujets sont assez classiques et on peut constater que le premier s'appuie, quoique d'assez loin cependant, sur le texte, alors que le second est un sujet général sans aucun rapport avec celui-ci, comme c'est généralement le cas. On peut signaler aux élèves que s'ils choisissent le sujet en rapport avec le texte, ils auront la possibilité, avec un peu d'adresse, de réutiliser certains items lexicaux, voir quelques formules, ce qui peut constituer une aide non négligeable pour ceux d'entre eux qui éprouvent le plus de difficultés à s'exprimer. Il est bon d'insister tout au long de l'année sur l'importance de jouer le jeu et donc de tenter de produire 300 mots, même si cela paraît insurmontable à certains. En effet, même si leurs productions sont truffées d'erreurs et de maladresses, ils parviendront toujours à obtenir plus de points, que quelqu'un qui n'a pas essayé.

Il nous paraît également nécessaire que les élèves connaissent les critères d'évaluation afin qu'ils puissent en tenir compte au moment de la rédaction de leur production. Ceux-ci concernent le respect de la consigne – notamment en ce qui concerne le nombre de mots –, la structure du travail, donc le plan et la répartition en paragraphes avec un choix de connecteurs adéquats pour en permettre la logique. La richesse lexicale et syntaxique de la langue employée est également considérée. L'intérêt de l'argumentation et/ou des idées développées est aussi pris en compte. Et bien sûr, les correcteurs accordent un intérêt tout particulier à la correction morphosyntaxique qui, nous y avons déjà fait allusion, constitue même pour certains le critère essentiel. Enfin, la prise de risque est considérée et peut même être valorisée si elle aboutit à un résultat satisfaisant. En effet, un candidat qui s'exprime à l'aide d'un lexique limité, sous forme de propositions indépendantes simples, risque de faire moins d'erreurs qu'un autre qui aura le souci de produire des structures complexes dans lesquelles il essaiera d'intégrer un lexique riche et idiomatique. Ceci dit, nos élèves doivent rester conscients de leurs possibilités et de leurs limites et ceux d'entre eux qui éprouvent le plus de difficultés à s'exprimer ont tout intérêt à rester simples.

Comme les erreurs orthographiques font partie des préoccupations de nos élèves, profitons de l'occasion pour évoquer une règle simple et pratique que l'on peut leur proposer afin de ne plus avoir de doutes quant au doublement des consonnes lorsqu'ils opèrent une dérivation sur un mot. En effet, si l'on prend par exemple le verbe *refer,* on constate que l'on obtient *refe**rr**ing, refe**rr**ed*, alors qu'avec *mention* on aura *mentio**n**ing, mentio**n**ed.* On peut soumettre aux élèves un certain nombre d'exemples de ce type pour les amener à trouver que si la syllabe concernée est accentuée, la consonne sera doublée, alors que si elle n'est pas accentuée, ce qui est le cas de *mention* qui est accentué sur la première syllabe, alors la consonne n'est pas doublée. La régularité de cette règle permet aux élèves connaissant l'accentuation des mots de ne pas se tromper. Signalons cependant qu'elle ne fonctionne pas avec le « l », du moins en ce qui concerne l'anglais britannique. En effet, on obtiendra *travelled* à partir de *travel*, bien que l'accent se porte sur la première syllabe. Les mots *kidnap, handicap, worship* qui donnent respectivement *kidnapped, handicapped* et *worshipped* font également exception. Par contre, les Américains suivent la règle pour les mots se terminant par un « l » et produisent *traveled* en toute logique.

Bien entendu, un entraînement régulier à la production constitue le meilleur gage de réussite. Le professeur se fera un devoir de relever les travaux de ses élèves afin de les évaluer et de procéder ensuite à une correction formative afin de les aider à contrôler leurs productions. Nous y avons déjà fait allusion.

Exemple d'épreuve destinée à la série L, LV1

> It seems to me now that Fanshawe was always there. He is the place where everything begins for me, and without him I would hardly know who I am. We met before we could talk, babies crawling through the grass in diapers, and by the time we were seven we had pricked our fingers with pins and made ourselves blood

brothers for life. Whenever I think of my childhood now, I see Fanshawe. He was the one who was with me, the one who shared my thoughts, the one I saw whenever I looked up from myself.

But that was a long time ago. We grew up, went off to different places, drifted apart. None of that is very strange, I think. Our lives carry us along in ways we cannot control, and almost nothing stays with us. It dies when we do, and death is something that happens to us every day.

Seven years ago this November, I received a letter from a woman named Sophie Fanshawe. "You don't know me," the letter began, "and I apologize for writing to you like this out of the blue. But things have happened; and under the circumstances I don't have much choice." It turned out that she was Fanshawe's wife. She knew that I had grown up with her husband, and she also knew that I lived in New York, since she had read many of the articles I had published in magazines.

The explanation came in the second paragraph, very bluntly, without any preamble. Fanshawe had disappeared, she wrote, and it was more than six months since she had last seen him. Not a word in all that time, not the slightest clue as to where he might be. The police had found no trace of him, and the private detective she hired to look for him had come up empty-handed. Nothing was sure, but the facts seemed to speak for themselves: Fanshawe was probably dead; it was pointless to think he would be coming back. In the light of all this, there was something important she needed to discuss with me, and she wondered if I would agree to see her.

This letter caused a series of little shocks in me. There was too much information to absorb all at once; too many forces were pulling me in different directions. Out of nowhere, Fanshawe had suddenly reappeared in my life. But no sooner was his name mentioned than he had vanished again. He was married, he had been living in New York and I knew nothing about him anymore. Selfishly, I felt hurt that he had not bothered to get in touch with me. A phone call, a postcard, a drink to catch up on old times – it would not have been difficult to arrange. But the fault was equally my own. I knew where Fanshawe's mother lived, and if I had wanted to find him, I could easily have asked her. The fact was that I had let go of Fanshawe. His life had stopped the moment we went our separate ways, and he belonged to the past for me now, not to the present. He was a ghost I carried around inside me, a prehistoric figment[1], a thing that was no longer real. I tried to remember the last time I had seen him, but nothing was clear. My mind wandered for several minutes and then stopped short, fixing on the day his father died. We were in high school then and could not have been more than seventeen years old.

I called Sophie Fanshawe and told her I would be glad to see her whenever it was convenient. We decided on the following day, and she sounded grateful, even though I explained to her that I had not heard from Fanshawe and had no idea where he was.

Paul Auster, *The Locked Room*, 1990, Faber and Faber.

1. figment: a product of someone's imagination.

1. *Compréhension, compétence linguistique et expression*

1. What title could you give to the passage?

2. Write a short paragraph about the narrator. Illustrate with quotations from the text. (about 20 words).

3. What memories came back to the narrator's mind when he remembered the past? (40 words).

4. a. Place the following time indicators into chronological order on the time scale. (Write the letters in the appropriate boxes.)

			c. (seven years ago)			

a) Before we could talk
b) Now
c) Seven years ago
d) This November
e) Since she had last seen him
f) On the day his father died
g) On the following day

b. How do you explain that the author does not present the events in chronological order?

5. Pick out the key sentence indicating the change in the relationship between Fanshawe and the narrator and analyse the evolution in their relationship. (30 words)

6. Why did the narrator feel hurt just after receiving the letter? Answer in your own words and illustrate with quotations from the text. (60 words).

7. How do you interpret the narrator's comment: *"The fact was that I had let go of Fanshawe."*? (50 words).

8. The narrator met Sophie Fanshawe on the following day. Imagine their conversation. (150 words).

9. Answer one of the following questions. (200 words)

a. "Out of sight, out of mind". Do you agree with this?

b. In your opinion, what is a true friend?

2. Traduction

Translate into French from *"It seems"* to *"from myself"*.

France métropolitaine, juin 1999.

En préambule, nous pouvons remarquer que ce texte, malgré une charge lexicale relativement légère, est assez difficile. Il s'agit en effet d'une narration à la première personne, pratiquement sans discours direct – mis à part le petit extrait de la lettre que reçoit le narrateur – et contenant beaucoup d'implicite. On remarque d'ailleurs que les questions, dont aucune ne porte sur un fait de langue à proprement parler, sont destinées à tester les capacités des candidats à dépasser le stade de la seule compréhension de surface. Nous ne développerons pas davantage, laissant à nos lecteurs le soin d'analyser les questions par eux-mêmes, en portant notamment leur attention sur les consignes concernant le nombre de mots souhaité qui touchent huit questions sur neuf, ce qui tend à montrer que compréhension et expression restent intimement liées. Ce constat rend la nécessité de porter une attention accrue sur le travail d'écriture au cours de l'année encore plus forte que pour les autres séries. L'ensemble de ces questions est noté sur 14.

La deuxième partie de cette épreuve, notée sur 6, consiste en la traduction du premier paragraphe du document. On a pu constater que dans l'épreuve concernant les séries ES et S donnée en exemple plus haut, on demandait également aux élèves de traduire un court passage. Pour ces séries, la traduction n'est pas systématique. Pour les littéraires, cependant, elle constitue un passage obligé et on attend qu'ils fassent la preuve d'une certaine maîtrise technique. Il convient donc de les y préparer.

En effet, traduire ne consiste pas à remplacer des mots anglais par des mots français, contrairement à ce que s'imaginent naïvement bon nombre d'élèves. Cet exercice consiste en fait à passer d'un code linguistique à un autre, en changeant le point de vue si nécessaire, et en respectant le style et le niveau de langue du texte de départ.

Pour que les élèves prennent conscience des spécificités de cet exercice, il est bon de les familiariser avec les divers procédés de traduction. La fiche suivante nous paraît suffisamment claire et explicite pour servir de base de travail :

Les principaux procédés de la traduction

I. L'emprunt

On ne traduit pas un mot anglais entré dans la langue française:

scanner *video clip* *bulldozer*

II. Le calque

On utilise un nom de lieu ou d'organisme tel que:

L'Empire State Building Le Grand Canyon

III. Le mot à mot

In a restaurant = Dans un restaurant

IV. La transposition

On traduit en employant un mot appartenant à une autre catégorie grammaticale que le mot anglais.

nom > verbe >	*Is this your first* ***visit****?* = C'est la première fois que vous **venez**?
adjectif > nom	***medical*** *students* = des étudiants **en médecine**
adjectif > adverbe	*with an* ***occasional*** *five-minute pause* = avec **de temps en temps** un arrêt de cinq minutes
préposition > verbe	*He hurried* ***out of*** *the room.* = Il se dépêcha de **sortir** de la pièce.
adverbe > proposition	*She* ***obviously*** *preferred to…* = **Il était évident** qu'elle préférait…
verbe > nom	He **ran out**. = Il **est sorti en courant**.
l'étoffement	*a small island* ***off*** *New York* = une petit île **au large de** N.Y.

V. La modulation

On exprime la même idée en voyant les choses sous un angle différent:

espace	*outside the school* = devant l'école
temps	*a quarterly magazine* = un magazine trimestriel
la partie pour le tout	*word processor* = machine à traitement de texte
moyen et résultat	*a life jacket* = un gilet de sauvetage
cause et résultat	*bus stopping* = arrêt demandé
point de vue différent	*My car does 15 miles to the gallon.* = Ma voiture consomme 20 litres aux cent.
négation du contraire	*no vacancies* complet

VI. L'équivalence

On traduit à l'aide d'une expression globalement équivalente. Procédé souvent indispensable pour traduire un proverbe, une expression idiomatique, une inscription sur un panneau, etc. :
Keep off the grass. = Défense de marcher sur la pelouse.

D. Bonnet, A.-M. Kuperberg, *Anglais, méthodes et techniques*, Nathan, 1990.

On laisse les élèves prendre connaissance du contenu de ce document en les amenant à réfléchir au fonctionnement des divers procédés et en leur demandant de proposer d'autres exemples pour chacune des catégories citées. On insistera notamment sur le « chassé-croisé » qui est un des grands classiques, en proposant au tableau un schéma destiné à bien faire comprendre que dans les énoncés indiquant un déplacement, l'anglais s'intéresse d'abord à la manière de se déplacer pour ensuite indiquer la direction, tandis qu'à l'inverse, le français indique d'abord la direction dans le verbe, et ne mentionne qu'après la manière dont le sujet se déplace. On leur proposera toute une série de phrases simples à traduire, comme par exemple : *he swam across the river, he ran across the field, the bird flew away, she rushed into the room,* etc.

Pour ce qui est de l'équivalence, on leur demandera s'ils connaissent des proverbes et on ne résistera pas au plaisir de leur en proposer d'autres, car il s'agit là d'un moyen à la fois ludique, mais aussi très éclairant de faire sentir combien le point de vue peut être différent d'une langue à l'autre. Citons par exemple :
– *Don't count your chickens before they are hatched.* = Il ne faut pas vendre la peau de l'ours avant de l'avoir tué.
– *And pigs might fly !* = Quand les poules auront des dents.
– *Birds of a feather flock together.* = Qui se ressemble s'assemble.

Une activité amusante qui rencontre toujours beaucoup de succès consiste d'ailleurs à dresser une liste de proverbes anglais qu'il convient d'associer à leurs équivalents français présentés dans le désordre bien sûr.

Après cette phase de découverte, il est bon de travailler tous les procédés cités à l'aide d'exercices bien ciblés de ce type :

Traduisez en modulant (= en changeant de point de vue).

Exemple : *We live on the top floor* = nous habitons au dernier étage.
1. *until the small hours of the morning*
2. *words a yard long*
3. *the consumer society*
4. *firewood*
5. *a school book*
6. *the keyhole*
7. *to read a book from cover to cover*
8. *moonlighting*

Solution

1. jusqu'à une heure avancée de la nuit
2. des mots qui en disent long
3. la société de consommation
4. du bois de chauffage
5. un livre de classe/un manuel scolaire
6. le trou de la serrure
7. lire un livre de la première à la dernière page
8. le travail au noir

Traduisez à l'aide d'une équivalence.

Exemple : *Staff only* = réservé au personnel.
1. *No parking* **2.** *No entry* **3.** *One way* **4.** *No U-turns* **5.** *Keep out of reach of children* **6.** *Behave yourself!* **7.** *Hold on!*

Solution

1. Stationnement interdit **2.** Entrée interdite/Défense d'entrer **3.** Sens unique **4.** Demi-tour interdit **5.** Garder hors de portée des enfants **6.** Tiens-toi comme il faut ! **7.** Ne quittez pas !

Ces activités très utiles sont des exemples tirés de l'excellent ouvrage de D. Bonnet-Piron et A.M. Kuperberg, *Anglais méthodes et techniques*, Nathan, 1990. De nombreux autres exercices destinés à travailler les divers autres procédés de traduction y sont proposés.

Il peut être également intéressant de travailler sur la traduction française de titres de films anglais ou américains en faisant retrouver le procédé qui a été privilégié par le traducteur.

Après cette phase initiale, on propose ensuite des versions du type de celle-ci :

> There is no question that the park did me a world of good. It gave me privacy, but more than that, it allowed me to pretend that I was not as bad off as I really was. The grass and trees were democratic, and as I loafed in the sunshine of a late afternoon, or climbed among the rocks in the early evening to look for a place to sleep, I felt that I was blending into the environment, that even to a practiced eye I could have passed for one of the picnickers or strollers around me. The streets did not allow for such delusions. Whenever I walked out among the crowds, I became quickly shamed into an awareness of myself. Each day I became a little dirtier than I had been the day before, a little more ragged and confused, a little more different from everyone else.
>
> Paul Auster, *Moon Palace*, cité par J.-P. Ancèle et C. Loiseau dans *La version au bac anglais*, Ellipses.

Le recueil dont cet exemple est issu présente des versions de difficulté variée, dont le niveau est signalé par un symbole, ce qui permet un travail progressif. De plus, les notes fournies permettent d'attirer l'attention des élèves sur les problèmes spécifiques à chaque texte proposé.

On commencera par faire quelques traductions en classe pour finalement en donner en devoir. Au cours de la correction, il convient d'expliquer à quoi correspondent les symboles indiqués dans la marge ainsi que leur degré de gravité. En effet, les élèves doivent savoir qu'un faux sens (fs), par exemple, est pénalisé moins fortement qu'un contresens (cs), qui est lui-même mois grave qu'un non-sens (ns). On expliquera en outre qu'un système de points – fautes attribués à chaque catégorie d'erreurs – permet d'éviter la subjectivité du correcteur. Les élèves sont toujours reconnaissants lorsque leur professeur indique ses propres critères de correction dans la plus grande transparence. Ainsi, ils savent exactement ce qui les attend le jour du Baccalauréat, ce qui leur permet d'aborder l'épreuve dans de bonnes conditions.

N'oublions pas non plus de mentionner l'importance de l'organisation d'un ou de deux bacs blancs dans l'année, en respectant les conditions de l'épreuve officielle. De nombreux établissements se prêtent au jeu pour le plus grand bien des élèves qui sont ainsi mieux à même de se rendre compte de l'endurance et de la concentration qu'exige l'enchaînement des épreuves. L'épreuve d'anglais, par exemple, qui a lieu juste après les quatre heures que compte celle de mathématiques pour la série scientifique, doit cependant être abordée avec énergie. Les élèves apprennent en outre à gérer le temps qui leur est imparti. En effet, les trois heures qui leur sont accordées pour l'épreuve suffisent en principe à la majorité d'entre eux, mais il est toujours profitable de l'avoir expérimenté au préalable. Il faut notamment que les futurs candidats évitent de rédiger intégralement leur travail au brouillon pour ne pas perdre trop de temps. Pour ce qui est de l'épreuve d'expression, il est largement suffisant de n'y inscrire que le lexique utile, quelques structures et le plan. Les effaceurs permettent la correction sur le devoir même, donc autant profiter de cette possibilité.

La correction permet aux élèves de se faire une idée assez précise de leurs capacités à un moment donné de l'année. Elle permet en outre quelques mises au point méthodologiques. Les élèves sont mis en mesure de travailler dans les domaines où il leur reste des progrès à faire.

Il est également souhaitable de proposer régulièrement aux élèves des sujets de Baccalauréat à faire chez eux. Ils ont la possibilité de jouer le jeu et de travailler en trois heures dans les conditions de l'examen, ou de prendre plus de temps et d'utiliser alors leurs outils de référence (précis grammatical, dictionnaires), ce qui leur permet également d'améliorer leurs connaissances. On leur demandera de préciser sur leur copie quelle méthode de travail ils ont retenue. Ce travail peut s'effectuer sur la base du volontariat aussi souvent qu'on le jugera nécessaire et de manière obligatoire pour tous, au moins deux fois dans l'année, même si cela constitue pour le professeur un travail de correction considérable.

C. LES ÉPREUVES ORALES

Définition

Recommandations générales toutes séries

Le temps de préparation accordé aux candidats pour les épreuves orales est identique au temps fixé pour la durée des épreuves.

Les candidats présentent à l'examinateur la liste des textes, documents, œuvres, étudiés en classe Terminale signée par le ou les professeurs et visée par le chef

d'établissement. Un exemplaire de celle-ci est annexé au livret scolaire du candidat. Lorsque les textes ou les documents ne sont pas pris dans un manuel scolaire, les candidats doivent en présenter deux exemplaires. L'examinateur interroge les candidats sur un texte de cette liste même si celle-ci est considérée insuffisante ou non conforme aux instructions, de façon à ce que les candidats ne soient pas pénalisés. Il mentionne le fait au procès-verbal. Si les candidats ne présentent aucune liste, l'examinateur le mentionne au procès-verbal et propose aux candidats plusieurs textes entre lesquels il leur demande de choisir.
Conduite dans un esprit d'évaluation positive, l'épreuve se déroule dans un climat de bienveillance. Dans son appréciation, l'examinateur prend en compte la série et l'horaire d'enseignement. Il module ses exigences selon le rang de la langue et veille à ce qu'il y ait cohérence entre son mode d'évaluation et l'enseignement suivi par le candidat.
Lorsque le candidat est interrogé sur un texte, il peut lui être demandé de lire un passage de celui-ci. Si l'examinateur le juge nécessaire, une traduction de quelques lignes peut également être demandée.
Lorsque le candidat est interrogé sur une œuvre (roman complet, larges extraits de roman, nouvelle, pièce de théâtre, etc.), il s'agit pour lui d'en présenter d'abord le contenu: action, personnages, lieu, époque, thèmes principaux, etc., puis de donner un avis personnel sur l'œuvre. En aucun cas le candidat ne doit réciter une présentation, un résumé ou une analyse appris par cœur. L'examinateur veille à obtenir des précisions ou des développements sur un personnage, sur une situation, sur l'évolution de l'intrigue ou sur les thèmes principaux, mais il s'interdit de demander le commentaire d'un extrait ou de poser des questions sur la vie de l'auteur ou sur l'histoire littéraire.
Il est rappelé que, à l'oral comme à l'écrit, tout texte qui risquerait de heurter la conscience ou la sensibilité des candidats sera exclu.
Qu'il s'agisse d'un document étudié en classe ou d'un document inconnu, les critères d'évaluation sont :
– l'aisance à s'exprimer, l'aptitude à la prise de parole en continu et à la prise de risques ;
– la richesse, la souplesse et la précision des moyens linguistiques mis en œuvre ;
– l'intelligibilité du contenu exprimé ;
– la correction morpho-syntaxique et phonétique, l'aptitude à l'autocorrection ;
– l'aptitude à analyser et à argumenter ;
– la pertinence des réactions aux incitations ou aux questions de l'examinateur.
On ne retiendra pas comme critère ce qui relève de l'érudition. On valorisera en revanche les manifestations pertinentes de la culture générale du candidat.

Bulletin Officiel n° 23 du 17 juin 2001.

Nous nous contentons de reproduire ici les recommandations générales, car le détail présenté pour chaque série est fastidieux et très répétitif. Voici cependant un tableau qui tente d'en synthétiser les spécificités. Précisons que les candidats disposent d'un temps de préparation de 20 minutes, quelle que soit la série, puis d'un temps de passage équivalent.

Serie	Coeffi- cient	Nombre de textes	Document inconnu
L, LV1 renforcée	4	– œuvre (± 80 pages)	
ES, LV1 renforcée	2	– œuvre (± 80 pages) ou – textes (± 20 pages)	oui
ES, LV2	3	± 15 pages	
L et ES LV3 renforcée	L: 4 ES: 2	± 15 pages	
STT (spécialité action et communication commerciale; action et communication administrative)	3	± 15 pages)	
STT (toutes spécialités)	2	± 15 pages	
Oral facultatif (toutes séries générales et technologiques)		± 15 pages	
Second groupe d'épreuve (L, ES et S, LV1)	comme à l'écrit	– 10 textes (15 à 20 pages)	
Second groupe d'épreuve (séries technologiques)	comme à l'écrit	– 10 textes (± 15 pages)	

Bien que le nombre de catégories indiquées dans ce tableau soit impressionnant, en fin de compte ces dernières ne représentent pas un nombre important d'élèves puisque la très grande majorité des lycéens étudient l'anglais comme LV1. Cependant, même peu nombreux, il ne saurait être question de négliger les élèves concernés.

Préparation

Nous avons déjà fait allusion au second groupe d'épreuves, qui ne nous concerne généralement que pour les séries L et ES. Les élèves qui ne sont pas satisfaits de la note qu'ils ont obtenue à l'écrit ont la possibilité d'essayer de se rattraper à l'oral. Les textes qu'ils présentent sont ceux que nous avons utilisés pour travailler les divers aspects de l'épreuve écrite. Ils doivent cependant être capables de les présenter selon les modalités indiquées dans les recommandations générales, ce qui sous-entend que les activités de prise de parole ne doivent pas être mises de côté pendant l'année, malgré le peu d'heures dont nous disposons. Lorsque l'étude d'un document est terminée, on peut demander aux élèves d'en faire la synthèse, soit à l'oral sur la base du volontariat, soit à l'écrit afin d'impliquer tous les élèves de la classe, pour les aider à apprendre à en organiser la présentation dans l'éventualité d'un oral.

Quant aux élèves qui s'apprêtent à subir une épreuve orale lors du premier groupe d'épreuves, les conditions de préparation les concernant sont beaucoup plus confortables car on peut se permettre d'axer tout le travail sur l'oral. Nous ne reviendrons pas sur l'étude de l'œuvre qui concerne les élèves littéraires qui ont choisi l'anglais comme spécialité puisque nous en avons déjà parlé dans la partie consacrée à la littérature dans le chapitre sur la culture. Nous nous contenterons de quelques mots sur la préparation des textes qui seront portés sur la liste que les candidats présenteront à leur examinateur. Il est précisé qu'il est possible d'ajouter à ces textes des documents iconographiques ou des scripts de vidéo. Pendant l'année, les élèves seront dans un premier temps amenés à décoder tous ces documents pour accéder à leur sens selon des modalités que nous avons déjà eu l'occasion de développer. Il faudra ensuite les amener à en dégager l'intérêt, notamment en ce qui concerne le contenu implicite, en attirant leur attention sur les éléments qui en font la richesse. Cette recherche fera le plus souvent possible l'objet de prises de paroles et de reformulations destinées à enrichir l'expression. Bien sûr, on aura constamment le souci d'améliorer les réalisations phonologiques des élèves. On peut pour cela s'appuyer sur l'assistant(e) qui entraînera les futurs candidats à lire des passages des textes étudiés, par exemple, après avoir lui(elle)-même présenté un modèle authentique.

Tout au long de l'année de préparation, les élèves ne devront pas hésiter à proposer régulièrement des présentations orales des documents étudiés. Les prestations pourront être enregistrées pour que les auteurs puissent ensuite bénéficier d'une critique constructive de ce qu'ils ont produit. Il est bon d'associer le groupe-classe à ce type d'évaluation formative ; celui-ci s'attachera à juger les diverses spécificités du discours oral ainsi que la qualité du contenu, selon les critères énoncés dans les recommandations générales des *Instructions Officielles*. Par ailleurs, lors du bac blanc, même si cela pose des problèmes d'organisation, il faut pouvoir donner la possibilité aux élèves de passer un oral dans les conditions de l'épreuve, en leur laissant le temps de préparation prévu et en prévoyant un échange libre en fin d'épreuve pour leur permettre de faire la preuve de leur bonne compréhension et de leur aptitude à s'exprimer spontanément. Pour les élèves ayant choisi l'anglais comme spécialité, on prévoira en outre des documents inconnus pour leur apprendre à gérer leur temps de préparation. En effet, ils ne disposent que de 20 minutes, comme leurs camarades des autres séries, alors qu'ils ont deux documents distincts à traiter. Il est donc essentiel pour eux de réagir rapidement. Pour ce qui est de ces documents inconnus, il convient évidemment de les entraîner tout au long de l'année sur des supports les plus variés possible afin d'élargir le champ de leurs connaissances lexicales au maximum. Ainsi, ils ne seront pas pris au dépourvu, le jour de l'épreuve.

BIBLIOGRAPHIE

J.-P. Ancèle, C. Loiseau, *La version au bac anglais,* Ellipses, 1995.

D. Bonnet-Piron, A.M. Kuperberg, *Anglais méthodes et techniques,* Nathan, 1990.

A. Cain (dir.), *L'Analyse d'erreurs, accès aux stratégies d'apprentissage : une étude interlangue,* INRP, 1989.

H. Chuquet, *Pratique de la traduction, anglais-français,* Ophrys, 1990.

H. Chuquet, M. Paillard, *Approche linguistique de la traduction, anglais-français,* Ophrys, 1987.

H. Le Prieult, *Grammaire progressive de l'anglais,* Belin, 1996.

S. Lewis, *Flying Pigs, Mille et une expressions pour apprendre l'anglais,* Ellipses, 1994.

A. Sussel, F. Cabaret, C. Denis, *To the Point, préparation au bac,* Hachette, 1999.

A. Vesque, *Bac anglais mode d'emploi,* Ellipses, 1995.

Annabac, Hatier.

Annales bac, Vuibert.

Les sujets Nathan, Bac, Nathan.

Crédits complémentaires

Imprimé en France par Chirat – 42540 Saint-Just-la-Pendue
N° d'imprimeur : 5164 N° d'édition : 002686-01
Dépôt légal : Avril 2002